简明逻辑学

——逻辑论证与批判性思维

周建武　编著

中国人民大学出版社
·北京·

总　序

作为承担通识教育的核心目标之一的逻辑通识教育，是培养思维能力的一个核心环节。在高中阶段，进行逻辑通识教育，目的是进一步开发心智，激发学生的探索欲望，培养学生的独立思考能力和批判精神，从而更好地适应今后社会发展和个人发展的多方面需要。

教育部颁布的最新高考《考试大纲》明确指出要科学构建高考评价体系，高考的考查内容包括必备知识、关键能力、学科素养、核心价值这四个层面，这是素质教育目标在高考内容中的集中提炼。根据考纲要求，现将高考各科的核心素养提炼如下（其中斜体字部分，均与逻辑思维相关）。

学科	核心素养	学科	核心素养	学科	核心素养
语文	语言建构与应用 *思维发展与提升* 审美鉴赏与创造 文化传承与理解	物理	物理观念 *科学思维* *科学探究* 科学态度与责任	政治	政治认同 *科学精神* 法治意识 *公共参与*
数学	数学抽象 *逻辑推理* 数学建模 直观想象 数学运算 *数据分析*	化学	宏观辨识与微观探析 变化观念与平衡思想 *证据推理与模型认知* *科学探究与创新意识* 科学态度与社会责任	历史	唯物史观 时空观念 *史料实证* *历史解释* 家国情怀
英语	语言能力 文化意识 *思维品质* 学习能力	生物	生命观念 *科学思维* *科学探究* 社会责任	地理	人地协调观 *综合思维* *区域认知* 地理实践力

尽管高考中不同科目的关键能力会有所差异，但逻辑思维是核心能力之一。近年来，注重对考生逻辑思维能力的考测，成了新高考的一大亮点。下面以语文、数学科目为例说明。

语文：高考语文对逻辑思维能力和信息处理能力的要求很高。现代文阅读必然会涉及逻辑能力、分析能力的考测，其中论述类文本多选用论文和时评，重点考查逻辑论证和批判性思维能力；在写作中，重点考查批判性思维能力、思辨能力和逻辑论证能力。

数学：高考数学已把考查逻辑推理能力作为重要任务。以数学知识为载体，考查考生缜密思维、严格推理的能力，特别是注重考查考生的独立思考、逻辑推理、数学应用、数学阅读和表达等关键能力。

在高考中，逻辑思维能力的考核主要体现在思维的深刻性和批判性两个方面，深刻性是指思维活动的抽象程度和逻辑水平，以及思维活动的广度、深度和难度；批判性是指思维活动中独立分析和批判的程度。因此，要在高考中获得成功，除知识学习之外，高中生在平时的学习中一定要注重对逻辑推理、逻辑论证、批判性思维和科学逻辑、科学推理、科学思维等能力和方法的训练。

鉴于目前各地高中与逻辑思维能力训练直接相关的教学活动开展得还比较少，适合高中生阅读且能与各学科结合紧密的逻辑普及读物并不多见，尤其是适合高中逻辑通识教育的读本几乎没有，为此，本人在前期编著出版高校逻辑通识课程教材（清华大学出版社出版）和科学逻辑丛书（化学工业出版社出版）的基础上，专门针对高中学生，编写了这套高中逻辑通识教育读本，具体包括《简明逻辑学——逻辑论证与批判性思维》《科学逻辑——逻辑推理与科学思维方法》两册。希望本套图书的出版，不仅有助于高三学生备战高考及高校强基计划招生考试，而且能成为高中学生逻辑思维能力提升和高中教师师资培养的教学训练用书。

由于本套图书首次推出，疏漏和不足之处在所难免，因此，热诚欢迎高中师生及相关读者对本书批评并提出宝贵意见。若有信息反馈请直接发至本人邮箱：zjwgct@sina.com

作者

2020 年 3 月

前　言

逻辑思维是思维的高级形式，逻辑学不仅在各学科的发展中发挥着必不可少的工具作用，而且也是保证人类正确思维和相互沟通理解的必要条件。逻辑思维在职业发展和生活中都起着极为重要的作用，拟订工作计划、撰写各类报告、从事管理、进行科学实验和法律诉讼以及日常工作和生活中的各种决策和分析，都需要逻辑推理和论证技能。

联合国教科文组织的一份报告指出，一次由50个国家500多位教育家列出的16项最关键的教育目标中，发展学生的逻辑思维能力位列第二位，可见逻辑教育在整个教育体系中的重要地位。

通识课程是为实现通识教育目标而开设的一系列共通的、非专业性的文化教育课程。欧美发达国家问鼎世界科学的高峰，得益于比较成功地实施了逻辑通识教育。逻辑思维是欧美推崇的核心教育目标，目前，世界上众多国家的各大中学校都注重通识教育，各学科都会贯穿逻辑思维，刺激学生的思考能力。同时，西方对逻辑理性的重视反映在人才选拔的各类考试中，其中，世界各国高中生申请美国大学本科入学的资格考试SAT和ACT(都被称为美国高考)，以及申请美国大学研究生院所要求的各类标准化考试都是能力型考试，其中的一个核心测试目标就是检测考生的逻辑推理和批判性思维能力。

把逻辑思维方法和分析技能内化为人们的思维本能，让每个人都能够成为一个独立的思考者，用理性构建自己的认识，从而能有效地鉴别和取舍真假。逻辑是提高民族素质的强有力武器，逻辑素养不仅关乎公民的思维品质，而且关乎国民素质与民族的未来，因此，要努力让逻辑基本知识和技能成为我国公民必备的知识素养。美籍华裔著名数学家丘成桐先生认为，在中学阶段，训练逻辑思考比学习其他学科更为重要。由于我国各类学校，尤其是中学阶段目前仍未普遍开展逻辑教育，尚未普及逻辑知识，导致高中生在高考中难以有针对性地应付关键能力和核心素养的考查，因此，建议有条件的高级中学，应尽早将逻辑普及教育引入课堂。

随着国内高中教育的改革，高考各个科目考核的关键能力、学科素养均涉及逻辑推理、思维品质、科学思维、科学探究以及批判性思维等逻辑思维能力的要求。为顺应当今教育发展趋势，本书的编写指导思想是针对高中学生的特点，从逻辑推理与论证的角度，在讲述逻辑基本知识和原理的基础上，以逻辑与批判性思维能力的提升为目标，注重推理与论证的技能及方法，相信本书的出版能对高中逻辑通识教育有所裨益。

目　录

第一章　逻辑导论

逻辑学是一门工具性学科，它为包括基础学科在内的一切科学提供逻辑推理、逻辑论证和科学分析、科学思维的工具。

第一节　逻辑与批判性思维

逻辑一词译自英文 Logic，源于希腊文逻格斯 λόγos，原意是指思想、言辞、理性、规律性等。中国历史上所谓的名学、辩学、论理学或理则学都属逻辑学。

一、逻辑及其功用

逻辑是一门研究推理、论证之原则、规范和方法的学问，焦点是正确推理或论证的条件，特别是结构上的条件以及由此引出的规则。因而，逻辑对思维的研究不同于心理学对思维的研究，前者是规范性研究，规约人们怎么推理、论证能保证思维的清晰性、一致性和说服性；后者是描述性研究，诉说不同类型的人在推理或论证上有怎样的特性。

可是，"逻辑"是一个歧义词。"这个论证不合逻辑"与"遵循社会主义市场经济的逻辑""大学的逻辑"或者"你这是强盗逻辑"中的"逻辑"之语义，不可同日而语。学术圈中的"逻辑"和日常话语中的"逻辑"涵盖的语义范围也不恰好相等。

狭义的逻辑指一门学科即逻辑学，主要研究推理，是关于推理有效性的科学。其现代表现形态是用特定的人工符号语言和公理化方法构造的形式系统，通常被称为"数理逻辑""符号逻辑""现代逻辑"。由于它以正确推理或论证的结构或形式为中心，因而在历史上也叫"形式逻辑"。

广义的逻辑泛指理性思维，所谓理性思维是人们通过大脑的抽象作用对客观对象内在规定性的认识，是认识发展的高级阶段。说某人逻辑性强，就是说他善于推理，能够得出合理的结论；说某人说话不合逻辑，就是说他的推理有问题，得出了不合理的结论。因此，广义的逻辑泛指与人的思维和论辩有关的形式、规律和方法，通常就是指人们思考问题，从某些已知条件出发推出合理的结论的规律。

作为一门基础性的学科，逻辑学的基本理论是其他学科普遍适用的原则和方法。逻辑学是各门科学产生和发展的必要条件，任何领域无论其理论体系的建立还是具体问题的解决，都离不开逻辑思维与逻辑方法的运用。近代至现代西方社会及生产力的高度发展，很大程度上得益于其深厚的逻辑传统。爱因斯坦认为，西方科学的发展是以两个伟大的成就为基础的：一是希腊哲学家发明的形式逻辑体系；二是文艺复兴时期发展的系统实验方法。

逻辑学在世界上备受尊崇，联合国将基础学科分为数学、逻辑学、天文学和天体物理学、地球科学和空间科学、物理学、化学、生命科学七大类；《大英百科全书》把知识分为逻辑学、数学、科学（包括自然科学、社会科学和技术科学）、历史学和人文学（主要指语言文字）、哲学，其中逻辑学列为五大分科之首。

关于逻辑的重要性以及逻辑与语言、科学、数学与哲学的关系，20 世纪最有影响力的一位哲学家维特根斯坦认为：逻辑是构成我们现在客观世界的最基本架构之一；当我们开始想要认识这个世界的时候，语言是基础，而语言的基础则是逻辑；哲学与科学是认知形式，语言是一切的纽带；哲学，是系统性的逻辑严格完善的一套语言系统；科学中最基础的是数学，数学的根源仍是逻辑；科学的底层架构一是逻辑，二是客观世界所观察到的现象。

二、逻辑的发展与分类

中国先秦名辩学、古印度因明学与古希腊亚里士多德逻辑学并称为逻辑三大起源。如今所说的逻辑以亚里士多德开创的西方逻辑为正统。亚里士多德把逻辑视为一切科学的工具，几乎涉及人类思维的所有方面。在 19 世纪以前，在逻辑学的研究特别是教学中，一直延续着包罗广泛的“大逻辑”传统。

从古希腊开始，逻辑的发展历程中逐渐涌现出来的各种逻辑或逻辑分支，都是因解决人们所遇到的种种难题应运而生的。在早期，古希腊民主城邦的政治和法律论辩创造了对论说技术和理论的需求。早期的演说家发明了“可能性”推理，最早的教师——智者首先熟练掌握了这种“可能性”推理，这是一种根据常理的论证。

［案例］谁先动手

一个古希腊的法官遇到这样一个案件：

两个人发生了一次打斗，一个看似弱小，一个身强力壮。问题是谁先动的手。弱小的人向法官论证说，一个弱小的人攻击看上去远为强壮的人，这合情理吗？（那不是找打吗）但是，那壮汉提出另一个论证：我明显比他强壮，我知道如果我先动手的话，那么闹到法庭上，肯定对我大大不利。那么，在我完全明白这一点的情况下，我还先动手打他，这合情理吗？

现在，法官可犯难了，因为两个论证都合乎情理，但结论相反。

亚里士多德进一步研究了各种论说中的论证形式，发现它们因论证的目的、前提的状态和推论的性质不同而相互区别，其中一些和对话（辩证法）相关。今天看来，亚里士多德对逻辑的最大贡献就是创立了两种逻辑：关于三段论和辩证推理（广义的）的逻辑。

伴随近代经验主义的成长，“向大自然学习”的观念的兴起，寻求自然奥秘特别是它的因果关系规律，导致人们创建另一类新逻辑——归纳逻辑。这是一种与观察、经验、实验、比较概括、检验等一系列活动相联系的推理方法。其后的发展有归纳决策、概率推理、统计推理等。

近代德国哲学家莱布尼茨提出将数学方法融入逻辑学。英国数学家布尔创立布尔代数，将传统形式逻辑学符号化、数学化。经弗雷格、罗素、希尔伯特等人的发展和完善，建立起现代数理逻辑学体系。在 19 世纪末 20 世纪上半叶，随着数理逻辑的创立，这种

“大逻辑”传统逐渐被边缘化，逻辑课堂上占主导地位的是形式化的数理逻辑，即现代逻辑，也叫经典逻辑。在数理逻辑的基础上进一步扩展，形成了模态逻辑、时态逻辑、认知逻辑、道义逻辑、模糊逻辑等。

现代逻辑（数理逻辑）使得逻辑学越来越像数学，成为专门的基础知识。在现代和当代社会，现代逻辑作为一门基础性学科，在计算机和电子技术、人工智能、系统论、信息论、控制论、数学、语言学、符号学、心理学、哲学认识论、思维学等各个学科得到广泛应用。这里所谓的基础，意思是，如果没有现代逻辑的知识，要对这些领域进行有关研究是不可能的。

但是，另一方面，现代逻辑在取得辉煌成果的同时，却基本丧失了逻辑最初的教导作用，即通过学习逻辑使人逻辑性强，提高思维能力，表现为头脑清楚、说话有条理、能言善辩等。这是逻辑学产生的初衷之一。但是如果说传统逻辑还有一定的教导作用，那么现代逻辑则基本没有这个作用，符号化的数理逻辑与人们的日常思维的关系不那么直接、明显，并且又比较难学。为了使逻辑教学“与人们的日常生活相关，与人们的日常思维相关”，20 世纪 70 年代初，西方一些受过现代逻辑训练的逻辑学家几乎同时独立开始在各种名目下（自然逻辑、实质逻辑、应用逻辑或谬误分析等）对适用于日常生活的逻辑进行研究，出现了人们所说的“非形式逻辑与批判性思维”运动，以解决实际论证中的评价问题，从中培养现代公民的逻辑与批判性思维能力。

从以上的粗略勾勒可以看出，作为一种工具，不同的逻辑解决不同的问题，不同的逻辑有发挥自己力量的场域。由于逻辑学涵盖的范围很广，凡是以理性思维的基本规律作为研究对象的理论都属于逻辑，按照不同的标准，其分类有多种方法。按我们的理解，逻辑学的分类大致如下表。

<table>
<tr><th>传统逻辑</th><th colspan="2">现代逻辑</th><th>应用逻辑（非标准逻辑）</th></tr>
<tr><td rowspan="3">传统逻辑（又叫普通逻辑，含传统演绎逻辑、古典归纳逻辑）</td><td rowspan="2">形式逻辑</td><td>现代演绎逻辑：又称标准逻辑、现代逻辑、符号逻辑，其基础是数理逻辑，包括命题逻辑、谓词逻辑等</td><td rowspan="2">①数学领域：集合论、模型论、递归论……
②人工智能领域：非单调逻辑、欠缺逻辑……
③哲学领域：哲学逻辑
本体论方面：模态逻辑、时态逻辑……
认识论方面：认知逻辑……
伦理学方面：道义逻辑……
④语言逻辑
⑤法律逻辑
⑥逻辑的应用理论
……</td></tr>
<tr><td>现代归纳逻辑（含概率逻辑）</td></tr>
<tr><td>非形式逻辑</td><td colspan="2">主要包括论证逻辑（含批判性思维）</td></tr>
</table>

三、批判性思维的含义

批判性思维（Critical Thinking，简称 CT）是代表英美文化特质的一个概念，它在西方社会的流行度接近于民主、自由、理性和科学。逻辑是从规范性角度研究思维的学科，它把优质思维和劣质思维区别开来。非形式逻辑或论证逻辑是逻辑学科的一个重要分支，是关于日常论证的逻辑，对培养人们的批判性思维能力和精神气质非常重要。

“批判的”（critical）源于希腊文 kriticos（提问、理解某物的意义和有能力分析，即“辨明或判断的能力”）和 kriterion（标准）。从语源上说，该词暗示发展“基于标准的有辨识能力的判断”。

批判性思维的渊源可追溯到古希腊苏格拉底所倡导的一种探究性质疑（probing questioning），即“苏格拉底方法”或“助产术”。苏格拉底方法的实质是，通过质疑通常的信念和解释，辨析它们中的哪些缺乏证据或理性基础，强调思维的清晰性和一致性。这典型地体现了批判性思维的精神，因此苏格拉底方法被尊为批判性思维的化身。批判性思维的现代概念直接源于杜威的“反省性思维”：能动、持续和细致地思考任何信念或被假定的知识形式，洞悉支持它的理由及其进一步指向的结论。

批判性思维的定义有广义、狭义之分。广义的定义将批判性思维等同于决策、问题解决或探究中所包含的认知加工和策略。狭义的定义集中于评估或评价。不过，无论广义或是狭义的批判性思维，都蕴含着好奇心、怀疑态度、反省和合理性。批判性思维者具有探究信念、主张、证据、定义、结论和行动的倾向。

[案例] 父子与毛驴

有这样一个故事：一天，父子俩赶着一头毛驴进城，儿子在前，当父亲的在后。半路上有人笑话他们：“真笨，有驴子竟不知道骑！”父亲觉得人家说得有道理，便叫儿子爬到驴背上，自己跟着走。没过多久，又有人说：“真是不孝的儿子，竟然让自己的父亲走路而自己骑驴！”父亲赶紧让儿子下来，自己骑到驴背上。可工夫不大，又有人说：“真是狠心的父亲，自己骑驴，让孩子走路，就不怕把儿子累坏吗？”父亲连忙叫儿子也骑上来。想这下该不会有人说什么了吧？可又有人说了：“两个人骑在驴身上，不怕将那头瘦驴累死呀？”父子俩赶忙从驴背上溜了下来，把毛驴的四条腿绑起来，一前一后用棍子扛着。经过一座桥时，驴子因为不舒服，挣扎了一下，结果掉到河里淹死了。

问题：如果你是儿子，你会怎么做？

如果你是父亲，你会怎么做？

你认为谁该骑在驴背上？

这就是批判性思考，批判性思考是做决策的基础。

批判性思考的关键问题是：为什么？凭什么这样做？我可以这样做吗？我可以那样做吗？有没有更好的方式？批判性思维要求人们批判地分析自己和他人的信念，作出合理的决策。

批判性思维的基本理论预设是：在理性和逻辑面前，任何人或思想都没有对于质疑、批判的豁免权。第一，任何思想都没有受质疑的豁免权，任何观点或思想都可以并且应该受到质疑和批判；第二，任何观点或思想都应该通过理性的论证来为自身辩护，任何思想都有为自己辩护的权利。

[案例] 铁轨上的小孩

有一群小朋友在两条铁轨附近玩耍，一条铁轨还在使用，一条已经停用，只有一个小朋友选择在停用的铁轨上玩，其他小朋友都在仍使用的铁轨上玩。这时火车来了，而你正站在铁轨的切换器旁，让火车停下来已经不可能了，但你能让火车转往停用的铁轨，这样的话你就可以救了大多数小朋友。但是，那也意味着那个在停用铁轨上玩的孤独的小朋友将牺牲掉。

你会怎么做？

据说大多数人会选择改变火车轨道，牺牲那个在停用铁轨上玩的小孩。

无论从情感上还是道义上讲，以一个孩子的代价来挽救大多数孩子的生命会是大多数人的理性决定。

但是，你是否深入思考一下，那个选择在停用铁轨上玩的小孩显然是在安全的地方玩，然而他却不得不为那些选择在危险的地方玩的无知的朋友们而被牺牲。在铁轨上玩的孩子们当然知道铁轨正在使用，如果他们听到火车鸣笛，自然会跑开的，那些跑不开的就应该为自己的错误承担后果。但如果将轨道切换后，那个乖小孩必定惨死，因为他从来没想过火车还会开到废轨道上！让那个乖小孩因正确的选择却承担了别人错误选择所造成的后果，显然是极其不公平的！

这种进退两难的局面每天都在我们的身边发生。所以，我们对很多问题都要进行批判性思考！

反思和质疑就是凭什么这么说，凭什么这么做？首先对别人的思想言论甚至行为进行反思和质疑；同时对自己的思想言论甚至行为进行反思和质疑；反思可以针对社会生活中的某些现象和观念及其后面的假设前提进行质疑。

影响问题的看法涉及逻辑、事实和价值三大要素。其中事实是指事物的客观状态。价值是人们主观的偏好，人们对事物应是如此或者不应如此的评价问题称为价值问题。而逻辑是指理由和结论之间的推论关系。为了解决事实问题和价值问题，必然要进行推论，因而一定要运用逻辑工具。

［案例］谁是凶手

三位探险家 A、B、C 在沙漠中偶遇。A 与 C 有世仇，决定借机谋杀 C，便偷偷在 C 的水壶里下了剧毒。B 也想杀害 C，但他不知道 A 已有行动，趁 C 没留神，B 在 C 的水壶底下凿了一个洞，不一会里面的水就漏光了。因缺水，当晚 C 就死在离营地只有 1 英里的沙漠里。谁是凶手？

A 是凶手。但 C 是渴死的，与 A 下毒无关。

B 是凶手。B 使毒水从 C 的水壶中漏掉，延长了他的寿命。要是没有 B，C 一喝下有剧毒的水早就死了，而不可能坚持到晚上。若 C 早点赶回营地，他就不会死，B 则是 C 的救命恩人。虽然 C 最后没有及时赶回营地，但那不是 B 造成的。

分析：谁是凶手？不同的视角，可能有不同的裁决。所以，在理性思维中，逻辑、事实和价值判断都起着重要的作用，尤其是价值判断会涉及社会的、道德的、政治的等主观因素。

爱因斯坦曾说：“我没有什么特别的才能，只不过喜欢寻根刨底地探究问题罢了。”寻根刨底地探究问题正是批判性思维的一个本质特征。一个真正的批判性思维者不仅仅只是悬疑判断，不仅质疑、批判别人，而且也质疑、批判自己；同时，不仅要为自己辩护，也要为别人辩护。质疑、批判是为了寻求理由或确保正当性，为我们的信念和行为进行理性奠基。因此，批判性思维也是建设性的。

在现代社会，批判性思维是现代社会公民必备的素质，并被普遍确立为教育的核心目标之一。但批判性思维能力的实质性提高，不可能是短期行为的结果，需要通过学习和长期实践。

四、批判性思维与素质教育

20 世纪 70 年代，在北美兴起一股教育改革和逻辑学教学改革的新浪潮——“基于非形式逻辑的批判性思维运动”。逻辑的非形式转向和批判性思维的兴起，开始于美国这个公认的教育大国对自己教育模式所存在缺陷的警觉。

美国教育界研究认为，一方面，现在的学生在课堂上所学的知识更多更新；但另一方面，他们解决问题的思考能力明显有弱化的趋势。如果把现代社会的运作比作一架傻瓜相机，美国人发现，他们的教育确实培养了足够的能熟练操作这架相机的人，但其中能发明新相机或改进旧相机的人却越来越少。对推动社会发展有决定性意义的，不是对相机的操作能力，而是对相机的发明和改进能力。具备后面这种能力的佼佼者，美国人称之为“科学知识分子”，美国人非常关心这批人在美国总人口中的比例，并认为这是综合国力的一项实质性指标，正是这批人决定着美国社会优化发展的进程。美国人这样总结自己的教训：“我们应当教学生如何思考，但我们只是教学生思考什么。”

教学生思考什么，是传授知识；教学生如何思考，则是培养思维能力，即能有效地理解、评价和运用知识的能力。这种能力，就是批判性思维能力。第一，批判性思维被设想为，通过发展理性评估的能力和态度，提升教育效果；第二，批判性思维被看成是培养具有适合参与典型民主社会所需要的能力和态度的“好公民”的有效方法；第三，在面临冲突的生活方式、超载的信息和职业老化时，批判性思维是现代社会生活所要求的思维和态度的适应。

20 世纪 80 年代以来，美国、英国、加拿大、澳大利亚、新西兰甚至很多发展中国家，都把“批判性思维”作为高等教育及基础教育的目标之一。批判性思维实际上已被认为是一种与传统的知识、学习和素养的说教理论颇为不同的批判性学习、知识和素养的理论。因此，培养学生的批判性思维能力和倾向就被视为教育的基本方向，它对课程和教育政策的设计与执行有核心的重要性。

自 20 世纪 70 年代在美国等西方发达国家教育领域兴起了“非形式逻辑与批判性思维运动”；逻辑的这一转向之所以称为非形式的，因为人们日常的批判性思维实质上是一种非形式的逻辑思维。这一转向的目标，是有效地发挥逻辑在素质教育中的作用。上述这场“批判性思维运动”，在欧美发达国家乃至世界范围内产生了两个重要结果。

第一，逻辑与批判性思维贯穿于整个教学体系。

一方面，出现了逻辑与批判性思维的通识课程。在高等教育中，出现了一门以教学生“如何思考”，即以培养训练学生的批判性思维能力为主要目标的基础课程——批判性思维。首先是在北美，进而在世界范围内出现了一种开设论证逻辑、批判性思维课程，编撰论证与批判性思维教材的“新浪潮”。

另一方面，逻辑与批判性思维成为基础教育与高等教育各个学科的核心素养。尤其在基础教育中既注重基于批判性思维的阅读、写作、演讲、辩论，又注重批判性思维和学科教学的融合，通过学科渗透，在语文、物理、生物、历史、地理等各个学科中推进批判性思维培养，促进学生学会理性思考、表达，作出合理决策。

[案例] 5W1H 式提问

美国私立高中的课堂学习策略通常是材料阅读、提出疑问、得出结论。其中，会提问在美国高中已经成为最基本的学习技巧。提问的内容取决于每个人阅读材料的深度，也是每个学生独立思考的过程。5W1H 式提问是很经典的提问框架，是阅读材料、判断信息的好工具。该提问框架是指面对任意一个信息，可以从六个角度延展你的疑问。

5W1H	提问内容
Who	这是谁说的话？ 该人在该领域是否具有权威性？ 是否确信这句话的出处是这个人说的？ 他说这些话是否有依据？
What	这句话或这个信息想说的意思是什么？ 这是一个事实还是观点？ 支持这句话背后的逻辑是什么？ 如果是因果关系，那么原因是否充分？ 如果是相关关系，那么是否做了回归数据分析？
Where	这句话是在哪里、什么场合说的？ 说话人的态度是否受到了环境的影响？
When	这句话是什么时候说的？ 在这个时间点说意味着什么？
Why	他为什么会这么说？ 是有自己的主观立场还是有客观的论证过程？
How	他是怎么说的？ 他是怎么作出的论证？

第二，出现了一种全新的能力型考试模式。

西方对逻辑理性的重视反映到学历教育与非学历教育各个领域，美国的各类选拔考试都普遍把逻辑与批判性思维能力作为主要考查目标，包括申请大学本科的入学资格考试 SAT、ACT 和各类研究生入学资格考试 GRE、GMAT、LSAT、MCAT 等都是能力型考试。

西方的能力型考试发展得已经非常成熟，北美的上述能力型考试已有近 30 年的历史。具体来说，这些考试主要包含以下几个部分：逻辑推理直接测试考生的逻辑与批判性思维能力；批判性阅读理解和数据充分性分析通过对文字和数学内容的理解测试考生的逻辑思维能力；批判性写作同时测试考生的文字表达能力和逻辑分析能力。

其中，SAT 是由美国大学理事会（The College Board）主办的一项考试，是美国学术潜能考试的别名，其成绩是世界各国高中生申请美国大学入学资格及奖学金的重要参考，其作用相当于中国的高考。其考试科目中，批判性阅读考查的侧重点在于学生的逻辑思辨能力和批判性思维。

新浪网曾转载了一名 SAT 考生的满分作文。这篇作文没写完，按中国标准肯定得不了满分。这篇文章对“民主就应该是多数人做主”的看法提出了质疑，认为“民主也可能造成多数人对少数人的迫害或伤害”，并提供了有说服力的论据。关于民主的“多数人做主原则”在当今世界仍有很大争议，作为一个高三学生，敢于质疑并能有理有据地论证，表现出高人一等的见识，因此即使有无结尾之“瑕”，也掩盖不住有洞见之“瑜”，因此给予其满分。

由于我国各类考试包括高考，都在借鉴美国等西方国家的考试，因此，逻辑论证与批判性思维的训练对国内高考将越来越显出重要意义。

第二节 逻辑与语言

自然语言是一种精细而又复杂的工具，语言在我们平日生活中发挥着多种功能。语言是逻辑思维的工具，逻辑学的主要研究对象是论证，论证与语言具有不可分割的联系。为了能够很好地建构、分析、评价推理和论证，我们必须密切关注语言。

语言是人类实践活动的产物，人是通过语言来思考的。某种意义上，逻辑似乎是一种“语言游戏”，很多逻辑谬误都是由于不恰当地使用语言造成的。

一、自然语言的特性

语言是逻辑思维的观念载体，逻辑主要关心的是语言的认知意义而非情感意义。自然语言是人类交流和思维的主要工具，从意义上看，自然语言具有多重性和不明确性。

（一）自然语言意义的多重性

语词是概念的语言形式，概念可以看作是语词的思想内容。在使用词语的过程中，使用者不仅确认语词最一般的理性意义，而且也根据具体的使用环境给语词附加了其他的意义，由此造成了语词意义的多重性。

在论证中，一方面要关注语词的理性意义以及多重性意义可能造成的交际障碍；另一方面也要关注各种附加意义对论证的干扰。

论证是由语句组成的。语句及语句组成的语段可称为话语。作为语言表达式（语言形式）的话语意义，就是根据语形、语义和语用的规则和交际语境，语言的使用者应用这个语言表达式所表达或传达的思想感情。不同的话语种类表达的意义含量是不同的。在实际交流中所面对的论证是以话语的方式呈现的，因此，表达论证的语言形式的实际意义，不只是抽象命题，而是包括命题、命题态度、意谓和语境作为其有机构成因素的“意思”，它才是语言交际中具体的、完全的和真实的（不是经过抽象的）意义。

（二）自然语言意义的不明确性

清晰的思维常常受语言的歧义和含混的干扰。

1. 歧义

歧义是指一个词语的多重含义，具体就是指一个语言表达具有一种以上可能的解释或意义。语词歧义来源于语词和词组的多义特性，大多数词汇都有多于一个的字面意义，但在多数情况下，通过注意语境和利用我们良好的感觉，不难将这些意义分辨开来。但是，当人们有意无意地混淆一个词或短语的几个意义时，就是在歧义地使用这个词或短语。

语词歧义的特点就是混淆同一语境下某个词或短语的不同意义。

例1："二八佳人"，本身可以有"十六岁的女子""二十八岁的女子""十六位女子""二十八位女子"四种可能的解释。

例2："女子理发店"，可以理解为"专给女性理发的"理发店，也可理解为"理发师全部为女性的"理发店。

例3："我有了！"这句话可能指的是"我怀孕了！""我拥有某东西了！"

例4："打太极"可以真的是指"打太极拳"，也可能是指一个人在"推托"。

例5：有份三明治好过没有东西。没有东西好过明白人生的意义。所以有份三明治好过明白人生的意义。

分析：第一个"没有东西"是指没有食物，第二句"没有东西好过明白人生的意义"是指拥有任何东西都不如明白人生的意义。

［案例］探究

古希腊有人论证说：探究是不可能进行的，因为一个人既不能探究他所知道的，也不能探究他所不知道的。他不能探究他所知道的，因为他知道它，无须再探究它；不能探究他所不知道的，因为他不知道他要探究的东西是什么。

分析：上述结论的得出依赖于这样的论证：他不能探究他所不知道的，因为他不知道他要探究的东西是什么。这一论证犯了歧义性谬误，其逻辑漏洞在于混淆了"知道"的两种不同含义：第一个"他所不知道的"是指不知道被探究问题的答案是什么，而第二个"他不知道的"是指不知道所要探究的问题是什么。

2. 含混

含混是指一个词语在范围上是不确定的，如果存在着不清楚一个词是否可正确地适用的边界情形，这个词就是含混的。含混的表达式常常容许作连续的、一系列的解释，其意义朦胧、晦暗和不确切。举例说，像"新鲜的""富有的""贫穷的""正常的""保守的"等这样的词都是含混的。

例如：分析下面这则对话。

甲：张女士虐待她的孩子。我是怎么知道的呢？我看见她在她的小孩做坏事之后的第二天打了那小孩。

乙：别傻了。小孩需要管教，从管教她的孩子可以看出张女士是爱他的。

这一争论的问题在于"虐待"和"管教"两个词含混。什么时候管教就变成虐待了？二者的分界线是模糊的，除非它被澄清，否则这类争论永远无法解决。

［案例］麦加拉派的疑难

古希腊麦加拉学派提出了一些著名的论辩，其中以下两则论证涉及的是含混问题。

1. 秃头论证

头上掉一根头发算不算秃头？不算！再掉一根呢？也不算！再掉一根呢？还不算。再掉一根呢？……最后掉的一根头发造成了秃头。

2. 谷堆论证

一粒谷算不算谷堆？不算！再加一粒呢？也不算！再加一粒呢？还不算。再加一粒呢？……最后加的一粒谷造成了谷堆。

二、论证的语言规范

论证是一种交际方式，语言是实现它的手段或工具。好的语言是达到目的的语言，是适合对象的语言，是明晰的语言。不好的语言是指，由于它的干扰，未能使论证达到目的的语言。

（一）语言的清晰性

当一个词或语句有一个以上的意义时，它就是歧义的。消除歧义，保证使用清晰的语言，一方面，需要借助于语境，所谓语境，是指言语交际所发生的具体环境，一般包括言语交际的参与者（即说话者和听话者），言语交际的主题、时间、地点及其相关情景，说话者和听话者之间共有的背景知识等。

例如：我们可以给出“那是迈克的相片”这个语句以三种不同的解释：

（1）这幅相片是迈克拍的；

（2）这幅相片属于迈克；

（3）迈克是这幅相片的对象。

另一方面，保持论证中的关键词、句的清晰性需要充分运用定义方法来消除歧义。建议在论证展开之前，梳理你的论证中的重要概念，并考察是否在通常的意义上使用它们；在论辩进程中，不时地观察重要概念的使用，是不是以论辩双方一致的理解为基础。在某些情形下，一方在论辩中可能宣称一个定义，而另一方甚至可能挑战第一方提出该定义的权利。这时，论辩就暂时转移到争论定义的合理性问题上。

[案例] 好男人

甲先生：张三是个好男人。他工作上积极肯干，业绩突出。我希望有更多的像他一样的员工。

乙女士：我不同意。张三不是个好男人。他花心，离过两次婚，经常和狐朋狗友一起酗酒。

分析：对于甲先生来说，“好男人”意味着“在工作上好的男人”。但是对于乙女士来说，“好男人”意味着“在道德上好的人”。因此，在甲先生和乙女士之间没有真正的不一致，因为在“张三工作好”这一陈述和“张有道德缺陷”这一陈述之间没有逻辑上的冲突。就算张三确实做了不道德的事情，他仍然是一个好员工。

（二）语言的精确性

语言不仅应是清晰的，还应是精确的。精确性的要求是针对语言的含混性提出的。在某些论辩中，给出一个含混词的精确定义是必要而有用的，但先决条件是，选择一个特定分界点要有好理由。在日常生活中，我们会遇到很多混淆的、含糊的概念或术语，混淆的关键是没有把握定义严格、精确的标准。例如：

安全水、健康水和纯净水

矿物质水和矿泉水

整体厨房和整体橱柜

高清电视和数字电视
无糖食品和无蔗糖食品
中医和传统医疗
绿色和原生态
……

对论证中的主张或理由的语言描述有时需要定量描述，明确某种描述的假设的条件以及运用广义量词（如，绝大部分、多数、一般情况下等）。能为好论证提供最佳服务的语言的精确度必定与论证语境相关，需要对表达论证的语言的精确性设定合理的标准。这就要求我们平衡语言的精确性和针对性这两种不同的要求。

例如：比较以下三个陈述。

航班将在今晚 21 点 30 分到北京。(1)

航班在今晚 21 点 30 分左右到北京。(2)

航班有可能在今晚 21 点 30 分之前，也有可能在 21 点 30 分之后到北京。(3)

分析：(1) 就很精确，排除一天所有其他可能时间。这样即使航班是在 21 点 31 分到北京的，我们也可以说航班晚了一点，只有当航班是在 21 点 30 分整到北京的，我们才说这个预测完全准确。

(2) 就有模糊性，排除的其他时间范围变小，不确定性变多。如果航班是 21 点 20 分或者 21 点 40 分到北京的，我们还是会说预测准确。所以，模糊的、信息量少的陈述，比较容易证明为真。

(3) 这是一个空洞的论断。所有可能的到达时间它一个也没有排除，没有办法否证。航班任何时候到北京，都符合这一论断。

（三）语言的针对性

语言的针对性是为了增强对论证的理解和论证的说服力。从修辞学要求看，语言直接影响说服效果。论证作为一种交际方式，它总是针对某些特定对象的，即总是想说服某个人或某群人的。要取得效果，这种说服使用的语言必须适用于欲被说服的对象。显然，一个针对科学家群体的论证和一个针对公众的论证，尽管得出的结论是一样的，但论证所使用的语言大不相同。这种分属于不同语符系统的（普通语符系统和专业语符系统）两类语词，给我们针对不同的人群进行论证提供了可选择的不同的论证语言，例如，科学论证与科普论证。

语言的针对性还涉及语段或篇章的语言风格。面向听众的口头论证和面向读者的书面论证所用的语言不同；论文式的论证独白和对话式论证的语言也有差异；法律、科技论证的语言、教学用语和广告用语各有特点；工作报告、演讲词等不同功能的文体，也有不同的语言特色。

■ 西蒙：我们仍然不知道机器是否能够思考，计算机能够执行非常复杂的任务，但是缺少人类智力的灵活特征。

罗伯特：我们不需要更复杂的计算机来知道机器是否能够思考，我们人类是机器，我们思考。

罗伯特对西蒙的反应是基于对哪一个词语的重新理解？

A. 计算机　　B. 知道

C. 机器　　D. 复杂

E. 思考

[解析] 答案：C

西蒙的结论：机器不思考，通过计算机能执行复杂操作，但是缺乏人类的灵活性，把机器指代为计算机。而罗伯特的结论：机器思考，人类就是机器，把机器指代为人类。

可见，“机器”一词在两人的对话中有不同的理解。所以C项为正确答案。

■ 皇帝：大海另一边的敌国几个世纪以来一直骚扰我们，我想征服它并且一劳永逸地解除这种骚扰。你能给我什么建议？

海军上将：如果你穿过大海，一个强大的帝国将会衰落。

皇帝：那样的话，准备部队，今天晚上我们就出海。

下面选项中，对皇帝决定入侵的最强有力的批评是哪一项？

A. 必定导致那个皇帝的失败

B. 基于不是关于军队强弱的客观事实观点

C. 与海军上将的陈述相冲突

D. 没有充分考虑海军上将的建议的可能意义

E. 对解决即将发生的问题来说是一个无效的策略

[解析] 答案：D

海军上将所提到的“强大的帝国”可能指的就是自己的国家，D项指出了这一点。

第三节　意义的澄清

自然语言的歧义和含混往往阻碍交流，澄清概念对人们的实际行动有重大意义。分析概念，就是要首先解决概念的内涵（含义）和外延（指称）是否明确。

一、概念

论证中使用的关键概念对论证产生重要影响。一个论证的质量如何，首先得考察、分析其关键概念的情况。

逻辑是研究思维的形式及其规律的科学。要研究逻辑，首先要从概念出发。概念是思维形式最基本的组成单位，是构成命题、推理的要素。

（一）概念的逻辑特征

概念有两个基本的逻辑特征：内涵和外延。概念的内涵是指概念所反映的事物的特性或本质；概念的外延是指反映在概念中的一个个、一类类的事物。

例如：“商品”这个概念的内涵是为交换而生产的产品；外延是指古今中外的、各种性质的、各种用途的、在人们之间进行交换的产品。

任何概念都有内涵和外延，概念的内涵规定了概念的外延，概念的外延也影响着概念的内涵。一个概念的内涵越多（即一个概念所反映的事物的特性越多），那么，这个概念的外延就越小（即这个概念所指的事物的数量就越少）；反之，如果一个概念的内涵越少，那么，这个概念的外延就越大。

（二）混淆概念或偷换概念的谬误

概念的内涵和外延在论证中要保持同一性，不然就会犯混淆概念、概念不清等逻辑错误。表现在同一思维或论证过程中，就是把不同的概念当作同一概念来使用的错误。混淆概念通常是一种不正当论证的诡辩手法，它或是利用同一语词的不同意义，或是利用两个语词在语义上的相同或部分相同，来达到混淆概念的目的。

［案例］麦加拉派的疑难

麦加拉派因创建于古希腊西西里岛的麦加拉城而著名，它在逻辑学上的主要贡献有：条件句的性质、模态理论以及下述怪论和疑难。

（1）有角者。你没有失去的东西你仍然具有。你没有失去角，所以你有角。

（2）知道者怪论。厄拉克特拉不知道站在她面前的这个人是她的哥哥，

厄拉克特拉知道奥列斯特是她的哥哥，

站在她面前的这个人与奥列斯特是同一个人，

所以，厄拉克特拉既知道又不知道这同一个人是她的哥哥。

逻辑分析：

（1）在“有角者论证”中，犯有“混淆或偷换概念”的逻辑错误。

诡辩是偷换概念的典型，诡辩论者通过偷换概念达到自己的目的。

“你所没有失掉的东西”在大小前提里的意思是不一样的。在大前提中的“你所没有失掉的东西”实际是指“你本来就有，而以后也没有失掉的东西”；而小前提中的“你所没有失掉的东西”，是指“本来就没有，因而也无所谓失掉的东西”。这互不相同的两个概念不能进行替换。因此，由于角是你原来没有的东西，因此，尽管你“没有失去”它，你仍然没有角。

（2）实际上涉及同一性替换原则在“认识”“知道”这类词汇所构成的语境中的有效性问题，已经成为20世纪新兴的内涵逻辑的讨论和处理对象。尽管“奥列斯特”和“站在她面前的这个人”这两个词具有同样的外延，却具有不同的内涵。厄拉克特拉只知道“奥列斯特”的内涵，并不知道它的外延，在这种情况下，不能使用同一性替换原则。

偷换概念或混淆概念实际上是改变了概念的修饰语、适用范围、所指对象等具体内涵。从严格意义上来讲，偷换概念是论证者或说话者故意这么做，而混淆概念是论证者或说话者并没有意识到这一点，而无意中犯了此种谬误。这里，为简便起见，可以统一称为偷换概念的谬误。当偷换了一个重要概念，句子甚至观点的意思就会大不一样。

从逻辑的角度来看，混淆概念和偷换概念主要有以下表现形式。

（1）偷偷改变一个概念的内涵和外延，使之变成另外一个概念

例1：法律规定干涉他人商业行为属于违法行为，那么，降价干涉了他人商业行为，所以降价是违法的。

分析：这里，第一个“干涉”和第二个“干涉”的意思是不同的，所以结论不成立。

例2：凡有意杀人者都应被处死刑；某行刑者是有意杀人者，所以，某行刑者应被处死刑。

分析：例中“有意杀人者”两次出现，但其意义是不同的。第一次指“以身试法，故意杀人”；第二次指“依照法律，奉命处死犯人”。此论证在不同意义上使用这一语词，并以此为论据证明“某行刑者应被处死刑”的论断。

［案例］早餐

某人早餐先要了份包子，没动筷子，让店主换了个油条和豆浆，吃完不付钱就要走。店主要他付钱，他问要付什么钱，店主说油条和豆浆的钱，他说我是拿包子换的，店主就说那你付包子的钱，他说包子我又没吃。说完扬长而去，店主愣在那里，一时回不过神来。

分析：没吃的包子有两种概念：一是已付钱的包子；二是未付钱的包子。顾客把“未付钱的包子”偷换为“已付钱的包子”，从而用包子换成了油条和豆浆。这时，未付钱的包子虽然没吃，但你借用了，应该还，不能还，就付包子的钱。

（2）混淆集合概念与非集合概念

集合概念反映的是一类事物的整体属性，而非集合概念所反映的是某一类事物中的某个元素的属性。

例 1：鲁迅的著作不是一天能读完的，《狂人日记》是鲁迅的著作，因此，《狂人日记》不是一天能读完的。这里前一个“鲁迅的著作”是集合概念，后一个是非集合概念，这样推理就犯了混淆或偷换概念的错误。

例 2：克鲁特是德国家喻户晓的“明星”北极熊，北极熊是名副其实的北极霸主，因此，克鲁特是名副其实的北极霸主。

分析：上述论证存在偷换概念谬误，第一个“北极熊”是非集合概念，第二个是“集合”概念。

（3）利用多义词混淆不同的概念

例 1：所有黄牛头上都有角，张三是黄牛，所以张三头上有角。

分析：“黄牛”可以指作为动物的黄牛，也可以指“票贩子”。

例 2：孔子说“君子寓于义，小人寓于利”。张三个子很小，便是小人，所以张三只懂得讲利害。

分析：孔子说的“小人”是指不道德的人，而张三是“小人”，指的是个子小，不是同一概念。

例 3：有一道小学生的考题：“以‘难过’造一句。”

一学生造的句子是：“我们家门前的大水沟很难过。”

题中“难过”应是指感情上难过，这学生将其偷换为“难以迈过”。

（4）将似是而非的两个概念混为一谈

即抓住概念之间的某种联系或表面的相似之点，抹杀不同概念之间的根本区别。

例如：我国正常婴儿在 3 个月时的平均体重为 5～6 公斤。因此，如果一个 3 个月的婴儿的体重只有 4 公斤，则说明其间他（她）的体重增长低于平均水平。

分析：上述论证混淆了“平均体重增长”与“平均体重”这两个概念。如果上述婴儿出生时的体重低于平均水平，则其间他（她）的体重增长不一定低于平均水平。

■根据男婴出生率，甲和乙展开了辩论。

甲：人口统计发现一条规律：在新生婴儿中，男婴的出生率总是摆动于 22/43 这个数值，而不是1/2。

乙：不对，许多资料都表明，多数国家和地区，例如俄罗斯、日本、美国、德国以及我国的台湾省都是女人比男人多。可见，认为男婴出生率总在22/43上下波动是不成立的。

试分析甲、乙的对话，指出下列选项哪一个能说明甲或乙的逻辑错误?

A. 甲所说的统计规律不存在　　　　B. 甲的统计调查不符合科学

C. 乙的资料不可信　　　　　　　　D. 乙混淆了概念

E. 乙违反了矛盾律

[解析] 答案：D

乙混淆了婴儿出生时的“男女比例”和社会人口性别构成中的“男女比例”两个不同的概念。后者除了受男女婴儿出生率及死亡率的影响，还要受到儿童、青少年、成年男女死亡率等其他因素的影响。

■许多怀孕妇女经常遭受维生素缺乏，但是这通常不是由于她们饮食中的维生素缺乏，而是由于她们比其他人有更高的维生素需求量。

对上文论述中最好的评价是什么?

A. 没有能够指出维生素缺乏的孕妇百分比

B. 没有给出足够的关于为什么孕妇会比其他人有更高的维生素需求量

C. 文中出现的两次“维生素缺乏”所参照的对象不同

D. 没有提供其他高维生素需求量的人群维生素缺乏的发生率

E. 以模糊的方式使用“高需求量”

[解析] 答案：C

题干中两次出现“维生素缺乏”，参照对象不同。

第一次说，许多怀孕妇女经常遭受维生素缺乏，指的是怀孕妇女与正常人比，参考对象是正常人。常人也许需要100毫克/每天，怀孕妇女也许需要150毫克/每天。

第二次说，这通常不是由于她们饮食中的维生素缺乏，指的是她们吃的食品中的维生素缺乏，饮食一般指某些食物和饮料，因此参照对象是正常食品。正常食品中也许100克包含10毫克维生素，但是她们吃的食品中，也许100克只包含5毫克维生素。

（三）概念间的外延关系

概念间的关系按其性质来说，可以分为相容关系和不相容关系两大类。

1. 概念的相容关系

（1）同一关系，是指外延完全重合的两个概念之间的关系。

例如：“北京”与“中华人民共和国首都”这两个概念就是同一关系的概念。

（2）从属关系，是指一个概念的外延包含着另一个概念的全部外延的这样两个概念之间的关系。

例如：“生物”和“植物”这两个概念，前者的外延就包含着后者的全部外延。

（3）交叉关系，是指外延有且只有一部分重合的这样两个概念之间的关系。

例如：“工程技术专家”和“工程硕士”这两个概念的外延就具有交叉关系。

2. 概念间的不相容关系

（1）矛盾关系，是指这样两个概念之间的关系，即两个概念的外延是互相排斥的，而且这两个概念的外延之和穷尽了它们属概念的全部外延。

例如："本单位人员"和"非本单位人员"这两个概念的外延就具有矛盾关系。

(2) 反对关系，是指这样两个概念之间的关系，即两个概念的外延是互相排斥的，而且这两个概念的外延之和没有穷尽它们属概念的全部外延。

例如："红色"和"黄色"这两个概念的外延就具有反对关系。

(四) 概念的划分

概念的划分是指把一个词项的外延，按照一定的标准，分为若干小类的明确词项外延的逻辑方法。

1. 概念的划分可以分为一次划分、连续划分和复分

(1) 一次划分就是依据一个标准，把母项分为若干子项。这种划分只有母项和子项两层。

(2) 连续划分就是逐层的多次划分，把划分后的子项作为母项继续划分，直到满足需要为止。连续划分的母项和子项至少有三层。

(3) 复分是指按照不同的标准，把同一母项分为若干子项。

[案例] 市场的逻辑

北大张维迎教授在《市场的逻辑》一书中论述了如下一段文字。

我们总会面临这样的问题：一件事，对社会有价值，但不能赚钱，这样的事做不做？或者，一件事能赚钱，但对社会没价值，这样的事做不做？

第一类，做事对社会有价值又能赚钱，是什么人？是君子。古人说，"君子爱财，取之有道"，这个"道"，就是你对社会的价值。

第二类是什么人？做事对社会没价值，但自己能赚钱，这是小人。所谓做君子不做小人，应该干这样的事，不应该干那样的事。

第三类是什么人？是圣人。他做事对社会有价值，但自己吃亏，过得不好。这样的人很伟大，我们很尊敬，但不能把希望寄托在他们身上。

第四类人是什么？那是傻子。只有傻子，才干损人不利己的事。这样的人大家不用担心，不会很多。不信你去试，很快会被社会淘汰。

一个社会可以提倡圣人精神，但不能把希望寄托在圣人身上。更可行的办法，是通过制度设计，奖励君子，惩治小人，把更多的小人变成君子，把更多的事变成君子可为之事。

2. 概念的划分应满足的规则

(1) 各子项之间的关系应当是不相容的；

(2) 各子项外延之和必须等于母项的外延；

(3) 每次划分必须使用同一划分标准；

(4) 划分不能越级。

(五) 图解法辅助解题

所谓图解，就是根据题意用欧拉图法（即圆圈图形的示意法）表示多个概念之间的外延关系。

（1）先判定题目中每两个概念的外延关系。

（2）在此基础上画出能从整体上反映这几个概念彼此之间外延关系的综合图形。

（3）在每个圆圈的适当位置上标注。

注意：

（1）有时适合题目要求的情形不止一种，此时可建议用虚线表示，要注意虚线可能出现的多个位置。

（2）由于用欧拉图解法的图形有时不具有唯一性，因此，图解法只能是帮助解题思考的辅助方法。

■某宿舍住着若干个研究生。其中，一个是大连人，两个是北方人，一个是云南人，两个人这学期只选修了逻辑哲学，三个人这学期选修了古典音乐欣赏。

假设以上的介绍涉及这个寝室中所有的人，那么，这个寝室中最少可能是几个人？最多可能是几个人？

A. 最少可能是 3 人，最多可能是 8 人

B. 最少可能是 5 人，最多可能是 8 人

C. 最少可能是 5 人，最多可能是 9 人

D. 最少可能是 3 人，最多可能是 9 人

E. 无法确定

［解析］答案：B

从地域情况看：由于介绍涉及了这个寝室中所有的人，“一个是大连人，两个是北方人”，关键是大连人属于北方人，也就还是两个人。再加上“一个是云南人”，因此，是 3 个人。

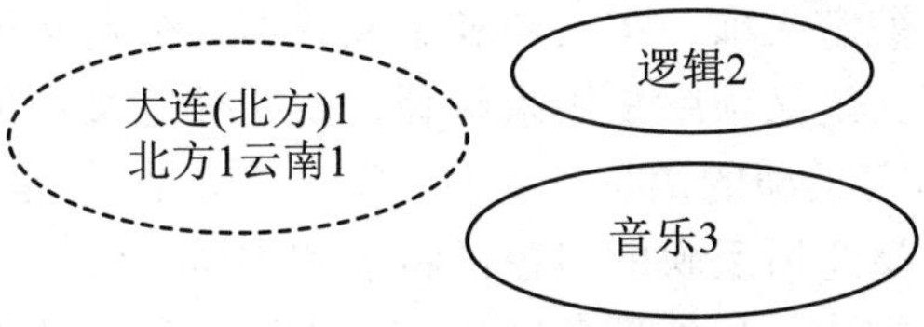

从选课的情况看，虽然“三个人这学期选修了古典音乐欣赏”时没有用“只”字，但事实上，就本题而言，与用了“只”字的答案是一样的。而“只选修了逻辑哲学”的两个人和“选修了古典音乐欣赏”的三个人是绝对不会重合的，也就是 5 个人。

按地域得到的 3 个人和按选课得到的 5 个人，可能完全重合也可能完全不重合，因此，最少可能是 5 人，最多可能是 8 人。

■在某大型理发店内。所有的理发师都是北方人，所有女员工都是南方人，所有的已婚者都是女员工。所以，所有的已婚者都不是理发师。

下面哪一项为真，将证明上述推理的前提至少有一个是假的？

A. 该店内有一位出生在北方的未婚的男理发师

B. 该店内有一位不是理发师的未婚女员工

C. 该店内有一位出生在南方的女理发师

D. 该店内有一位出生在南方的已婚女员工

E. 该店内有一位已婚的南方人

［解析］答案：C

根据题干，可以画出如下集合图：

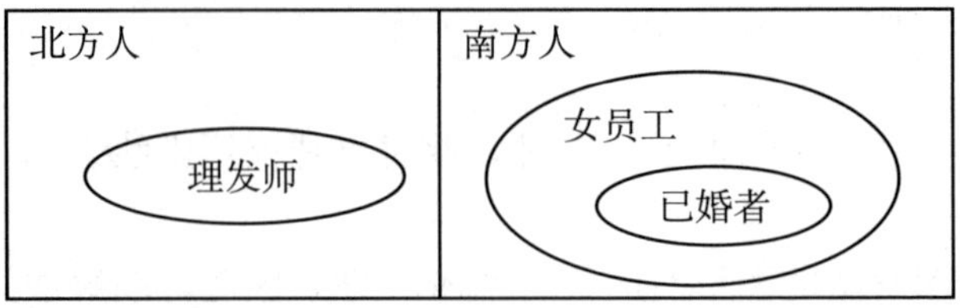

如果“该店内有一位出生在南方的女理发师”，这与题干“所有的理发师都是北方人”矛盾，因此，如果C项为真，将证明题干推理的前提至少有一个是假的。其余选项如果为真，题干推理仍有可能成立。

二、定义

定义在论证中起着很重要的作用，因为定义可以用来澄清含糊不清的概念，使模糊的术语更明确。人们通过提供一个代号或公式来把被定义的词转换成其他易懂的用语，或者通过揭示该词所涉及的事物的特征（既包括此事物与同类事物的共有特征，也包括使之与其他种类事物区别开来的特征）来划定它的范围，这就是定义。

（一）定义的方法

定义的一般结构是：被定义项X具有与定义项Y相同的意义。

这种相同的意义也意味着，定义项和被定义项指的是完全相同的对象。定义就是用更易于理解的概念来替换另一个概念。

定义包括三个部分：被定义项、定义项和定义联项。被定义项就是在定义中被解释和说明的语词、概念或命题。定义项就是用来解释、说明被定义项的语词、概念或命题。定义联项是联结被定义项和定义项的语词，例如“是”“就是”“是指”和“当且仅当”等。通过定义，可以明确这个概念所反映的对象的特点和本质。

给概念下定义有很多方法，从外延角度的定义方法大致有示例定义、实指定义和准实指定义；从内涵角度定义的方法大致有同义定义、操作定义和属加种差定义等。

其中，属加种差的定义方法是一种最常见的形式，其具体方法是：

被定义的概念＝种差＋邻近的属

如果一个概念的外延全部包含在另一个概念的外延之中，而后者的外延并不全部包含在前者的外延之中，则这两个概念之间就具有属种关系，前一概念是后一概念的种概念，后一概念则是前一概念的属概念。

例如：商品是用来交换的劳动产品。

“商品”这个概念就是“劳动产品”这个概念的种概念，“用来交换”就是商品不同于其他种的特有属性，称为种差。

（二）定义的基本规则

1. 定义必须揭示被定义对象的区别性特征

例如：水是一种透明的液体。

这一定义显然没有揭示水区别于其他液体的特征，不是一个好的或可以接受的定义。

2. 被定义项的外延和定义项的外延必须是全同关系

被定义项的外延和定义项的外延如果不是全同关系，会犯“定义过窄”或“定义过宽”的错误。

所谓“定义过窄”，是指一个定义把本来属于被定义概念外延的对象排除在该概念的外延之外。

例如：“直系亲属是指和当事人具有直接血缘关系的人”。这个定义过窄了，因为这个定义没有包括夫妻。

所谓“定义过宽”，是指一个定义把本来不属于被定义概念外延的对象也包括在该概念的外延之中。

例如：“平反是对处理错误的案件进行纠正”。这个定义过宽了，因为对原来重罪轻判的案件进行纠正不应该称为平反。

3. 定义项中不得直接或间接包含被定义项

同语反复和循环定义一样违反了定义的一条规则，即定义项中不得直接或间接地包含被定义项。具体来说，同语反复是直接地包含了被定义项。

例如：乐观主义者就是乐观地对待生活的人。

“循环定义”所谓循环，是指在用定义项去刻画、说明被定义项时，定义项本身又需要或依赖于被定义项来说明。

例如，有人在一篇文章中给出了三个相关的定义：

> 人是有理性的动物。
> 理性是人区别于其他动物的高级神经活动。
> 高级神经活动是人的理性活动。
> 以上这三个相关的定义就是循环定义。

4. 定义项中不得有含混的词语，不能用比喻

定义项中如果有含混的词语或用比喻来定义，就会犯“定义含糊不清”或“用比喻下定义”的错误。例如下面几句话是修辞不是定义：

> 儿童是祖国的花朵。
> 书是人类进步的阶梯。
> 建筑是凝固的音乐。

5. 对概念下定义不能使用否定句

例如：“平行四边形不是三角形”就不是一个好的定义。

■过去，我们在道德宣传上有很多不切实际的高调，以至于不少人口头说一套，背后做一套，发生人格分裂现象，通过对此种现象的思考，有的学者提出，我们只应该要求普通人遵守“底线伦理”。

根据你的理解，以下哪一选项作为“底线伦理”的定义最合适？

A. 底线伦理就是不偷盗、不杀人

B. 底线伦理是作为一个社会普通人所应遵守的一套最起码、最基本的行为规范和准则

C. 底线伦理不是要求人无私奉献的伦理

D. 如果把人的道德比作一座大厦，底线伦理就是该大厦的基础部分

E. 底线伦理是要求人们所应遵守的一种伦理

［解析］答案：B

从题干中可知，“底线伦理”是应该要求普通人遵守的基本东西，因此，B项为正确答案。

其他选项在题干中没有涉及，均为无关项，排除。从逻辑学的角度来看，A、C和D项都不正确，因为都违反了相应的定义规则。A、E项犯了“定义过宽”的逻辑错误；C项违背了“不得以否定句给概念下定义”的规则；D项违背了“定义不得运用比喻”的规则。

（三）定义的批判性思维

一方面，对定义的评价，也需要批判性思维。有时候，论证的关键步骤就是定义的澄清或者再定义的过程。另一方面，对定义的判断，需要根据所给出的标准予以分析与明确。

■如果一个儿童体重与身高的比值超过本地区80%的儿童的水平，就称其为肥胖儿。根据历年的调查结果，15年来，临江市的肥胖儿的数量一直在稳定增长。

如果以上断定为真，则以下哪项也必为真？

A. 临江市每一个肥胖儿的体重都超过全市儿童的平均体重

B. 15年来，临江市儿童的体育锻炼越来越不足

C. 临江市的非肥胖儿的数量15年来不断增长

D. 15年来，临江市体重不足标准体重的儿童数量不断下降

E. 临江市每一个肥胖儿的体重与身高的比值都超过全市儿童的平均值

［解析］答案：C

这个题目有个小陷阱。肥胖儿的定义“如果一个儿童体重与身高的比值超过本地区80%的儿童的水平，就称其为肥胖儿”说明了什么？说明一个地区肥胖儿的比例始终占所有儿童的20%。

题干说“15年来，临江市的肥胖儿的数量一直在稳定增长”，我们就很容易得出选项C为真，因为20%的儿童的数量在增加，也就是儿童的总数量在增加，当然80%的儿童的数量也肯定增加，这就是“临江市的非肥胖儿的数量15年来不断增长”。

有人认为选项A“临江市每一个肥胖儿的体重都超过全市儿童的平均体重”也为真，其实不一定。假设，除一个肥胖儿甲以外，其他肥胖儿的体重都远远高于全市儿童的平均体重，那么肥胖儿甲的体重完全有可能低于全市儿童的平均体重。选项B、D都不可选。

■美国社会学家默顿将社会功能划分为显功能和潜功能两个层次。显功能是有助于系统的调整和适应的客观后果，这种适应和调整是系统中的参与者所期望达到或能预料、认识到的。潜功能是没有预料也没有被认识的客观后果。

下列选项不包含对潜功能描述的一项是：

A. 电视剧《渴望》播放期间，万人空巷，社会治安明显好转

B. 来自偏远山区的小刘为了摆脱贫困，让父母过上好日子，从小刻苦学习，做事认真，没几年工夫就成为一家大型企业的负责人，也使自己成为家乡父老教育孩子

的榜样

C. 张某根据自己的家庭收入状况，贷款 30 万元买了一套房子，由于利率上升，自己的生活变得捉襟见肘

D. 为抵御外族入侵，秦始皇修筑了长城，客观上促进了我国民间建筑工艺的发展

E. 一盗窃团伙盗走了某地常务副县长家里的 60 万元现金，案发后经公安机关破案，竟牵出了数名贪污腐败的县领导

［解析］答案：B

A 项，《渴望》播放期间，万人空巷，社会治安明显好转。这是没有预料的客观后果，属于潜功能。

B 项，小刘为摆脱贫困，从小刻苦学习，做事认真，没几年工夫就成为一家大型企业的负责人。这是参与者所期望达到或能预料、认识到的，属于显功能。

C 项，张某根据自己的家庭收入状况，贷款买房，由于利率上升，自己的生活变得捉襟见肘。这是没有预料的客观后果，属于潜功能。

D 项，秦始皇修筑长城，客观上促进了我国民间建筑工艺的发展。这是没有预料的客观后果，属于潜功能。

E 项，盗窃案牵出了数名贪污腐败的县领导，这是没有预料的客观后果，属于潜功能。

第四节　言语理解

自然语言的语句是依赖语境的，一个句子表达什么意义，不仅取决于其中所使用的词语的一般意义，还取决于说出这句话的语境。

一、预设

人与人之间比较容易沟通主要在于具有共同的“预设”，讨论问题、交流思想、沟通情况必须要有共同的论域、共同的语境、共同的预设。预设具体是指包含在日常语言的某个命题中并使之成立的“隐含判断”，是某一个判断、某一个推理、某一个论证有意义的前提。如果没有某预设，那么某判断、某推理无意义。

例 1：谁是现任的清华大学校长？

其预设是存在清华大学，并且有一个现任的清华大学校长。

例 2：足球训练课上，小戴来晚了，教练问他：“你怎么又迟到了？”

教练提问的预设就是，过去上足球训练课时小戴也迟到过。

例 3：老张又戒烟了。

这句话的预设有：

（1）老张曾经抽烟。

（2）老张过去的戒烟次数可能不止一次。

（3）老张过去戒烟都没有成功。

（4）老张这次戒烟很难成功。

[案例] 卖早点

在台湾有两个女工，各在路边开了一个早点铺，都卖包子和油茶。一个生意逐渐兴旺，一个30天后收了摊，据说原因是一个鸡蛋。生意逐渐兴旺的那家，每当顾客到来时，总是问“在油茶里打一个鸡蛋还是两个鸡蛋”；垮掉的那一家，总是问顾客“要不要鸡蛋”。

分析： 两种不同的问法总能使第一家卖出较多的鸡蛋（第一家的预设是你要鸡蛋，而第二家没有这个预设）。鸡蛋卖得多，盈利就大，就付得起各项费用，生意也就做了下去。鸡蛋卖得少的，盈利少，去掉费用不赚钱，摊子只好收起。成功与失败之间仅一个鸡蛋的区别。

平时说话要注意自己的预设，以免别人误解。水平高的人说话总是非常得体，关键是要注意各类受众，注意说话对不同受众的影响，以把握好分寸。善于说话的人注意场合、注意受众，不会说话的人总是考虑不周，说些不该说的话。什么叫不该说的话？就是话中有会使受众产生不舒服的预设，所谓说者无心，听者有意。

例如：古代有个笑话。主人请客，请张三、李四与王五，结果张三、李四来了，左等右等就是王五没来，主人就说：“该来的怎么还不来”，张三听了，心想：“那我是属于不该来的”，于是就走了；主人着急了，就说“不该走的怎么走啦”；李四听了，心想“那我是该走的了”，于是也走了。结果主人一个客人也没请到。

■ 甲、乙二人正在议论郑建敏。

甲：郑建敏是福特公司如今最得力的销售经理。

乙：这怎么可能呢？据我所知，郑建敏平时开的是一辆日本车。

乙的判断包含了以下哪项假定？

A. 日本车现在越来越受欢迎，占领了越来越大的国际市场

B. 这辆日本车的性能一定非常优异，才可能吸引福特公司的销售经理

C. 一个公司的销售经理应当使用本公司的产品，哪能买别的公司的车

D. 郑建敏开的那辆日本车可能是福特公司在日本的合资企业生产的

E. 最得力的销售经理应当享受最高级的待遇，所以郑建敏能买日本车

[解析] 答案：C

乙根据郑建敏是福特公司的销售经理，而对其开日本车感到惊讶。

可见，乙的判断假定了C项，否则，如果乙不假定一个公司的销售经理应当使用本公司的产品，他就不会因为作为福特公司销售经理的郑建敏不开福特车而开日本车感到惊讶。

其余各项均没有理由被认为是乙的断定所假定的。

■ 甲：那座拱形桥是什么时候被什么人炸毁的？

乙：是被日本人炸的，我记得那是抗日战争快结束的时候。

以上对话中的预设是：

Ⅰ. 曾经有一座拱形桥。

Ⅱ. 拱形桥被人炸毁了。

Ⅲ. 有一段历史时期被称作抗日战争时期。

Ⅳ. 拱形桥是被日本人炸毁的。

A. 仅Ⅰ和Ⅱ
B. 仅Ⅰ、Ⅱ和Ⅲ
C. 仅Ⅱ、Ⅲ和Ⅳ
D. 仅Ⅰ、Ⅱ和Ⅳ
E. Ⅰ、Ⅱ、Ⅲ和Ⅳ

[**解析**] 答案：B

根据语感，Ⅰ、Ⅱ和Ⅲ都是题干对话中所必须预设的。

Ⅳ是不必预设的，因为“拱形桥是被日本人炸毁的”这样一个事实是题干中已经表达出来的。

二、语意分析

逻辑的研究对象是思维，而在实际思维中，思维的过程同时也是使用语言的过程。所以在研究逻辑思维时一刻也不能离开语言。

在我们平时的语言表达中往往存在逻辑问题。对于日常语言，由于所处环境的不同以及说话人个体的差异，往往有不同的理解。但在特定的语境下，一句话的含义应该是确定的。在需要确定一句话或一段话的真实含义时，有必要进行一定的语意分析。

[案例] 老汉

在日本东京的一条街上红灯亮起，许多车辆都停着，其中一辆汽车的后窗上贴了一张纸，上面写道“老汉今年84”。

分析：汽车的后窗纸上话语的含义，可能有以下两种：

(1) 老汉今年84岁了，如果行车时动作迟缓，请多包涵；

(2) 老汉今年84岁了，仍然能够驾车上路，不见得比中青年差。

当然，第一种的意义可能性要大。

日常推理和论证中，前提和结论之间总是存在着某种共同的意义内容，使得我们可以由前提推出结论。在阅读理解中，我们要充分运用自己平时积累起来的语感，细心品味其推理的语义，力求准确理解、分析和推断题干给出的日常语言表达的句子或内容的复杂含义和深层意义。

■美国第34任总统、五星上将艾森豪威尔烟瘾很大，烟斗几乎不离手。某天，他宣布戒烟，立刻引起轰动。

记者们向他提出了戒烟能否成功的问题，艾森豪威尔回答说：“我决不第二次戒烟。”

下面各项都可能是艾森豪威尔讲话的含义，除了：

A. 在这次戒烟以前，我从没有戒过烟

B. 我曾经戒过烟，但失败了

C. 如果这次戒烟失败，我就不再戒烟

D. 我相信这次戒烟一定成功

E. 我具有戒烟所需要的足够的意志和决断力

[**解析**] 答案：B

艾森豪威尔的“我决不第二次戒烟”包含了很多含义，包括：

第一，他以前从来没有戒过烟，A项符合其含义。

第二，如果他这次戒烟失败，那么他就不再戒烟了，否则，他就要第二次戒烟了；C项符合其含义。

第三，戒烟者的自信心；D 项符合其含义。

第四，戒烟者的决心；E 项符合其含义。

只有选项 B“我曾经戒过烟，但失败了”，与他的话的含义不相容，因为如果艾森豪威尔曾经戒过烟，那么他就不会把自己这次戒烟看作第一次戒烟，把下一次戒烟称为第二次戒烟。

■ 科学家的平均收入与他们作出的贡献比起来是太低了。最杰出的科学家的收入不应该和普通的名演员、歌星、体育明星、大饭店经理相比，应该和他们之中的最杰出者相比。

除了以下哪项，其余各项都可能是上述议论所表达的意思？

A. 有的科学家的收入和他们作出的贡献比起来不算太低

B. 最杰出的科学家的收入并不比普通的名演员、歌星、体育明星和大饭店经理低

C. 最杰出的名演员、歌星、体育明星、大饭店经理的收入一般要高于最杰出的科学家

D. 最杰出的科学家的收入一般还不如普通的名演员、歌星、体育明星和大饭店经理

E. 最杰出的科学家的收入不应该低于最杰出的名演员、歌星、体育明星和大饭店经理

［**解析**］答案：D

题干说“最杰出的科学家的收入不应该和普通的名演员、歌星、体育明星、大饭店经理相比，应该和他们之中的最杰出者相比”，就是隐含尽管现在这些最杰出的科学家的收入比普通的名演员等要高，但却无法与他们之中的最杰出者相比（就是选项 B 和选项 C 的结合）。所以只有选项 D 与此内容相反，故选 D。

三、论辩分析

论辩是一种言语的、社会的、理性的活动，是消除意见分歧的手段。辩论就是围绕某个问题，对话双方相互质证，阐明自己主张的合理性，其目标是说服第三团体（比如听众或法官）。辩论主要是利用批判性方法来审察问题和与他人交流。辩论训练有助于提升分析性反应能力，辩论活动在解决问题的过程中促进逻辑推理和论证的应用，最大限度地利用可得到的证据，养成批判性思维习惯。

［案例］濠梁之辩

《庄子·秋水》中记载庄子与惠子游于濠梁之上。

庄子曰：“鯈（sū）鱼出游从容，是鱼之乐也。”

惠子曰：“子非鱼，安知鱼之乐？”

庄子曰：“子非我，安知我不知鱼之乐？”

惠子曰：“我非子，固不知子矣；子固非鱼也，子之不知鱼之乐，全矣！”

庄子曰：“请循其本。子曰‘汝安知鱼乐’云者，既已知吾知之而问我。我知之濠上也。”

译文：有一次，庄子和他的好朋友惠子，两人在濠水的石梁上闲游。

庄子看着水中的鱼儿说：“小白鱼在水中悠游自在，这就是鱼的快乐啊！”

惠子说：“你又不是鱼，怎么知道鱼是快乐的呢？”

庄子说：“你又不是我，怎么知道我不知道鱼的快乐呢？”

惠子说："我不是你，当然不知道你了；但你既然不是鱼，所以你当然不知道鱼是不是快乐的啰！"

庄子说："不是这样的。我们回到刚开始，当你问我'你怎么知道鱼是快乐的呢?'就表示你早已知道我知道鱼的快乐，所以才来问我。至于我怎么会知道鱼的快乐呢？我在濠水上赏鱼时，就知道了啊！"

分析：这段话的第一句庄子作出判断，鱼这么自由自在是快乐的。

第二句惠子利用庄子话中的漏洞，否定庄子的判断，并以此作为这次辩论的前提，就是"甲不是乙就不知道乙"，庄子不是鱼，就不会知道鱼的快乐。

第三句庄子根据惠子的逻辑推论进行反驳，批评惠子自相矛盾。

第四句惠子机智地回答，我不是你，所以不知道你。避开了自相矛盾的错误，反攻为守，重复自己提出的大前提，强调庄子不是鱼，根本不可能知道鱼的快乐。

这时庄子再讨论这事就继续自相矛盾了，于是绕了个弯说：我们还是研究一下"甲不是乙就不知道乙"这个大前提吧（请循其本）。你说"汝安知鱼之乐"，这本身就说明你已经知道我是知道鱼之乐的，又反过来问我（云者既已知吾知之而问我），我是来到濠水才知道的嘛（我知之濠上也）。

庄子与惠子都想置对方于自相矛盾的境地。

从古至今，人们对"濠梁之辩"一直有着浓厚的兴趣。但对庄子与惠子的是非曲直却众说纷纭、莫衷一是，从未取得一致的看法。

从逻辑角度看，庄周在和惠施的论辩过程中，其最后的回答显然歪曲了惠施的原意，偷换了惠施的论点。惠施说："你不是鱼，怎么知道鱼快乐?!"这句话的原意是否定庄周会知道鱼快乐。而在最后一段对话中，庄周却把惠施的话歪曲成两个意思：其一，惠施承认了庄周知道鱼快乐；其二，惠施问庄周在什么地方（以什么方式）知道鱼快乐的。

对一种主张进行争辩，意味着这种主张的真实性或者可信性受到了怀疑。争辩的目的是企图打消他人的疑虑，或者使对方接受自己的主张。争议的焦点既可以是观点，也可以是理由。其中，发生在主要问题上的争议称为观点之争；发生在主要根据上的争议称为理由之争。

■陈先生：未经许可侵入别人的电脑，就好像开偷来的汽车撞伤了人，这些都是犯罪行为。但后者性质更严重，因为它既侵占了有形财产，又造成了人身伤害；而前者只是在虚拟世界中捣乱。

林女士：我不同意。例如，非法侵入医院的电脑，有可能扰乱医疗数据，甚至危及病人的生命。因此，非法侵入电脑同样会造成人身伤害。

以下哪项最为准确地概括了两人争论的焦点？

A. 非法侵入别人的电脑和开偷来的汽车是否同样会危及人的生命

B. 非法侵入别人的电脑和开偷来的汽车伤人是否都构成犯罪

C. 非法侵入别人的电脑和开偷来的汽车伤人是否同样性质的犯罪

D. 非法侵入别人电脑的犯罪性质是否和开偷来的汽车伤人一样严重

E. 是否只有侵占有形财产才构成犯罪

[**解析**] 答案：D

陈先生的观点是：未经许可侵入别人的电脑只是在虚拟世界中捣乱（并未造成人身伤

害)，其犯罪性质不如开偷来的汽车撞伤了人严重。

林女士的观点是：非法侵入电脑同样会造成人身伤害，这两类犯罪行为同样严重。

因此，本题争论的焦点是这两种犯罪的性质是否一样严重，所以，D项正确。

有争议的选项是A、C项，都没有D项贴切。

■ 张教授：和谐的本质是多样性的统一。自然界是和谐的，例如没有两片树叶是完全相同的。因此，克隆人是破坏社会和谐的一种潜在危险。

李研究员：你设想的那种危险是不现实的，因为一个人和他的克隆复制品完全相同的仅仅是遗传基因。克隆人在成长和受教育的过程中，必然在外形、个性和人生目标等诸方面形成自己的不同特点。如果说克隆人有可能破坏社会和谐的话，我看一个现实危险是，有人可能把他的克隆复制品当作自己的活“器官银行”。

以下哪项最为恰当地概括了张教授与李研究员争论的焦点？

A. 克隆人是否会破坏社会的和谐

B. 一个人和他的克隆复制品的遗传基因是否可能不同

C. 一个人和他的克隆复制品是否完全相同

D. 和谐的本质是否为多样性的统一

E. 是否可能有人把他的克隆复制品当作自己的活“器官银行”

［**解析**］答案：C

张教授推理的隐含假设是克隆人和其原人是完全相同的。

而李研究员认为一个人和他的克隆复制品仅仅是遗传基因完全相同而在外形、个性和人生目标等诸方面并不同。

张教授与李研究员争论的焦点就是“一个人和他的克隆复制品是否完全相同”，即C项正确。

其余各项均不恰当。例如，李研究员并不否认克隆人有可能破坏社会和谐，因此，A项不恰当。

练习题

1. 我们的词汇是无意义的并且无法与其反义词区分开来，举一个例子可以证明这一点。人们认为，他们知道“秃头”与“有头发”之间的区别。假设一个21岁的普通人头上有N根头发。我们说这个人不是秃头而是有头发的。但是少一根头发当然不会有什么分别，有N－1根头发的人会被说成有头发。假设我们继续，每次减少一根头发，结果将是相同的。但是有一根头发的人和没有头发的人的区别是什么呢？我们把他们都称为秃头。我们没有能区分“秃头”和“有头发”的地方。

下面的哪个陈述最能反驳上面的结论？

A. “秃头”一词可以翻译为其他语言

B. 一个词可以有不止一个意思

C. 像“猫”这样的词可以被用于在某些方面不同的几种动物上面

D. 词汇可以缺乏准确性却不至于无意义

E. 人们不用词汇就无法清楚地进行思考

2. 张先生买了块新手表。他把新手表和家中的挂钟对照，发现手表比挂钟每小时快了 2 分钟；然后他又把家中的挂钟和电台的标准时对照，发现家中的挂钟比电台标准时间每小时慢了 2 分钟。张先生因此推断：他的表是准确的。

以下哪项是对张先生推断的正确评价？

A. 张先生的推断是正确的，因为手表比挂钟快 2 分钟，挂钟比标准时慢 2 分钟，这说明手表准时

B. 张先生的推断是正确的，因为他的手表是新的

C. 张先生的推断是错误的，因为手表时间比标准时间要快一些

D. 张先生的推断是错误的，因为挂钟比标准时慢 2 分钟，是标准的 2 分钟；手表比挂钟快 2 分钟，是不标准的 2 分钟

E. 张先生的推断既无法断定为正确，也无法断定为错误

3. 陈先生要举办一个亲朋好友的聚会。他出面邀请了他父亲的姐夫、他姐夫的父亲、他哥哥的岳母、他岳母的哥哥。

陈先生最少出面邀请了几个客人？

A. 未邀请客人　　B. 1 个客人

C. 2 个客人　　D. 3 个客人

E. 4 个客人

4. 小荧十分渴望成为一名微雕艺术家，为此，他去请教微雕大师孔先生："您如果教我学习微雕，我要多久才能成为一名微雕艺术家？"孔先生回答："大约十年。"小荧不满足于此，再问："如果我不分昼夜，每天苦练，能否缩短时间？"孔先生答道："那要用二十年。"

以下哪项最可能是孔先生的回答所提示的成为微雕艺术家的重要素质？

A. 谦虚　　B. 勤奋

C. 尊师　　D. 耐心

E. 决心

5. 甲、乙二人之间有以下对话：

甲：张琳莉是爱丽丝祛斑霜上海经销部的总经理。

乙：这怎么可能呢？张琳莉脸上长满了黄褐斑。

如果乙的话是不包含讽刺的正面断定，则它预设了以下哪项？

Ⅰ. 爱丽丝祛斑霜对黄褐斑具有良好的祛斑效果。

Ⅱ. 爱丽丝祛斑霜上海经销部的总经理应该使用本品牌的产品。

Ⅲ. 爱丽丝祛斑霜在上海的经销领先于其他品牌。

A. 仅Ⅰ　　B. 仅Ⅱ

C. 仅Ⅲ　　D. 仅Ⅰ和Ⅱ

E. Ⅰ、Ⅱ和Ⅲ

6. 金钱不是万能的，没有钱是万万不能的，发不义之财是绝对不行的。

以下除哪些项外，基本表达了上述题干的思想？

Ⅰ. 有些事情不是仅有钱就能办成的，比如抗洪抢险的将士冒着生命危险坚守堤防，不是为了钱才去干的。

Ⅱ. 有钱能使鬼推磨。世上没有用钱干不成的事。抗洪抢险的将士也是要发工资的。

Ⅲ. 对许多事情来说，没有钱是很难办的。有时候真是“一分钱急死男子汉”。

Ⅳ.“钱”是身外之物，生不带来，死不带去，钱多了还惹是生非。

Ⅴ.“君子爱财，取之有道”。通过合法的手段赚得的钱记载着你的劳动，可以用来帮助你做其他的事情。

A. 只有Ⅰ

B. 只有Ⅱ

C. 只有Ⅰ和Ⅲ

D. 只有Ⅱ和Ⅳ

E. 只有Ⅰ、Ⅲ和Ⅴ

7. “男女”和“阴阳”似乎指的是同一种区分标准，但实际上，“男人和女人”区分人的性别特征，“阴柔和阳刚”区分人的行为特征。按照“男女”的性别特征，正常人分为两个不重叠的部分；按照“阴阳”的行为特征，正常人分为两个重叠的部分。

以下各项都符合题干的含义，除了：

A. 人的性别特征不能决定人的行为特征

B. 女人的行为，不一定是有阴柔的特征

C. 男人的行为，不一定是有阳刚的特征

D. 同一个人的行为，可以既有阴柔又有阳刚的特征

E. 一个人的同一个行为，可以既有阴柔又有阳刚的特征

8. 厂长：采用新的工艺流程可以大大减少炼铜车间所产生的二氧化硫。这一新流程的要点是用封闭式熔炉替代原来的开放式熔炉。但是，不光购置和安装新的设备是笔大的开支，而且运作新流程的成本也高于目前的流程。因此，从总体上说，采用新的工艺流程将大大增加生产成本而使本厂无利可图。

总工程师：我有不同意见。事实上，最新的封闭式熔炉的熔炼能力是现有的开放式熔炉无法相比的。

在以下哪个问题上，总工程师和厂长最可能有不同意见？

A. 采用新的工艺流程是否确实可以大大减少炼铜车间所产生的二氧化硫

B. 运作新流程的成本是否一定高于目前的流程

C. 采用新的工艺流程是否一定使本厂无利可图

D. 最新的封闭式熔炉的熔炼能力是否确实明显优于现有的开放式熔炉

E. 使用最新的封闭式熔炉是否明显增加了生产成本

9. 郑女士：衡远市过去十年的 GDP（国内生产总值）增长率比易阳市高，因此衡远市的经济前景比易阳市好。

胡先生：我不同意你的观点。衡远市 GDP 增长率虽然比易阳市高，但易阳市的 GDP 数值却更大。

以下哪项最为准确地概括了郑女士和胡先生争议的焦点？

A. 易阳市的 GDP 数值是否确实比衡远市大

B. 衡远市的 GDP 增长率是否确实比易阳市高

C. 一个城市的 GDP 数值大，是否经济前景一定好

D. 一个城市的 GDP 增长率高，是否经济前景一定好

E. 比较两个城市的经济前景，GDP 数值与 GDP 增长率哪个更重要

10～11 题基于以下题干：

以下是在一场关于“安乐死是否应合法化”的辩论中正反方辩手的发言。

正方：反方辩友反对“安乐死合法化”的根据主要是在什么条件下方可实施安乐死的标准不易掌握，这可能会给医疗事故甚至谋杀造成机会，使一些本来可以挽救的生命失去最后的机会。诚然，这样的风险是存在的。但是我们怎么能设想干任何事都排除所有风险呢？让我提一个问题，我们为什么不把法定的汽车时速限制为不超过自行车，这样汽车交通死亡事故发生率不是几乎可以下降到 0 吗？

反方：对方辩友把安乐死和交通死亡事故作以上的类比是毫无意义的，因为不可能有人会做这样的交通立法。设想一下，如果汽车行驶得和自行车一样慢，那还要汽车干什么？对方辩友，你愿意我们的社会回到没有汽车的时代吗？

10. 以下哪项最为确切地评价了反方的言论？

A. 他的发言实际上支持了正方的论证

B. 他的发言有力地反驳了正方的论证

C. 他的发言有力地支持了反安乐死的立场

D. 他的发言完全离开了正方阐述的论题

E. 他的发言是对正方的人身攻击而不是对正方论证的评价

11. 正方的论证预设了以下哪项？

Ⅰ. 实施安乐死带来的好处比可能产生的风险损失总体上说要大得多。

Ⅱ. 尽可能地延长病人的生命并不是医疗事业的绝对宗旨。

Ⅲ. 总有一天医疗技术可以准确无误地把握何时方可实施安乐死的标准。

A. 仅Ⅰ　　B. 仅Ⅱ

C. 仅Ⅲ　　D. 仅Ⅰ和Ⅱ

E. Ⅰ、Ⅱ和Ⅲ

12～13 题基于以下题干：

小李：如果在视觉上不能辨别艺术复制品和真品之间的差异，那么复制品就应该和真品的价值一样。因为如果两件艺术品在视觉上无差异，那么它们就有相同的品质。要是它们有相同的品质，它们的价格就应该相等。

小王：你对艺术了解得太少啦！即使某人做了一件精致的复制品，并且在视觉上难以把这件复制品与真品区别开来，由于这件复制品和真品产生于不同的年代，不能算有同样的品质。现代人重塑的兵马俑再逼真，也不能与秦陵的兵马俑相提并论。

12. 以下哪项是小李和小王的分歧之所在？

A. 到底能不能用视觉来区分复制品和真品

B. 一件复制品是不是比真品的价值高

C. 是不是把一件复制品误认为真品

D. 一件复制品是不是和真品有同样的时代背景

E. 首创性是否一件艺术品所体现的宝贵品质

13. 小王用下列哪项方法驳斥小李的论证？

A. 攻击小李的一个假设，这个假设认为：一件艺术品的价格表明它的价值

B. 提出一个观点，这个观点削弱对方的一个断言，它是对方得出结论的基础

C. 对小李的一个断言提出质疑，这个断言是：在视觉上难以把一件精致的复制品和真品区别开来

D. 给出确认小李不能判断一件艺术品品质的理由，这个理由是小李对艺术品的鉴赏还缺乏经验

E. 提出一个标准，依据这个标准，可判定两件艺术品是否可从视觉上加以区别

14～15 题基于以下题干：

陈先生：有的学者认为，蜜蜂飞舞时发出的嗡嗡声是一种交流方式，例如蜜蜂在采花粉时发出的嗡嗡声，是在给同一蜂房的伙伴传递它们正在采花粉位置的信息。但事实上，蜜蜂不必通过这样费劲的方式来传递这样的信息。它们从采花粉处飞回蜂房时留下的气味踪迹，足以引导同伴找到采花粉的地方。

贾女士：我不完全同意你的看法。许多动物在完成某种任务时可以有多种方式。例如，有些蜂类可以根据太阳的位置，也可以根据地理特征来辨别方位，同样，对于蜜蜂来说，气味踪迹只是它们的一种交流方式，而不是唯一的交流方式。

14. 以下哪项最为恰当地概括了陈先生和贾女士所争论的问题?

A. 关于动物行为方式的一般性理论，是否能只基于对某种动物的研究

B. 对蜜蜂飞舞时发出的嗡嗡声，是否可以有多种不同的解释

C. 是否只有蜜蜂才有能力向同伴传递位置信息

D. 蜜蜂在采花粉时发出的嗡嗡声，是否在给同一蜂房的伙伴传递所在位置的信息

E. 气味踪迹是否为蜜蜂的主要交流方式

15. 在贾女士的应对中，提到有些蜂类辨别方位的方式，以下哪项最为恰当地概括了这一议论在贾女士应对中所起的作用?

A. 指出陈先生所使用的“动物交流方式”这个概念存在歧义

B. 提供具体证据用以支持一般性的结论

C. 对陈先生的一个关键论据的准确性提出质疑

D. 指出陈先生的结论直接与他的某一个前提矛盾

E. 对蜜蜂飞舞时发出的嗡嗡声提出了另一种解释

16. 母亲要求儿子从小就努力学外语。儿子说：“我长大又不想当翻译，何必学外语。”以下哪项是儿子的回答中包含的前提?

A. 要当翻译，需要学外语

B. 只有当翻译，才需要学外语

C. 当翻译没什么大意思

D. 学了外语才能当翻译

E. 学了外语也不见得能当翻译

17. 有一种观点认为，到 21 世纪，和发达国家相比，发展中国家将有更多的人死于艾滋病。其根据是：据统计，艾滋病毒感染者人数在发达国家趋于稳定或略有下降，在发展中国家却持续快速发展；到 21 世纪，估计全球的艾滋病毒感染者将达到 4 000 万至 1.1 亿人，其中，60%将集中在发展中国家。这一观点缺乏充分的说服力。因为，同样权威的统计数据表明，发达国家的艾滋病感染者从感染到发病的平均时间要大大短于发展中国家，而从发病到死亡的平均时间只有发展中国家的二分之一。

以下哪项最为恰当地概括了上述反驳所使用的方法?

A. 对“论敌”的立论动机提出质疑

B. 指出“论敌”把两个相近的概念当作同一概念来使用

C. 对“论敌”的论据的真实性提出质疑

D. 提出一个反例来否定“论敌”的一般性结论

E. 指出“论敌”在论证中没有明确具体的时间范围

18. 在生活中有时候可以看到一些人会反复洗手，反复对餐具高温消毒，反复检查门锁等，重复这类无意义的动作并使自己感到十分烦恼和苦闷，这就是神经症中的一种，称为强迫症。王强每天洗手的次数超过普通人的20倍，看来王强是得了强迫症。

以下哪项如果为真，将对上述结论构成最有力的质疑？

A. 王强在洗手时并没有感到任何的烦恼和苦闷

B. 王强的工作性质是需要洁净卫生的

C. 王强的家里人的洗手次数都比普通人多

D. 王强并没有检查门锁的习惯，甚至有一次还忘记了锁家门，结果被盗

E. 王强的同事也都经常洗手

19. 某公司一批优秀的中层干部竞选总经理职位。所有的竞选者除了李女士自身外，没有人能同时具备她的所有优点。

从以上断定能合乎逻辑地得出以下哪项结论？

A. 在所有竞选者中，李女士最具备条件当选总经理

B. 李女士具有其他竞选者都不具备的某些优点

C. 李女士具有其他竞选者的所有优点

D. 李女士的任一优点都有竞选者不具备

E. 任一其他竞选者都有不及李女士之处

20. 甲：从举办奥运会的巨额耗费来看，观看各场奥运比赛的票额应该要高得多。是奥运会主办者的广告收入降低了每份票券的单价。因此，奥运会的现场观众从奥运会拉的广告中获得了经济利益。

乙：你的说法不能成立。谁来支付那些看来导致奥运会票券降价的广告费用？到头来还不是消费者，包括作为奥运会现场观众的消费者？因为厂家通过提高商品的价格把广告费用摊到了消费者的身上。

以下哪项如果为真，能够有力地削弱乙对甲的反驳？

A. 奥运会的票价一般要远高于普通体育比赛的票价

B. 在各种广告形式中，电视广告的效果要优于其他形式的广告

C. 近年来，利用世界性体育比赛做广告的厂家越来越多，广告费用也越来越高

D. 奥运会的举办带有越来越浓的商业色彩，引起了普遍的不满

E. 总体上说，各厂家的广告支出是一个常量，有选择地采取广播、电视、报纸、杂志、广告牌、邮递印刷品等各种形式

答案与解析

1. 答案：D

“秃头”是个含混的概念，如果D项为真，即词汇可以缺乏准确性但不至于无意义，

那么将与段落第一句话"词汇是无意义的并且无法与其反义词区分开来"相违背。因此D项为正确答案。

2. 答案：D

因为两个2分钟不是同一概念。张先生的推断违反同一律，犯了"混淆概念"的错误。

因为手表比挂钟快2分钟，即手表62分钟＝挂钟60分钟；因为挂钟比电台广播慢2分钟，即挂钟58分钟＝标准时间60分钟。手表62分钟≈标准时间62.069分钟（60×60/58），即手表比标准时间慢60－62×58/60＝0.067分钟，约4秒钟。所以手表时间比标准时间慢一些。

3. 答案：C

陈先生所邀请的客人，从名义上看是4个人（1个女性，3个男性），但三个男性中，父亲的姐夫、姐夫的父亲和岳母的哥哥可以是同一个人，所以，陈先生最少邀请了2人。

4. 答案：D

题干断定：小荧想成为一个微雕艺术家，微雕艺术家孔先生告诉他需要十年的时间，如果昼夜不休息，每天苦练，孔先生反而说那要二十年。

孔先生的回答说明小荧缺乏耐心，而要从事微雕这样的艺术，非得有极大的耐心不可。如果没有耐心会用更长的时间去完成同一件事情。因此，D项最可能是孔先生的回答所提示的成为微雕艺术家的重要素质。

5. 答案：D

乙的对话内容很丰富，跳跃性强，既包含了"爱丽丝祛斑霜上海经销部的总经理应该使用本品牌的产品"，又假设了"爱丽丝祛斑霜对黄褐斑具有良好的祛斑效果"。否则，如果不预设Ⅰ和Ⅱ，则乙的反应就不会那么诧异。至于销售是否领先，这个跟乙的对话没太大联系。

6. 答案：D

Ⅰ项，用事例强调了题干中"金钱不是万能的"的思想。

Ⅱ项，基本思想是"有钱能使鬼推磨"，也就是"金钱是万能的"，不符合题干的意思。

Ⅲ项，说明了"没有钱是万万不能的"的道理。

Ⅳ项，对金钱的态度超脱，不怎么在乎，与题干中"没有钱是万万不能的"的观点不符。

Ⅴ项，既讲到钱的重要，又讲了"取之有道"，符合题干中关于"发不义之财是绝对不行的"观点。

7. 答案：E

题干断定：第一，"男女"是性别特征，按照此特征，正常人分为两个不重叠的部分；第二，"阴阳"是行为特征，按照此特征，正常人分为两个重叠的部分。

从题干可以看出：用"阴柔和阳刚"区分人的行为特征，意思就是，任何一种行为，如果阴柔就不阳刚，如果阳刚就不阴柔；因此，一个人的同一个行为可能既有阴柔又有阳刚的特征，这不符合题干的含义，因此，E项是正确答案。

人的性别特征和人的行为特征不是一回事，因此，A项符合题干含义。

既然性别特征和行为特征是两回事，那就完全有可能存在，阳刚而不阴柔的女人和阴柔而不阳刚的男人，因此，B、C项也符合题干含义。

既然按照“阴阳”的行为特征正常人分为两个重叠的部分，因此，同一个人的行为，可以既有阴柔又有阳刚的特征。因此，D项符合题干的含义。

8. 答案：C

厂长的结论是采用新工艺流程无利可图，其根据是采用新的工艺流程将大大增加生产成本。总工程师并不否认采用新的工艺流程会增加生产成本，但指出这种生产成本的增加能显著有利于提高生产能力，因而增加利润，从而使该厂有利可图。因此，总工程师和厂长的不同意见是：使用新的工艺流程是否一定使该厂无利可图。

9. 答案：E

郑女士认为衡远市的经济前景比易阳市好，理由是衡远市过去十年的GDP（国内生产总值）增长率比易阳市高。

胡先生则认为衡远市的经济前景并不比易阳市好，理由是易阳市的GDP数值比衡远市更大。

可见，郑女士和胡先生争议的焦点在于：比较两个城市的经济前景，GDP数值与GDP增长率哪个更重要。因此，E项正确。

D项易误选，但其实不是两人争议的焦点。

10. 答案：A

在辩论赛时经常有这样的情况，辩着辩着，两方的观点都说成一致了，还不自知，觉得挺唇枪舌剑呢。本题干就是这种情况。反方让正方设想汽车如果行驶得像自行车一样慢，说明那样汽车就毫无意义，正是支持了正方所认为的不能设想干任何事情都排除风险。

11. 答案：D

正方认为虽然存在风险，也不影响安乐死的实施。因此，Ⅰ、Ⅱ项是需要预设的。

正方承认“诚然，这样的风险是存在的”，这里的风险就是指的“在什么条件下方可实施安乐死的标准不易掌握”；是否将来能准确无误地把握这个标准，正方并未预设。因此Ⅲ项是不需要预设的。

12. 答案：E

本题要求辨析争议的焦点。

小李认为，两件艺术品在视觉上无差异，那就有相同的品质。

小王认为，即使复制品与真品在视觉上无差异，但由于产生年代不同，不能算有同样的品质。

可见，小李和小王的分歧在于：首创性是否一件艺术品所体现的宝贵品质。故选E。

在视觉上难以区分复制品和真品，是他们两人的共识，因此，A项不是他们的分歧。

13. 答案：B

小王提出观点“由于这件复制品和真品产生于不同的年代，不能算有同样的品质”，来削弱小李的一个断言“如果两件艺术品在视觉上无差异，那么它们就有相同的品质”，这是小李得出“要是它们有相同的品质，它们的价格就应该相等”的结论的基础。

因此，小王驳斥小李的方法就是：提出一个观点，这个观点削弱对方的一个断言，它是对方得出结论的基础。

14. 答案：D

陈先生认为，蜜蜂飞舞时发出的嗡嗡声并不是在给同一蜂房的伙伴传递它们正在采花粉位置的信息。因为蜜蜂从采花粉处飞回蜂房时留下的气味踪迹，足以引导同伴找到采花粉的地方。

贾女士认为，动物在完成某种任务时可以有多种方式，因此，不能根据蜜蜂从采花粉处飞回蜂房时留下的气味踪迹，足以引导同伴找到采花粉的地方，就得出结论，蜜蜂飞舞时发出的嗡嗡声不是在给同一蜂房的伙伴传递它们正在采花粉位置的信息。

可见，两人争论的问题是：蜜蜂在采花粉时发出的嗡嗡声，是否在给同一蜂房的伙伴传递所在位置的信息？因此，D 项正确。

B 项易误选，但不是两人争议的焦点。

15. 答案：B

贾女士的结论是：对于蜜蜂来说，气味踪迹只是它们的一种交流方式，而不是唯一的交流方式。这是一般性的结论。

贾女士的论据是：有些蜂类可以根据太阳的位置，也可以根据地理特征来辨别方位。这是具体证据。

因此，贾女士的论证方法是：提供具体证据用以支持一般性的结论。

16. 答案：B

儿子的结论是不学外语，理由是不想当翻译，其隐含的预设就是 B 项。

其推理过程是："只有当翻译，才要学外语，我不想当翻译，所以不要学外语。"

选项 A、D 不选，因为该两项表示"当翻译"是"学外语"的充分条件，并不一定必要，不当翻译也可能需要学外语。

选项 C、E 显然不是儿子回答中包含的前提。

17. 答案：B

题干所反驳的观点的结论是：到 21 世纪，和发达国家相比，发展中国家将有更多的人死于艾滋病；其根据是：艾滋病毒感染者人数在发达国家趋于稳定或略有下降，在发展中国家却持续快速上升。

题干对此所作的反驳实际上指出：上述观点把"死于艾滋病的人数"和"感染艾滋病毒的人数"这两个相近的概念错误地当作同一概念使用；艾滋病毒感染者人数在发达国家虽低于发展中国家，但由于发达国家的艾滋病感染者从感染到发病，以及从发病到死亡的平均时间要大大短于发展中国家，因此，其实际死于艾滋病的人数仍可能多于发展中国家。因此，B 项恰当地概括了题干中的反驳所使用的方法。其余各项均不恰当。

18. 答案：A

题干中所陈述的强迫症有两个基本特征：第一，重复一类无意义的动作；第二，在此过程中感到烦恼和苦闷。

题干断定王强是得了强迫症，其根据是他具有上述第一个特征。A 项指出，王强不具有强迫症的第二个特征，因此，如果 A 项为真，将对题干的结论构成有力的质疑。

B、E 项，王强的工作性质是需要洁净卫生的，王强的同事也都经常洗手。这都表明王强洗手次数多似乎是正常的，但也不必要每天洗手的次数超过普通人的 20 倍，而且没有表明王强在洗手时并没有感到烦恼和苦闷，因此，这两项的削弱力度均不足。

19. 答案：E

题干的断定：不存在其他竞选者同时具备李女士的所有优点。

这等于断定，对任一其他竞选者，都存在不具备李女士的某个优点的情况。也就是说，任一其他竞选者都有不及李女士之处。因此，E 项正确。

其余选项都超出了题干断定范围。例如，D 项不能从题干中推出。因为完全有可能李女士的任一优点都有竞选者具备，但没有竞选者能同时具备她的所有优点。

20. 答案：E

甲认为：广告收入降低了票价。因此，奥运会的观众从广告中获得了利益。

乙反驳：广告费还是由包括作为奥运会现场观众的消费者来承担的。

由 E 项可知，由于厂家的广告支出是一个常量，因此商品价格中包含的广告成本也是一个常量，这种因广告费用而增加的商品价格均等地分摊到每个顾客身上。可见，奥运会的现场观众从奥运会的广告收入中确实得到了经济利益（票价的降低）。而即使没有奥运会，他们仍然要支付商品的价格中所包含的广告费用。

第二章　论证分析

逻辑论证有助于发现和揭示真理性的东西，有助于表达或宣扬真理，是建立科学体系、确立科学理论的必要手段，论证也是人际沟通中的重要手段。

第一节　论证识别

论证是用某些理由支持某一结论的一种思维方式或思维过程，也就是我们通常所说的“摆事实，讲道理”。

一、论证的辨识

论证通常由论点、论据和论证方式构成。论点也叫主张、结论，即论证者所主张并且要在论证过程中加以证明的观点。论据也叫前提、理由，是论证者用来支持或反驳某个论点的理由，它们可以是某种公认的一般性原理，也可以是某个事实性断言。

例如：农作物的遗传基因修正是危险的事情。遗传基因工程能把不想要的变化引进产生农作物的生物的 DNA，而且这些变化对消费者可能是有毒的。

这段话是一个论证。第一个陈述是结论，另外两个是前提。

（一）论证与推理

推理是论证的工具，论证是推理的应用。推理是一个从前提到结论的过程。

1. 论证和推理的联系

论证和推理有着极其密切的关系。从结构上看，推理和论证在本质上并没有什么区别。任何论证都要借助推理才能完成。从结构上看，论题（论点）相当于推理的结论，论据相当于推理的前提，论证方法相当于推理的形式。

论证	论据	论题（论点）	论证（证明方法）
推理	前提	结论	推理形式

2. 论证和推理的区别

推理强调的是逻辑关系。论证除对逻辑关系的关注外，同时要关注内容和主张。

区别	推理	论证
思维目标	由已知得未知	确认主张（论题）的真实性
思维进程	由已知前提，推出未知结论。先前提，后结论	先提出论题（主张），再寻找论据（理由）。论题（主张）在先，论据（理由）在后
论据（前提）	对内容的真假没有要求	不与结论相同，不能虚假，比结论更可信等
前提对结论的关系	推出关系	支持关系

例 1：因为所有的猕猴桃都是香蕉，猴子是猕猴桃，所以，猴子是香蕉。

上面的陈述是个有效的推理，但它不是一个论证，因为其前提明显是虚假的。

例 2：所有金属都导电，所以，所有金属都导电。

上面的陈述从推理上是完全正确的，因为推理只关心是否能“推出”。然而这个推理不是论证，因为论证的预设是一个命题不能自我支持，否则任何命题都能自证，论证也就没有必要。

（二）辨识论证的线索

论证只是语言的多种功用之一。首先应辨别一个语篇或语段被用于何种目的。警告与劝告、连贯性陈述、报道、说明性语段、举例解说、条件陈述、解释等类型的语段一般没有论证功能。

辨识论证的根本标准是话语之间的支持关系。指示这种支持关系的外在标志就是论证指示词。论证指示词有两类，即结论指示词和前提指示词。

1. 前提指示词

因为……；由于……；依据……；理由是……；举例说来；支持我们观点的是……；这么说的缘由是……；等等。

例 1：有些人坚信，在宇宙空间中，还存在着人类文明之外的其他高级文明，因为现在尚没有任何理论和证据去证明这样的文明不可能存在。

上述论证的前提是“因为”后面的陈述。

例 2：《乐记》和《系辞》中都有“天尊地卑”“方以类聚，物以群分”等文句，由于《系辞》的文段写得比较自然，一气呵成，而《乐记》则显得勉强生硬，分散拖沓，所以，一定是《乐记》沿袭或引用了《系辞》的文句。

上述论证的前提是“由于”后面的陈述。

2. 结论指示词

因此……；所以……；由此可见……；我（们）认为……；可以推断……；这样说来……；结论是……；简而言之……；显然……；其结果……；我（们）相信……；很可能……；表明……；由此可得出……；这证明……；等等。

诸如此类的论证指示词告诉我们，哪个陈述是由证据和理由表明其正当性的，哪些陈述是作为前提支持那个陈述的。在理解和构造论证的过程中，论证指示词对于区别前提和结论特别重要。

例 1：人的日常思维和行动，哪怕是极其微小的，都包含着有意识的主动行为，包含着某种创造性，而计算机的一切行为都是由预先编制的程序控制的，因此计算机不可能拥有人所具有的主动性和创造性。

上述论证的结论是“因此”后面的陈述。

例 2：要么采取紧缩的财政政策，要么采取扩张的财政政策。由于紧缩的财政政策会导致更多的人下岗，所以，必须采取扩张的财政政策。

上述论证的结论是“所以”后面的陈述。

但是，论证指示词并不是识别论证的绝对可靠的标志。辨识论证的根本标准是话语之间的支持关系。有些论证不包含指示词，论证指示词仅仅是发现论证的线索，而不是标准。有时，论述者可能省略论证指示词，但这并不影响那个语段作为论证起作用。我们将论证和非论证区别开来的依据是，在一个语段中一些陈述是用来支持另一个陈述的可接受性的。

（三）正面论证和反驳式论证

论证有广义和狭义之分。狭义的论证和证明同义，即正面论证。

广义的论证，包括正面论证和反驳式论证两个层面。反驳与证明相对称。证明是确定某一个论题真实性的论证方式。反驳是根据已知为真的命题，来确定某一命题的虚假性或推断某一证明不能成立的论证方式。反驳的对象，可以是一个命题，也可以是一个证明。

因为证明有论题、论据和论证三个要素，相应地反驳可以分为反驳论题、反驳论据和反驳论证三种。

1. 反驳论题

（1）直接反驳：即运用推理规则直接导出论题为假的方法。

其中常见的反驳归纳命题就是举反例。

例 1：反驳“所有的天鹅都是白的”，只需要指出“澳大利亚有黑天鹅”就可以了。反驳“哺乳动物都是胎生的”，只需要指出“鸭嘴兽是卵生的”就可以了。

例 2：“近些年来，西方舆论界流行一种论调，认为来自中国的巨大需求造成了石油、粮食、钢铁等原材料价格暴涨。”如果你摆出“今年 7－9 月间，来自中国的需求仍在增长，但国际市场的石油价格重挫了近三分之一”的事实，就直接反驳了上述断定。

（2）间接反驳：包括独立证明和归谬法两种。

独立证明是证明对方论题的反论题为真，从而根据矛盾律，引出对方原命题为假的方法。通常就是证明原命题的负命题。

例如：反驳“文章本天成，妙手偶得之”，可以先证明“文章非天成，努力才写好”为真，再根据矛盾律，断定原命题为假。

而归谬法是假定对方命题成立，推出荒谬结论，从而证明对方错误的方法。具体方法在后面矛盾律中阐述。

2. 反驳论据

这种方式的反驳，不一定能够证明对方的论题为假，只是证明对方提供的论据证明不了论题。

■李教授：目前的专利事务所工作人员很少有科技专业背景，但专利审理往往要涉及专业科技知识。由于本市现有的专利律师没有一位具有生物学的学历和工作经验，因此难以处理有关生物方面的专利。

以下哪项如果为真，最能削弱李教授的结论？

A. 大部分科技专利事务仅涉及专利政策和一般科技知识，不需要太多的专门技术知识

B. 生物学专家对专利工作不感兴趣，因此专利事务所很少与生物学专家打交道

C. 既熟悉生物知识，又熟悉专利法规的人才十分缺乏

D. 技术专家很难有机会成为本专业以外的行家

E. 专利律师的收入和声望不及高科技领域的专家，因此难以吸引他们加入

[解析] 答案：A

李教授得出结论的根据是：专利审理往往要涉及专业科技知识。A 项如果为真，就弱化了这一论据，因而也削弱了相关的结论。

3. 反驳论证

这种反驳方法的关键就是切断论题和论据之间的论证链条，这种反驳可以指出论证违反演绎规则，也可以是对论证的隐含前提进行反驳。

■科学研究证明，非饱和脂肪酸含量高和饱和脂肪酸含量低的食物有利于预防心脏病。鱼通过食用浮游生物中的绿色植物使得体内含有丰富的非饱和脂肪酸“奥米加-3”。而牛和其他反刍动物通过食用青草同样能获得丰富的非饱和脂肪酸“奥米加-3”。因此，多食用牛肉和多食用鱼肉对于预防心脏病都是有效的。

以下哪项如果为真，最能削弱题干的论证？

A. 在单位数量的牛肉和鱼肉中，前者非饱和脂肪酸“奥米加-3”的含量要少于后者

B. 欧洲疯牛病的风波在全球范围内大大减少了牛肉的消费者，增加了鱼肉的消费者

C. 牛和其他反刍动物在反刍消化的过程中，把大量的非饱和脂肪酸转化为饱和脂肪酸

D. 实验证明，鱼肉中含有的非饱和脂肪酸“奥米加-3”比牛肉中含有的非饱和脂肪酸更易被人吸收

E. 统计表明，在欧洲内陆大量食用牛肉和奶制品的居民中患心脏病的比例，要高于在欧洲沿海大量食用鱼类的居民中的比例

[解析] 答案：C

题干的结论是多食用牛肉有利于预防心脏病，根据是：牛和其他反刍动物通过食用青草能获得丰富的非饱和脂肪酸，而非饱和脂肪酸含量高的食物有利于预防心脏病。其隐含的假设是食用青草同样获得丰富的非饱和脂肪酸能保留在牛肉中。

如果 C 项为真，则题干的上述假设就不成立了，这就有力地削弱了题干的论证。

二、论证三要素

一个论证的最基本要素是三个：主张（论题、论点、结论）、理由（前提、论据、证据）和支持（论证方式、推理关系）。论证的结构图，是表达主张和理由的逻辑关系的一种架构、一种形式，它表明一个主张是怎样从另一些陈述获得支持的。

为了充分认识一个论证的结构，下面从论证的三个基本要素来进行分析。

（一）主张

主张是文章作者或说话人提出的观点，即作者或说话人想要表明的看法是什么。分析主张包括找出论题和找出论点两个方面。

1. 论题

论题，即论证涉及的某个特定话题，也是论辩双方共同谈论的某个话题。尽管双方在这个话题上可能具有完全相反的观点，例如“是否应该禁止安乐死?”就是一个论题，围绕这个论题至少可以形成相互抵触的两种不同的观点，因此，论题往往可以表达为一个问句。

有时候，论题本身就是论证者要加以证明的观点，即论题本身就可以是论点，例如“论科学技术是第一生产力”。论题出现在标题中常是一个短语，如《想和做》《谈骨气》《说谦虚》等

很多文章中往往只明确作者的论点，而不会明确指出论题，对于这种隐含的论题，我们要学会从作者的论点中反推出论题来。

对于论题的要求：首先，论题应当清楚明白、简明扼要。其次，在论证中论题应始终保持同一。当文章作者或演讲者对论题把握不准或缺乏论题意识时，他们可能会游移于论题之外，从而犯转移论题或偷换论题的逻辑错误。

2. 论点

论点即主张，是作者对论题的观点。论点是作者要在论证中证明的东西，也是一个论证所要得出的结论。论点是论证的最终目标，一个论证的论点具有唯一性。

论点是找出论题的关键线索。论点的标志词即前面所述结论或主张的指示词，论点的提出一般是一个较完整的判断句，比如，文章的标题《减少空气中的二氧化碳会增加大豆的抗虫害能力》，文章中“核武器是目前人类可知的唯一阻止小行星撞击地球的方法”都可以是论点。

论点与论题的区别

	论题	论点
定义不同	论题是有待于证明的命题，它仅是议论的问题或对象	论点是作者对所议论的问题所持的见解和主张
要求不同	可以没有作者的观点和主张	观点要明确，赞成或是反对，不能含糊其词，态度要鲜明
位置不同	论题的位置一般在标题或文首	论点的位置灵活，可在标题、文首，也可在文中，还可在结尾

（二）理由

找出主张（论点、观点、结论）是分析一篇文章或语段的关键，在阅读的时候，理由也叫论据，是一个或一组支持主张的陈述，即作者用来论证论点的根据，相当于推理的前提，具体指的是论证者用来论证其论点的根据。理由是论证的重要因素，断定这些陈述为真的共同理由构成了支持主张的基石。

1. 理由的“公理”

论证的力量来自理由，若需要接受一个主张，至少你要问凭什么接受，即要辨别和考虑主张的观点或意见是否获得了合理或者充分的支持。而作者或说话者对自己的主张所作出的解释，即说明其中的原因，那就是他的根据即理由。

理性人应当具备的优秀品质就是以充分或者合理的理由来支持自己的观点和信念，并用理性的态度对各种意见和说法作出评价与选择。理性精神就是在理解论证时，对待不同的主张要有兼容精神，在没说清理由之前，不要轻易对主张的对错作出判定。

关于理由存在两条“公理”。

第一，理由不能与论点相同。若违反论证的这条规定，就犯了“同语反复”的谬误。

第二，理由不能比论点更可疑。提出理由是为了打消人们对主张的怀疑。由于只有更可接受的理由才能增强主张的可接受性，因此，如果理由比主张更可疑，那么显然就无法增强主张的可接受性。违反这条规定，就犯了“乞题”的谬误。

判断论证是否有效以及强度如何的重要依据是需要区分哪些理由或论据是可靠的，哪些是可以接受的，哪些是无效的。

下列两种理由使得论证不可靠或者不可信：一是不正当的理由。论据的真实性是论证有效的一个基本保证，如果使用真实性悬而未决或者以假乱真的理由进行论证，这种理由的应用就是不正当的。二是不充分的理由，由于缺乏充分的理由支持而使主张不能得到可靠的支撑。

2. 理由的类型

合理的理由或论据通常是一些已经被证实为真的论断，即所谓的“摆事实，讲道理”，由此，理由大致可分为两种。

一种是事实理由，即事实性描述，指已被确认的关于事实的判断，包括具体事实、事例与统计数据陈述的统计事实等。

另一种是理论理由，也叫道理理由、原则性论断，指一般性原理、普遍性原理或某个原则性的论断，既包括各门学科的定义、公理、定律、原理、假说等表述科学理论的陈述，也包括法律法规、道德行为准则、价值准则、专家意见、个人意见、恰当的比喻和类比、合乎逻辑的推理判断以及某些经过时间检验并广为流传的谚语、格言和成语、经验总结等。

显然，对论点有支持作用的理由多多益善。由于人们的怀疑不仅可对主张怀疑，而且可能对支持主张的理由也提出疑问。由于出现疑问就要求解释或理由，因此理由具有层级性，即主张的理由，理由的理由，理由之理由的理由……。如果一个理由本身不需要论据再加以支持，它就是“基本前提（理由）”或“基本论据”。

3. 理由的识别

通常在文章或口头论述中，表述观点的主张只占很小的篇幅，而绝大部分篇幅都用来论述理由，或对理由作进一步的解释。尽管识别理由并非易事，但总有方法可循，下面提供几种具体方法。

第一，找出所有引导理由的标志词。

引导理由的标志词即前面所述前提或理由的指示词。理由或论据典型的标志词主要有“因为”“由于”“如果”“假设”“假如”“有鉴于”“正如”“依据”“其理由是”“其根据是”“举例说来”等等，这些词语通常表示随后出现的陈述是论证的理由。

第二，重点关注对主张的证据支持关系。

辨识理由的有效办法是在阅读或聆听过程中，在抓住主张的基础上，把自己代入到作者或说话者的位置，并追问自己，如果自己持有这一主张，凭什么能使得主张站得住，即需要哪些事实和道理来支撑，如果在话语或文字材料中获得这些对主张有支持关系的事实或理论，那些材料就应该是作者或说话者用来证明自己主张的理由和论据。

例 1：2003 年 8 月 13 日，宜良县九乡张口洞古人类遗址内出土了一枚长度为 3 厘米的“11 万年前的人牙化石”，此发掘一公布立即引起了媒体和专家的广泛关注。不少参与发掘的专家认为，这枚人牙化石的出现，说明张口洞早在 11 万年前就已有人类活动了，它将改写之前由呈贡县龙潭山古人类遗址所界定的昆明地区人类只有 3 万年活动历史的结论。

分析：专家得出“张口洞早在 11 万年前就已有人类活动了”这一观点的依据和理由是，这枚牙齿化石的发现。

例 2：人们经常使用微波炉给食品加热。有人认为，微波炉加热时食物的分子结构发生了改变，产生了人体不能识别的分子。这些奇怪的新分子是人体不能接受的，有些还具有毒性，甚至可能致癌。因此，经常吃微波食品的人或动物，体内会发生严重的生理变化，从而造成严重的健康问题。

分析：上述论证得出“吃微波食品会造成严重的健康问题”的依据和理由是，微波炉加热时食物产生了人体不能接受的新分子。

但这一理由并不可靠，因为事实上，微波只是加热食物中的水分子，食品并未发生化学变化，因此，上述观点难以成立。

4. 辨识的步骤

完整辨识一个复杂论证的理由的步骤如下。

第一，在初步识别主张和基本理由的基础上，标出主张和理由。

在这个过程中，要忽略与理由无关的信息。论证中的理由通常与各种论述性材料交织在一起，这些论述性材料包括定义、说明、解释、背景知识介绍等均不是论证的主干，而是构成和理解论证的辅助性内容。

第二，在理由较多的情况下，对理由作简化概括后进行编号排序。

有时众多理由都被用来支持同一主张，有时一个理由后面又有作为其依据的理由，即出现理由的理由，甚至理由之理由的理由的情况。这些都需要进行编号排序。

第三，若有需要，则画出主张与理由的论证关系结构图。

用箭头等符号标示理由对主张的支持关系，以及理由和理由之间的或并列或支撑的关系。

通过上述方法和步骤对复杂的论证材料进行梳理和解析后，就会对主张及其所述的理由的论证脉络清晰起来，从而就真正理解了一篇阅读文章。

5. 理由的审查

主张及对主张的可能怀疑产生对理由的需求。若对一个主张没有疑问，就不必形成对它的论证。虽然主张或论点是形成论证的根本，但理由或论据却是一个论证发挥其功用的关键。一个主张是否成立或可信，往往不是取决于这个主张本身如何，而是取决于支持这个主张的理由如何。因此，要判定一个论证是否好论证，就要对其理由或论据进行认真的审查。审查理由的批判性问题如下。

第一，这个（或这些）理由的是真的或可接受的吗？

理由的真实性或可接受性，是论证的可靠保证。要确定一个理由的真实性，需要进一步追问我们怎样知道它是真的？我们怎样去证明它是真的？我们怎样去检验它的真实性？

第二，这个（或这些）理由和主张相关吗？

真实的理由或准确的证据，如果同主张或论点无关，也起不到论证的作用，因此，需要进一步考察理由与主张的关联性。这就需要以理性的态度和严格的标准来尽可能地收集有关信息，评估和确定其真实性。

第三，这个（或这些）理由对主张的支持程度是充足的吗？

除了理由的真实性和相关性外，高质量的论证还需要理由对主张有充分的支持，因此，还需要审查理由对主张的支持程度。

例 1：在一次考古发掘中，考古人员在一座唐代古墓中发现多片先秦时期的夔文（音 kui，一种变体的龙文）陶片。对此，专家解释说，由于雨水冲刷等原因，这些先秦时期的陶片后来被冲至唐代的墓穴中。

分析：上述观点的理由是有疑问的，若发现这座唐代古墓保存完好，没有漏水、毁塌迹象，这就意味着，这些先秦时期的陶片不大可能是后来被雨水冲刷至唐代的墓穴中的。

例 2：海洋中珊瑚的美丽颜色来自其体内与之共存的藻类生物，其中虫黄藻是最重要的一类单细胞海藻。二者各取所需，相互提供食物。全球气候变暖造成的海水升温导致虫黄藻等藻类大量死亡，进而造成珊瑚本身死亡，引发珊瑚礁白化现象，然而研究发现，珊瑚能通过选择耐热的其他藻类生物等途径，来应对气候变暖带来的挑战。

分析：上述研究的主张是，珊瑚能通过选择除虫黄藻之外的耐热的其他藻类生物等途径，来应对气候变暖带来的挑战。但其论证的理由对主张的支持程度是不充足的，若事实上发现，一些虫黄藻能够比耐热的其他藻类耐受更高的海水温度，这说明其他耐热藻类还不如一些虫黄藻，这就动摇了上述论证。

■根据文物保护法，被作为文物保护的建筑物或其他设施，其所有权即使属于个人，所有者也无权对其进行修缮、装饰乃至改建。这一规定采取不允许任何例外的立法形式并不妥当，因为有时有的所有者提出对文物进行外观和内部结构的改造，是因为他们确信，这样做有利于加固和美化文物而提高它们的价值。

以下哪项如果为真，最能削弱上述反对文物保护法的论证？

A. 对文物建筑的改造，不一定就能起到加固和美化的作用，有时反而会弄得不伦不类

B. 有的文物建筑年久失修，如不及时改造，将严重损害其价值

C. 文物建筑的真正价值在于它是历史的遗迹，对其原貌的任何改变都是在降低其价值

D. 一个所有者不能对其所有物进行处置，这是对其基本权利的侵犯

E. 个人所有者往往缺乏对文物建筑进行改造的技术能力

［解析］答案：C

反对文物保护法的理由是：对文物进行外观和内部结构的改造可以提高它们的价值。

选项C认为文物建筑的真正价值在于它是历史的遗迹，对其原貌的任何改变都是在降低其价值，这样，反对文物保护法的人的理由便不能成立，因此有力地削弱了反对文物保护法的论证。

选项A只是从加固和美化的角度谈论这一问题，而没有触及价值这一要害问题；选项B与题意不甚相关；选项D是支持反对文物保护法的人的意见的，与题意相悖；选项E从技术能力的角度而不是从价值的角度谈论这一问题。

（三）支持

支持也叫论证方式，即主张（论题、论点、结论）和理由（论据、前提）之间的联系方式，一般表现为一个推理系列，具体是指接受理由（论据、前提）有利于接受主张（论题、论点、结论），即那些能够有利于从前提推出结论的前提对结论有支持关系。

主张能否成立取决于理由对主张的支持力量或支持力。当然，支持有程度之别——完全充分的支持、较大的支持、微弱的支持等。

■葡萄酒中含有白藜芦醇和类黄酮等对心脏有益的抗氧化剂。一项新研究表明白藜芦醇能防止骨质疏松和肌肉萎缩。由此，有关研究人员推断，那些长时间在国际空间站或宇宙飞船上的宇航员或许可以补充一些白藜芦醇。

以下哪项如果为真，最能支持上述研究的推断？

A. 研究人员发现由于残疾或者其他因素而很少活动的人会比经常活动的人更容易出现骨质疏松和肌肉萎缩等症状，如果能喝点葡萄酒，则可以获益

B. 研究人员模拟失重状态，对老鼠进行试验，一个对照组未接受任何特殊处理，另一组则每天服用白藜芦醇。结果对照组的老鼠骨头和肌肉的密度都降低了，而服用白藜芦醇的一组则没有出现这些症状

C. 研究人员发现由于残疾或者其他因素而很少活动的人，如果每天服用一定量的白藜芦醇，则可以改善骨质疏松和肌肉萎缩等症状

D. 研究人员发现，葡萄酒能对抗失重所造成的负面影响

E. 某医学博士认为，白藜芦醇或许不能代替锻炼，但它能减缓人体某些机能的退化

［解析］答案：B

题干根据一项研究表明的白藜芦醇能防止骨质疏松和肌肉萎缩，推断：长时间在国际空间站或宇宙飞船上的宇航员或许可以补充一下白藜芦醇。

长时间在国际空间站或宇宙飞船上的宇航员的独特性是处于失重状态，B项的实验对象处于模拟失重状态，并进行了对照试验，这一实验得出的结论显然有力地支持题干结论。所以，为正确答案。

C项只能支持题干的前提，即“一项新研究表明白藜芦醇能防止骨质疏松和肌肉萎缩”，但没有提供新的信息来支持题干中有关研究人员推断的结论，因此，支持力度不足。

在一个论证中，主张只有一个，而理由（论据）可以不止一个。由于论证的理由可以是多个，而每一理由对论点的支持关系可能不同，所以，在一个论证中可能有多种推理形式。复杂一些的论证是分层次的，在确定某一主张的真实性过程中，如果引用的理由（第

一层论据）本身还不很明显真实时，就要引用理由的理由（第二层论据）对这些论据进行支持。以此类推，还可能有第三层论据、第四层论据等。而支持方式就是论证中所使用的各种推理形式，因此，支持程度的不同也是通过各种推理形式来担保的。

［**案例**］新加坡中学生科学教育中的CER科学论证框架

新加坡科学教育中现行的CER（Claim-Evidence-Reasoning Framework，即基于“主张、证据和推理”的框架）科学论证框架，是基于建构主义教学理论与最近发展区理论提出的，其描述了一种能用于科学现象或事件的论证程序。以CER框架为指导的论证教学指向科学素养培育，强调在科学对话的互动情境中，教师指导学生规范推理过程，使学生养成批判性思维并作出理性决策。

CER框架实质上是指向科学素养培育的科学论证框架，该框架包括三个要素：主张、证据和推理。

1. 主张。主张是一个问题的结论，通常用一句话表达，是基于理解的完整且具体的答案。在化学课堂上，主张可能是实验得到的结论，也可能是学生通过观察得到的暂定性结论。当学生表达主张时，需要清楚地描述不同变量或不同物质之间的关系。虽然课堂上呈现的知识或探究得到的实验结论是既定事实，但从本质上讲，主张并非确凿的客观事实，而是可能掺杂学生主观判断的假设性结论，需要通过有效且充分的数据来证实。“用证据进行论证”涉及一个“需要科学家对世界作出合理主张”的推理过程。学生作出合理主张不是一蹴而就的，他们需要发展识别主张中的弱点和局限性的能力，以便批判性地评估自己的工作，以及其他学生和科学家的工作。

2. 证据。证据是支持结论的科学数据。在科学领域，证据具有两个关键特征：第一，它以对自然世界的描述为形式，既有经验的，也有推断的。数据包括原始数据、解释数据。例如，已经合成或转换的测量、变量中一般模式的描述，以及无法观测的过程和机制的描述。例如，分子在物质的不同状态中移动的方式。其他形式的信息，例如评价性的陈述，则不被视为科学证据。第二，它应该是研究者可以合理确信的准确信息。如果在论证中使用的证据受到质疑，则需要对其进行审查和评估。在科学论证学习的过程中，学生需要收集、挑选和使用数据，利用恰当、可信且足够的证据来支持他们的主张。

3. 推理。推理是根据科学原理建立的证明过程，呈现证据支持研究者主张的逻辑。推理一般分为归纳推理和演绎推理，这两种方法均是科学家在论证过程中发展知识和学生在科学课堂中进行论证的关键。推理时，学生需要根据不同的问题和证据使用不同的推理方式，在这一过程中，不仅要明确证据是如何联系在一起以证实主张的，还要将这些联系清楚地表达出来。

如果从科学理论成果的角度来看，科学具有严密的逻辑结构，它是系统而严谨的。科学论证过程中，研究者的观点或主张必须通过大量证据来证实，并且当其他人重复实验并得出相同结果时，主张才能真正成立；如果研究者没有充足的证据来完成推理，或者这样的论证不具有再现性，研究者将不得不修正或舍弃该主张，重新探索与论证。在这一过程中，研究者提供的证据越有效，由这些证据支持的观点或主张越具有较高的可信度。

CER框架指向的正是这样一个真实的推理与论证过程。在学习过程中，尽管学生在进行实践调查时充满热情，但他们可能会发现要理解数据并利用这些数据进行论证是具有挑战性的。实际上，不同个体在推理过程中使用的证据具有可废止性和不固定性。在他们使用收集到的证据进行推理时，可能会发现其中一些证据无法支持他们的主张，或者不能充分地支持他们的观点，因而需要慎重地抛弃一些证据并在审视后增添一些新的证据。当学生使用证据进行推理时，他们的推理过程除了会受到无效证据的影响，也会受到前科学概念、缺乏丰富的专业知识和个体智力水平等内在因素和以学校教育方式为主的外在因素的影响。

摘自《新加坡科学教育中的 CER 科学论证框架研究——以新加坡中学化学学科为例》（吕琦、代建军）

三、论证的结构

论证结构是分析论证的重要组成部分，论证结构的展示是理解论证者如何证明他们的观点以及评估该论证所必需的。

（一）论证的元素符号化

论证结构存在不同程度的复杂性，分析论证结构就是理解一整套论证系统，本书约定，使用如下符号来表示论证中的各种元素。

元素	符号	英文含义
论题、论点、主张	T	thesis
论据、前提、理由	R 或 p	reason，presupposition
隐含前提	hp	hidden presupposition
结论	C 或 c	conclusion
隐含结论	hc	hidden conclusion
演绎论证	d	deduction
归纳论证	i	induction

这些符号在绘制论证结构图时会经常用到。

例如：指出下列论证的论题、论点和论据。

为解决北京的交通拥堵问题，从 2008 年 10 月开始，北京实行了尾号轮换的限行措施。从现有掌握的数据看，限行对高峰时段流量的减少和整个城市大气质量的改善是有好处的。市政府的研究表明，从大气质量防治法和交通安全管理的一些法规看，执行这项措施是有依据的。同时，现有的限行措施，总体上也考虑并实现了有车族的需求和无车族的诉求。因此，我们有理由认为这项政策的好处是值得推广的。

分析：

论题：尾号轮换限行措施值得推广吗？

论点：尾号轮换限行措施值得推广实施。

论据：p1：从现有掌握的数据看，限行对高峰时段流量的减少和整个城市大气质量的改善是有好处的。

p2：市政府的研究表明，从大气质量防治法和交通安全管理的一些法规看，执行这项措施是有依据的。

p3：同时，现有的限行措施，总体上也考虑并实现了有车族的需求和无车族的诉求。

（二）论证的核心结构

根据论证三要素，任何一个论证的核心结构是：

主张 C 是可接受的或真的，理由是 R……

C 可以是一个观点、断言，也可以是一个要求、建议等。理由 R 是相应的陈述，正如前面所述，可以是事实理由，也可以是理论理由。在数量上，理由 R 可以不止一个。

这个核心结构反映了一种陈述间的支持关系，即：

R
↓
C

这种关系也是任何论证的基本结构和判定语篇包括论证的基础标准。

例如：梦是由产生于记忆的一些不连贯的映象组成的，而记忆中又附加了许多肤浅的或模糊的故事。但是，梦并没有心理学意义；因为梦的产生仅仅是化学作用的结果，这种化学作用是指当大脑对一天的经历进行分类、比较和储存时，唤起大脑对视觉形象回忆的化学作用。

分析：上述论证的主张是“梦没有心理学意义”，理由是“因为”后面的陈述“梦仅是化学作用的结果”。

（三）论证的基本结构

主张是指主结论，即最终要论证的结论。理由是指除主结论之外的其他所有命题。不依赖于其他命题支持的前提，称为“基本前提”或“基本理由”。有些作为主结论的前提，但本身的真实性又要其他命题的真实性支持的命题，称为“子结论”或“隐含结论”，亦称为“中间前提”或“中间理由”，相应地，这样的论证叫作“子论证”。

当论证有一个以上前提（或理由）时，它们与结论（或主张）构成的支持关系就可能产生不同的结构，论证或子论证就有不同的性质。无论是主论证还是子论证，可能存在四种支持关系：线性支持、组合式支持、收敛式支持和发散式支持，相应地存在以下四种论证的基本结构。

连续结构	组合式结构	收敛式结构	发散式结构
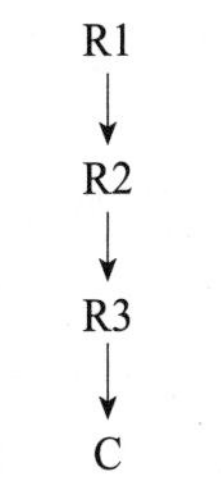	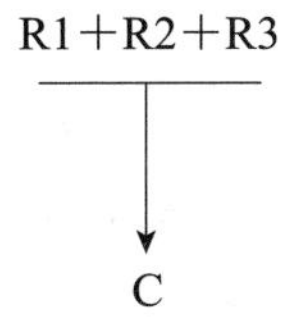	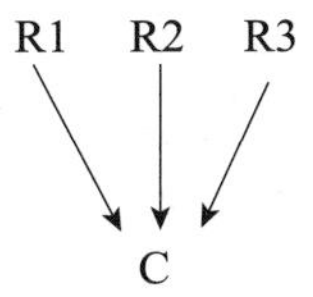	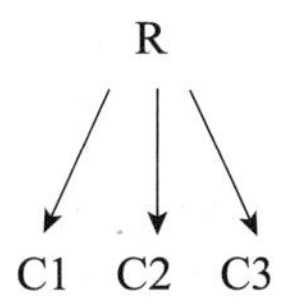

1. 连续论证

论证的线性结构是指至少有一个命题既是前边一个命题的结论，又是后一个命题的结论，换言之，其中的理由之一支持另一个理由。

链式结构是指具有推理链的论证结构，即首先从一个前提推导出一个结论，然后再从这个结论推导出一个新的结论。最开始的前提我们称为“初始前提”；它的结论，因为又是下一步结论的前提，我们可以称之为“中介结论”或“中间结论”，又可以称之为“中介前提”，即它从前面步骤看是结论，从后面步骤看是前提；最后的结论称为“最终结论”。

例如：精制糖含量高的食物不会引起糖尿病的说法是不对的。因为精制糖含量高的食物会导致人的肥胖；而肥胖是引起糖尿病的一个重要诱因。

这个论证为链式论证，其论证结构如下。

p1 ↓	精制糖含量高的食物会导致人的肥胖。
p2 ↓	肥胖是引起糖尿病的一个重要诱因。
c	精制糖含量高的食物不会引起糖尿病的说法是不对的。

2. 组合式论证

组合式论证是指若干互相联系的前提组合起来作为一个整体一起支持结论，即任一前提都不能独立地对结论提供支持，这些前提必须结合在一起，才能推出结论。

相应地，这类论证的结构叫组合结构。由于两个前提结合在一起推出结论，其结构很像大写英文字母“T”，所以，这类论证也被称作 T 型结构的论证。

例如：非名校毕业生求职大都受到过歧视，李斯是一名非名校毕业生，李斯曾多次求职未果。李斯求职时可能受到过歧视。

设，p1：非名校毕业生求职大都受到过歧视；p2：李斯是一名非名校毕业生；p3：李斯曾多次求职未果；c：李斯求职时可能受到过歧视。则上述论证的结构如下：

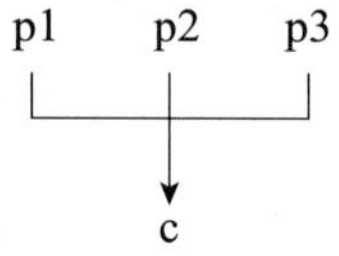

3. 收敛式论证

收敛式论证的结构也称为 V 型结构或扇形结构，是指多个前提分别支持结论。

这类论证的前提之间相互独立，每一个前提都可以单独推导出这个结论，不需要依赖另一个前提。多个前提一起用是为了增强支持的分量。这样如果其中有一个不能成立，其他前提所提供的支持并不会减少。

需要注意的是，组合式论证和收敛式论证都是多前提结构，前者是相互依赖的多前提结构，后者是独立的多前提结构。在分析论证时需要区分这两种情况，如果是“独立的多前提结构”，即收敛式论证，由于每一个前提都可以单独推导出结论，要反驳这样的论证，则需要反驳其每一个前提。而如果是“相互依赖的多前提结构”，即组合式论证，则只需要打击其中一个前提就可以击垮论证。

例如：看来，动物能够预感地震。在中国的大地震之前，成群冬眠的蛇突然在雪中冻死；在日本的一场地震前，鱼在河里和湖里乱跳；在中东的一场地震前，牛和马不进畜棚；在美国加利福尼亚的一场地震之前，洪水监测员看到他们的宠物和家畜有异常行为。

设，p1：在中国的大地震之前，成群冬眠的蛇突然在雪中冻死；

p2：在日本的一场地震前，鱼在河里和湖里乱跳；

p3：在中东的一场地震前，牛和马不进畜棚；

p4：在美国加利福尼亚的一场地震之前，洪水监测员看到他们的宠物和家畜有异常行为。

c：动物能够预感地震。

则上述论证的结构如下：

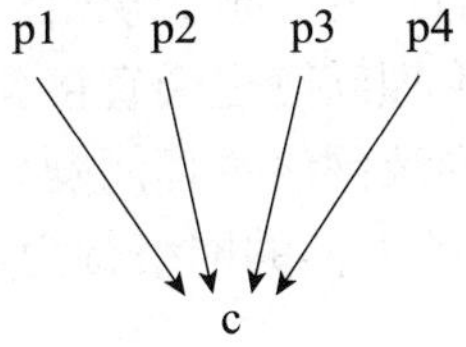

4. 发散式论证

发散式论证是指同一前提支持多个并行的、不同的结论。在结构上，它与收敛式论证刚好相反。

例如：吸烟被证明对健康有严重危害，所以，烟草的商业广告应该被禁止，吸烟有害的警示也应该印刷在所有香烟的外包装上。

设，p：吸烟被证明对健康有严重危害；c1：烟草的商业广告应该被禁止；c2：吸烟有害的警示也应该印刷在所有香烟的外包装上。则上述论证的结构如下：

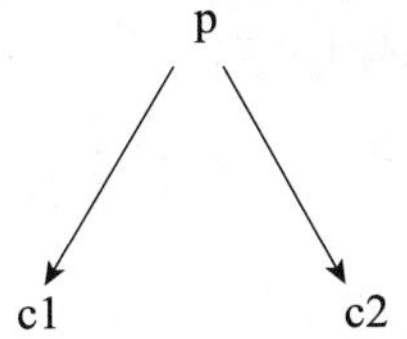

（四）论证的扩展结构

复杂的论证往往包含多个相同形式的推理或者几个不同类型的推理。如果考虑到论证的宏观结构，那么需要考虑的论证要素就被大大扩充。因此，需要引入一些术语来标识扩展论证的不同部分。

（1）论证链。论证中各个前提与结论构成的整个支持关系。

（2）子论证。论证链中的任何单个的推论或论证链中的一个支持关系。

（3）主结论。一个论证链中的最终结论。结论可能出现于语段的开头、结尾或中间。结论可能有不同的范围和确定性。这些不同强度的结论，所需的证据及支持强度不同。提出一个令人信服的论证所需要的证据强度，随所希望达到的结论的范围和确定性而变化。

（4）主论证。由主结论及其直接前提构成的论证。

（5）主论据。直接支持主结论的理由。

（6）子结论。论证链中除主结论之外的任何一个子论证的结论。

（7）基本前提。论证中不再被其他陈述支持的前提。基本前提也可能不是绝对真的，而只是似真的，关键在于它是否受到进一步的挑战。

（8）非基本前提。即子结论，论证中被其他陈述支持的前提。

例如：网络伦理问题产生的原因是多元的。由于网络社会结构上有缺陷，网络道德规范的运行机制尚不健全。社会转型期道德失范导致的伦理问题也会直接反映在互联网上。经济利益的驱动同样也会导致网络伦理问题。因此，必须从网络技术监控、相关法律法规建设和伦理规范教育等多角度入手，才能规范人们的网络行为，净化网络空间。

分析：设，

c1：网络伦理问题产生的原因是多元的。

p1：由于网络社会结构上有缺陷，网络道德规范的运行机制尚不健全。

p2：社会转型道德失范导致的伦理问题也会直接反映在互联网上。

p3：经济利益的驱动同样也会导致网络伦理问题。

c：必须从多角度入手，才能规范人们的网络行为，净化网络空间。

上述论证的结构如下：

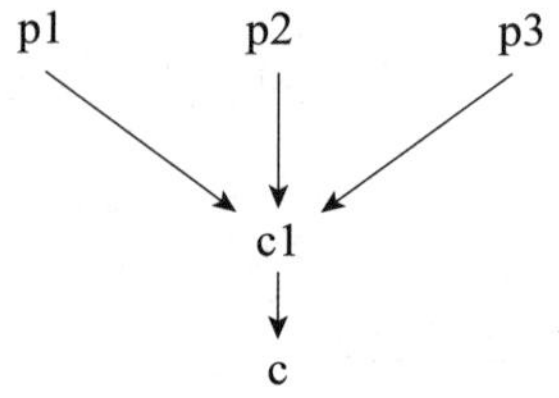

我们在平时阅读中见到的论证大多是这样的复杂论证。画出论证结构图有助于大家在阅读中迅速把握论证的主题，准确快速地找到前提和结论，尤其是切实厘清前提和结论之间的关系。画出论证结构图的基本步骤如下：

第一，明确论题，找出前提和结论。

第二，把论证中的元素符号化。

第三，根据论证关系绘制论证图示。

第二节　论证重构

论证重构是指为了清晰地呈现作者的论证，通过调整论证文本的陈述，从而得到标准化的论证形式。论证重构需要两个过程。

首先，良构论证。通常在一个论证中，什么是前提，什么是结论，什么是前提和结论之间的关系不是一目了然的，论证的良构就是要明显地展示得出这个信息的过程。

其次，标准化转换。结合良构论证的基本原则，通过有效的转换使得论证标准化，包括要把论证中省略的结论或前提补充进来，从而构成一个结构完整的论证。

一、良构论证

日常论证往往以隐藏重要逻辑特征的各种方式得以陈述，为深入分析和评价一个论证，我们需要良构论证。通过产生一个论证的良构式，人们将视野深入到该论证的逻辑结构。为此，下面讨论将论证改写为良构式的原则。

（一）识别前提和结论

论证是从前提到结论的推演，其中，结论是从一定的前提推论得到的结果，前提是支持结论的理由。

1. 把整个论证都改为陈述句

论证是由陈述组成的，无论前提还是结论，都必须是陈述。因此，首先要把论证的每一构成部分（前提和结论）都用清楚的陈述句表达，即要把论证文本中包含命令、呼吁、要求、提问、反问等句子改写为陈述句。

(1) 命令：也叫祈使句，因对象（即主语）是第二人称，所以通常都省略。改写为陈述句时要把主语补上。

例 1：从事科研工作吧！

改写为陈述句：你应该从事科研工作。

例 2：去洗手！

改写为陈述句：你应该去洗手。

(2) 修辞：往往用反问句来强调。需根据上下文及作者意图将修辞的原义还原为陈述。

例 1：遇到困难，我们怎能退缩呢？

改写为陈述句：遇到困难，我们不能退缩。

例 2：你难道可以乱扔垃圾吗？

改写为陈述句：你不可以乱扔垃圾。

2. 识别主要结论和前提

论证是前提和结论的关系。论证的本质是使用一些理由作为前提，来使人相信结论的真实性，或者接受它去行动。

(1) 主要结论是什么？

通常是先识别结论，前面已论述，可通过论证指示词识别主结论。一旦弄清论证者试图证明什么，论证的前提就容易识别了。

(2) 前提是什么？

前面已论述，可通过论证指示词识别前提。当然，前面也已论述过，推理标志词也并不一定表示前提或结论，关键还是要看支持关系。

(3) 将条件陈述变为标准形式。

条件陈述有许多变体，当写一个论证的良构形式时，应将任一条件句前提或结论纳入标准形式，即“如果 A 那么 B”。

例 1：含水量特别高的蔬菜营养价值都低。

改写为标准式：如果蔬菜的含水量特别高，那么其营养价值就低。

例 2：要选修数理逻辑课，必须已修普通逻辑课。

改写为标准式：如果要选修数理逻辑课，那么就必须已修普通逻辑课。

3. 写出论证的良构式

构造论证的良构式的步骤如下：

(1) 把论证的结论列为最后一步，并且用“所以”来标明。

（2）在论证的每一步（无论是前提还是结论）前边写一个数字。

（3）前面没有“所以”一词的论证步骤将被理解为前提。前提前面的“因为”这个词可以省略。

例如：我国西北地区沙漠的扩大是必然的。因为长期干旱会导致沙漠化，我国西北许多地区持续干旱。

分析：上述论证的良构式如下。

（1）如果持续干旱，土地就会沙漠化。

（2）中国西北许多地区持续干旱。

所以，（3）中国西北地区沙漠的扩大是必然的。

（二）消除多余冗词

如果实际论证中包含语言修饰和无关的成分，那么就需要剔除它们。良构一个论证必须要消除冗词，论证中的冗词主要有以下四类。

1. 折扣

折扣是承认一个事实或者可能性，是修辞的一种，折扣经常通过增加潜在对象来增加论证在心理上的说服力，但折扣并不是前提，因为它不支持结论。所以，当要产生一个论证的良构形式时，需要省略折扣。

我们可通过折扣指示词识别折扣。常用的折扣指示词包括：尽管、然而那样也许是真的、即使、然而我承认、尽管有事实、我认识到……但、尽管事实上、我知道……但，等等。

例如：今天的心理学家认为儿童时代是人生一个单独的驿站，并且只能以它自身的方式去理解，他们想知道为什么这么长时间以来西方国家荒谬地把儿童看作是小的、未充分社会化的成年人。然而，大多数心理学家把那些 70 岁到 90 岁的老年人看作是好像刚开始出现白发和有额外的闲暇时间的 35 岁的人。但是老年人和儿童一样与年轻的成年人和中年人大相径庭，这一事实已被现代社会与经济生活体制所证实。因此，确实应该承认对老年人独特的心理进行认真的研究是必不可少的。

分析：上述论证中的“大多数心理学家把那些 70 岁到 90 岁的老年人看作是好像刚开始出现白发和有额外的闲暇时间的 35 岁的人”是与该论证的前提相违背的陈述，因此，它不是一个前提而是一个折扣。

上述论证的良构式如下：

（1）老年人和儿童一样与年轻的成年人和中年人大相径庭。

因此，（2）确实应该承认对老年人独特的心理进行认真的研究是必不可少的。

2. 重复

论证中的重复也是一种修辞，是指论证者重述一个前提或结论。重复的作用是有助于理解与记忆，比如对术语做一些稍微改变，目的是纠正可能的误解或使观点更鲜明。由于重复本身没有增加新的内容，为了集中于论证本质上的逻辑特征，我们在良构一个论证时，应该把它去掉。

例如：科学研究将增强你的注意力和遇到困难时的耐力。换言之，如果你申请自己进入科学主题，你将会发现自己能长时间集中注意力。你也能发现自己能够没有烦躁或挫败感地来处理复杂材料。所以，科学课程是值得努力学习的。

分析：上述论证中的“如果你申请自己进入科学主题，你将会发现自己能长时间集中注意力”是一种重复，上述论证的良构式如下：

（1）科学研究将增强你的注意力和遇到困难时的耐力。

所以，（2）科学课程是值得努力学习的。

3. 确信

确信是指示作者相信前提或结论的陈述、词或词组。确信指示词通常包括：显然、人所共知、无疑、众所周知、当然、无人否认、简直、那是不可否认的、明显地、那是一个事实，等等。确信也是一种修辞，由于确信并不促成论证的有效性、强度、可靠性或可信度，因此，它们一般不出现在一个论证的良构式中。

例如：众所周知，西医利用现代科学技术手段可以解决很多中医无法解决的病症，而中医依靠对人体经络和气血的特殊理解也治愈了很多令西医束手无策的难题，据此，针对某些复杂疾病，很多人认为中西医结合的治疗方法是有必要的。

分析：上述论证的良构式如下：

（1）西医利用现代科学技术手段可以解决很多中医无法解决的病症，而中医依靠对人体经络和气血的特殊理解也治愈了很多令西医束手无策的难题。

所以，（2）针对某些复杂疾病，很多人认为中西医结合的治疗方法是有必要的。

4. 樊篱

樊篱是与确信相反的冗词，是指论证者犹豫于前提或推论的陈述、词或词组。樊篱包括：我认为、我相信、似乎、我猜想、也许、我觉得、可合理地、在我看来、这似乎可靠地，等等。樊篱在修辞上是重要的，没有它们听起来会显得教条和僵硬，但通常不会影响一个论证的有效性、强度、可靠性或可信度，因此，它们一般要在论证的良构式中去掉。

例如：有一则电视广告说，草原绿鸟鸡，饿了吃青草，馋了吃蚂蚱，似乎在暗示该种鸡及其鸡蛋的营养价值与该种鸡所吃的草原食物有关。

分析：上述论证的良构式如下：

（1）有一则电视广告说，草原绿鸟鸡，饿了吃青草，馋了吃蚂蚱。

因此，（2）该广告在暗示该种鸡及其鸡蛋的营养价值与该种鸡所吃的草原食物有关。

（三）使用一致的语言

该原则是指对于保证论证中前提和结论之间的逻辑联系所依赖的词项，应保持其语言风格的一致性。使用一致的语言是为了澄清前提和结论之间的联系，有利于清晰地展示论证的逻辑结构。

（1）如果是普遍的、概括化的陈述，用全称的陈述（所有、每一、任何，等等）；

（2）要准确地理解文中的语言，在论证中同一个词代表同样的意思（有时要将不同的词换成同一个词，或者将一个词翻译成不同的词）。

在良构一个论证时，要寻找可能使论证中逻辑联系模糊的词汇变体，改写成清晰且一致的语言，从而帮助我们避免模糊思考。

例如：陕西出土的秦始皇兵马俑，其表面涂有生漆和影绘，这为研究秦代军人的服色提供了重要信息。但兵马俑出土后，表面的生漆层会很快发生起翘和卷曲，造成整个彩绘层脱落，因此，必须用防护液和单体渗透两套方法进行保护，否则不能供研究使用。而一旦采用这两套方法对兵马俑进行保护，就会破坏研究者可能从中获得的有关秦代彩绘技术的全部信息。因此，一个供研究秦代军人服色的兵马俑，不能成为了解秦代彩绘技术的新信息的来源。

分析：上述论证可用一致的语言来替换。

第一，“兵马俑出土后，表面的生漆层会很快发生起翘和卷曲，造成整个彩绘层脱落，因此，必须用防护液和单体渗透两套方法进行保护，否则不能供研究使用。”意思就是“一个供研究秦代军人服色的兵马俑，必然用防护液和单体渗透两套方法进行了保护”。

第二，“就会破坏研究者可能从中获得的有关秦代彩绘技术的全部信息。”意思就是“不能成为了解秦代彩绘技术的新信息的来源”。

由此，上述论证的良构式如下：

（1）一个供研究秦代军人服色的兵马俑，必然用防护液和单体渗透两套方法进行了保护。

（2）兵马俑出土后如果用防护液和单体渗透这两套方法保护，不能成为了解秦代彩绘技术的新信息的来源

因此，（3）一个供研究秦代军人服色的兵马俑，不能成为了解秦代彩绘技术的新信息的来源。

（四）区分主结论和子结论

结论有主结论与子结论之分，在良构论证时，不要混淆子结论与主结论。

主结论也叫总结论，是指一个论证链条或论证网络中的最终结论。而论证链条或网络中除主结论之外的任何一个步骤的结论，都是子结论。

子结论也叫次结论，是指被前提所支持，但它又至少支持一个进一步的陈述，该陈述可以是结论或者是另一个子结论。每个前提本身不应该包含论证，如果包含，应把它拆开表达。

例如：由于含糖饮料的卡路里含量高，容易导致肥胖，因此无糖饮料开始流行。经过一段时期的调查，无糖饮料尽管卡路里含量低，但并不意味着它不会导致体重增加，因为无糖饮料可能导致人们对于甜食的高度偏爱，这意味着可能食用更多的含糖类食物。而且无糖饮料几乎没什么营养，喝得过多就限制了其他健康饮品的摄入，比如茶和果汁等。

分析：上述论证的良构式如下：

（1）无糖饮料可能导致人们对于甜食的高度偏爱。

因此，（2）无糖饮料可能导致人们食用更多的含糖类食物。

因此，（3）无糖饮料并不意味着它不会导致体重增加。

（上述（2）是子结论，（3）是主结论）

二、标准化转换

日常思维中的实际论证大都是非标准的。实际论证由于个人叙述、论证的风格不同，往往缺乏组织性，有时既包括背景信息、重复、插入材料等与论证无实质联系的信息，有时又省略了某些相干的信息。因此，在分析论证结构的时候，或者使用批判性思维技术对

之进行评估的时候，就需要对论证进行标准化处理。论证的标准化包括准确地识别论证的理由与主张（辨识前提和结论、辨析争议的焦点），搞清推理路线（找出推理的线索和结构，揭示出论证所依赖的假设等，从而使论证变成清楚、完整的陈述）。

为了清晰地分析和评价论证，当实际论证的语句次序不符合“前提→结论”标准顺序时，我们需要把它重新表达成“标准形式”，使前提在前、结论在后；用竖式的办法表示，是前提在上，结论在下。这样论证的语句明确、意义完整、关系清楚。在调整过程中，调整后的句子和原来形式可能有所不同，有可能要重新表达句子，甚至要补充词句，使原来的论证以标准的格式清楚、准确地表达出来。比如，在结论的地方加了“所以”，而省略了原来引导前提的词“因为”，这些调整即为“论证重构”。

重构后的标准化论证的基本格式是：

第一，前提在上，结论在下；

第二，前提和结论之间用横线隔开；

第三，只用“所以”来引导最终结论。

标准化论证需要进行以下四种转换。

（一）删除

在分析一个论证的文本时，需要将那些与主张（或结论）不相干的陈述去掉，即要删除修饰词、重复的信息、交际性的内容、其他话题的插入、无关的枝节、顺便说的话、介绍性的背景材料等，它们均不进入论证结构的描写。

例如：鸡油菌这种野生蘑菇生长在宿主树下，如在道氏杉树的底部生长。道氏杉树为它提供生长所需的糖分。鸡油菌在地下用来汲取糖分的纤维部分为它的宿主提供养料和水。由于它们之间这种互利关系，过量采摘道氏杉树根部的鸡油菌会对道氏杉树的生长不利。

分析：上述文本前面的陈述为背景材料，均予以删除。标准化后的论证为：

鸡油菌为它的宿主道氏杉树提供养料和水。

所以，过量采摘道氏杉树根部的鸡油菌会对道氏杉树的生长不利。

（二）补充

日常论证往往是省略的、不完整的，其大前提、小前提以及结论都可能被省略。而被评估的论证应该是一个结构完整的论证，因此，为了理解论证，我们需要把原文中隐含的论证成分补充进来。

1. 补充省略的结论

评估一个论证，需要把隐含的论点明确化，因此，对省略了结论的论证，需要补充进论证。

例如：一国丧失过量表土，需进口更多的粮食，这就增加了其他国家土壤的压力；一国大气污染，导致邻国受到酸雨的危害；二氧化碳排放过多，造成全球变暖、海平面上升，几乎可以危及所有的国家和地区。

分析：对上述论证进行标准化转换并补充结论后，构成如下完整的论证。

一国丧失过量表土，需进口更多的粮食，这就增加了其他国家土壤的压力；

一国大气污染，导致邻国受到酸雨的危害；

二氧化碳排放过多，造成全球变暖、海平面上升，几乎可以危及所有的国家和地区。

（所以，环境问题已成为区域性、国际性问题，解决环境问题是人类面临的共同任务）

2. 补充隐含的前提

在辨别和分析论证时，需要把作者没有明确表达的“隐含前提”写出来。即在评估论证之前，应使论证未表达出来的预设、假设或省略的前提明确化。

寻找论证中的隐含前提，是论证分析中比较困难的部分，为此，我们将在后面“论证假设”这一节进行专门讨论。

例如：达尔文的生物进化学说，揭开了人类进化研究的世纪性的新篇章。然而至今，人类仍然无法找到从猿向人进化的关键性证据。所以，人们只得又在达尔文学说的前面重新加上“假说”这两个字。

分析：对上述论证进行标准化转换，并补充假设后，构成如下完整的论证：

人类仍然无法找到达尔文的生物进化学说从猿向人进化的关键性证据。

（缺少科学上关键性证据的学说只能称为假说）。

所以，人们只得又在达尔文学说的前面重新加上“假说”这两个字。

（三）替换

用清楚、确切的表达方式来替代含糊或者间接的表达方式，同义的所有表达式用唯一的表达式代换。

例如：我可以设身处地地把一些外在符号跟一些内心事件关联起来，比如，将呻吟和脸的扭曲、跟痛的感受关联起来。我从痛的体验中得知，当我有痛感时，往往就会呻吟和脸扭曲。因此，一旦看到他人有相同的外在符号时，我就理所当然地认为，他们也有与我相同的内心活动事件。毕竟我和他人之间，在行为举止和通常的生理功能方面，显然是相类似的，为什么在内心活动方面不也相类似呢？

分析：上述论证的结论是最后一句“为什么在内心活动方面不也相类似呢”，需用陈述句来替换，即为“在内心活动方面也相类似”，前提是“我和他人之间，在行为举止和通常的生理功能方面，显然是相类似的”。上述文本前面的陈述为背景材料，均予以删除。标准化后的论证为：

我和他人之间在行为举止和通常的生理功能方面是相类似的。

所以，我和他人之间在内心活动方面也相类似。

（四）排列组合

将有支持关系的陈述放在一起，按有利于对论证进行评估的方式排列组合。

例如：肯定有一个外部世界存在，因为如果不是在我之外有某种东西可以发光或反光，将光照射到我眼睛里，使我产生了视觉经验，我就看不到建筑、人群和星星这些东西。并且，不仅我有这样的视觉经验，他人也有这样的视觉经验；书本知识也反复告诉我们，在我们之外有一个外部世界。

分析：对上述文本标准化后的论证为：

我的视觉经验表明，在我之外有某种东西可以发光或反光。

他人也有这样的视觉经验。

书本知识也反复告诉我们，在我们之外有一个外部世界。

所以，肯定有一个外部世界存在。

第三节 论证假设

要分析、评估并全面理解一个论证，应对论证补充隐含前提和假设，即进行论证的重构，以便考察论证的有效性。

一、假设概述

挖掘论证的隐含假设，对细致地理解论证和深入地评估论证，从而推进认识的深入发展非常重要。要把握论证的结构，不仅要把握论证的表层结构，即解析已经明确表达出的前提和结论，而且要把握论证的深层结构，即发现和陈述论证背后的假设，就是要细致挖掘论证中隐含的意义、假定、前提和背景知识。因此，挖掘论证的隐含假设是分析和评价论证的一个关键步骤。

（一）假设的含义

假设的含义是，假设是使论证成立的一个必要条件。对于一命题而言，假设的真或假是其能否成立的前提条件。如果假设为假，则论证不成立，而且也毫无意义。

所有的人类思想和经验都基于假设。假设是我们信念体系中的一部分，即我们想当然地或者预先假定事情，我们假设自己的信念是正确的，并利用它们来解释周围的世界。多数人的假设是无意识的，人们将有些事情视作是想当然的，因为不可能事事都被质疑。多数假设是合理的，但有些并不是，人们思想中的错误，多数是由其背后未经检查的假设所造成的。当逐步熟练掌握批判性思维和论证逻辑技能时，我们则应该去询问任何一个假设的合理程度。我们每天在生活中都会作出很多假设，我们必须能够发现并对它们一一进行质疑、考察和评估。

例如：人类经历了上百万年的自然进化，产生了直觉、多层次、抽象等独特智能。尽管现代计算机已经具备了一定的学习能力，但这种能力还需要人类的指导，完全的自我学习能力还有待进一步发展。因此，计算机要达到甚至超过人类的智能水平是不可能的。

分析：上述论证必须假设，直觉、多层次抽象等这些人类的独特智能无法通过学习获得。否则，如果计算机通过学习可以学会直觉、多层次抽象等独特智能，那么计算机就有可能达到或者超过人类的智能水平。

［案例］永记与遗忘

在美国著名逻辑学家柯比的《逻辑导论》第一章中，举了这样一个例子：

大数学家哈代论证说：阿基米德将永远被记住，而埃斯库罗斯会被遗忘，因为一种语言会消亡，而数学理念不会消亡。

柯比指出，对该论证的充分分析表明，要合逻辑地得出该论证的结论，至少需要下列前提或推理步骤。

（1）一种语言会消亡。

（2）埃斯库罗斯的伟大剧作使用一种语言。

（3）故埃斯库罗斯的成果终究会消亡。

（4）数学理念不会消亡。

（5）阿基米德的伟大工作使用数学理念。

（6）故阿基米德的成果不会消亡。

所以，阿基米德将被永记，而埃斯库罗斯将被遗忘。

可以看出，在这个论证中，至少有两个隐藏的前提或假设，这就是（2）和（5），或许因其明显性而被省略，但它们的确实性却值得怀疑。

（二）假设的类型

论证的假设就是论证的隐含因素，包括假定、条件、信息、观念和知识，是论证所需要但没有表达出来的隐含前提以及预设假设（前面已论述）、背景假设、支撑假设等的统称，它们在论证中没有被明确陈述出来，但支撑着论证的有效性、可靠性或可信度。

1. 隐含前提

狭义的假设就是隐含前提，很多情况下，我们把隐含前提和假设看成同义语。隐含前提是指这样的命题或命题集，没有它们，论证是不完整、不相关的。当我们发现从已表达出的前提向结论的有效过渡还缺乏某些环节时，就应分析论证的隐含前提。

具体而言，隐含前提就是被省略的前提，包含大前提或者小前提。它们是原来的论证所需要的，没有它们，原来的论证中的理由和结论之间没有相关性，推理成为无效。在重建论证的时候，我们需要把省略的前提补上，以便使论证有效。

例如：长期以来，人们认为地球是已知唯一能支持生命存在的星球，不过这一情况开始出现改观。科学家近期指出，在其他恒星周围，可能还存在着更加宜居的行星。他们尝试用崭新的方法开展地外生命搜索，即搜寻放射性元素钍和铀。行星内部含有这些元素越多，其内部温度就会越高，这在一定程度上有助于行星的板块运动，而板块运动有助于维系行星表面的水体，因此，板块运动可被视为行星存在宜居环境的标志之一。

分析：上述论证中科学家的隐含前提是，行星如能维系水体，就可能存在生命。

补充进去后，形成如下完整的论证：

前提：板块运动有助于维系行星表面的水体。

假设：行星如能维系水体，就可能存在生命。

结论：板块运动可被视为行星存在宜居环境的标志之一。

2. 背景假设

在自然语言中，推理是用来论证和交流思想的，而交流总是在具体的个人之间、具体的语言环境中进行的。交际双方的大脑承载了大量信息，其中许多信息是交际双方所共有的，或至少是其中一方以为另一方知道的，故在交际过程中没有明确说出，推理表现为省略形式：本来是“A 和 C 一起推出 B”，由于 C 属于（或以为属于）共同的背景信息，故被省略。

背景假设是被论证者认为是理所当然的观念或理念与推论规则集，这些论证者预先假定的东西并不在论证中出现，但对论证的成功不可或缺。背景假设往往涉及价值观或价值偏好。

例如：太阳能不像传统的煤、气能源和原子能那样，它不会产生污染，无须运输，没有辐射的危险，不受制于电力公司，所以，应该鼓励人们使用太阳能。

分析：在这个论证中，至少隐藏着论证者如下的背景假设即价值偏好：安全、环保与健康的能源很重要。

3. 支撑假设

重构论证的关键是首先要挖掘论证的隐含前提或假设，其次，还要进一步深入理解前提下面的支撑性假设，从而得到论证的“立体”图像，这样才能深入理解并完整评判一个思想和论证。

隐含假设是多层次的。支持上面一层的前提的假设还需由下一层次的假设支持。论证是多层次的立体的，最上面的隐含假设是所谓隐含前提，然后是下面的支撑假设。支撑假设不是那种为了论证形式完整而必需的前提，而是前提下面的观念和事实基础，是前提的前提。

支撑假设本身也可能需要证明，当有具体、必要的理由来怀疑它的根据时，那么再挖更深一层次的支撑假设，即需要找支撑假设的隐含支撑假设。当然，如果无限追问每一个前提后面的基础，基础的基础，这将是一个无限追究的过程。当然，挖掘在前提之下的逐层次的支撑假设，挖到一定时候，大家都几乎无疑义时，那就可以停止挖掘其更进一步的支撑。

例如：堕胎是谋杀，因为这是杀死一个胎儿。

分析：上述论证的隐含前提是：如果堕胎是杀死一个胎儿，则堕胎是谋杀。

其论证过程如下：

堕胎是杀死一个胎儿。

如果堕胎是杀死一个胎儿，则堕胎是谋杀。

所以，堕胎是谋杀。

虽然这个推理的形式有效，但其支撑假设是“胎儿也是人”。

补充支撑假设后的完整论证如下：

前提：堕胎是杀死一个胎儿。

假设 1：胎儿也是人。

假设 2：故意地没有正当理由地杀死另一个人是谋杀。

假设 3：堕胎是故意地没有正当理由地杀死胎儿。

结论：堕胎是谋杀。

因此，上述论证的争议焦点在于其支撑假设“胎儿也是人”是否成立。

在科学研究的逻辑中，支撑假设又被称为观察和试验后面的预设条件和初始假设，或者辅助假设。还有的是观察和实验的操作和解释的理论，有时被称为观察理论。科学革命的特征，往往是深入到支撑假设的层次，即使是当时认为最可信的知识基础和世界观，当有具体的怀疑证据和理由时，对支撑假设的重新审查往往会带来对过去根深蒂固的观念的改变。

（三）假设的特点

隐含假设和论证的前提一样都是陈述。其包括两类：一类是关于事实的陈述；另一类是关于理论的陈述，即概括性、普遍性的断言，科学中可以是科学原理、假说、定律、公式、因果关系等，在法律中，可以是原则、规则、条款、许可等。为了方便起见，本书在一些地方会沿用习惯，笼统地用隐含假设来指上面各种类型的假设。

隐含假设具有如下特点：

第一，隐含假设具有隐含性。

隐含假设是隐藏的，即作为论证前提的陈述没有被明确陈述出来。

第二，隐含假设是论证者视为理所当然或先行承认的。

隐含假设一般被论证者认为真，或者当作真，以便论证。在大多数语境中，论证基于双方具有共同的知识背景，而在陈述中省略了对某些信息的表达。当然，不能排除某些论证者为了掩盖他所使用的前提的可疑性而有意不明确陈述该前提。

第三，隐含假设是得出结论的必要条件。

隐含假设影响论证的结构与论点的确立。如果隐含前提为假，或似真度不高，整个论证的效力就会降低，结论的可接受性也会受到影响。

第四，隐含假设本身可能为假。

隐含假设可能具有可争辩性，也可能有潜在的欺骗性；摧毁论证往往要揭露隐含前提并予以批判。大量事实表明，论证的问题可能就出在深层次的隐含假设上，一旦发现了这样的问题，人们的认知水平就得到了提高。

例如：一块石头被石匠修整后，曝露于自然环境中时，一层泥土和其他矿物便逐渐地开始在刚修整过的石头的表面聚集。这层泥土和矿物被称作岩石覆盖层。在安迪斯纪念碑的一块石头的覆盖层下面，发现了被埋藏一千多年的有机物质。因为那些有机物质肯定是在石头被修整后不久就生长到它上面的，也就是说，那座纪念碑是在 1492 年欧洲人到达美洲之前很早建造的。

分析：上述论证根据，安迪斯纪念碑的石头是一千多年前修整的，得出结论，那座纪念碑是在 1492 年欧洲人到达美洲之前很早建造的。为了使这个论证有说服力，还必须假设这样一点：用于建造安迪斯纪念碑的石头是在修建纪念碑时修整出来的。但这一假设可能受到质疑，因为事实上，1492 年前后重新使用古人修理过的石头的现象在安迪斯非常普遍。这意味着用于建造安迪斯纪念碑的石头不一定是在修建纪念碑时修整的。

二、假设的揭示

为了正确、完整地理解并评价论证，就需要揭示论证的隐含前提或假设。揭示隐含假设就是指那些需要填补在前提和结论之间的鸿沟（缺少的关联或步骤）的隐含前提。

（一）揭示假设的步骤

补充隐含假设并没有一种固定的方法，往往需要用想象、直觉和试错调整，因此，可以说这是带有创造性的思维活动。不过，根据补充隐含前提的目的，还是存在一些寻找的线索。补充假设的常规步骤如下。

1. 描述已被表达的论证

即提炼出论证的前提与结论。要正确地揭示论证的假设，需要深入分析说话或写作的场合、对象、语气、省略等，以便形成一个完整的图景，从而掌握论证的全部内容。如何发现论证的隐含假设？首先在弄清论证的前提和结论的基础上，仔细考察理由和结论之间的“缝隙”或差距，然后寻找填补这一缝隙的前提或信念。

2. 寻找连接前提和结论的关系

确定论证中前提和结论之间的“缺口”，寻找线索，发现或者建造连接这样的关系的保证。假定已表述的前提为真，然后查看要使其结论成立，至少还需要得到什么样的隐含前提的支持，这样的隐含前提就是该论证的假设。

3. 符合逻辑

若是演绎论证，则确定使其有效所需要的前提。补充隐含假设的首要目的是使论证有效，通过补充论证省略的部分，来使之成为标准的演绎形式。

若是归纳论证，其中的全部证据必须被论证者陈述，要确定需补充哪些信息才能使归纳论证符合归纳的合理性。

4. 再进一步寻找论证的支撑假设

论证是一个立体的过程，所有的前提，包括隐含前提，都建立在背景知识和假设上，因此，对每一个前提都要评价它的支撑假设。

支撑假设决定这个隐含前提的稳固性，影响对整个论证的评价。一个推理要得到支持，逻辑上它有无数的隐含假设。首先需要找的是前提和结论之间直接的支撑假设，即从最接近论证的层面、最直接相关、最可能有问题的假设开始。

5. 检验重构的论证

在语境清晰时，进一步弄清未表达前提是可能的。在做了这些工作之后，那么，这个论证可被重新构建出来。再来对论证者的推理进行评价，看被省略的前提是否真实，看看论证过程是否正确、是否符合原意。

■众所周知，高的血液胆固醇水平会增加由血液凝结而引起的中风的危险性。但是，最近的一篇报告指出，血液胆固醇水平低使人患其他致命类型的中风（即脑出血，由大脑的动脉血管破裂而引起）的危险性增大。报告认为，因为血液胆固醇在维持细胞膜的韧性方面起着非常重要的作用，所以低的血液胆固醇会削弱动脉血管壁的强度，从而使它们易于破裂。由此，上述结论证实了日本研究者长期争论的问题，即西方饮食比非西方饮食能更好地防止脑出血。

上述论述基于下面哪条假设？

A. 西方饮食比非西方饮食更有益于健康

B. 与非西方饮食相比，西方饮食易使人产生较高的血液胆固醇

C. 高的血液胆固醇水平能消除动脉血管的衰弱

D. 脑出血比血液凝结引起的中风更危险

E. 血压低的人患脑溢的危险性在增大

［**解析**］答案：B

题干前提：高的血液胆固醇水平能防止中风（脑出血）。

省略前提：与非西方饮食相比，西方饮食易使人产生较高的血液胆固醇。

题干结论：西方饮食比非西方饮食能更好地防止脑出血。

B项表达了这一省略前提，因此为题干论述所基于的假设。

其余选项均不是假设。比如，题干断定的是，低的血液胆固醇水平会削弱动脉血管的

强度，C项不一定正确。

■宇宙中的大多数物质都被假设是暗的，即见不到的。研究已经表明如果很多星系群中的星系组成物质是可见的恒星，由于根据质量可估计运行速度，那么，这些星系相对于其他星系的移动速度就会快得多。这一研究表明星系在相当大量的不可见物质的引力作用下运动。

以下哪个是上文依据的假设？

A. 运动星系速度的测量是极不可靠的

B. 重力的作用形式没有被特别好地理解

C. 对于上述星系中可见恒星的总的质量的估计是有一定的把握的

D. 宇宙中的不可见物质的大体组成已经被确定了

E. 上述提到的星系都毫无例外地向彼此移动

[解析] 答案：C

为使题干论证成立，C项是必须假设的，否则，如果对于上述星系中可见恒星的总的质量的估计是没有把握的，那么用可见恒星的质量来估计速度就不会准，这样题干推理不就可靠了。

（二）揭示假设的原则

补充的隐含假设应与论证的条件一致，而且必须是论证者接受的或承诺的。补充合适的隐含假设有如下三个基本的判断原则。

1. 公平原则

公平原则也叫忠实原意原则，即根据作者原意来补充隐含假设。重构论证的目的，是表达论证者在文章中表达出来的意思，就是要把论证重构成符合原意的形式，帮论证者把话说明白。首先要站在为论证者着想的角度考虑，怎样才能使论证中已表述的前提成为支持其结论的强有力的理由？要根据理解和判断，知道论证者含有这个意思，把省略的前提补上，然后考察它是否能使论证完善或者合理。注意不能曲解论证者的意思，即不能加上原文并不隐含的成分，更不要加上论证者不能接受的成分。

重构论证的第一准则是忠实于原意，不管它是否合理。通过这种方式补充隐含的前提后发现论证还是不行，我们才可以认为，论证者的论证是不完善的或者不合理的。

例如：人类没有外星人来访地球的文字记录，所以外星人没有来访过地球。

分析：上述论证的隐含前提是，如果外星人来访过地球，则人类会有外星人来访地球的文字记录。补充这一假设后形成如下完整的论证。

前提：人类没有外星人来访地球的文字记录，

假设：如果外星人来访过地球，则人类会有外星人来访地球的文字记录。

结论：外星人没有来访过地球。

2. 慈善原则

慈善原则也叫宽容原则，其核心是应尽可能对被分析的论证作出有利于支持结论的解释，即对别人的论证进行解释时，要“慈悲为怀”：当其他因素，如语境、逻辑模式、明言的意图等同样允许几个不同前提作为候选者时，应该选取产生最强论证的那个前提作为省略前提补充到论证中。

在补充隐含假设时，往往存在多种不同的选择，慈善原则要求我们应该站在论证者的立场上尽量寻找有利于论证者、有利于论证成立的假设。

第一，加上的隐含前提与论证者原意一致，即是论证者需要加上的，或者至少可接受的。在找到不止一个可能的隐含前提时，符合论证者原意是选择隐含前提的首要考虑因素。

第二，在原意不清楚的情况下，或者找到的隐含前提不止一个，同时又不清楚论证者要用哪一个时，我们应该采用那些对论证者有利的前提和解释，将论证者的论证表达为最合理的形态，即应该选用将原来的论证重建得更可信、更合理的前提，而不是有意加上过分、容易有问题的隐含前提来使得它显得不合理。

例如：某科研机构对市民所反映的一种奇异现象进行研究，该现象无法用已有的科学理论进行解释。助理研究员小王由此断言，该现象是错觉。

分析：小王根据该奇异现象无法用已有的科学理论进行解释，进而断言，该现象是错觉。其隐含的假设显然是，无法用已有的科学理论进行解释的现象都是错觉。

但如果事实上，错觉都可以用已有的科学理论进行解释，那么，小王的假设就不成立，即小王的论证是不合理的。

3. 逻辑原则

除了根据作者的原意补充隐含前提之外，还可以纯粹根据逻辑有效性的要求来补充隐含前提，即纯粹从如何使论证完善或者合理的角度出发，来寻找和补充隐含假设。也就是不对作者只对论证本身，考察不管论证原来是什么意思，只看论证本身是否可以被补充成为好论证。重构论证可以分为两个阶段。

第一阶段，根据论证者原意来重构论证，将它标准化，再看看论证者的论证是否完整、完善（这其实也是评价它）。

第二阶段，如果发现这个论证不完满，那么我们可以把论证者撇开，再根据逻辑的需要来重构它。这时，我们可以自由考虑加上各种看来合理的前提、假设、条件。这样做是为了要决定：如果加上这些条件，这个论证是否完善，以及这个论证是否可以在补充一些条件之后变得完善。

补充隐含前提后，这个论证即可被重新构建出来，再来对论证推理进行评价，看被省略的前提是否真实？什么样的隐含前提可以使论证有效、完善？论证过程是否正确？论证是否可以被可信的隐含前提修补得完善或者合理？这是补充隐含假设的指导原则。

例如：人们大都认为，科学家的思维都是凭借严格的逻辑推理，而不是凭借类比、直觉、顿悟等形象思维手段，但研究表明，诺贝尔奖获得者比一般科学家更多地利用这些形象思维手段，因此，形象思维手段有助于取得重大的科学突破。

分析：上文论证需要补充的隐含前提是，诺贝尔奖获得者取得了重大的科学突破。补充这一假设后形成如下完整的论证。

前提：诺贝尔奖获得者比一般科学家更多地利用这些形象思维手段，

假设：诺贝尔奖获得者取得了重大的科学突破。

结论：形象思维手段有助于取得重大的科学突破。

其余可能成为隐含前提的陈述，比如“诺贝尔奖获得者有能力凭借类比、直觉、顿悟来进行创造性思维”“诺贝尔奖获得者比一般科学家更为聪明和勤奋”等，都经不起逻辑检验。

三、假设的评估

隐含假设的评估标准是，这个可信的隐含假设是否能修补该论证，使其成为完善的或者合理的？具体可以从以下五个方面进行考量。

1. 相关性

可信性的要求是补充的隐含假设是与论证的前提和结论相关的。

相关性需要根据论证的具体情况和语境来考量。一般而言，假设的相关性是指该假设必须与前提相关，更与结论相关，并填补了前提与结论之间的推理缺口。

要补充那些能够增强论证的陈述，避免补充与论证不相干的假设。

2. 保存性

保存性的要求是补充的隐含假设必须保持原来的前提的作用，即应该尽力保存论证已陈述前提的角色。

补充的隐含假设不等于原来已有的、已经表述出来的前提。如果这样，增加的隐含假设等于让原来已有的前提变为多余，或者代替了原来的前提。因此，隐含假设不能只重复原来前提说的事实，不应该只包括原来前提已经包括的内容。

例如：婴儿通过碰触物体、四处玩耍和观察成人的行为等方式来学习，但机器人通常只能按照编订的程序进行学习。于是，有些科学家试图研制学习方式更接近于婴儿的机器人。他们认为，既然婴儿是地球上最有效率的学习者，为什么不设计出能像婴儿那样不费力气就能学习的机器人呢？

分析：上文论证补充隐含假设后形成如下完整的论证。

前提：婴儿通过碰触物体、四处玩耍和观察成人的行为等方式来学习。

假设：通过碰触、玩耍和观察等方式来学习是地球上最有效的学习方式。

结论：婴儿是地球上最有效率的学习者。所以，应该设计出能像婴儿那样不费力气就能学习的机器人。

3. 可信性

可信性的要求是补充的隐含假设是可独立检验的。

不管是根据论证者原意还是根据逻辑标准来补充隐含前提，它都需要评价，这都会落到关于它们的可信性和可接受性的问题上。检查隐含前提的可信性需要检查它是否可以检验，它的支撑假设是否为真。即使隐含前提有内容可以检验，它还应该至少没有被否证，或者至少可以接受，是可信的。只有这样，论证不仅可能变为有效，还可以变为完善。

一旦补充了原作者的隐含前提，使论证变成有效的，接着就该看隐含前提自身是否可接受或可信，以及看补充后的论证是否完善。使一个论证有效的前提可以不止一个，但并不是都合适。如果有一个论证的前提是 P，结论是 C，若纯粹从逻辑出发，只要简单地加上“如果 P，则 C”这样的附加前提，就成为一个肯定前项的充分条件假言推理，就可以保证使这个论证有效。这个附加的前提只是原来论证中的前提和结论的重复与连接而成为充分条件句，被称为“重申前提”。这样的“重申前提”有时候是合适的，可能是作者的原意；但是，多数情况下，重申前提并不是合适的假设。补充重申前提虽然从形式上可以使论证有效，但重申前提往往要么是荒谬的，要么就是空洞的，没有把真正的原因表达出来。“重申前提”的问题就在于它没有新的内容，不能产生新的可观察陈述来检验。模糊空洞的陈述不能被检验，不够资格成为论证的依据，这是一个基本的论证规则。因此，我们要尽量避免补充仅仅使已陈述的论证具体化的重申前提。

例如：老王喝了几十年的酒，他会患肝癌去世。

分析：上述论证的重申前提是“如果老王喝了几十年的酒，他就会患肝癌去世”，这个重申前提目前没有办法来检查真伪。另外“喝酒多的人就会患肝癌”则断定太强，虽然可以检验，但不能证明为真，没有可信性，也不是合适的隐含假设。只有“喝酒多的人有较大可能患肝癌”的隐含前提兼有真实性和可信性。它断定在广泛的情况下有这个统计规律，比如长期的调查统计数据可以支持它，即它可以被独立检验，具有可信性。

4. 充足性

充足性的要求是补充的隐含假设必须能有力地加强论证，能使前提更好地支持结论。

隐含假设本身是论证的前提，所以也要满足论证对于前提的要求。补充隐含假设的充足性标准是至少满足以下两个要求之一。

首先，要看能否使演绎有效，也就是使得论证在演绎推理上具有有效性。

其次，如果不能使演绎有效，再看看能否有助于加强归纳的可能性，即使归纳有力。

如果所有可能想到的可信的隐含前提都不能使这个论证变好，那么就可判定这是个坏论证。

5. 似真性

似真性的要求是在多个可接受的隐含前提之间进行选择时，要选择补充更似真的隐含前提。更似真的隐含前提必须是程度合适的，即隐含假设应该强弱合适。

逻辑上的强和弱的概念，是指适用范围的大小和确定性的高低。比如：

①所有的 S 都是 P。

②大多数 S 都是 P。

③有些 S 是 P。

明显它们概括的范围大小不同，①强于②，更强于③。如果接受①，就必须接受②和③；但反过来，如果同意③，并非一定也就得同意②，更不一定要接受①。

强和弱的区别就在于，概括范围越小的越弱，越弱的越容易为真，因为概括范围越小，产生反例的可能性越小，它就越不容易被反驳。反之，概括范围越大的越强，越强的越难成真，越容易被驳倒。

首先，隐含假设不能过强。

强的隐含前提虽然能使结论成立，但这样的隐含前提本身更容易受到反驳，而且，过强的隐含前提使论证显得不合理，更容易被驳倒，原来的论证者自然不会接受这是他的原意。所以，在补充隐含假设时，在其他标准相同的情况下，只要达到使论证有效的目的，我们应该选择相对更弱的隐含前提，也就是断言的普遍性、绝对性、必然性越少越好，因为这样它更容易为真。

其次，隐含假设也不能过弱。

虽然添加的隐含前提太强容易引起问题，但是，添加的隐含前提也不是越弱越好。一方面，如果一个隐含前提太弱，就不能使原论证有效，这自然就违反上述的充足性原则，不能接受。另一方面，即使一个隐含前提能使论证有效，它的弱也不一定是绝对就好。因为人们认识的目标是内容和可靠性的综合，虽然弱比较容易为真，但是以牺牲内容为代价，甚至走向模糊或空洞，这就失去了论证的作用。比如，上面说的“重申前提”就比其他任何可能的隐含前提选择都弱、都真，虽然能使论证有效，但它就是原来前提的内容，没有提供任何新信息，这样的废话往往无意义，所以，不能成为隐含假设。

总之，最好的假设是范围最贴近的，过窄或过宽都不好，程度过强或过弱都不合适。具体而言，如果有多个可选择的隐含前提，应按以下原则进行选择。

第一，如果最强的那个隐含前提没有反对的理由，考虑内容的要求，那么应该选择最强（更多内容）的。

第二，如果多个隐含前提都能使得论证合理，应该选更弱的。

第三，若结论带“可能”等类似限定词的话，补充的前提要减弱。但无论如何，应该首先保证补充的隐含假设是真的或可接受的。

例如：“小赵是清华的学生，所以，小赵的围棋很可能下得好。”

分析：上述论证合理的假设是：“多数清华的学生围棋都下得好。”

根据假设的要求，以下几种情况不能成为上述论证的假设。

（1）“小赵喜欢下象棋。”

这不符合相关性要求，不是合适的假设。

（2）“小赵是去年他老家的高考状元，一举考上了清华大学。”

这一陈述只是重复了原论证的前提，不符合保存性要求，不是合适的假设。

（3）“如果小赵是清华的学生，那么小赵的围棋可能下得好。”

这是个“重申前提”，不符合可信性要求，不是合适的假设。

（4）“有些清华的学生围棋下得好。”

这一陈述不符合充足性要求，不能使演绎有效或归纳有力，不是合适的假设。

（5）“所有清华的学生围棋都下得好。”

这虽然能使上述论证演绎有效，但假设过强，不符合似真性要求，不是合适的假设。

第四节　结构分析

论证结构分析是论证分析的重要步骤，因为分析一个论证首先要对其结构进行透彻的解析。论证结构意味着，论证者的主张及其支持的理由是什么，该论证需要什么样的潜在假设，前提是怎样支持结论的，支持的强度如何，是否存在论证的谬误，等等。

论证结构分析的常用技法有两种：一种是论证解析，也叫解析法，即用清晰的语言和逻辑顺序表明论证中的命题；另一种是论证图解，也叫图解法，即用图示方法展现论证的结构。

一、论证解析法

要全面深入地理解和评估论证，需要对论证进行深入的分析。实际论证有的相对简单，但许多文本中的论证是相当复杂的，为此，需要对论证进行解析。具体就是要分析论证的一个或多个前提对结论提供的支持方式，判断该论证是否为有效论证，分析上述前提是否都有说服力，构造一个论证来分析预设和未陈述的前提。

论证解析法也叫释义分析法，是指借助对文本的语境和语言的理解，经过一定的语义分析，从而整理出该论证的前提和结论，找出其论证结构的基本方法。解析法是理性分析能力的直观应用，是从命题间的支持关系和论证的特征及分类来识别论证，这样一个识别的过程本身就是一个分析的过程。在识别一个论证的结构时，主要考虑以下几个方面。

第一，确定论证的论点。

分析一个论证，首先要找出论证者所明确主张的观点。

第二，确定论证的结论。

结论之前经常会有一些标志词，往往是确定结论的重要线索，当然，结论的最终判别是作者在论证中所要证明的内容。

第三，确定论证的论据（前提）。

前提之前往往也有一些标志词，通过它们便可以确定论证的前提，当然，前提的最终判别是指对结论有支持关系的材料。

第四，确定论证所隐含的前提和假设。

隐含的前提和假设是完整的论证的构成要素。把在论证中被假定但没有充分明晰地陈述的假设揭示出来，能帮助我们更好地理解论证。当一个论证含有未明确陈述出来的隐含前提或假设时，解析法可以直接把它们列出。

第五，明确主结论和子结论，全面展示论证的复杂结构。

论证并不总是简单或直接的，一段长论证往往包含一连串更短的论证，这时重要的是要区别论证的主结论和导致主结论的各个子结论。即复杂的论证是通过建立子结论来进行的，该子结论反过来作为前提支持论证的主结论。

与子结论和主结论的区分相关的，是主论证和子论证的区分。子论证就是由子结论与其支持前提构成的论证，它们是论证链条或网络上的步骤；主论证是由主结论及其支持前提构成的论证，是一个论证的主干部分。

一个较为复杂的论证的各个论据（前提）与论点（结论）构成的整个支持关系，构成一个论证链条或者网状结构。这个论证链条或者论证网络中的任何一个单个的支持关系，都是这个复杂论证中的步骤。

例如：喜热蝙蝠是一种罕见的杂食蝙蝠种类，仅见于高温环境。由于动物园里的食物通常主要由水果与浆果构成，生活在那儿的喜热蝙蝠大多数都内分泌失调。所以，喂养这种蝙蝠的最健康方法是，主要供给坚果、幼虫、蔬菜和极少量的水果与浆果。

分析：通过解析澄清该论证，即利用清楚简明的语言列出其前提、假设及结论，从而重构出其完整的论证。

（1）结论

喂养喜热蝙蝠的最健康方法是，主要供给坚果、幼虫、蔬菜和极少量的水果与浆果。

（2）前提

①动物园里的食物通常主要由水果与浆果构成。

②生活在动物园里的喜热蝙蝠大多数都内分泌失调。

（3）假设

①那些在动物园里照顾喜热蝙蝠的人不应给它们喂导致内分泌失调的食物。

②动物园里的喜热蝙蝠不会因食物包含极少量的水果与浆果而营养不良。

③动物园里的喜热蝙蝠通过主要由坚果、幼虫与蔬菜构成的食物可以获取充足的营养。

④对动物园里的喜热蝙蝠来说，因食物主要由坚果、幼虫与蔬菜构成而导致的任何健康问题都不会比由内分泌失调引起的健康问题更严重。

（4）重构论证

上述论证经重构后，整理如下：

①动物园里的食物通常主要由水果与浆果构成。

②生活在动物园里的喜热蝙蝠大多数都内分泌失调。

③那些在动物园里照顾喜热蝙蝠的人不应给它们喂导致内分泌失调的食物。

④动物园里的喜热蝙蝠不会因食物包含极少量的水果与浆果而营养不良。

⑤动物园里的喜热蝙蝠通过主要由坚果、幼虫与蔬菜构成的食物可以获取充足的营养。

⑥对动物园里的喜热蝙蝠来说，因食物主要由坚果、幼虫与蔬菜构成而导致的任何健康问题都不会比由内分泌失调引起的健康问题更严重。

所以，喂养喜热蝙蝠的最健康方法是，主要供给坚果、幼虫、蔬菜和极少量的水果与浆果。

二、论证图解法

论证图解也叫图解法、图示法，是分析论证文本结构的逻辑技术，也是一种把握论证结构的有效方法。论证解析法往往是分析论证的第一步，目的是识别出论证的结构。但仅依靠解析法，还不能简洁形象地展示论证的逻辑结构，这时就需要用图解法。

1. 论证图是什么

当一个论证是简单直接的，则可以不需要借助图解法去理解它。而当论证不直接或者相对复杂时，因为图解法能够在平面图上直观地显示论证的结构，因而是非常有用的。与解析法相比，图示法更易于展现论证的前提支持结论的方式。

图解法是这样的方法，用数字编号来表示前提或者结论所陈述的命题，用箭头来说明命题和命题之间的支持关系，用树状图来展示论证的结构。

鉴于论证图提供了代表逻辑关系的速记法，而且又点明了逻辑结构类型中某种重要差异，因此，图解法具有简洁、直观、有趣的特点，是探索论证的逻辑结构的有效工具。

论证图的图示有时把主结论放在最下面，有时把主结论放在最上面。

2. 图解法的作用

图解法简化了我们对论证的描述，也一目了然地表现了一个论证中各个命题之间的关系，是一个形象而且有效的方法。图解法主要有以下几方面的作用。

（1）论证图解法有助于产生清晰的论证。当论证有更复杂的结构时，比如当一段话包含两个或更多论证和若干相互关联并不明显的命题时，借助图解法可以很容易地展示出原本难以说清楚的内容。

（2）论证图解法有助于推理的评估。论证图解使得推理的结构完全清楚，并因此帮人们了解其论证的力量以及洞察其隐藏的弱点。

（3）论证图解法有助于沟通。读者或听者往往会形成与论证者的意图所不同的解释，不同的受众也经常会有不同的感受。使用论证图解可以用清晰和无歧义的形式表达论证，分享对推理结构的共同理解，并揭示理解上的不一致，帮助人们理性地解决意见分歧。

（4）论证图解法有助于作出更好的决策。当人们打算就复杂的甚至有点混乱的问题作出决策时，使用论证图解可帮助人们构造出清晰和富有洞察力的论证，从而作出合理的决策。

（5）论证图解法有助于培养批判性思维技能。鉴于图解法具有趣味性，有些人工智能学者和非形式逻辑学者合作，将论证标准图解和计算机辅助方法结合起来，创立了计算机辅助论证图解，从而广泛地用于培养学生的逻辑分析技能。

例如：图解以下对话形式的论证。

甲：洋葱降低胆固醇。

乙：你怎么知道？

甲：王大夫说的。他是专家。

乙：专家也可能是错的。

甲：是的。但是，他们往往是对的，因为他们有某个领域的知识。

分析：首先概括对话中包括的命题：

（1）洋葱降低胆固醇。

（2）王大夫说洋葱降低胆固醇。

（3）王大夫是专家。

（4）专家可能出错。

（5）专家往往是对的。

（6）专家有某个领域的知识。

在这个对话中，甲提出了一个诉诸权威的论证，即用（2）（3）（5）（6）支持（1）。其中，（2）（3）（5）直接支持（1），而（6）支持（5）。（6）支持（5）的时候，有隐含前提 hp：“在某个领域有专业知识的消息来源往往是对的。”

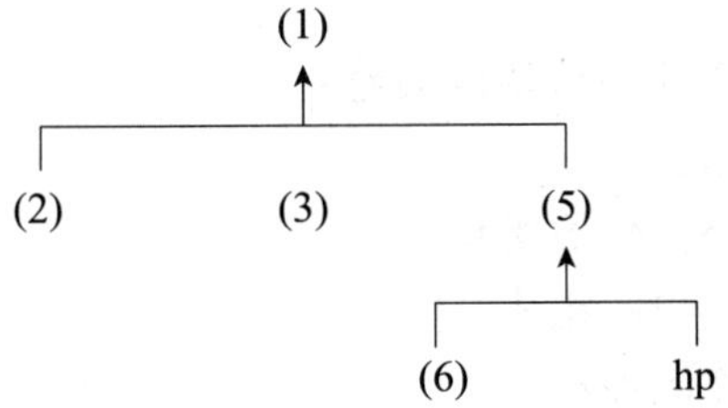

3. 图解法的步骤

图解法的关键是要给论证中出现的每一个命题逐次赋予数字编号，然后在数字编号间使用箭头符号展示其中前提与结论的逻辑关联。

论证图解法的步骤如下：

（1）确定将要处理的文本中确实包含论证。

包含论证的语段总是试图提出一个或一些理由支持某个主张。

（2）通过论证指示词识别主结论。

正如前面所述，结论标志词往往是确定结论的重要线索，但结论的最终判别是论证中所要证明的内容。

（3）将文本中支持主结论的那些理由识别出来。

理由的标志词往往是确定理由的重要线索，但理由的判别标准是指对结论有支持关系的内容。

（4）剔除背景材料。

忽略实际论证中包含语言修饰性的陈述，包括前面所述的重复的信息、其他话题的插入、介绍性的背景材料、导言或编者按等。

（5）整理和归并材料。

包括忽略那些早已分析过的材料，并且要剔除在论证中不起实质作用即与主张（或结论）不相干的陈述。

（6）压缩、编辑或概括。

对较长的论证语段或文本，比如对话式论证，要进行必要的压缩、编辑或概括。

（7）给每一前提和结论编号。

用数字依次对所有的前提和结论逐一进行编号。

（8）核查每一前提和结论是否都是自身完整的陈述。

所有的前提和结论都必须是自身完整的陈述。比如要用具体名称替代“这”“他”等代词。同时，把用问句、命令或感叹句形式表达的前提和结论，都更改成陈述句形式。

（9）检查论证是否已经标准化

核查已标准化的论证是否遗漏了实质性的内容，是否混进了原本不包括的内容。

（10）用图示来表示论证。

第一，要用箭头表示支持关系；第二，可用数字编号或结合用英文字母来表示前提、隐含前提、结论和中间结论等。

例如：分析识别如下论证的结构。

泥盆纪直虾是现代昆虫的祖先，抚仙湖虫化石与直虾类化石类似，这间接表明了抚仙湖虫是昆虫的远祖。研究者还发现，抚仙湖虫的消化道充满泥沙，这表明它是食泥动物。

分析：首先概括出上述论证中包括的命题：

（1）抚仙湖虫是昆虫的远祖。

（2）抚仙湖虫化石与直虾类化石类似。

（3）泥盆纪直虾是现代昆虫的祖先。

（4）抚仙湖虫的消化道充满泥沙。

在这个论证中，即用（2）（3）支持（1）。（4）支持（1）的时候，有隐含前提 hp：“昆虫的祖先是食泥动物”。

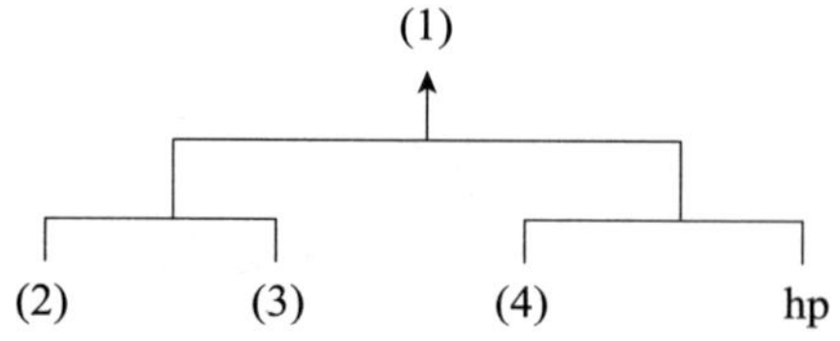

4. 画论证图的通用规则

因为自然语言的语法是微妙而易变的，所以不存在对于括号位置的严格规则。但主要目的是要把一个论证括起来，以便完全揭示其中的推理模式。下列通用规则将帮助你做到这一点。

（1）明确前提和结论。通常要注意的是前提和结论的指示词。

（2）要认识到由语词“并且”或“但是”联结的陈述，通常需要分隔成不同的部分，而且，论证图必须指出哪一个前提独立地或相互依赖地起作用。

（3）注意条件句（“如果一那么”陈述句）和析取（“或者一或者”陈述句）不能分为两个或几个部分，必须将其作为一个整体来处理，即在论证图中只能给予一个数字编号。

有时仅用数字编号来表示，有时论证元素符号（比如，前面所述的 c 代表结论，p 代表前提，hc 代表子结论或中间结论，hp 代表隐含前提）和数字相结合来表示。

例 1：王武拥有一家大型科技公司，王武的家庭很和睦。所以，王武是个幸福的人。

分析：设，

p1：王武拥有一家大型科技公司。

hp：王武事业很成功。

p2：王武的家庭很和睦。

c：王武是个幸福的人。

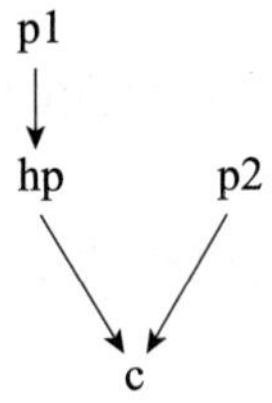

这是一个复合结构的论证。首先，p1 与 c 之间是线性推理的关系，hp 是从 p1 推出的未陈述的中间结论。hp 作为 c 的一个前提和 p2 构成一个收敛式论证。

例 2：下文摘录于某投资公司的一份商业计划。

“研究显示，一般人随着年龄的增长，用于运动锻炼的时间逐渐减少，而用于看电视的时间逐渐增多。在今后的 20 年中，城市人口中老年人的比例将有明显增长。因此，本公司应当及时售出足量的‘达达运动鞋’公司的股份，并增加在‘全球电视’公司中的投资。”

分析：上文的论证图解如下。

前提 p1：人随着年龄的增长，用于运动锻炼的时间逐渐减少，而用于看电视的时间逐渐增多。

前提 p2：今后 20 年中，城市人口中老年人的比例将有明显增长。

中间结论 hc1：城市人口运动锻炼的时间逐渐减少，而用于看电视的时间逐渐增多。

隐含前提 hp1：运动时间减少会降低对运动鞋的需求；看电视时间增多会增加对电视机的需求。

中间结论 hc2：“达达运动鞋”的利润会降低；“全球电视”的利润会增加。

结论 c：本公司应当及时售出足量的“达达运动鞋”公司的股份，并增加在“全球电视”公司中的投资。

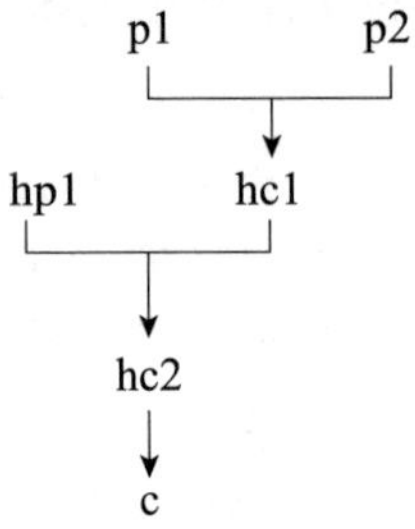

练习题

1. 一些凶事预示者警告说：天气模式长期变暖或变冷的趋势将强烈地减少谷物产量。然而，更多乐观的报道指出：即使在平均温度上这种浮动真的发生，谷物产量也只会有很小的变化，因为几乎没有证据表明降雨模式将发生改变。此外，对大多数作物来讲，由气候原因引起的产量变化将被每年产量的浮动和由于技术因素引起的产量的增加而掩盖。

下面哪一个是更乐观的报道所基于的假设？

A. 天气模式的长期变化不能够被准确地预测

B. 忽视气候因素，谷物的成长是如此依赖于技术因素以至于产量增加是不可能的

C. 降雨模式趋势比温度趋势更难预测

D. 长期温暖或寒冷的趋势如果伴随着降雨模式的变化比不伴随着降雨模式的变化对谷物的危害更大

E. 长期寒冷的趋势比长期温暖的趋势对谷物产量更加有潜在破坏性

2. 虽然世界市场上供应的一部分象牙来自被非法捕杀的野生大象，但是，还有一部分是来自几乎所有国家都认为是合法的渠道，如自然死亡的大象。因此，当人们在批发市场上尽力限制自己只购买这种合法的象牙时，世界上仅存的少数野生象群是不会受到威胁的。

上述论证依赖的假设是下列哪项？

A. 试图购买限于合法象牙的批发商能够可靠地区分合法象牙与非法象牙

B. 在不久的将来，对合法象牙产品的需求会持续增长

C. 目前世界上合法象牙的批发来源远少于非法象牙的批发来源

D. 象牙的批发商总是意识不到世界象牙供应减少的原因

E. 持续地供应合法象牙可以得到保证，因为圈养的大象可以繁殖

3. 在当前的音像市场上，正版的激光唱盘和影视盘销售不佳，而盗版的激光唱盘和影视盘却屡禁不绝，销售异常火爆。有的分析人员认为这主要是因为在价格上盗版盘更有优势，所以在市场上更有活力。

以下哪项是这位分析人员在分析中隐含的假定？

A. 正版的激光唱盘和影视盘往往内容呆板，不适应市场需要

B. 与价格的差别相比，正版盘与盗版盘在质量方面的差别不大

C. 盗版的激光唱盘和影视盘比正版的盘进货渠道畅通

D. 正版的激光唱盘和影视盘不如盗版的盘销售网络完善

E. 加强对知识产权的保护和对盗版行为的打击使得盗版盘的价格上涨

4. 在西西里的一处墓穴里，发现了一个陶瓷花瓶。考古学家证实这个花瓶原产自希腊。墓穴主人生活在 2 700 年前，是当时的一个统治者。因此，这说明在 2 700 年前，西西里和希腊间已有贸易。

以下哪项是上述论证必须假设的？

A. 当时西西里陶瓷匠人的水平不及希腊陶瓷匠人

B. 当时用来制造陶瓷的黏土，西西里产的和希腊产的很不一样

C. 墓穴主人活着的时候，已经有大批船队能够往来于西西里和希腊

D. 在西西里墓穴里发现的这个花瓶不是墓穴主人的后裔在后来放进去的

E. 墓穴主人不是西西里皇族的成员

5. 类人猿和其后的史前人类所使用的工具很相似。最近在东部非洲考古所发现的古代工具，就属于史前人类和类人猿都使用过的类型。但是，发现这些工具的地方是热带大草原，热带大草原有史前人类居住过，而类人猿只生活在森林中。因此，这些被发现的古代工具是史前人类而不是类人猿使用过的。

为使上述论证有说服力，以下哪些项是必须假设的？

A. 即使在相当长的环境生态变化过程中，森林也不会演变成为草原

B. 史前人类从未在森林中生活过

C. 史前人类比类人猿更能熟练地使用工具

D. 史前人类在迁移时并不携带工具

E. 类人猿只能使用工具，并不能制造工具

6. 不仅人上了年纪会难以集中注意力，就连蜘蛛也有类似的情况。年轻蜘蛛结的网整齐均匀，角度完美；年老蜘蛛结的网可能出现缺口，形状怪异。蜘蛛越老，结的网就越没有章法。科学家由此认为，随着时间的流逝，这种动物的大脑也会像人脑一样退化。

以下哪项如果为真，最能质疑科学家的上述论证？

A. 优美的蛛网更容易受到异性蜘蛛的青睐

B. 年老蜘蛛的大脑较之年轻蜘蛛，其脑容量明显偏小

C. 运动器官的老化会导致年老蜘蛛结网能力下降

D. 蜘蛛结网只是一种本能的行为，并不受大脑控制

E. 形状怪异的蛛网较之整齐均匀的蛛网，其功能没有大的差别

7. 从历史上看，美国的繁荣是依靠企业不断涌现的新发明，这些发明促使汽车、飞机制造、化工、制药、电子、计算机等领域出现了一批新工业和新产品。因此，经济不断壮大的最好保障是企业在科学研究和发展方面增加经费。

以下哪项为真，最能削弱以上命题？

A. 企业花在研究和开发上的投入关系着企业的发展战略

B. 由于增加了资金投入，企业研究和开发部门申请的专利比以前多了

C. 有一些工业的发展直接依靠公司研究和开发部门取得的科技突破

D. 多数企业只能对现有产品做微小的改进，要发展新技术还要靠研究所

E. 在今后五年中，企业对研究人才的需求将会增加

8. 长天汽车制造公司的研究人员发现，轿车的减震系统越“硬”，驾驶人员越是在驾驶中感到刺激。因此，他们建议长天汽车制造公司把所有的新产品的减震系统都设计得更“硬”一些，以提高产品的销量。

下面哪一项如果为真，最能削弱研究人员的建议？

A. 长天公司原来生产的轿车的减震系统都比较“软”

B. 驾驶汽车的刺激性越大，车就容易开得越快，越容易出交通事故

C. 大多数人买车是为了便利和舒适，而“硬”的减震系统让人颠得实在难受

D. 目前“硬”减震系统逐步流行起来，尤其是在青年开车族中

E. 买车的人中有些年长者不是为了追求驾驶中的刺激

9. 有些外科手术需要一种特殊类型的线带，使外科伤口缝合达到十天，这是外科伤口需要线带的最长时间。D型带是这种线带的一个新品种。D型带的销售人员声称D型带将会提高治疗功效，因为D型带的黏附时间是目前使用的线带的两倍长。

以下哪项如果成立，最能说明D型带销售人员所做声明中的漏洞？

A. 大多数外科伤口愈合大约需要十天

B. 大多数外科线带是从医院而不是从药店得到的

C. 目前使用的线带的黏性足够使伤口缝合十天

D. 现在还不清楚究竟是D型带还是目前使用的线带更有利于伤口的愈合

E. D型带对已经预先涂上一层药物的皮肤的黏性只有目前使用的线带的一半好

10. 因偷盗、抢劫或流氓罪入狱的刑满释放人员的重新犯罪率，要远远高于因索贿受贿等职务犯罪入狱的刑满释放人员。这说明，在狱中对上述前一类罪犯教育改造的效果，远不如对后一类罪犯。

以下哪项如果为真，最能削弱上述论证？

A. 与其他类型的罪犯相比，职务犯罪者往往有较高的文化水平

B. 对贪污、受贿的刑事打击，并没能有效地扼制腐败，有些地方的腐败反而愈演愈烈

C. 刑满释放人员很难再得到官职

D. 职务犯罪的罪犯在整个服刑犯中只占很小的比例

E. 统计显示，职务犯罪者很少有前科

11. 为了缓解城市交通拥挤的状况，市长建议对每天进入市区的私人小汽车收取5元的费用。市长说，这个费用将超过乘公交车进出市区的车费，所以很多人都会因此不再开车上班，而改乘公交车。

以下哪项如果为真，能最严重地削弱市长的结论？

A. 汽油价格的大幅上涨将增加开车上下班的成本

B. 对多数自己开车进入市区的人来说，在市区内停车的费用已经远远超过了乘公交车的费用

C. 多数现在乘公交车的人没有私人汽车

D. 很多进出市区的人反对市长的计划，他们宁愿承受交通阻塞也不愿交那5元钱

E. 在一个平常工作日，住在市区内的人的私人汽车占了交通阻塞时汽车总量的20%

12. 现在能够纠正词汇、语法和标点符号使用错误的中文电脑软件越来越多，记者们即使不具备良好的汉语基础也不妨碍撰稿。因此培养新闻工作者的学校不必重视学生汉语

能力的提高，而应注重新闻工作者其他素质的培养。

以下哪项如果为真，最能削弱上述论证和建议？

A. 避免词汇、语法和标点符号的使用错误并不一定能够确保文稿的语言质量

B. 新闻学课程一直强调并要求学生能够熟练应用计算机并熟悉各种软件

C. 中文软件越是有效，被盗版的可能性越大

D. 在新闻学院开设新课要经过复杂的论证与报批程序

E. 目前大部分中文软件经常更新，许多人还在用旧版本

13. 黑脉金蝴蝶幼虫先折断含毒液的乳草属植物的叶脉，使毒液外流，再食入整片叶子。一般情况下，乳草属植物叶脉被折断后其内的毒液基本完全流掉，即便有极微量的残留，对幼虫也不会构成威胁。黑脉金蝴蝶幼虫就是采用这种方式以有毒的乳草属植物为食物来源直到它们发育成熟。

以下哪项最可能是上文所作的假设？

A. 幼虫有多种方法对付有毒植物的毒液，因此，有毒植物是多种幼虫的食物来源

B. 除黑脉金蝴蝶幼虫外，乳草属植物不适合其他幼虫食用

C. 除乳草属植物外，其他有毒植物已经进化到能防止黑脉金蝴蝶幼虫破坏其叶脉的程度

D. 黑脉金蝴蝶幼虫成功对付乳草属植物毒液的方法不能用于对付其他有毒植物

E. 乳草属植物的叶脉没有进化到黑脉金蝴蝶幼虫不能折断的程度

14. 巴西火蚁目前在美国南部大量滋生。与巴西的火蚁不同，美国的火蚁一巢中有两只蚁后，这种火蚁比一巢中只有一只蚁后的火蚁更有侵略性，它们几乎消灭了其巢穴附近的所有昆虫以独占食物来源，因而火蚁的数量迅速增长。在巴西由于火蚁的天敌能限制火蚁的数量，所以把这些天敌引进美国会阻止美国火蚁数量的增长，全面改善生态环境。

以下各项都是上述论证所依赖的假设，除了：

A. 在美国引进火蚁的天敌将不会造成比火蚁本身所导致的环境灾难更可怕的后果

B. 巴西火蚁的天敌能够适应美国的环境并生存下来

C. 异常凶猛的双蚁后火蚁不至于杀死它们在巴西远亲的天敌

D. 火蚁的天敌能在这些火蚁扩展到更北方的州之前控制住火蚁的增长

E. 火蚁本身繁殖的速度不会超过其天敌杀死它们的速度

15. 以一般读者为对象的评价建筑作品的著作，应当包括对建筑作品两方面的评价，一是实用价值，二是审美价值，否则就是有缺陷的。摩顿评价意大利巴洛克宫殿的专著，详细地分析评价了这些宫殿的实用功能，但是没能指出，这些宫殿，特别是它们极具特色的拱顶，是西方艺术的杰作。

假设以下哪项，能从上述断定得出结论：摩顿的上述专著是有缺陷的？

A. 摩顿对巴洛克宫殿实用功能的评价比较客观

B. 除了实用价值和审美价值以外，摩顿的上述专著没有从其他方面对巴洛克宫殿作出评价

C. 摩顿的上述专著以一般读者为对象

D. 摩顿的上述专著是他的主要代表作

E. 有些读者只关心建筑作品的审美价值，不关心其实用价值

16. 近来，信用卡公司遭到了很多顾客的指责，他们认为公司向他们的透支部分所收取的利息太高了。事实上，信用卡公司提供的利率只比普通银行给个人贷款的利率高两个百分点。但是，顾客忽视了信用卡给他们带来的便利，比如，他们可以在货物削价时及时购物。

上文是以下列哪个选项为前提的？

A. 购物折扣省下来的钱至少可以弥补以信用卡付款超出普通银行个人贷款利息的那部分花费

B. 信用卡的申请人除非有长期的拖欠历史或其他信用问题，否则申请很容易被批准

C. 消费者在削价时购买的货物价格并不很低，无法使消费者抵消高利率成本，并有适当盈利

D. 那些用信用卡付款买削价货物的消费者可能不具有在银行以低息获得贷款的资格

E. 信用卡使用者所能透支的总量是有限制的，因此，其支付的利息也是有限的

17. 在目前财政拮据的情况下，在本市增加警力的动议不可取。在计算增加警力所需的经费开支时，光考虑到支付新增警员的工资是不够的，同时还要考虑到支付法庭和监狱新雇员的工资，由于警力的增加带来的逮捕、宣判和监管任务的增加，势必需要相关机构同时增员。

以下哪项如果为真，将最有力地削弱上述论证？

A. 增加警力所需的费用，将由中央和地方财政共同负担

B. 目前的财政状况，绝不至于拮据到连维护社会治安的费用都难以支付的地步

C. 湖州市与本市毗邻，去年警力增加19%，逮捕个案增加40%，判决个案增加13%

D. 并非所有侦查都导致逮捕，并非所有逮捕都导致宣判，并非所有宣判都导致监禁

E. 当警力增加到与市民的数量达到一个恰当的比例时，将会减少犯罪

18. 有的地质学家认为，如果地球的未勘探地区中单位面积的平均石油储藏量能和已勘探地区一样的话，那么，目前关于地下未开采的能源含量的正确估计因此要乘上一万倍，由此可得出结论，全球的石油需求，至少可以在未来五个世纪中得到满足，即便此种需求每年呈加速上升的趋势。

为使上述论证成立，以下哪项是必须假设的？

A. 地球上未勘探地区的总面积是已勘探地区的一万倍

B. 地球上未勘探地区中储藏的石油可以被勘测和开采出来

C. 新技术将使未来对石油的勘探和开采比现在更为可行

D. 在未来至少五个世纪中，石油仍然是全球主要的能源

E. 在未来至少五个世纪中，世界人口的增长率不会超过对石油需求的增长率

19. 最近的一项研究指出：“适量饮酒对妇女的心脏有益。”研究人员对1 000名女护士进行调查，发现那些每星期饮酒3～15次的人，其患心脏病的可能性较每星期饮酒少于3次的人为低。因此，研究人员发现了饮酒量与妇女心脏病之间的联系。

以下哪项如果为真，最不可能削弱上述论证的结论？

A. 许多妇女因为感觉自己的身体状况良好，从而使得她们的饮酒量增加

B. 调查显示：性格独立的妇女更愿意适量饮酒并同时加强自己的身体锻炼

C. 护士因为职业习惯的原因，饮酒次数比普通妇女要多一些。再者，她们的年龄也

偏年轻

D. 对男性饮酒者的研究发现，每星期饮酒 3～15 次的人中，有一半人患心脏病的可能性比少于 3 次的人还要高

E. 这项研究得到了某家酒精饮料企业的经费资助，有人检举研究人员在调查对象的选择上有不公正的行为

20. 面对预算困难，W 国政府不得不削减对于科研项目的资助，一大批这样的研究项目转而由私人基金资助。这样，可能产生争议结果的研究项目在整个受资助研究项目中的比例肯定会因此降低，因为私人基金资助者非常关心其公众形象，他们不希望自己资助的项目会导致争议。

以下哪项是上述论证所必须假设的？

A. W 国政府比私人基金资助者较为愿意资助可能产生争议的科研项目

B. W 国政府只注意所资助的研究项目的效果，而不注意它是否会导致争议

C. W 国政府没有必要像私人基金资助者那样关心自己的公众形象

D. 可能引起争议的科研项目并不一定会有损资助者的公众形象

E. 可能引起争议的科研项目比一般的项目更有价值

答案与解析

1. 答案：D

题干断定更乐观的报道是：即使平均温度发生浮动，谷物产量也只会有很小的变化。

理由是：因为降雨模式不发生变化。

D 项是题干论证的假设，否则，如果温度变化伴随着降雨模式的变化比不伴随着降雨模式的变化对谷物的危害要小，那么，题干论证就不成立了。

A 项指出原因是不可靠的，起到削弱作用。C 项涉及新的比较。B、E 为无关项。

2. 答案：A

题干结论：世界上的野生象群就不会受到危害了。

理由：购买象牙的人只买合法象牙。

A 项说明了理由是可行的，是题干论证所必需的假设，否则，如果试图只买合法象牙的批发商不能够确实地区分合法象牙和非法象牙，意味着批发商就不能避免购买非法象牙，那么，世界上的野生象群就仍可能会受到危害。

B、D 明显为无关选项，排除。C 加非：目前世界上合法象牙的批发来源远多于非法象牙的批发来源。暗示合法象牙的货源比较充足，有支持题干的味道，排除。无论合法象牙的来源如何都不影响题干的推论，E 排除。

3. 答案：B

盗版盘价格上有优势，所以就畅销，这中间暗含着一个假设，就是盗版盘与正版盘的质量差别不大。否则，如果盗版盘比正版盘的质量要差很多，那么，即使盗版盘便宜，也不见得好销。

4. 答案：D

为使题干的论证成立，D 项是必须假设的。否则，如果事实上在西西里墓穴里发现的这个花瓶是墓穴主人的后裔在后来放进去的，那么，由题干的条件，显然不能得出结论：在 2 700 年前，西西里和希腊间已有贸易。其余各项均不是必须假设的。

西西里陶瓷匠人的技术如何与题干无关，A 排除；题干已经说明了是希腊花瓶，跟陶器原料是否相似无关，B 排除；E 为明显无关选项。

C 易误选，但 C 是支持而非假设，因为贸易不一定在水上进行，也可以在陆地上进行，也就是否定 C，也不能使题干推理不成立，因此，C 不是假设。若把 C 改为“在 2 700 年前，西西里岛与希腊之间能够进行贸易往来”，那么就可以作为一个假设。

5. 答案：A

A 项是题干推理所必需的假设，否则，如果在相当长的环境生态变化过程中森林会演变成为草原的话，那么，虽然上述古代工具是热带大草原上发现的，这些工具还是有可能是类人猿使用过的。

6. 答案：D

题干根据年老蜘蛛结的网没有年轻蜘蛛结得好，得出结论：年老蜘蛛大脑退化。

该论证必须假设：蜘蛛结网受大脑控制。

选项 D 否定了这一假设，有力地质疑了科学家的上述论证。

C 项与 D 项比较起来力度较弱，因为运动器官的老化和大脑退化之间可能有关系。

7. 答案：D

题干根据新发明新技术促使出现了新工业和新产品，得出结论：经济不断壮大的最好保障是企业增加科研经费。

上述论证隐含的假设就是，企业界增加科研投入会导致科技新发明和新技术。D 项否定了这一假设，该项说明，多数企业只能对现有产品做微小的改进，给它们增加经费，也不会发展出新发明和新技术，这就有力地削弱了题干。

选项 B 和 C 都直接支持了上述论题。选项 A 和选项 E 跟上述论题不怎么相关。

8. 答案：C

题干根据轿车的减震系统越硬越刺激，认为：减震系统越硬轿车越好销。

可见，题干中的建议是基于一个假设之上的，即多数轿车买主喜欢在驾驶中感受刺激。C 项和 E 项都对这一假设构成质疑，但 E 项仅涉及年长者，力度不大，而 C 项断定大多数人买车是为了便利和舒适，而并不喜欢在颠簸中的刺激，这就使得题干中的建议难以成立。

B 项断定的是驾驶汽车具有刺激性的危害。即使这种危害性确实存在，只要多数汽车买主喜欢刺激，题干的建议仍然成立，因为此项建议的直接目的是提高销量。因此，即使 B 项能对题干的建议有所削弱，其力度也不大。其余项不能削弱题干。

9. 答案：C

销售人员声称 D 型带将会提高治疗功效，其根据是 D 型带的黏附时间是目前使用的线带的两倍。

要使这一声称有说服力，必须假设目前使用的线带的黏性不足够大。C 项否定了这一假设，即目前使用的线带的黏性足够使伤口缝合十天，而由题干，使外科伤口缝合达到十天，是外科伤口需要线带的最长时间。因此，如果 C 项为真，最能说明销售人员所做声明中存在的漏洞。

由于段落中并未告知现有线带能用多少天，所以A项无任何意义；B项与推理无关；D项也起不到削弱作用；题干表明线带除了黏附时间长短外，没有任何别的用处，所以E项不对。

10. 答案：C

题干结论：对偷盗等罪犯教育改造的效果，远不如职务犯罪的罪犯。

其理由是：在刑满释放人员中，犯偷盗罪等罪犯的重新犯罪率高于职务犯罪的罪犯。

要使题干论证成立，必须假设两类刑满释放人员重新犯罪的条件相当。而C项否定了这一假设，由于刑满释放人员很难再得到官职，这说明职务犯罪的刑满释放人员，和因偷盗、抢劫或流氓罪入狱的刑满释放人员相比，较难具备重新犯罪的条件，因此，不能根据因偷盗、抢劫或流氓罪入狱的刑满释放人员的重新犯罪率，高于职务犯罪的刑满释放人员，而得出结论，在狱中对上述前一类罪犯教育改造的效果，远不如对后一类罪犯。这就有力地削弱了题干的论证。

其余各项均不能削弱题干。比如E项，职务犯罪者很少有前科，但因偷盗、抢劫或流氓罪而入狱者是否有前科，我们不知道，所以也无法比较，充其量E项是个或然性削弱。

11. 答案：B

题干中市长的建议建立在这样一个假设的基础之上，即如果在市区停车费用超过乘公交车进出市区的车费，那么很多人都会不再开车上班，而改乘公交车。如果B项为真，则市长的这一假设就不成立，因而其结论就会被大大削弱（B项意味着这些人可能都是有钱人，他们进入市区的费用早就超过乘公交车的费用，再加5元钱对他们来说也无所谓）。

选项A没有削弱该市长的观点即五元将刺激人们换乘坐公共汽车。

选项C使得如果吸引了新的乘客之后，公共汽车系统不太可能失去目前的乘客。

选项D不合适，因为许多自己开车的人不转为乘坐公共汽车与许多自己开车的人转为乘坐公共汽车完全没有矛盾。

选项E指出新进入市区的车辆占该城车流量的80%，从而支持了该市长的建议。

12. 答案：A

题干结论：培养新闻工作者不必重视学生汉语能力的提高。

理由：有了能够纠正词汇、语法和标点符号使用错误的中文电脑软件，记者即使不具备良好的汉语基础也不妨碍撰稿。

可见，题干推理的隐含假设是，避免词汇、语法和标点符号的使用错误就能够确保文稿的语言质量。

A项否定了这一假设，有力地削弱了题干的论证。

13. 答案：E

要使题干论证成立，E项是必须假设的。否则，如果乳草属植物的叶脉已经进化到黑脉金蝴蝶幼虫不能折断的程度，那么，题干的陈述就不能成立了。

其余各项如果不成立，题干仍然可以成立。

14. 答案：D

题干很长，但注意到对美国火蚁的介绍都属于修饰语，因此题干论证经概括可表达为：

为消除美国火蚁，美国应引进生活在巴西的火蚁天敌。

由本题的论述可以推知，要想使从巴西引进的昆虫能对美国南部地区的环境有益，首先得保证这种昆虫在该地区能够存活，其次是这种昆虫给这个地区的环境带来的益处要大于害处；要想使这种昆虫抑制住火蚁数量的增加，首先就要求是这种昆虫吃掉了火蚁，而不是火蚁吃掉了这种昆虫，其次要求这种昆虫杀死火蚁的速度要超过火蚁数量增加的速度。根据此分析可知A、B、C、E选项都是上题论述依赖的假设；D为无关选项，不是本段落论述依赖的假设。

A属于防止间接的反例产生一类的假设；A加非：在美国引进火蚁的天敌将“会”造成比火蚁本身所导致的环境灾难更可怕的后果，说明引入天敌不可行。

B属于提供可比性前提一类的假设；B加非：巴西火蚁的天敌“不”能够适应美国的环境并生存下来，说明引入天敌不可行。

C和E属于防止在可类比的关键性因素上可能出现反例（直接的反例）一类的假设。C加非：异常凶猛的双蚁后火蚁“能”杀死它们在巴西远亲的天敌，说明引入天敌不可行。

E加非：火蚁本身繁殖的速度“会”超过其天敌杀死它们的速度，说明引入天敌不可行。

15. 答案：C

题干断定：第一，对以一般读者为对象的评价建筑作品的著作来说，如果没有同时评价实用价值与审美价值，那么就是有缺陷的。

第二，摩顿的专著评价了意大利巴洛克宫殿的实用价值，但没有评价其审美价值。

如果摩顿的上述专著以一般读者为对象，从中就能得出结论：摩顿的上述专著是有缺陷的。

可见，C项是题干论证的假设。

16. 答案：A

面对顾客对信用卡公司的指责，题干作者的辩解是：信用卡公司对其顾客的透支所提供的利率并不能算高，只是略比银行给个人贷款的利率高，但却给顾客带来了可在货物削价时及时购物等便利。

选项A是题干论述的隐含前提，否则，如果购物折扣省下来的钱不足以弥补以信用卡付款超出普通银行个人贷款利息的那部分花费，那么，信用卡公司对其顾客的透支所收的利率就算高了，题干作者为信用卡公司所做的辩解就不能成立了。

其余各项均不是题干论述所必须假设的。

17. 答案：E

题干推理是，因为警力增加会导致相关部门增员，所以，增加警力的动议不可取。

E项断定，当警力增加到与市民的数量达到一个恰当的比例时，将减少犯罪，这就意味着，在这样的条件下，相应的逮捕、宣判和监管任务不但没有增加，反而减少，因此，并不需要相关部门同时增员。这就有力地削弱了题干的论证。

A项，题干并没有断定中央和地方财政是否能够负担增加警力所需的费用，不能削弱题干；B、C项实际上对题干论证有所加强；D项所述“并非所有”即使成立，也说明警力增加会导致相关部门增员，也将加强题干论证。

18. 答案：B

题干的结论是：全球的石油需求可以在未来得到满足。其根据是：目前包括未勘探地区在内的地下未开采的能源含量比原来估计的要多一万倍。

要使这一论证成立，有一个条件必须满足，即地球上未勘探地区中储藏的石油事实上可以被勘测和开采出来。B项正是断定了这一点。因此，B项是题干的论证必须假设的。

19. 答案：D

题干的结论是适量饮酒对妇女的心脏有益，理由是，调查发现适量多饮酒的比饮酒过少的女护士患心脏病的可能性低。

A项说明，饮酒较多者患心脏病的可能性较低，完全可能是由于她们的身体素质本来相对较好，也就是说不是多饮酒会减少心脏病，而是身体本来好（没心脏病）才多饮酒。这是对题干的一个因果倒置的削弱。

B项说明，适量饮酒与心脏病无因果关系，这两者可能有个共同的原因，就是这些妇女性格独立，更愿意在适量饮酒的同时加强锻炼（而锻炼会减少心脏病的发生）。这是对题干的一个另有共同原因的削弱。

C项说明，即使题干的调查属实，但由于女护士职业习惯多饮酒并且年龄也偏年轻，也就对整体的妇女不具有代表性，由女护士的情况推出妇女的情况就不可靠了。这是一个指出以偏概全的削弱。

E项说明，由于调查操作上的不公正与不规范，当然可以有力地质疑其结论的可信性。

注意题干结论是有关饮酒量与妇女心脏病之间的关系，而不是饮酒量与所有人心脏病的关系。而D项说明，男性饮酒多的反而比饮酒少的得心脏病的可能性高，这作为一个旁证，对“适量饮酒对人的心脏有益”是一个有因无果的削弱。考虑到D项的统计数据是基于对男性饮酒者的研究之上的，这种削弱没有直接针对题干的结论，因此，从这个意义上看削弱力度很小，是最不能削弱题干的。

20. 答案：A

题干结论是：有争议项目在整个受资助项目中的比例会降低。

理由有两条：第一，一大批原来由政府资助的项目转由私人基金资助；第二，私人基金资助者较不愿意资助有争议的项目。

A项是题干的论证必须假设的。否则，如果事实上W国政府和私人基金资助者同样不愿意资助争议项目，那么，这最多能得出结论：争议项目在整个受资助项目中的比例原来就很低。而不能得出结论：有争议项目在整个受资助项目中的比例，会因为大批政府资助的项目转由私人基金资助而降低。

B项不是题干的论证必须假设的。因为，即使W国政府不光注意所资助项目的效果，而且在意它是否会导致争议，作为政府，出于全局的考虑，它仍然很可能愿意资助有争议的项目。这样，题干的论证仍然能够成立。

第三章　演绎论证

演绎论证是运用演绎推理模式的论证，是依据有效的推理形式，从已经接受为真的命题（作为前提）出发，得出某个或某些新的真命题（作为结论）的论证。一个推理正确的演绎论证，其大前提的真实性可以充分保证结论的真实性。

本章对演绎推理与论证进行相对简明的阐述，在本人的另一本著作《科学逻辑——逻辑推理与科学思维方法》的上篇“演绎逻辑”中有更为详细的阐述，有兴趣的读者可以进一步参看。

第一节　直言命题及其推理

命题也叫判断，是对事物情况有所断定的一种思维形式。命题和推理是思维中的重要形式，把握客观事物的本质和规律离不开命题和推理。

一、直言命题及其直接推理

直言命题也叫直言判断，是断定对象具有或不具有某种性质的简单判断。直言命题由主项、谓项、量项和联项四种词项组成。

例如：所有蛇都是爬行动物。

上例中的“蛇”是主项，“爬行动物”是谓项，“所有”是量项，“是”是联项。在这种采取主项谓项形式的命题中，谓项要对主项有所断定，因此，称这种命题为直言命题。从命题形式的角度说，直言命题可以看作是表达主项和谓项的包含关系的。如上例可以看作是断定了蛇的集合包含于爬行动物的集合之中。

（一）直言命题的类型

直言命题可分为六种基本类型：

（1）全称肯定判断。逻辑形式是“所有 S 都是 P”，可写为“SAP”，简称为“A”判断。例如：所有的金属都是导体。

（2）全称否定判断。逻辑形式是“所有 S 都不是 P”，可写为“SEP”，简称为“E”判断。例如：所有宗教都不是科学。

（3）特称肯定判断。逻辑形式是“有 S 是 P”，可写为“SIP”，简称为“I”判断。例如：有的金属是液态。

（4）特称否定判断。逻辑形式是“有 S 不是 P”，可写为“SOP”，简称为“O”判断。例如：有的战争不是正义战争。

（5）单称肯定判断。其逻辑形式是“某个 S 是 P”。例如：北京是中华人民共和国的首都。

（6）单称否定判断。其逻辑形式是“某个 S 不是 P”。例如：小王不是警察

日常语言中的直言判断在表达上是不规范的，在逻辑分析中应先整理成规范形式。例如，“凡人皆有死”，应整理成“所有的人都是要死的”，这是 A 判断；“有人不自私”，应整理成“有的人不是自私的”，是 O 判断。

（二）直言命题的对当关系

从概念的外延间的关系来说，判断主项“S”的外延与谓项“P”的外延之间的关系，共存在五种：全同关系、被包含关系、包含关系、交叉关系和全异关系。把各种性质判断的真假情况归纳起来，可列表如下。

	全同关系	被包含关系	包含关系	交叉关系	全异关系
				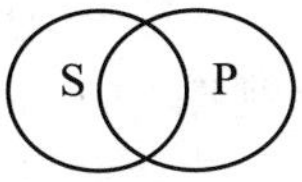	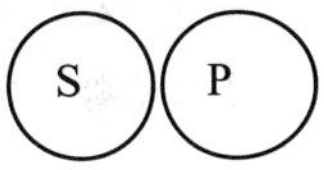
SAP	真	真	假	假	假
SEP	假	假	假	假	真
SIP	真	真	真	真	假
SOP	假	假	真	真	真

根据上表，可以清楚地看出具有同一素材的 A、E、I、O 四种判断之间的真假关系。所谓同一素材的判断，就是指具有相同主项和谓项的判断，S、P 不变，仅逻辑常项变化。对当关系就是具有同一素材的 A、E、I、O 四种判断之间的真假制约关系。如下图“对当方阵”所示。

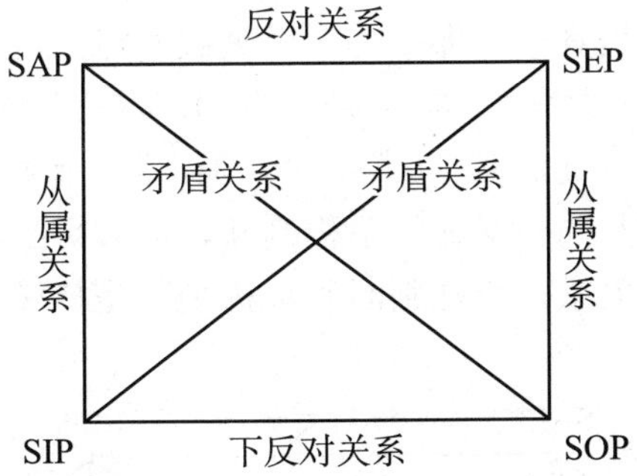

根据对当关系，我们可以从一个判断的真假，推断出同一素材的其他判断的真假。直言命题的对当关系可归纳为以下几种。

（1）矛盾关系。这是 A 和 O、E 和 I 之间存在的不能同真、不能同假的关系。例如：

若 A：所有事物都是运动的。（真）　　则 O：有些事物不是运动的。（假）

若 O：有些干部不是大学毕业生。（真）　　则 A：所有的工商干部都是大学毕业生。（假）

若 I：有些物体是固体。（真）　　则 E：所有物体都不是固体。（假）

若 E：本班所有同学都没学过法语。（真） 则 I：本班有些同学学过法语。（假）

（2）差等关系（又称从属关系）。这是 A 和 I、E 和 O 之间的关系。如果全称判断为真，则特称判断为真；如果特称判断为假，则全称判断为假；如果全称判断为假，则特称判断真假不定；如果特称判断为真，则全称判断真假不定。例如：

若 A：本班所有同学都学过法语。（真） 则 I：本班有些同学学过法语。（真）

若 A：本班所有同学都学过法语。（假） 则 I：本班有些同学学过法语。（真假不定）

若 I：本班有些同学学过法语。（假） 则 A：本班所有同学都学过法语。（假）

若 I：本班有些同学学过法语。（真） 则 A：本班所有同学都学过法语。（真假不定）

类似地，可举例说明 E 和 O 判断之间的差等关系。

若 E：本班所有同学都没学过法语。（真） 则 O：本班有些同学没学过法语。（真）

若 E：本班所有同学都没学过法语。（假） 则 O：本班有些同学没学过法语。（真假不定）

若 O：本班有些同学没学过法语。（假） 则 E：本班所有同学都没学过法语。（假）

若 O：本班有些同学没学过法语。（真） 则 E：本班所有同学都没学过法语。（真假不定）

（3）反对关系。这是 A 和 E 之间不能同真、可以同假的关系。

在 A、E 两个判断中，如果我们知道其中一个是真的，就可推知另一个是假的。例如：

若 A：所有事物都是运动的。（真） 则 E：所有事物都不是运动的。（假）

若 E：所有的科学家都不是思想懒汉。（真） 则 A：所有的科学家都是思想懒汉。（假）

如果我们知道其中一个是假的，那么另一个真假不定。例如：

若 A：本班所有同学都学过法语。（假） 则 E：本班所有同学都没学过法语。（真假不定）

若 E：本班所有同学都没学过法语。（假） 则 A：本班所有同学都学过法语。（真假不定）

（4）下反对关系。这是 I 和 O 之间可以同真但不能同假的关系。

在 I、O 两个判断中，如果我们知道其中一个是假的，那就可以断定另一个是真的。例如：

若 I：有些民主人士是共产党员。（假） 则 O：有些民主人士不是共产党员。（真）

若 O：有些事物不是运动的。（假） 则 I：有些事物是运动的。（真）

如果我们知道其中一个是真的，那么另一个真假不定。例如：

若 I：本班有些同学学过法语。（真） 则 O：本班有些同学没学过法语。（真假不定）

若 O：本班有些同学没学过法语。（真） 则 I：本班有些同学学过法语。（真假不定）

需要说明的是，如果涉及同一素材的单称判断，那么对当关系要稍加扩展：单称肯定判断和单称否定判断是矛盾关系；全称判断和单称判断是从属关系，单称判断和特称判断是从属关系。

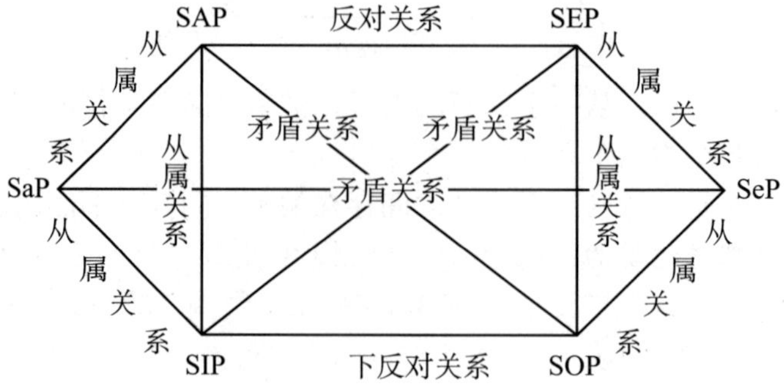

■已知“基本粒子不都可分”为真，则以下哪项命题据此不能确定真假？

Ⅰ. 所有的基本粒子都可分

Ⅱ. 所有的基本粒子都不可分

Ⅲ. 有的基本粒子可分

Ⅳ. 有的基本粒子不可分

A. 仅Ⅰ和Ⅳ

B. 仅Ⅱ和Ⅲ

C. 仅Ⅱ

D. 仅Ⅲ

E. 仅Ⅳ

[解析] 答案：B

已知：基本粒子不都可分＝非 A＝O，则可推出：

(1) 所有的基本粒子都可分＝A，假。

(2) 所有的基本粒子都不可分＝E，不确定。

(3) 有的基本粒子可分＝I，不确定。

(4) 有的基本粒子不可分＝O，真。

■所有的三星级饭店都搜查过了，没有发现犯罪嫌疑人的踪迹。

如果上述断定为真，则在下面四个断定中，可确定为假的是哪项？

Ⅰ. 没有三星级饭店被搜查过。

Ⅱ. 有的三星级饭店被搜查过。

Ⅲ. 有的三星级饭店没有被搜查过。

Ⅳ. 犯罪嫌疑人躲藏的三星级饭店已被搜查过。

A. 仅Ⅰ和Ⅱ

B. 仅Ⅰ和Ⅲ

C. 仅Ⅱ和Ⅲ

D. 仅Ⅰ、Ⅲ和Ⅳ

E. Ⅰ、Ⅱ、Ⅲ和Ⅳ

[解析] 答案：B

如果“所有的三星级饭店都搜查过了”为真，即 A 判断为真，则根据对当关系可知 I 判断为真，E 判断与 O 判断均为假。即可推知：

Ⅰ“没有三星级饭店被搜查过”是 E 判断，为假。

Ⅱ“有的三星级饭店被搜查过”是 I 判断，为真。

Ⅲ“有的三星级饭店没有被搜查过”是 O 判断，为假。

Ⅳ“犯罪嫌疑人躲藏的三星级饭店已被搜查过”是 A 判断，为真。

（三）形式逻辑与日常语言

下反对关系告诉我们，当“有些是”存在时，我们对于“有些不是”是否存在是不能确定的，这与我们日常语言是有所区别的。

日常语言有隐含，日常用语中的“有些”，大多指“仅仅有些”，因而当讲“有些是什么”的时候，往往意味着“有些不是什么”。比如日常语言“我班有些同学学过法语”，可能隐含了“我班有些同学没学过法语”这个意思。

而形式逻辑里的“有些”，则是指“至少有些”“至少有一个”，只表示一类事物中有对象被断定具有或不具有某种性质，而对这类对象的具体数量究竟有多少，则没有作出断定。也许有“一个”，也许有“几个”，也许是“所有”。从形式逻辑上讲，“我班有些同学学过法语”只知道确实“有些同学学过”，至于“其他同学学过还是没学过”题目没告诉你，你就不知道。

形式逻辑要求我们必须按照其字面意思来理解，而不能考虑其“言外之意”。也就是字面上说到的一定有，没说到的情况则是不一定。

■违法必究，但几乎看不到违反道德的行为受到惩罚，如果这成为一种常规，那么，民众就会失去道德约束。道德失控对社会稳定的威胁并不亚于法律失控。因此，为了维护社会的稳定，任何违反道德的行为都不能不受惩治。

以下哪项对上述论证的评价最为恰当？

A. 上述论证是成立的

B. 上述论证有漏洞，它忽略了：有些违法行为并未受到追究

C. 上述论证有漏洞，它忽略了：有违法必究，推不出缺德必究

D. 上述论证有漏洞，它夸大了违反道德行为的社会危害性

E. 上述论证有漏洞，它忽略了：由否定“违反道德的行为都不受惩治”，推不出“违反道德的行为都要受惩治”

[**解析**] 答案：E

根据题干前提：违反道德的行为几乎都不受到惩罚，从而引起道德失控，威胁社会稳定。因此，为了维护社会的稳定，应该得出的结论是：不应该“违反道德的行为都不受到惩罚”，也即，有些违反道德的行为应该受到惩罚。

而题干论述的结论为：任何违反道德的行为都不能不受惩治。

可见，题干论证的漏洞在于忽略了：由否定“违反道德的行为都不受惩治”，推不出“违反道德的行为都要受惩治”。因此，E项正确。

（四）直言命题的负命题及其推理

通过对原命题断定情况的否定而得出的命题，就叫作负命题。例如：

并非这个班的学生都学英语。

并非有的金属不是导体。

负命题的逻辑公式是：如果用P表示原命题，那么，负命即为“并非P”。如果用符号“¬”（读为“非”）表示否定的联结词，则P命题的负命题为¬P。

由于负命题是对原命题断定情况的否定，是对整个原命题的否定。因此，它和原命题之间（即负命题与其原命题之间）的真假关系是矛盾关系，即如原命题为真、其负命题必为假；如原命题为假、其负命题必为真。这种真假关系，如下表。

P	¬P
1	0
0	1

直言命题也叫简单命题，直言命题的负命题实质上即为对当关系中的相应矛盾命题。如“A”命题的负命题即为“非A”，它等值于“O”命题；“E”命题的负命题为“非E”，它等值于“I”命题。这样，我们可以把A、E、I、O四种命题的负命题及其等值命题表

示如下：

并非 SAP 等值于 SOP；

并非 SEP 等值于 SIP；

并非 SIP 等值于 SEP；

并非 SOP 等值于 SAP；

可见，直言命题的负命题实质上即为对当关系中的相应矛盾命题。

例如：并非“发亮的东西都是金子”等值于“有的发亮的东西不是金子”。

■张经理在公司大会上宣布：“此次提出的方案得到一致赞同，全体通过。”会后，小陈对此事进行了调查，发现张经理所言不是事实。

如果小陈的发现为真，下面哪项也必然是事实？

A. 有少数人未发表意见　　B. 有些人赞同，有些人反对

C. 至少有人不赞同方案　　D. 至少有人赞同方案

E. 大家都不赞同

［**解析**］答案：C

“并非：所有的人都赞同”＝“有人不赞同”。

即¬ SAP＝SOP。因此，C 为正确答案。

其余选项均不必然为真。

二、直言命题的周延性与变形推理

直言命题变形推理是由一个直言命题出发，通过改变它的形状，得到一个新的直言命题的推理。为了更好地把握直言命题（性质命题）的逻辑特点，首先要弄清楚周延性问题。

（一）直言命题的周延性

直言命题中的词项是指直言命题的主项和谓项。在直言命题中，如果断定了一个词项的全部外延，则称它是周延的，否则就是不周延的。因此，只有在直言命题中出现的词项，才有周延与否的问题；并且，词项是否周延，只取决于某个直言命题对其外延的断定，也就是取决于该命题本身的形式。

关于词项周延性，有如下结论：

（1）全称命题的主项都是周延的。

（2）特称命题的主项都是不周延的。

（3）肯定命题的谓项都是不周延的。

（4）否定命题的谓项都是周延的。

把这四条结论应用于 A、E、I、O 四种命题之上，得到下表。

命题类型	主项 S	谓项 P
SAP	周延	不周延
SEP	周延	周延
SIP	不周延	不周延
SOP	不周延	周延

周延问题在处理整个直言命题推理时是非常重要的。演绎推理是一种必然性推理，它的结论是从前提中抽引出来的，因而结论所断定的不能超出前提所断定的。这一点在直言命题推理中的表现，就是要求“在前提中不周延的项在结论中不得周延”，否则推理的有效性就得不到保证，会犯各种逻辑错误。

周延的用处是：推理中，结论周延的项，前提中该词项也必须周延。（注意：对于结论不周延的项，就不必要再检查前提了）

■ 下面的几个推理哪一个是正确的？

A. 所有中国人是亚洲人，中国人都是黄皮肤的，所以亚洲人都是黄皮肤的

B. 人是有理性的，猴子不是人，所以猴子没有理性

C. 有些青年不是作家，所以有些作家不是青年

D. 所有动物都会跑，这只鹿不会跑，所以这只鹿不是动物

E. 所有的黄种人都是黑头发，中国人都是黄种人，所以黑头发的人都是中国人

[**解析**] 答案：D

A 项，结论“亚洲人”周延，但在前提中不周延。错误。

B 项，结论“理性”周延，但在前提中不周延。错误。

C 项，结论“作家”周延，但在前提中不周延。错误。

E 项，结论“黑头发”周延，但在前提中不周延。错误。

只有 D 项中的各项没有违反周延的规定。

（二）直言命题的变形推理

直言命题的变形推理包括换质法、换位法以及换质位法，现具体叙述如下。

1. 换质法

通常又称“换一个说法”，即改变命题的质（肯定变否定，否定变肯定）的方法，具体是指从肯定判断推出否定判断，或从否定判断推出肯定判断。

首先，改变原判断的联项，将“是”改为“不是”或将“不是”改为“是”。

其次，把结论中的谓项变为前提谓项的矛盾概念。

直言命题 A、E、I、O 四种命题都可以按此方法变形。如果原命题是真的，则变形后的命题也是真的，具体见下表。

原命题	换质命题	举例
SAP	SE¬P	所有商品都是有价值的，所以，所有商品都不是没有价值的。
SEP	SA¬P	所有行星不是自身发光的，所以，所有行星是非自身发光的。
SIP	SO¬P	有的金属是液体，所以，有的金属不是非液体。
SOP	SI¬P	有的鸟不是会飞的，所以，有的鸟是不会飞的。

2. 换位法

把命题主项与谓项的位置加以更换的方法。其遵循如下规则：

第一，换位只是更换主项和谓项的位置，命题的质不变。

第二，换位的主项与谓项在原命题中不周延的，换位后仍不得周延。如果换位时扩大了原来项的周延性，那就犯了项的外延不当扩大的逻辑错误，而使换位后的命题与原命题

不能等值。

关于直言命题 A、E、I、O 四种命题的换位情况，可概括为下表。

原命题	换位命题	举例
SAP	PIS	所有商品都是劳动产品，所以，有的劳动产品是商品。
SEP	PES	科学不是迷信，所以，迷信不是科学。
SIP	PIS	有些花是红色的，所以，有些红色的是花。
SOP	不能换位	“有些人不是大学生”不能换位为“有些大学生不是人”。

[案例] 倒过来说

逻辑学教师编了如下一段相声。

甲：会说话的人可以把话倒过来说。不信，我这就说。用人不疑，疑人不用；会者不难，难者不会；男人不是女人，女人不是男人。

乙：好啦，不必往下说了。这样倒过来说，我也会。你听，来者不善，善者不来；狗是动物，动物是狗。

甲：不对，不对。难道动物都是狗吗？和尚都是剃光头的，但你不能说剃光头的都是和尚呀！

乙：怎么我倒过来说就不行了呢？还是你说，我再好好学学。

甲：好，您再听听。有医生是妇女，有妇女是医生；有学生是观众，有观众是学生。

乙：好了，好了，现在我真的会了。有姑娘是演员，有演员是姑娘。这可以吗？

甲：行，再往下说。

乙：好，有人不是演员，有演员不是人。

甲：咳！有你这样说话的吗？你自己就是演员，你不是人了？

分析：“倒过来说”，在逻辑上就是换位法直接推理的运用。在上面这段相声中，乙两次闹笑话。一次从狗是动物推出动物是狗；另一次是从有人不是演员推出有演员不是人。乙之所以两次出洋相，是由于不懂得直言命题变形推理的规则。

3. 换质位法

换质位法是把换质法和换位法结合起来连续交互运用的命题变形法。通过换质推理得到的结论还可以进行换位，通过换位推理得到的结论还可以进行换质。这关键是要看具体推理过程的需要。

例如：既然证人都必须是精神上没有缺陷的人，所以，精神上有缺陷的人都不能作证人。

上述推理就是先通过换质，得到“证人都不是精神上有缺陷的人”，再进行换位得到的。

直言命题 A、E、I、四种命题的换质位情况，可以概括如下（“→”表示推出关系）。

SAP→SE¬P→¬PES→¬PA¬S→¬SI¬P→¬SOP。

SAP→PIS→PO¬S。

SEP→SA¬P→¬PIS→¬PO¬S。

SEP→PES→PA¬S→¬SIP→¬SO¬P。

SIP→SO¬P（先换质，就不能得到换质位命题）。

SIP→PIS→PO¬S。

SOP→SI¬P→¬PIS→¬PO¬S。

SOP→(不能先换位)。

例如：先把“所有的大学生都是青年”换质为“所有的大学生都不是非青年”，然后再换位为“所有的非青年都不是大学生”。或者接着再换质为“所有的非青年都是非大学生”，然后再换位为“有些非大学生是非青年”。

■“有些好货不便宜，因此，便宜不都是好货。”

与以下哪项推理作类比说明以上推理不成立？

A. 湖南人不都爱吃辣椒，因此，有些爱吃辣椒的不是湖南人

B. 有些人不自私，因此，人并不自私

C. 好的动机不一定有好的效果，因此，好的效果不一定都产生好的动机

D. 金属都导电，因此，导电的都是金属

E. 有些南方人不是广东人，因此，广东人不都是南方人

［**解析**］答案：E

题干“有些好货不便宜，因此，便宜不都是好货”，这一推理实际上是把 SOP 换位为 POS。

E 项与题干犯了同样的逻辑错误，明显都是前提为真而结论为假。

■经贸大学的学生都是严格选拔出来的。其中，有些学生是共产党员，但所有学生都不是民主党派的成员；有些学生学理科，有些学生学文科；很多学生爱好文学；有些学生今后将成为杰出人士。

以下命题都能够从前提推出，除了：

A. 并非所有经贸大学的学生都不是共产党员

B. 有些非民主党派成员不是非经贸大学的学生

C. 并非所有学文科的都是非经贸大学的学生

D. 有些今后不会成为杰出人士的人不是经贸大学的学生

E. 有些经贸大学的学生是非民主党派成员

［**解析**］答案：D

选项 A 可以根据对当关系推理，从“有些经贸大学的学生是共产党员”推出来。

选项 B 可以通过连续的换质位，从“所有经贸大学的学生都不是民主党派的成员”推出来。

从“有些经贸大学的学生学文科”出发，通过连续的换位质，可以推出“有些学文科的不是非经贸大学的学生”，再根据对当关系，可以推出选项 C。

从“有些经贸大学的学生今后将成为杰出人士”出发，经过换质，可以推出“有些经贸大学的学生不是今后不会成为杰出人士的人”，而后者不能再换位为选项 D。

从“所有经贸大学的学生都不是民主党派的成员”出发，先换质，再根据对当关系推理，可以推出选项 E。

第二节　直言三段论

三段论是直言命题推理的核心理论，它不仅是演绎逻辑理论的重要组成部分，而且是

言语交际中广泛使用的一种推理。

一、三段论及其结构

直言三段论是由包含一个共同的项的两个直言命题推出一个直言命题的推理。

（一）三段论的组成

三段论由大前提、小前提和结论组成。例如：

知识分子都是应该受到尊重的

人民教师都是知识分子

所以，人民教师都是应该受到尊重的

其中，结论中的主项叫作小项，用“S”表示，如上例中的“人民教师”。

结论中的谓项叫作大项，用“P”表示，如上例中的“应该受到尊重”。

两个前提中共有的项叫作中项，用“M”表示，如上例中的“知识分子”。

在三段论中，含有大项的前提叫大前提，如上例中的“知识分子都是应该受到尊重的”；含有小项的前提叫小前提，如上例中的“人民教师是知识分子”。

三段论推理是根据两个前提所表明的中项 M 与大项 P 和小项 S 之间的关系，通过中项 M 的媒介作用，从而推导出确定小项 S 与大项 P 之间关系的结论。

如果注意这些项所指的对象范围（外延），就会发现它们的大小是按照 S<M<P 的顺序排列的。对于这种外延的关系，所以分别称之为小项、中项和大项。

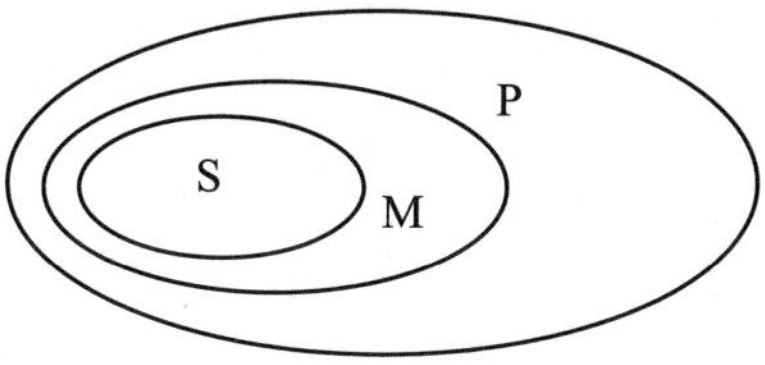

（二）三段论的结构分析

由于中项在前提中位置的不同而形成的三段论的各种形式称作三段论的格。如果中项在前提中的位置确定了，那么大项、小项的位置随之也可以确定。因此，三段论的格也可以定义为由于各个项在前提中位置的不同而形成的各不相同的三段论形式。

根据中项在前提中的不同位置，三段论可以分为四格：

第一格	第二格	第三格	第四格
M—P	P—M	M—P	P—M
S—M	S—M	M—S	M—S
S—P	S—P	S—P	S—P

三段论的式就是构成三段论前提和结论的直言命题的组合形式，即，由于 A、E、I、O 四种命题在前提和结论中组合的不同而形成的三段论的各种形式。例如，如果有一个三段论，其大前提为 E 命题，小前提为 A 命题，结论为 O 命题，那么这个三段论的式为 EAO 式。

给出一个三段论，要能准确地分析出它的标准形式结构。

1. 方法步骤

(1) 确定S、P。先确定结论，确定了结论，也就确定了S、P；结论的主项为S，谓项为P。

根据逻辑联结词或论述重心来确定三句话中哪一句为结论，注意结论不一定是最后一句话，也可以是第一或第二句话。

(2) 确定M。剩下的两句话为大、小前提，其共有的项即为中项M。

(3) 最后分别确定大前提、小前提和结论的AEIO判断类型，并写出它们的标准形式。

2. 注意事项

(1) 大、小前提的顺序不影响三段论结构。

(2) 如果三段论不是三个概念，其中出现相反的概念，把它们转化为三个概念，化为标准形式。

(3) 在三段论中，单称判断近似作全称处理。

例1：所有的克里特岛人都说谎，约翰是克里特岛人，所以，约翰说谎。

上述三段论的推理结构是：MAP，SAM；所以SAP。

(其中S为“约翰”，单称近似作全称；M为“克里特岛人”；P为“说谎”)

例2：会走路的动物都有腿，桌子有腿，所以，桌子是会走路的动物。

上述三段论的推理结构是：PAM，SAM；所以SAP。

(其中S为“桌”子；M为“有腿”；P为“会走路的动物”)

例3：分析下面这个三段论的形式结构。

“凡南方人不是东北人，
上海人是南方人，
所以，上海人不是东北人。”

上述三段论可以表示如下：

MEP
SAM
———
SEP

■所有的聪明人都是近视眼，我近视得很厉害，所以我很聪明。

以下哪项与上述推理的逻辑结构一致？

A. 我是个笨人，因为所有的聪明人都是近视眼，而我的视力那么好

B. 所有的猪都有四条腿，但这种动物有八条腿，所以它不是猪

C. 小陈十分高兴，所以小陈一定长得很胖；因为高兴的人都能长胖

D. 所有的天才都高度近视，我一定高度近视，因为我是天才

E. 所有的鸡都是尖嘴，这种总在树上待着的鸟是尖嘴的，因此它是鸡

[**解析**] 答案：E

题干的结构是：PAM，SAM；所以，SAP。

A项：PAM，SEM；所以，SEP。因为所有的聪明人都是近视眼，而我不近视，因此我不聪明。

B项：PAM，SEM；所以，SEP。所有的猪都有四条腿，这种动物不是四条腿，所以

它不是猪。

C 项：MAP，SAM；所以，SAP。高兴的人都能长胖，小陈十分高兴，所以小陈一定长得很胖

D 项：MAP，SAM，所以，SAP。所有的天才都高度近视，我是天才，所以我一定高度近视。

E 项：PAM，SAM，所以，SAP。所有的鸡都是尖嘴，这种总在树上待着的鸟是尖嘴的，因此它是鸡。

可见，选项中只有 E 项与题干推理的逻辑结构一致。

■ 所有名词是实词，动词不是名词，所以动词不是实词。

以下哪项推理与上述推理在结构上最为相似？

A. 凡细粮都不是高产作物。因为凡薯类都是高产作物，凡细粮都不是薯类

B. 先进学生都是遵守纪律的，有些先进学生是大学生，所以大学生都是遵守纪律的

C. 铝是金属，又因为金属都是导电的，因此铝是导电的

D. 虚词不能独立充当句法成分，介词是虚词，所以介词不能独立充当句法成分

E. 实词能独立充当句法成分，连词不能独立充当句法成分，所以连词不是实词

［解析］答案：A

题干的结构是：MAP，SEM；所以，SEP。

A 项：MAP，SEM；所以，SEP（“凡细粮都不是高产作物”是结论，S：细粮；P：高产作物；M：薯类），推理结构与题干一致。

B 项：MAP，MIS；所以，SAP。

C 项：SAM，MAP；所以，SAP。

D 项：MEP，SAM；所以，SEP。

E 项：PAM，SEM；所以，SEP。

二、三段论推论

1. 三段论的推理规则

三段论推理的规则概括起来共有七条，分述如下：

（1）在一个三段论中，必须有且只能有三个不同的概念。

（2）中项在前提中至少必须周延一次。

（3）大项或小项如果在前提中不周延，那么在结论中也不得周延。

（4）两个否定前提不能推出结论。

（5）前提之一是否定的，结论也应当是否定的；结论是否定的，前提之一必须是否定的。

（6）两个特称前提不能得出结论。

（7）前提之一是特称的，结论必然是特称的。

2. 复合三段论

复合三段论是由两个或两个以上的三段论构成的特殊的三段论形式。其中前一个三段论的结论组成后一个三段论的前提。

3. 三段论的图解法

直言三段论推论可用欧拉图（集合图示法）来帮助推理，正如前面所述，由于示意图并不是唯一确定的，所以，图解法只是三段论推理的辅助手段，而不是全部。

■下列两题基于以下题干：

本问题发生在一所学校内。

学校的教授们中有一些是足球迷。

学校预算委员会的成员们一致要求把学校的足球场改建为一座科贸写字楼，以改善学校收入状况。

所有的足球迷都反对将学校的足球场改建成科贸写字楼。

1. 如果以上各句陈述均为真，则下列哪项也必为真？

A. 学校所有的教授都是学校预算委员会的成员

B. 学校有的教授不是学校预算委员会的成员

C. 学校预算委员会有的成员是足球迷

D. 并不是所有学校预算委员会的成员都是学校的教授

E. 有的足球迷是学校预算委员会的成员

[**解析**] 答案：B

根据题干条件，所有的足球迷都反对改建足球场，而所有的预算委员会成员都主张改建足球场，可推出，所有的预算委员会的成员都不是足球迷。又有的教授是足球迷，因此，有的教授不是预算委员会的成员。所以，B 项必为真。

其余各项均不必定为真。

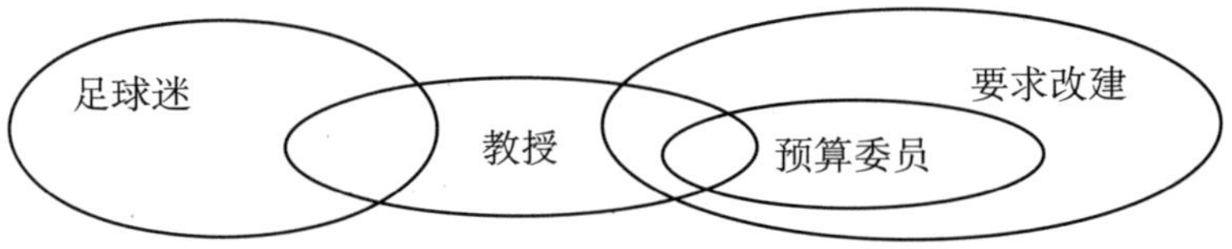

2. 如果作为上面陈述的补充，明确以下条件：所有的学校教授都是足球迷，那么下列哪项一定不可能是真的？

A. 有的学校教授不是学校预算委员会的成员

B. 学校预算委员会的成员中有的是学校教授

C. 并不是所有的足球迷都是学校教授

D. 所有的学校教授都反对将学校的足球场改建为科贸写字楼

E. 有的足球迷不是学校预算委员会的成员

[**解析**] 答案：B

B 项不可能真。因为所有的教授都是足球迷，因此所有的教授都反对改建足球场；而所有的预算委员会成员都主张改建足球场。因此不可能有预算委员会的成员是教授。

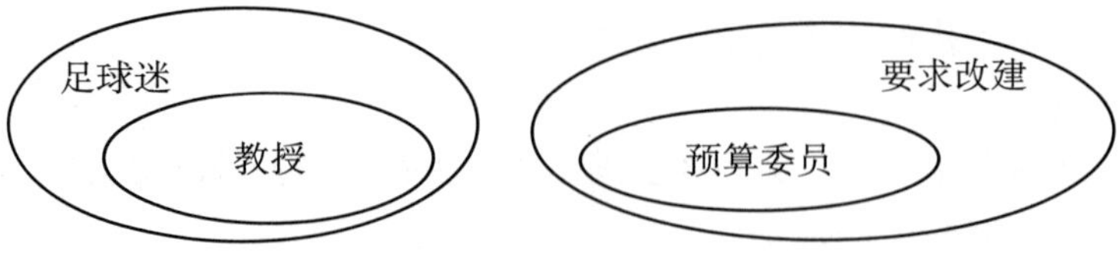

三、省略三段论

省略三段论是省去一个前提或结论的三段论。省略三段论具有明了简洁的特征，所以，它在人们的实际思想中被广泛地应用着。

1. 省略结论的形式

指两个前提都出现，但未表述结论。当结论不说出来反而更有效果时，它就常被省略。

［案例］在想什么

一次，英国大作家萧伯纳正在漫步沉思，被一位出版商撞见了。

“先生，如果您能让我知道您正在想什么，我愿意出一英镑给您。”出版商说。

“我想的东西是不值一英镑的。”萧伯纳回答道。

“是吗，那您在想什么呢?”出版商兴致很高地问。

“我想的是你。”萧伯纳笑着回答说。

分析：愿意出一英镑来了解萧伯纳在想什么，这明摆着是对这位大作家人格的污辱。面对这样一个浅薄的出版商，萧伯纳用一个巧妙的推理回敬了他：

我想的东西是不值一英镑的；

你是我想的东西；

所以，你是不值一英镑的。

2. 省略前提的形式

省略三段论中省去了三段论的某个前提，如果运用不当，就容易隐藏各种逻辑错误。比如有个大学生说：

“我又不是哲学系的学生，我不需要学哲学。”

把这个大学生的三段论推理补全了，就是：

“哲学系的学生需要学哲学；我不是哲学系的学生；所以，我不需要学哲学。”

这个结论显然是错误的。这个推理从逻辑上说错在哪里呢？主要错在“需要学哲学”这个大项在大前提中是不周延的（即“哲学系的学生”只是“需要学哲学”中的一部分人，而不是其全部)，而在结论中却周延了（成了否定命题的谓项)。这就是说，它的结论所断定的对象范围超出了前提所断定的对象范围，因而在这一推理中，结论就不是由其前提所能推出的。其前提的真也就不能保证结论的真。这在逻辑上犯了“大项不当扩大”的错误。

3. 恢复省略三段论的步骤

(1) 查看究竟省略的是什么，是前提还是结论?

通过考虑两个命题之间是并列关系还是推出关系，可以弄清楚这一点。

(2) 如果结论没有省略，那就确定了大项和小项。

进一步确定省略的是大前提还是小前提：含结论主项的是小前提，含结论谓项的是大前提。

如果省略的是大前提，把结论的谓项（大项）与中项相联结，得到大前提；

如果省略的是小前提，则把结论的主项（小项）与中项相联结，得到小前提。

(3) 如果省略的是结论，把小项与大项相联结，得到结论。

在做了这些工作之后，来看被省略的前提是否真实，推理过程是否正确。

4. 揭示三段论的省略前提

（1）查看已知前提与结论中没有重合的两个项，将其联结起来，凭语感补全这个省略的前提。

（2）检验推理的有效性。把省略的前提补充进去，将推理恢复成标准形式，根据三段论的演绎推理规则检验上述推理是否有效。验证时可借助图解法帮助判断。

■某些经济学家是大学数学系的毕业生。因此，某些大学数学系的毕业生是对企业经营很有研究的人。

下列哪项如果为真，则能够保证上述论断的正确？

A. 某些经济学家专攻经济学的某一领域，对企业经营没有太多的研究

B. 某些对企业经营很有研究的经济学家不是大学数学系毕业的

C. 所有对企业经营很有研究的人都是经济学家

D. 某些经济学家不是大学数学系的毕业生，而是学经济学的

E. 所有的经济学家都是对企业经营很有研究的人

［解析］答案：E

如果E项为真，即如果事实上所有的经济学家都是对企业经营很有研究的人，则依据某些经济学家是大学数学系的毕业生，自然可以得出，某些大学数学系的毕业生是对企业经营很有研究的人。其余各项都不能保证题干论断成立。

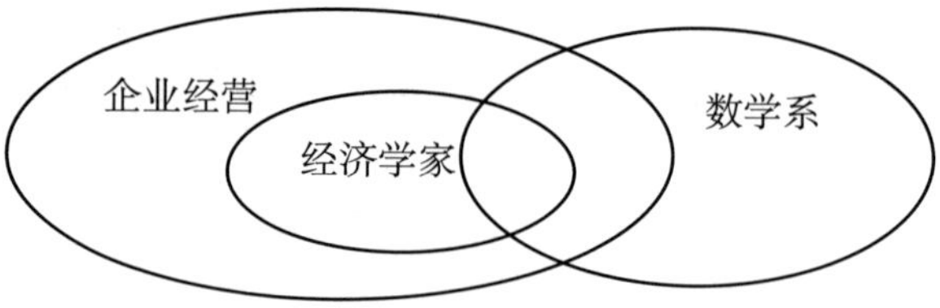

第三节　基本复合命题及其推理

复合命题是包含了其他命题的一种命题，一般来说，它是由若干个（至少一个）简单命题通过一定的逻辑联结词组合而成的。

一、联言命题及其推理

1. 联言命题

联言命题是断定事物的若干种情况同时存在的命题。如："文艺创作既要讲思想性，又要讲艺术性"就断定了"文艺创作要讲思想性"和"文艺创作要讲艺术性"这两种情况同时存在。

［案例］塔希提岛

德国诗人海涅是犹太人，因此常遭人耻笑和攻击。一次，一位学者对他说："我最近刚从塔希提岛旅行回来，你猜最使我惊讶的是什么？——这个岛上既没有犹太人，也没有驴子！"海涅立即回敬道："我俩一起到那岛上去，那就既有犹太人，又有驴子了！"

2. 联言命题的形式

如果取“并且”作为联言命题的典型联结词，用“P”“Q”等来表示联言支，那么联言命题的形式可表示为：

P 且 Q

现代逻辑则用“∧”（读作“合取”）这一符号作为对联言命题联结词的进一步抽象，于是联言命题的公式就是：

$P \land Q$（读作 P 合取 Q）

由于联言命题同时断定了事物的几种情况，因此，联言命题的真假就取决于联言支的真假。一个联言命题只有当其每个支命题都为真时，这个联言命题才是真的；只要其中有一个支命题是假的，整个命题就是假的。

联言命题的逻辑值（即真假值）与其联言支逻辑值的关系可用下表来刻画，其中“1”代表“真”，“0”代表“假”。

P	Q	$P \land Q$
1	1	1
1	0	0
0	1	0
0	0	0

这里要注意的是：在现代汉语中用“但是”“还”“尽管”等联结词所联结而成的联言命题并不完全等同于用“∧”所联结而成的合取式。“∧”是对联言命题联结词在真值方面的一种逻辑抽象，它舍弃了这些联结词在意义上的某些具体差异，而仅仅保留了“断定事物若干情况存在”这一意义。因而用“∧”所表示的联言命题的真假与联言支之间在内容上的联系无关。比如“他参加了奥运会，并且雪是白的”在逻辑上可以为真。因为，对于联言命题来说，在真值方面的唯一要求就是看其所有联言支是否为真，虽然二者无意义上的联系。

3. 联言推理

（1）分解式

这是根据一个联言命题为真而推出其各联言支为真。公式是：

$$\frac{P \land Q}{P\text{（或 }Q\text{）}}$$

某同志曾有如下议论：既然大家都认为每个人既有优点又有缺点的看法是正确的，那么我说老王是有缺点的，这又有什么不对呢？

（2）组合式

这是根据一个联言命题的各个联言支为真而推出该联言命题为真。公式是：

$$\begin{array}{l} P \\ Q \\ \underline{R\quad\quad} \\ P \land Q \land R \end{array}$$

在国家建设时期，不仅工人和农民是国家建设的依靠力量，而且知识分子也是国家建设的依靠力量，所以，工人、农民和知识分子都是国家建设的依靠力量。

■哪一个运动员不想出现在奥运会的舞台上，并在上面尽情表演？

如果以上陈述为真，以下哪项陈述必定为假？

A. 所有美国运动员，如游泳选手菲尔普斯，都想在奥运会的舞台上尽情表演

B. 有的牙买加运动员，如短跑选手博尔特，想出现在奥运会的舞台上

C. 中国110米跨栏选手刘翔不想出现在奥运会舞台上，并在上面尽情表演

D. 任何一个人，只要他是运动员，他都想出现在奥运会的舞台上

E. 中国跳水皇后郭晶晶想出现在奥运会的舞台上，并在上面尽情表演

［**解析**］答案：C

题干表述可理解为：所有运动员都想出现在奥运会的舞台上并在上面尽情表演。

直言命题一般也可按假言命题理解，题干意思也可以理解为“任何一个人如果属于运动员，那么他就想出现在奥运会的舞台上，并在上面尽情表演”。既然刘翔是运动员，那他一定想出现在奥运会的舞台上。C项与题干陈述明显不一致，必定为假，因此，为正确答案。其余选项都符合题干意思。

■男士不都爱看足球赛，女士都不爱看足球赛。

如果已知上述第一个断定为真，第二个断定为假，则以下哪项据此不能确定真假？

Ⅰ. 男士都爱看足球赛，有的女士也爱看足球赛。

Ⅱ. 有的男士爱看足球赛，有的女士不爱看足球赛。

Ⅲ. 有的男士不爱看足球赛，女士都爱看足球赛。

A. 只有Ⅰ　　B. 只有Ⅱ

C. 只有Ⅲ　　D. 只有Ⅰ和Ⅱ

E. 只有Ⅱ和Ⅲ

［**解析**］答案：E

直言命题的对当关系。本题存在两个直言命题的推理。

题干第一个断定“男士不都爱看足球赛”为真，等同于“有的男士不爱看足球赛”。

对于直言命题的推理，O真，则A假，I和E真假不确定。即“男士都爱看足球赛”为假，不能确定“男士都不爱看足球赛”与“有的男士爱看足球赛”的真假。

题干第二个断定“女士都不爱看足球赛”（E）为假，可推出“有的女士爱看足球赛”（I）为真，不能确定“有的女士不爱看足球赛”（O）与“女士都爱看足球赛”（A）的真假。

Ⅰ项是一个联言命题，其中“男士都爱看足球赛”为假，整个复合命题为假。

Ⅱ项和Ⅲ项不能确定真假。

二、选言命题及其推理

选言命题是断定事物若干种可能情况的命题。选言命题也是由两个以上的支判断所组成的，包含在选言命题里的支命题称为选言支。根据选言支是否相容，选言命题又可相应地区分为相容的选言命题与不相容的选言命题。

（一）相容的选言命题及其推理

1. 相容的选言命题

断定事物若干种可能情况中至少有一种情况存在的命题就是相容的选言命题。例如：

“艺术作品质量差，也许由于内容不好，也许由于形式不好。”

就表达了相容的选言命题，所断定的事物的若干可能情况是可以并存的。“内容不好”和“形式不好”也可共同导致“艺术作品质量差”这一结果。

2. 相容的选言命题的形式

我们通常用如下形式来表示相容的选言命题。

P 或者 Q

逻辑上则表示为：P∨Q（读作“P 析取 Q”）

由于相容选言命题的各个支所断定的情况是可以并存的，因此，在相容选言判断中，可以不止有一个选言支是真的。但是，只有至少有一个选言支是真的，该选言命题才是真的，否则，就是假的。

相容选言命题的逻辑值与其选言支的逻辑值之间的关系可表示如下。

P	Q	P∨Q
1	1	1
1	0	1
0	1	1
0	0	0

例如：相容选言判断“小张学习成绩不理想或因学习方法不对，或因不努力”，只有在“小张学习方法不对”和“小张不努力”都为假的情况下才是假的，在其余情况下都是真的。

3. 相容的选言推理

以相容的选言命题作为前提的选言推理就是相容的选言推理。因为相容的选言命题的各选言支是可以同时为真的，所以，我们不可以通过肯定选言前提中一部分选言支为真而推出其另外的选言支为假，而只能通过否定选言前题中的一部分选言支而在结论中肯定其另外的选言支。据此，相容的选言推理的规则有两条。

（1）否定一部分选言支，就要肯定另一部分选言支。

这样，相容选言推理的形式是否定肯定式：

P 或者 Q	或	P 或者 Q
非 P		非 Q
所以，Q		所以，P

例如：明天会刮风或者下雨，

明天不会刮风，

所以，明天会下雨。

上述是个正确的推理。

（2）肯定一部分选言支，不能否定另一部分选言支。

例如：明天会刮风或者下雨，

明天会刮风，

所以，明天不会下雨。

上述推理是不正确的。

相容的选言推理的肯定否定式是无效式。因为对于相容的选言命题来说，其选言支是可以并存的，可以同为真。所以，断定了一部分选言支为真，不能因此就断定其他选言支为假，也可能所有的选言支都是真的。

■王涛和周波是理科（1）班同学，他们是无话不说的好朋友。他们发现班里每一个人或者喜欢物理或者喜欢化学。王涛喜欢物理，周波不喜欢化学。

根据以上陈述，以下哪项必为真？

Ⅰ. 周波喜欢物理

Ⅱ. 王涛不喜欢化学

Ⅲ. 理科（1）班不喜欢物理的人喜欢化学

Ⅳ. 理科（1）班一半人喜欢物理，一半人喜欢化学

A. 仅Ⅰ　　B. 仅Ⅲ

C. 仅Ⅰ、Ⅱ　　D. 仅Ⅰ、Ⅲ

E. 仅Ⅱ、Ⅲ、Ⅳ

［解析］答案：D

题干断定：每一个人或者喜欢物理或者喜欢化学。

根据王涛喜欢物理，推不出王涛是否喜欢化学，即Ⅱ不一定为真。

根据周波不喜欢化学，可推出周波喜欢物理，即Ⅰ一定为真。

同时，根据题干断定也可推出Ⅲ也一定为真，Ⅳ明显推不出。

■小李考上了清华，或者小孙没考上北大。

增加以下哪项条件，能推出小李考上了清华？

A. 小张和小孙至少有一人未考上北大

B. 小张和小李至少有一人未考上清华

C. 小张和小孙都考上了北大

D. 小张和小李都未考上清华

E. 小张和小孙都未考上北大

［解析］答案：C

由“小李考上了清华，或者小孙没考上北大”要推出“小李考上了清华”，必须增加条件：“小孙考上了北大”。

如果C项为真，即“小张和小孙都考上了北大”，显然能得到“小孙考上了北大”，从而与题干条件结合起来，必然能得到结论：小李考上了清华。

（二）不相容的选言命题及其推理

1. 不相容的选言命题

不相容的选言命题是断定事物若干可能情况中有且只有一种情况存在的命题。如：

“一个三角形，要么是钝角三角形，要么是锐角三角形，要么是直角三角形。”

“不是老虎吃掉武松，就是武松打死老虎。”

以上两例都是不相容的选言命题，它们分别断定的关于事物的几种可能情况是不能并存的。

［案例］嫁人

古代齐国有个女子，长得非常漂亮。当她到了出嫁年龄的时候，同时有两家前来求

婚。村东的一家小伙子长得十分英俊，但是家境贫寒，生活艰苦；村西的一家小伙子长得非常丑陋．但是家境殷实，广有钱财。女孩子的父母左右为难，拿不定主意．就来征求女儿的意见。不料一提婚事，女儿就羞得满脸通红，用被子蒙住头不说话。父母见状．就想出了一个办法，说：“如果你同意嫁给村东的小伙子，就把左手伸出来；如果同意嫁给村西的小伙子，就把右手伸出来。”这个女子考虑了半天，把两只手同时从被子里伸了出来。“你这是什么意思?”父母迷惑不解。女孩子掀开被子，回答说：“我想在西边那家吃饭，在东边那家住宿。”“啊？这怎么可以呢?”父母两人大吃一惊。

分析：这位女子的选择为什么不对呢？因为“要么嫁给村东的小伙子，要么嫁给村西的小伙子”是一个不相容的选言命题。“嫁给村东的小伙子”与“嫁给村西的小伙子”这两个选言支是不能同时存在的。嫁给了村东的小伙子，就不能嫁给村西的小伙子；嫁给了村西的小伙子，就不能嫁给村东的小伙子。一女不可两嫁。

2. 不相容的选言命题的形式

我们通常用如下形式来表示不相容的选言命题。

要么 P，要么 Q

逻辑上则表示为：$P \dot{\vee} Q$（读作“P 强析取 Q”）

由于不相容的选言命题断定了事物若干可能情况中，有且只有一种情况存在，这样，一个不相容的选言命题为真，当且仅当恰好有一个选言支为真。当所有的选言支都为假或不止一个选言支为真时，整个不相容的选言命题便为假。其真值表如下。

P	Q	$P \dot{\vee} Q$
1	1	0
1	0	1
0	1	1
0	0	0

［案例］猜谜

古时候有一个人在闹市里摆了一个猜谜摊。他用竹竿在摊子一侧挂着一个玩具脸谱，另一侧吊着一千铜钱，脸谱与线之间悬挂了这样一幅横额：“以左右两物为谜面，打俗语一句，猜中者即以一千铜钱相赠。”

观众纷纷前来猜测，但没有一人猜中。忽然一个善于逻辑思维的青年人，推开围观的人群，什么也不说，拿下吊在竹竿一侧的一千铜钱就走了，而主人却笑笑了事。众人奇怪地问：“他并没有猜谜，为什么让他把钱取走?”主人说：“他已猜中了，谜底就是‘要钱不要脸’”。众人愕然。

分析：这个谜底包含着一个选言推理，就是：

要么要钱，要么要脸；

要钱；

所以，不要脸。

3. 不相容的选言推理

以不相容的选言命题作为前提的选言推理就是不相容的选言推理。不相容选言推理有两条规则：

（1）肯定一个选言支，就要否定其余的选言支

否定肯定式：

要么P，要么Q	或	要么P，要么Q
非P		非Q
所以，Q		所以，P

例如：要么甲是罪犯，要么乙是罪犯
甲不是罪犯
———————————
乙是罪犯

（2）否定一个选言支以外的选言支，就要肯定未被否定的那个选言支

肯定否定式：

要么P，要么Q	或	要么P，要么Q
P		Q
所以，非Q		所以，非P

例如：小张现在不是在北京，就是在广州
小张现在是在北京
———————————
小张现在不在广州

■在某餐馆中，所有的菜或属于川菜系或属于粤菜系，张先生的菜中有川菜，因此，张先生点的菜中没有粤菜。

以下哪项最能增强上述论证？

A. 餐馆规定，点粤菜就不能点川菜，反之亦然

B. 餐馆规定，如果点了川菜，可以不点粤菜，但点了粤菜，一定也要点川菜

C. 张先生是四川人，只喜欢川菜

D. 张先生是广东人，他喜欢粤菜

E. 张先生是四川人，最不喜欢粤菜

［**解析**］答案：A

题干推理是相容选言推理的肯定否定式，这个推理是不能必然得出结论的，而只有不相容选言推理才能肯定其中一个而否定另一个。

因此，要使结论成立，必须使前提是不相容选言命题，选项A就表明了这一点。

（三）汰证法

汰证法也叫选言证法、淘汰法、排除法。汰证法是通过先论证与原论题相关的其他可能命题都不成立，从而确定论题为真的间接论证方法。

汰证法的论证过程如下：

求证：p
证明：
设：或p，或q，或r
证：或p，或q，或r
非q且非r
所以：p

上述论证导出其结论的方法是通过排除其他可供选择的解释。该论证所用的选言证法，其前提并没有穷尽所有的可能性，因而得出的是一个或然性的结论。

■《文化新报》记者小白周四去某市采访陈教授与王研究员。次日，其同事小李问小白，“昨天你采访到那两位学者了吗?”小白说：“不，没那么顺利。”小李又问：“那么，你一个都没采访到?”小白说：“也不是。”

以下哪项最可能是小白周四采访所发生的情况?

A. 小白采访到了两位学者

B. 小白采访了李教授，但没有采访王研究员

C. 小白根本没有去采访两位学者

D. 两位采访对象都没有接受采访

E. 小白采访到了一位，但没有采访到另一位

［解析］答案：E

对两位学者的采访只有三种情况：采访到了两位，只采访到了一位，一位都没采访到。

小白既否定了采访到了两位学者，也否定了一位都没采访到。因此，一定是，他只采访到了其中一位学者。E项为正确答案。

■已知：

第一，《神鞭》的首次翻译出版用的或者是英语或者是日语，二者必居其一。

第二，《神鞭》的首次翻译出版或者在旧金山或者在东京，二者必居其一。

第三，《神鞭》的译者或者是林浩如或者是胡乃初，二者必居其一。

如果上述断定都是真的，则以下哪项也一定是真的?

Ⅰ.《神鞭》不是林浩如用英语在旧金山首先翻译出版的，因此，《神鞭》是胡乃初用日语在东京首先翻译出版的。

Ⅱ.《神鞭》是林浩如用英语在东京首先翻译出版的，因此，《神鞭》不是胡乃初用日语在东京首先翻译出版的。

Ⅲ.《神鞭》的首次翻译出版是在东京，但不是林浩如用英语翻译出版的，因此一定是胡乃初用日语翻译出版的。

A. 仅Ⅰ

B. 仅Ⅱ

C. 仅Ⅲ

D. 仅Ⅱ和Ⅲ

E. Ⅰ、Ⅱ和Ⅲ

［解析］答案：B

题干告诉我们：不是英语，必是日语；不是林浩如，必是胡乃初；不是在旧金山，必是在东京。这样，语种、翻译人和翻译地的组合一共有 2×2×2=8 种情况。

看Ⅰ。“林浩如用英语在旧金山首先翻译出版”不成立，那只是意味着“林浩如”“英语”“旧金山”三个中间至少有一个不成立，但这并不能推出“胡乃初用日语在东京首先翻译出版”。也就是否定了 8 种中的 1 种情况，剩下还有 7 种，不能推出 7 种中的任何 1 种。所以，Ⅰ选项不一定为真。

看Ⅱ。“林浩如用英语在东京首先翻译出版”成立，则“林浩如”“英语”“东京”三个必须都成立，也就是说，与这三个不完全相同的任何一种组合都不成立，“胡乃初用日语在东京首先翻译出版”肯定不成立，所以，Ⅱ选项一定为真。

看Ⅲ。“林浩如用英语翻译出版”不成立，那只意味着“林浩如”“英语”至少有一个

不成立，但并不能推出“胡乃初”和“日语”的同时成立。语种、翻译人的组合一共有4种情况，否定了4种中的1种情况，剩下还有3种，不能推出3种中的任何1种。所以，Ⅲ项不一定为真。

三、假言命题及其推理

假言命题是断定事物情况之间条件关系的命题。假言命题中，表示条件的支命题称为假言命题的前件，表示依赖该条件而成立的命题称为假言命题的后件。假言命题因其所包含的联结词的不同而具有不同的逻辑性质。

（一）充分条件假言命题及其推理

1. 充分条件假言命题

充分条件的假言命题是指前件是后件的充分条件的假言命题。例如：

“如果你骄傲自满，那么你就要落后。”

这就是一个充分条件的假言命题。因为，在这种假言命题中，前件“你骄傲自满”，就是后件“你要落后”的充分条件。因为一个人只要他有骄傲自满的思想存在，他就必然要落后。但是，如果一个人没有骄傲自满的思想，他是否会落后呢？在这一命题中则未作断定。

充分条件假言命题联结词的语言标志通常是：“如果……那么……”“只要……就……”“若……必……”等。

[案例] 水塘里有多少桶水

王宫的后花园有一个大水塘。有一次，国王问手下的大臣：“这个水塘里有多少桶水？”大臣们面面相觑，无人回答得出来。国王大骂：“你们都是一群酒囊饭袋！”一位大臣说，这个问题只有阿凡提能够回答。国王急忙召阿凡提进宫。阿凡提稍微想了一想，说：“这个问题很容易回答，如果水桶与水塘一样大，那么就有一桶水；如果水桶是水塘的一半大，那么就有两桶水；如果水桶是水塘的三分之一大。那么就有三桶水……”国王听了，觉得很有道理，就重赏了阿凡提。

2. 充分条件假言命题的形式

我们通常用如下形式来表示充分条件假言命题：

如果P，那么Q

逻辑上则表示为：$P \to Q$（读作“P蕴涵Q”）

充分条件假言命题的逻辑值与前后件逻辑值之间的关系可表示如下。

P	Q	$P \to Q$
1	1	1
1	0	0
0	1	1
0	0	1

这就是充分条件假言命题的真值表。它告诉我们，一个充分条件的假言命题，只有当

它的前件为真、后件为假时，该假言命题才是假的。在其他情况下，充分条件假言命题都是真的。弄清这一点，对于我们准确把握一个充分条件假言命题的逻辑性质是非常重要的。

例如：充分条件假言判断“如果严重砍伐森林，那么就会水土流失”，只有在“严重砍伐森林但水土没有流失”的情况下才是假的，在其他情况下都是真的。

3. 对实质蕴涵的理解

从充分条件真值表可以看出，当 P 为假或 Q 为真时，$P\to Q$ 是真的。对于蕴涵词的这样一种解释，被称为“实质蕴涵”，这里要注意三点：

（1）实质蕴涵仅是一种真假制约关系

①实质蕴涵 $P\to Q$ 是一种真假制约关系，而不管 P 和 Q 是否有内容、意义上的关联。

“$P\to Q$”不完全等同于“如果 P，那么 Q”，“$P\to Q$”和“如果 P，那么 Q”的含义也有区别，而只是对后者的一个真值抽象。

“$P\to Q$”只表示 P、Q 之间的真假关系，而“如果 P，那么 Q”除了表示 P、Q 之间的真假关系外，根据具体的语境，还可表示 P、Q 之间的其他联系。自然语言中用“如果，则”表示条件句，有很多含义，其中主要有：条件关系、因果关系、推理关系、假设关系、时序关系、允诺、威胁甚至是打赌。

人们在实际思维过程中运用一个充分条件假言命题时，并不只是考虑其前后件的真假关系，同时还必须考虑其前后件之间在内容上的联系。比如：“如果雪是白的，那么，长江是中国最长的河流。”按其逻辑联结词来看，这是一个充分条件假言命题。而且，根据充分条件假言命题的真值表，由于其前后件都为真，因而也是一个真的充分条件假言命题。但是，从其具体内容来看，其前后件之间却是没有什么必然联系的，而仅仅存在着一种纯粹真假关系上的联系。但就我们的日常思维来说，却不能仅仅满足于这种联系，而必须要求把这种真假联系和其在内容上的有机联系结合起来。因为，我们日常思维中所考虑和运用的充分条件假言命题总是适应着一定实际情况的需要、有其具体内容的。

②实质蕴涵 $P\to Q$ 要求我们必须按照其真假关系制约来理解，而不能考虑其“言外之意”。因此，必须正确处理逻辑推理与日常用语的关系。

■小李的女朋友约小李第二天去商场。小李说：“如果明天不下雨，我就去爬山。”第二天，天下起了毛毛细雨。小李的女朋友很高兴，以为小李不会去爬山了，可以陪她逛商场了。于是就去小李的宿舍找他，谁知小李还是去爬山了。等两人又见面时，小李的女朋友责怪小李食言，既然天下雨了，为什么还去爬山。小李却说，他并没有食言，是他女朋友的推论不合逻辑。

对于两人的争论，从逻辑的角度，下面哪项论断是合适的？

A. 小李的女朋友和小李的这个争论是没有意义的

B. 小李的女朋友的推论不合逻辑

C. 两个人对毛毛细雨的理解不同

D. 由于小李食言，引起了这场争论

E. 由于小李的表达不够明确，引起了这场争论

[解析] 答案：B

按照日常的理解，如果一个人说自己“不下雨就去爬山”，那么言外之意就是“下雨

就不去爬山”，所以在这个意义上，小李确实是食言了。

但是如果我们严格按照逻辑来理解，小李就没有食言。小张只是说自己不下雨就去爬山，并没有说下雨就一定不去（即，下雨的话去爬山或不去爬山都是可以的），所以小李的女朋友的指责是没有道理的，是不合逻辑的。

在这个例子里，就出现了日常理解和逻辑理解的冲突。

（2）蕴涵怪论

一些在日常思维中不能接受为真的命题，而在实质蕴涵的意义上被确认为真，我们叫作“蕴涵怪论”。下面举例说明。

	P	Q	P→Q	举例
第一种情况	1	1	1	如果黄瓜是瓜，则白马是马。
第二种情况	1	0	0	如果黄瓜是瓜，则白马不是马。
第三种情况	0	1	1	如果黄瓜不是瓜，则白马是马。
第四种情况	0	0	1	如果黄瓜不是瓜，则白马不是马。

①真命题为一切命题所蕴涵——若后件真，则不论前件真假，若P则Q永为真。

（即充分条件假言命题的真值表里第一、第三种情况）

第一种情况，如果黄瓜是瓜，则白马是马。

好像不好理解，但当我们在第一种情况之外补充一个命题：

第三种情况，如果黄瓜不是瓜，白马也是马。

第一种情况和第三种情况加在一起的意思是：不管黄瓜是不是瓜，白马都是马，也就是说，后者与前者没有关系。

也就是说：当Q为真时，无论P是真还是P假，相应的蕴涵式P→Q只不过是Q为真的强调说法。

②假命题蕴涵一切命题——若前件为假，则不论后件真假，若P则Q永为真。

（即充分条件假言命题的真值表里第三、第四种情况）

第三种情况，如果黄瓜不是瓜，则白马是马。

这句话的意思可理解为，即使黄瓜不是瓜，白马也是马。

第四种情况，当P为假Q也为假时，相应的蕴涵式P→Q只不过是P为假的强调说法。

如果黄瓜不是瓜，则白马不是马。

这句话的意思可理解为，“白马不是马”与“如果黄瓜不是瓜”一样荒谬。

4. 充分条件假言推理

运用充分条件假言推理时要注意，在通常情况下，充分条件假言命题的前件反映的只是能分别独立导致后件结果的若干条件之一，这种关系可图示如下：

P↘

R→Q

S↗

由图可知，P、R、S都可分别独立导致Q，所以，在没有P时并不一定没有Q（因为有R或S也会有Q），在有Q时也并不一定就有P（因为Q可由R或S所致）。可见，我们不可通过肯定一个充分条件假言命题的后件来肯定其前件，也不可通过否定一个充分条件假言命题的前件来否定其后件。以“如果谁骄傲自满，谁就会落后”为例来说，骄傲自满只是落后的条件（骄傲自满、悲观失望、墨守成规、方法不当等）之一，所以，我们不可由某人没骄傲自满而推知他不会落后，也不可由他落后了而推知一定是因为他骄傲自满。这样，充分条件假言推理就相应地有如下两条规则。

（1）肯定前件就要肯定后件，否定后件就要否定前件

①肯定前件式

如果P，那么Q

P

所以，Q

例1：如果谁骄傲自满，谁就会落后

某人骄傲自满

某人会落后

例2：“如果小王体内有炎症，则他血液中的白细胞含量就会不正常升高。现在，小王体内有炎症。所以，血液中的白细胞含量就会不正常升高。”这个推理是充分条件假言推理的肯定前件式，是正确的。

②否定后件式

如果P，那么Q

非Q

所以，非P

例1：如果天下雨，那么运动会延期

运动会没有延期

所以，天没有下雨

例2：“如果小王体内有炎症，则他血液中的白细胞含量就会不正常升高。小王血液中的白细胞含量正常。所以，小王的体内没有炎症。”这个推理是充分条件假言推理的否定后件式，是正确的。

［案例］阿凡提的故事

有一天，阿凡提在王宫里的下房中和国王的侍卫开玩笑说：“你两天以后就要死。”

真巧，两天以后那个侍卫果真从马上掉下来摔死了。国王认为侍卫是由于阿凡提这句不吉利的话才死的，于是准备把阿凡提绞死。国王把阿凡提叫来，问道：“你既然知道侍卫什么时候死，那么，你知道自己什么时候死吗?”

阿凡提听到国王这样问话，又看到绞架和士兵，知道国王要绞死他，于是他斩钉截铁地回答：“夜里我看星象，我要比陛下早死两天。”

国王一听，心里想：“如果现在我把阿凡提绞死，那么，两天以后我的命也保不住了。”他害怕极了，于是马上放了阿凡提，还给了他很多金银财宝。

分析：国王的推理是：

阿凡提死→自己在两天后死

自己不想死

阿凡提不能死

（2）否定前件不能否定后件，肯定后件不能肯定前件

例1："如果小王患肺炎，则他会发烧。小王没患肺炎。所以，他一定不会发烧。"这个推理是充分条件假言推理的否定前件式，是错误的。因为，小王即使没患肺炎也可能会有感冒等其他疾病，也会发烧。

例2："如果小王患肺炎，则他会发烧。小王发烧了。所以，他一定患了肺炎。"这个推理是充分条件假言推理的肯定后件式，是错误的。因为，小王发烧可能是患有感冒等其他疾病。

■如果风很大，我们就会放飞风筝。

如果天空不晴朗，我们就不会放飞风筝。

如果天气很暖和，我们就会放飞风筝。

假定上面的陈述属实，如果我们现在正在放飞风筝，则下面的哪项也必定是真的？

Ⅰ. 风很大。

Ⅱ. 天空晴朗。

Ⅲ. 天气暖和。

A. 仅Ⅰ　　B. 仅Ⅰ、Ⅲ

C. 仅Ⅲ　　D. 仅Ⅱ

E. 仅Ⅱ、Ⅲ

［**解析**］答案：D

题干推理关系为：

（1）风大→放飞风筝。

（2）不晴朗→不放飞风筝。

（3）暖和→放飞风筝。

如果我们现在正在放飞风筝，对（1）式和（3）式来说，充分条件假言命题肯定后件不能得出肯定前件，因此，"风很大"和"天气暖和"均不能从题干的条件中推出。

如果我们现在正在放飞风筝，对（2）式来说，充分条件假言命题否定后件必然得出否定前件，因此，可以推出"天空晴朗"。

所以，Ⅰ、Ⅲ不必然为真，Ⅱ必然为真，D为正确答案。

■陈经理今天将乘飞机赶回公司参加上午10点的重要会议。秘书小张告诉王经理：如果陈经理乘坐的飞机航班被取消，那么他就不能按时到达会场。但事实上该航班正点起飞，因此，小张得出结论：陈经理能按时到达会场。王经理回答小张："你的前提没错，但推理有缺陷；我的结论是：陈经理最终将不能按时到达会场。"

以下哪项对上述断定的评价最恰当？

A. 王经理对小张的评论是正确的，王经理的结论也由此被强化

B. 虽然王经理的结论根据不足，但他对小张的评论是正确的

C. 王经理对小张的评论有缺陷，王经理的结论也由此被弱化

D. 王经理对小张的评论是正确的，但王经理的结论是错误的

E. 王经理对小张的评论有偏见，并且王经理的结论根据不足

［**解析**］答案：B

前提一：陈经理的航班被取消→他就不能按时到会场。

前提二：该航班正点起飞（即航班没被取消）。

充分条件假言命题的否定前件式，后件不一定成立，即陈经理是否能按时到达会场是不一定的。

因此，小张得出“陈经理能按时到达会场”的结论这个推理是有缺陷的，同时，王经理得出“陈经理最终将不能按时到达会场”的结论同样是有缺陷的。可见，答案选 B。

D 项是干扰项，不能说王经理的结论一定错误，只能说可能错误，也有可能正确。

（二）必要条件假言命题及其推理

1. 必要条件假言命题

必要条件的假言命题是指前件是后件的必要条件的假言命题。所谓前件是后件的必要条件是指：如果不存在前件所断定的情况，就不会有后件所断定的情况，即前件所断定的事物情况的存在，对于后件所断定的事物情况的存在来说是必不可少的。例如：

只有由细菌引起的疾病，才能用抗生素治疗。

我不去，除非你去。

不具备一定的专业知识，就不能做好工作。

表达必要条件假言命题的联结词有：“只有……才”“不……（就）不……”“没有……没有……”等。

2. 必要条件假言命题的形式

我们通常用如下形式来表示必要条件假言命题：

只有 P，才 Q。

逻辑上则表示为：P←Q（读作“P 反蕴涵 Q”“P 逆蕴涵 Q”）

根据必要条件假言命题的逻辑特性，我们把它的逻辑值与其前后件逻辑值之间的关系列表于下。

P	Q	P←Q
1	1	1
1	0	1
0	1	0
0	0	1

P 是 Q 的必要条件是指：无 P 必无 Q，但有 P 未必有 Q。（因而有 Q 必有 P，无 Q 未必无 P）

例 1：必要条件假言判断“只有年满 18 岁，才有选举权”，只有在“未满 18 岁但已有了选举权”的情况下才是假的，在其他情况下都是真的。

例 2：妈妈对小明说：只有做完作业，才能去游泳。

根据妈妈的意思，请判断下面几种情况的真假：

小明做完作业，去游泳了。（真）

小明做完作业，没能去游泳。（真）

小明没做完作业，就去游泳了。（假）

小明没做完作业，没去游泳。（真）

3. 必要条件假言推理

在运用必要条件假言推理时要注意，必要条件假言命题的前件反映的情况通常只是后件情况必不可少的条件之一，它往往需要与其他条件相结合才能共同导致后件所反映的情况，这种关系可图示如下：（如阳光、水分、二氧化碳与绿色植物的光合作用）

$$\left.\begin{array}{c}P\\+\\R\\+\\S\end{array}\right\}\rightarrow Q$$

由图可知，要使Q成立，需P、R、S都同时成立。所以，没有P就没有Q；有Q就一定有P；但是，仅有P，不一定有Q（因为也许没有R或S）；没有Q也不一定就没有P（因为没有R或S时，也就没Q）。可见，我们不可通过肯定一个必要条件假言命题的前件而肯定其后件，也不可通过否定一个必要条件假言命题的后件而否定其前件。按此，必要条件假言推理也相应有两条规则。

（1）否定前件就要否定后件，肯定后件就要肯定前件

①否定前件式

只有P，才Q
非P
————————
所以，非Q

例1：只有年满十八岁，才有选举权
某人不到十八岁
————————
某人没有选举权

例2：只有学习好，才能当三好学生。小王学习不好。所以，小王当不了三好学生。

②肯定后件式

只有P，才Q
Q
————————
所以，P

例1：只有勤学苦练，才能成为技术能手
他想成为技术能手
————————
所以，他必须勤学苦练

例2：只有学习好，才能当三好学生。小王当了三好学生。所以，小王学习好。

［案例］傻瓜

汤姆在叔叔家住了几天，临走时，叔叔掏出100美元对侄子汤姆说："这钱给你留着花。记住，把钱收好，丢了可就白送人了。"汤姆说："知道，只有傻瓜才把钱送人呢！"听到此言，叔叔想了想说："你说得有道理，我看这些钱你还是不要的好。"

分析：汤姆的话说得很不妥当，等于在批评叔叔，说叔叔是傻瓜。

汤姆的推理过程是：

只有傻瓜才把钱送人；你把钱送人；所以，你是傻瓜。

叔叔当然不愿意做傻瓜，因此，他决定不给侄子这些钱了。这里就包含这样的省略

推理：

只有傻瓜才把钱送人；我不是傻瓜；所以，我不把钱送人。

（2）肯定前件不能肯定后件，否定后件不能否定前件

例1：只有学习好，才能当三好学生。小王学习好。所以，小王一定能当三好学生。这个推理是必要条件假言推理的肯定前件式，是错误的。

例2：只有学习好，才能当三好学生。小王没当三好学生。所以，小王学习不好。

这个推理是必要条件假言推理的否定前件式，是错误的。

■ 奥运场馆的规定是：没有当场门票者不得进入比赛场馆。小梅持当场的门票来到比赛场馆入口说：根据规定我可以进入比赛场馆。

小梅最可能将奥运场馆的规定理解为：

A. 除非持有当场门票，否则不能进入奥运比赛场馆

B. 只有持有当场比赛门票的人，才能进入奥运比赛场馆

C. 只要持有当场比赛的门票，就能进入奥运比赛场馆

D. 没有当场门票的人，如果是运动员就可以进入比赛场馆

E. 不是运动员的人，要想看比赛，就必须有当场门票

[解析] 答案：C

奥运场馆的规定表明，“有当场门票者”是“进入比赛场馆”的必要条件。

而小梅持当场的门票认为自己就可进入比赛场馆，可见，小梅将奥运场馆的规定错误地理解为：“有当场门票者”是“进入比赛场馆”的充分条件。因此，C项为正确答案。

■ 有人说：“只有肯花大价钱的足球俱乐部才进得了中超。”

如果以上命题是真的，可能出现的情况是：

Ⅰ. 某足球俱乐部花了大价钱，没有进中超。

Ⅱ. 某足球俱乐部没有花大价钱，进了中超。

Ⅲ. 某足球俱乐部没有花大价钱，没有进中超。

Ⅳ. 某足球俱乐部花了大价钱，进了中超。

A. 仅Ⅳ

B. 仅Ⅱ、Ⅲ

C. 仅Ⅲ、Ⅳ

D. 仅Ⅱ、Ⅲ、Ⅳ

E. 仅Ⅰ、Ⅲ、Ⅳ

[解析] 答案：E

题干的逻辑关系为：花大价钱←进中超。

即，肯花大价钱是进入中超的必要条件，而未必是充分条件，也就是说，花了大价钱是否进中超都是有可能的，Ⅰ、Ⅳ有可能出现。

没有花大价钱，那就一定进不了中超，Ⅱ必然错误，Ⅲ必定正确。

（三）充分必要条件假言命题及其推理

1. 充要条件假言命题

充要条件的假言命题是指前件是后件的充分且必要条件的假言命题。例如：“人不犯我，我不犯人；人若犯我，我必犯人。”“当且仅当三角形三内角相等，该三角形是等边三

角形”等，都是这种充分必要条件的假言命题。

表达充分必要条件假言命题的联结词有：“只有……，才……”“若……则……，且若不……则不……”“当且仅当……，则……”等。

2. 充要条件假言命题的形式

我们通常用如下形式来表示充要条件假言命题。

当且仅当 P，则 Q。

逻辑上则表示为：P↔Q（读作“P 等值于 Q”）

充分必要条件假言命题的逻辑值与其支命题（前件或后件）逻辑值之间的关系表示如下。

P	Q	P↔Q
1	1	1
1	0	0
0	1	0
0	0	1

例如：“能且仅能被 2 整除的数，才是偶数。”是充分必要条件假言判断。

可以看出，一个充分必要条件假言命题为真，当且仅当等值符“↔”所联结的支命题（前件与后件）同真同假。这也是这种复合命题被称为“等值式”的原因。

3. 充分必要条件假言推理

其推理式可概括表示为：

P 当且仅当 Q

P（非 P，Q，非 Q）

所以，Q（非 Q，P，非 P）

例 1：当且仅当一个三角形是等边三角形，则它是等角三角形；这个三角形是等边三角形；所以，这个三角形是等角三角形。

例 2：当且仅当一个三角形是等边三角形，则它是等角三角形；这个三角形不是等边三角形；所以，这个三角形不是等角三角形。

[案例] 座位

一个下雨天，一位妇女牵着一条爪上沾满污泥的大狗上了公共汽车。这位妇女坐下后对售员说：“喂，如果我给这条狗买一张车票的话，它是否也能和其他乘客一样有一个座位?”“当然行啦，太太。不过它也必须和其他乘客一样，不要把脚放在座椅上。”售票员打量了一下那条狗后说。

分析：表面上看售票员好像答应了那位妇女，但实际上售票员包含了这样一个推理：

当且仅当只有这条狗和其他乘客一样不把脚放在座椅上，它才可以和其他乘客一样有个座位；

这条狗无法做到和其他乘客一样不把脚放在座椅上；

所以，这条狗不能和其他乘客一样有个座位。

售票员实际上回绝了那位女乘客的无理要求。

第四节　多重复合命题及其推理

多重复合命题是相对于基本复合命题而言的。前面所述支命题为简单命题的复合命题，称为基本复合命题。支命题包含两个或两个以上命题联结词的复合命题即支命题为复合命题的复合命题，称为多重复合命题。

一、复合命题的负命题及其等值推理

各种复合命题都有其负命题，并还可以得到这些负命题的等值推理。否定一个命题，也就是肯定了一个与被否定命题相矛盾的命题。所以，总是可以从一个负命题推得一个与它等值的新命题，这就是等值推理。

（一）联言命题的负命题

由于联言命题只要其支命题有一个为假，该命题就是假的。因此，联言命题的负命题是一个相应的选言命题。

并非“P∧Q”等值于“非P∨非Q”。

用公式表示为：$\neg(P\wedge Q)\leftrightarrow\neg P\vee\neg Q$

例如：“某人工作既努力又认真。”这个联言命题的负命题不是“某人工作既不努力又不认真”这个联言命题，而是“某某人工作或者不努力，或者不认真”这样一个联言命题。

■并非雅典奥运会既成功又节俭。

如果上述判断是真的，那么以下哪项必为真？

A. 雅典奥运会成功但不节俭

B. 雅典奥运会节俭但不成功

C. 雅典奥运会既不节俭也不成功

D. 如果雅典奥运会不节俭，那么一定成功了

E. 如果雅典奥运会成功了，那么一定不节俭

［**解析**］答案：E

并非既成功又节俭＝不成功或不节俭。

那么，如果成功了，一定不节俭。E项正确。

其余选项都不一定为真。

■如果“鱼和熊掌不可兼得”是不可改变的事实，则以下哪项也一定是事实？

A. 鱼可得但熊掌不可得

B. 熊掌可得但鱼不可得

C. 鱼和熊掌皆不可得

D. 如果鱼不可得，则熊掌可得

E. 如果鱼可得，则熊掌不可得

［**解析**］答案：E

令P表示“得鱼”，Q表示“得熊掌”。题干断定：

$\neg(P\wedge Q)=\neg P\vee\neg Q=P\rightarrow\neg Q$

即“鱼和熊掌不可兼得”等价于“不得鱼或不得熊掌”，即，鱼和熊掌最多只能得一种。如果得了鱼，熊掌就不可得；如果得了熊掌，鱼就不可得。因此，E 项为正确答案。

“鱼和熊掌不可兼得”，现在我们并不知道我们得了鱼还是熊掌，所以选项 A、B、C 都是一种可能性，并不一定为真。

D 项是很好的迷惑性选项，“如果鱼不可得，则如何?”两种可能都有：“熊掌可得”或“熊掌也不可得”，因此，D 项也不必定是真的。

（二）选言命题的负命题

1. 相容选言命题的负命题

因为相容选言命题只要其支命题中有一个为真，则整个选言命题就是真的，故相容选言命题的负命题不能是一个相应的选言命题，而必须是一个相应的联言命题。

并非“$P \vee Q$”等值于“非 $P \wedge$ 非 Q”。

用公式来表示为：$\neg(P \vee Q) \leftrightarrow \neg P \wedge \neg Q$

例 1：“这个学生或者是文艺爱好者，或者是体育爱好者。”这一选言命题的负命题就不是“这个学生或者不是文艺爱好者，或者不是体育爱好者”。而只能是“这个学生既不是文艺爱好者，又不是体育爱好者”这样一个联言命题。

例 2：“并非：小张当选或小李当选”等值于“小张和小李都没当选”。

■并非蔡经理负责研发或者负责销售工作。

如果上述陈述为真，以下哪项陈述一定为真?

A. 蔡经理既不负责研发也不负责销售

B. 蔡经理负责销售但不负责研发

C. 蔡经理负责研发但不负责销售

D. 如果蔡经理不负责销售，那么他负责研发

E. 如果蔡经理负责销售，那么他不负责研发

[**解析**] 答案：A

¬(研发 ∨ 销售)=¬研发 ∧ ¬销售

也就是说，“并非蔡经理负责研发或者负责销售工作”等值于“蔡经理既不负责研发也不负责销售”，即 A 为正确答案。

2. 不相容选言命题的负命题

由于不相容选言命题只有当选言支仅有一个是真的时，整个选言命题才是真的，当选言支同真或同假时，它就是假的。

并非“要么 P 要么 Q”等值于“P 且 Q”或“非 P 且非 Q”。

用公式来表示为：$\neg(P \dot{\vee} Q) \leftrightarrow (P \wedge Q) \vee (\neg P \wedge \neg Q)$

例如“并非：要么小张当选，要么小李当选”，等值于“小张和小李都当选，或者，小张和小李都不当选”。

（三）假言命题的负命题

1. 充分条件假言命题的负命题

由于充分条件假言命题只有当其前件为真后件为假时，它才是假的，因此，一个充分

条件假言命题的负命题，只能是一个相应的联言命题。

并非“P→Q”等值于“P∧非Q”。

用公式来表示为：¬(P→Q)↔P∧¬Q

例1：“如果起风了，就会下雨”，其负命题则为：“起风了，并未下雨”。

例2：“并非：如果天下雨，那么会议延期”等值于“天下雨但会议不延期”。

■甲、乙、丙共同经营一家理发店。在任何时候，必须至少有一人留守店内。也就是说，如果丙外出，那么，如果甲也外出，则乙必须留在店内。但问题是，只有在乙陪伴时，甲才会外出。也就是说，如果甲外出，乙也必须外出。

以下哪项陈述与上面给定的条件不相容？

A. 甲能够外出

B. 甲留在店内，乙和丙外出

C. 乙留在店内，甲和丙外出

D. 丙总留在店内

E. 丙留在店内，甲和乙外出

［解析］答案：C

选项C与题干条件矛盾，因为题干断定，如果甲外出，乙也必须外出；所以，不可能出现甲外出而乙留在店内的情况。

其余选项均不与题干条件矛盾。

2. 必要条件假言命题的负命题

由于必要条件假言命题只有当其前件为假而后件为真时，它才是假的。因此，一个必要条件假言命题的负命题，只能是一个相应的联言命题。

并非“P←Q”等值于“非P∧Q”。

用公式表示为：¬(P←Q)↔¬P∧Q

例1：“只有下雪天气才冷。”其负命题则为：“没有下雪天气也冷。”

例2：“并非：只有是天才，才能创造发明”等值于“不是天才，也能创造发明”。

■麦老师：只有博士生导师才能担任学校“高级职称评定委员会”评委。

宋老师：不对。董老师是博士生导师，但不是“高级职称评定委员会”评委。

宋老师的回答说明他将麦老师的话错误地理解为：

A. 有的“高级职称评定委员会”评委是博士生导师

B. 董老师应该是“高级职称评定委员会”评委

C. 只要是博士生导师，就是“高级职称评定委员会”评委

D. 并非所有的博士生导师都是“高级职称评定委员会”评委

E. 董老师不是学科带头人，但他是博士生导师

［解析］答案：C

题干中两位老师的推理如下：

麦老师：博导←评委

宋老师：博导∧¬评委

而宋老师的推理并非是麦老师的负命题（即宋老师的论述与麦老师的话并不矛盾），宋老师的推理是下列推理的负命题：博导→评委。

也就是说，宋老师的回答说明他将麦老师的话错误地理解为：博导是评委的充分条件。因此，本题正确答案为C。

3. 充分必要条件假言命题的负命题

由于充分必要条件假言命题其前件既是后件的充分条件，又是后件的必要条件，因而，对于一个充分必要条件的假言命题来说，其负命题既可以是相应的充分条件假言命题的负命题，也可以是相应的必要条件假言命题的负命题。

并非“$P\leftrightarrow Q$”等值于“$P\wedge$非Q”$\vee$“非$P\wedge Q$”。

用公式来表示为：$\neg(P\leftrightarrow Q)\leftrightarrow(P\wedge\neg Q)\vee(\neg P\wedge Q)$

例如：“并非当且仅当得了肺炎才会发高烧”，其等值命题是“或者得了肺炎但不发高烧，或者没有得肺炎但却发高烧”。

（四）负命题的负命题

就负命题自身作为一种较特殊的复合命题来说，其自身当然也有相应的负命题。

并非“并非P”等值于“P”。

用公式来表示即为：$\neg(\neg P)\leftrightarrow P$

■在高二（1）班的一次联欢活动中，班主任老师说：“小明和小亮都没有参加活动”，班长小杰不同意班主任老师的说法。

以下哪项最为准确地表达了小杰的意思？

A. 小明和小亮两人至少来了一个　　B. 小明和小亮两人都来了

C. 小明和小亮两人都没来　　D. 小明和小亮两人至多来了一个

E. 是小明和小亮以外的人没有参加联欢活动

[解析] 答案：A

小杰的意思是：并非“小明和小亮都没有参加活动”。可表示为：

$\neg$(¬小明$\wedge$¬小亮)＝小明$\vee$小亮

即小明和小亮两人至少来了一个。A项正确。

二、假言三段论与反三段论

（一）假言三段论

假言三段论又叫假言连锁推理，就是从前提中几个同样性质的假言命题推出一个新的同样性质的假言命题的假言推理。假言连锁推理要求前提中的第一个假言命题的后件必须与第二个假言命题的前件相同。

1. 充分条件假言连锁推理

充分条件假言连锁推理是以充分条件命题为前提的假言连锁推理。

第一，肯定式

如果P，那么Q

如果Q，那么R

———————————

所以，如果P，那么R

例如：

如果此处是罪犯作案的现场，那么此处就留有罪犯作案的痕迹

如果此处就留有罪犯作案的痕迹，那么就能找到罪犯作案的证据
所以，如果此处是罪犯作案的现场，那么就能找到罪犯作案的证据

第二，否定式

如果P，那么Q
如果Q，那么R
所以，如果非R，那么非P

例如：

如果你犯了法，你就会受到法律制裁
如果你受到法律制裁，别人就会看不起你
如果别人看得起你，你就没有犯法

[案例] 好赌的下士

一位下士调动工作，到新地方报到时带来了原上司给新上司的一张字条。字条上写着："此人好赌，如能戒，则是好兵。"新上司立即问那个下士："你赌什么？"

"什么都赌。"下士说："比如，我敢说您右臂下有一胎痣。如果没有，我输给您一周薪金。"

"好！"新上司说着立即脱掉上衣，证明自己并无胎痣。随后他高兴地接受了下士输给他的一周薪金。

事后，他洋洋得意地打电话告诉下士原来的上司说："你那个好赌的下士被我治了一下。"

等他把情况说明时，对方说："别自信了，他从我这儿出发之前就同我赌了两千镑，说一见到你就能让你立即光膀子，结果你让他赢了，我输了。"

分析：这位下士用了这样一个充分条件纯假言推理：

如果我告诉新上司说他右臂下有一胎痣并以此和他打赌，那么他一定认为我输；

如果他一定认为我输，那么他一定会和我打赌；

如果要和我打赌（即要证明我说得不对），那么他就得光膀子；

如果他光膀子，那么和原上司打的赌就肯定是我赢了。

所以，如果我告诉新上司说他右臂下有胎痣并以此和他打赌，那么和原上司打的赌就肯定是我赢了。

2. 必要条件假言连锁推理

必要条件假言连锁推理是以必要条件命题为前提的假言连锁推理。

第一，肯定式

只有P，才Q
只有Q，才R
所以，只有P，才R

只有有了第二味觉，哺乳动物才能边吃边呼吸
只有边吃边呼吸，哺乳动物才能进行高效率的新陈代谢
哺乳动物只有有了第二味觉，才能进行高效率的新陈代谢

第二，否定式

只有P，才Q

只有Q，才R

所以，如果非P，那么非R

只有树立坚定信心，才能不畏艰难险阻

只有不畏艰难险阻，才能登上科学高峰

所以，如果不树立坚定信心，就不能登上科学高峰

■如果你犯了法，你就会受到法律制裁；如果你受到法律制裁，别人就会看不起你；如果别人看不起你，你就无法受到尊重；而只有得到别人的尊重，你才能过得舒心。

从上述叙述中，可以推出下列哪一个结论？

A. 你不犯法，日子就会过得舒心

B. 你犯了法，日子就不会过得舒心

C. 你日子过得不舒心，证明你犯了法

D. 你日子过得舒心，表明你看得起别人

E. 如果别人看得起你，你日子就能舒心

[**解析**] 答案：B

题干的断定可整理为：

(1) 犯法→受到制裁

(2) 受到制裁→别人看不起你

(3) 别人看不起你→无法受到尊重

(4) 受到尊重←舒心

联立以上条件关系式，可得：犯法→制裁→看不起→非尊重→非舒心

这样，就得到了“你犯了法，日子就不会过得舒心”，所以，B项正确。

(二) 反三段论

假言反三段论是在已知一个假言三段论是有效的情况下，我们可以反过来从结论之假推前提之假，有以下两种形式。

形式一：

如果P且Q，那么R

所以，如果P且非R，那么非Q

用公式表示为：$[(P \wedge Q) \rightarrow R] \rightarrow [(P \wedge \neg R) \rightarrow \neg Q]$

形式二：

如果P且Q，那么R

所以，如果Q且非R，那么非P

用公式表示为：$[(P \wedge Q) \rightarrow R] \rightarrow [(Q \wedge \neg R) \rightarrow \neg P]$

在上述公式中，前提“如果P且Q，那么R”可以看作一个三段论，其中P、Q、R分别看作大前提、小前提和结论。结论“如果P且非R，那么非Q”也可以看作一个三段论，但这个三段论的前提之一“非R”和结论“非Q”是前一个三段论的结论R和一个前提Q的否定，所以称为反三段论。

例如：

如果所有太阳系的大行星都有卫星，并且水星是太阳系的大行星，那么水星就有卫星。

所以，如果水星是太阳系的大行星，而且水星没有卫星，那么，并非所有太阳系的大行星都有卫星。

在实际思维中，反三段论是有重要作用的。如果几个条件联合起来构成某一情况的充分条件，那么根据反三段论，当该情况不产生时，就可以推出几个条件中至少有一个条件未具备。由此，可以创造条件，促使某一情况的出现。

■ 如果品学兼优，就能获得奖学金。

假设以下哪项，能依据上述断定得出结论：李桐学习欠优？

A. 李桐品行优秀，但未获得奖学金

B. 李桐品行优秀，并且获得奖学金

C. 李桐品行欠优，未获得奖学金

D. 李桐品行欠优，但获得奖学金

E. 李桐并非品学兼优

［解析］答案：A

题干断定：品行优秀∧学习优秀→获得奖学金

其等价的逆否命题是：品行欠优∨学习欠优←未获得奖学金

这意味着，如果李桐未获得奖学金，就必然可得：品行欠优或者学习欠优；那么，如果他品行优秀，就必然可得出结论：李桐学习欠优。

这是个反三段论推理，推理可表示如下：

品行优秀∧学习优秀→获得奖学金

品行优秀∧未获得奖学金→学习欠优

■ 在某次综合性学术年会上，物理学会作学术报告的人都来自高校；化学学会作学术报告的人有些来自高校，但是大部分来自中学；其他作学术报告者均来自科学院。来自高校的学术报告者都具有副教授以上职称，来自中学的学术报告者都具有中教高级以上职称。李默、张嘉参加了这次综合性学术年会，李默并非来自中学，张嘉并非来自高校。

以上陈述如果为真，可以得出以下哪项结论？

A. 张嘉如果作了学术报告，那么他不是物理学会的

B. 李默不是化学学会的

C. 张嘉不具有副教授以上职称

D. 李默如果作了学术报告，那么他不是化学学会的

E. 张嘉不是物理学会的

［解析］答案：A

根据题干断定：物理学会作学术报告的人都来自高校，张嘉并非来自高校；

可必然推出：张嘉不会在综合性学术年会上作学术报告。

这意味着：张嘉如果作了学术报告，那么他不是物理学会的。

这是个反三段论推理，推理可表示如下：

物理学会∧作学术报告→来自高校

¬来自高校∧作学术报告→¬物理学会

三、二难推理

二难推理也称为假言选言推理，是由两个假言前提和一个具有二支的选言前提联合作为前提而构成的推理。

在辩论中人们经常运用这种推理形式。辩论的一方常常提出具有两种可能的大前提，对方无论肯定或否定其中的哪一种可能，结果都会陷入进退两难的境地。二难推理之所以叫作“二难”推理，也就是由于这个缘故。

［案例］苏格拉底的规劝

据说古希腊哲学家苏格拉底曾劝男人们都要结婚，他的规劝是这样进行的：

如果你娶到一个好老婆，你会获得人生的幸福；

如果你娶到一个坏老婆，你会成为一位哲学家；

你或者娶到好老婆，或者娶到坏老婆，

所以，你或者会获得人生的幸福，或者会成为一位哲学家。

不过，古希腊的斯多亚派却构造了另一个推理，其形式与苏格拉底的完全相同，其结论却与其相反，旨在劝男人们不要结婚：

如果你与一位美人结婚，那么你将要与他人分享她；

如果你与一位丑人结婚，那么她对你就是一个惩罚；

你或者与一位美人结婚，或者与一位丑人结婚；

所以，你或者将与人分享她，或者将面对一个惩罚。

所以，你不要结婚。

解析：苏格拉底和斯多亚派在规劝时所使用的就是二难推理的复杂构成式。其推理形式都正确，问题在于他们所用的前提都是有争议的。

二难推理不是基本的逻辑推理形式，它往往是为了说明结果的两难处境或者是为了强调某一结论所进行的推理。其在逻辑推理中经常用到的是：

（1）由 $P\rightarrow R$ 和 $\neg P\rightarrow R$，推出，R

（2）由 $P\rightarrow R$ 和 $\neg P\rightarrow S$，推出，$R\vee S$

■威尼斯面临的问题具有典型意义。一方面，为了解决市民的就业，增加城市的经济实力，必须保留和发展它的传统工业，这是旅游业所不能替代的经济发展的基础；另一方面，为了保护其独特的生态环境，必须杜绝工业污染，但是，发展工业将不可避免地导致工业污染。

以下哪项能作为结论从上述断定中推出？

A. 威尼斯将不可避免地面临经济发展的停滞或生态环境的破坏

B. 威尼斯市政府的正确决策应是停止发展工业以保护生态环境

C. 威尼斯市民的生活质量只依赖于经济和生态环境

D. 旅游业是威尼斯经济收入的主要来源

E. 如果有一天威尼斯的生态环境受到了破坏，这一定是它为发展经济所付出的代价

［解析］答案：A

题干断定了以下几个条件关系：

（1）促进经济→发展工业

（2）保护生态→杜绝污染

（3）发展工业→导致污染

因此，由（3）（2）得到：发展工业→破坏生态；

由（1）得到：不发展工业→经济停滞；

或者发展传统工业，或者不发展传统工业，对于威尼斯来说，二者必居其一；因此，可推出结论：威尼斯将不可避免地面临经济发展的停滞或生态环境的破坏，这正是A项所断定的。

其余各项均不能从题干中推出。

■某地住着甲、乙两个部落，甲部落总是讲真话，乙部落总是讲假话。一天，一个旅行者来到这里，碰到一个土著人A。旅行者就问他："你是哪一个部落的人？"A回答说："我是甲部落的人。"这时又过来一个土著人B，旅行者就请A去问B属于哪一个部落。A问过B后，回来对旅行者说："他说他是甲部落的人。"

根据这种情况，对A、B所属的部落，旅行者所作出的正确判断是下列哪一项？

A. A是甲部落的人，B是乙部落的人

B. A是乙部落的人，B是甲部落的人

C. A是甲部落的人，B所属部落不明

D. A所属部落不明，B是乙部落的人

E. A、B所属部落不明

[**解析**] 答案：C

对于"你是哪一个部落的人？"的回答，如果回答者是甲部落的，说真话，回答一定是"我是甲部落的"；如果回答者是乙部落的，说假话，回答也一定是"我是甲部落的"。

所以，根据二难推理，对该问题的回答，无论是哪个部落的人，其回答都是"我是甲部落的"。

由于A说"B说他是甲部落的人"，因此，A一定说真话，所以A是甲部落的。

而根据B说自己是甲部落的，没法判断B是哪个部落的。

四、复合命题的混合推理

复合命题的混合推理涉及对假言、联言和选言及负命题推理的综合运用，也就是用命题演算的方式来进行推理。

1. 命题理论——原命题与逆否命题为等价命题

原命题：$A \rightarrow B$

逆命题：$B \rightarrow A$

否命题：$\neg A \rightarrow \neg B$

逆否命题：$\neg B \rightarrow \neg A$

如果一个命题正确，那么它的逆否命题也一定正确；反之亦然。

2. 命题间的推理关系

或命题：B_1或B_2表达为$B_1 \vee B_2$

与命题：B_1与B_2表达为$B_1 \wedge B_2$

$A \rightarrow B_1 \vee B_2$的逆否命题为$\neg B_1 \wedge \neg B_2 \rightarrow \neg A$

$A \rightarrow B_1 \wedge B_2$的逆否命题为$\neg B_1 \vee \neg B_2 \rightarrow \neg A$

$B_1 \vee B_2 \rightarrow A$的逆否命题为$\neg A \rightarrow \neg B_1 \wedge \neg B_2$

$B_1 \wedge B_2 \rightarrow A$的逆否命题为$\neg A \rightarrow \neg B_1 \vee \neg B_2$

3. 等值公式

(1) $P\rightarrow Q=\neg P\vee Q$

即“如果P，那么Q”等价于“非P或Q”。

(2) $P\leftarrow Q=P\vee\neg Q$

即“只有P，才Q”等价于“P或非Q”。

4. 推理步骤

(1) 通过阅读理解将命题符号化。

(2) 分析各逻辑式的内在联系。

(3) 寻找推理突破口。

(4) 进行逻辑推导。

(5) 推出正确结论。

■如果秦川考试及格了，那么钱华、孙旭和沈楠肯定也都及格了。

如果上述断定是真的，那么，以下哪项也是真的?

A. 如果秦川考试没有及格，那么钱、孙、沈三人中至少有一人没有及格

B. 如果秦川考试没有及格，那么钱、孙、沈三人都没及格

C. 如果钱、孙、沈考试都及格了，那么秦川的成绩也肯定及格了

D. 如果沈楠的成绩没有及格，那么钱华和孙旭不会都考及格

E. 如果孙旭的成绩没有及格，那么秦川和沈楠不会都考及格

[**解析**] 答案：E

题干推理：秦→钱∧孙∧沈。

等价于逆否命题：非秦←非钱∨非孙∨非沈。

如果孙旭没及格，则由条件可推出秦川没及格，因此，秦川和沈楠不会都及格。

因此，E是题干的一个推论。其余各项均不能从题干中推出。

■一位编辑正在考虑报纸理论版稿件的取舍问题。有E、F、G、J、K六篇论文可供选择，要考虑文章的内容、报纸的版面等因素。

(1) 如果采用论文E，那么不能用论文F但要用论文K。

(2) 只有不用论文J，才能用论文G或论文H。

(3) 如果不用论文G，那也不用论文K。

(4) 论文E是向名人约的稿件，不能不用。

以上各项如果为真，下面哪项一定是真的?

A. 采用论文E，但不用论文H

B. G和H两篇文章都用

C. 不用论文J，但用论文K

D. G和J两篇文章都不用

E. J和K两篇文章都不用

[**解析**] 答案：C

复合命题推理题。题干表明的逻辑关系有：

(1) $E\rightarrow\neg F\wedge K$

(2) $\neg J\leftarrow G\vee H$

(3) $\neg G\rightarrow\neg K$

(4) E

由条件 4 出发：

E→K（由条件 1）

→G（对条件 3 作个逆否命题）

→¬ J（条件 2）

因此，C 为正确答案。

■ 在强手棋游戏中，如果一位玩家在海滨路拥有一家旅馆，他就必须同时拥有海滨路和公园广场。如果他在马尔文花园拥有一家旅馆，他就必须拥有马尔文花园以及海滨路或公园广场。如果他拥有公园广场，则他还拥有马尔文花园。

如果上面所描述的玩家不拥有公园广场，可以推出下面哪一个结论？

A. 该玩家在海滨路拥有一家旅馆

B. 该玩家在马尔文花园拥有一家旅馆，但在海滨路不拥有一家旅馆

C. 该玩家拥有马尔文花园和海滨路，但在两块地产上不拥有一家旅馆

D. 该玩家在马尔文花园不拥有一家旅馆

E. 该玩家在海滨路不拥有一家旅馆

[**解析**] 答案：E

把四个陈述翻译后，我们得到：

（1）海滨路→海滨路∧公园广场。

（2）马尔文花园→马尔文花园∧（海滨路∨公园广场）。

（3）公园广场→马尔文花园。

（4）不拥有公园广场。

由（1）和（4）可以推出：该玩家在海滨路不拥有一家旅馆。

第五节　演绎论证的评估

对于演绎论证的前提与结论之间的关系，可以从两个方面考察：一是该推理是否保真，即假定该演绎推理的前提为真（不管事实上如何），是否能保证其结论一定为真？二是该演绎推理的前提事实上是否为真？这两个方面实质上就涉及演绎推理的有效性与演绎论证的可靠性问题。

一、演绎有效

演绎推理的“有效性”是推理形式的特性，而不是推理的前提和结论的内容联系。推理形式的有效性亦称“保真性”，指一个正确的推理必须确保从真前提只会得到真结论，不能得到假结论。只有这样，才能保证使用这种推理工具的安全性。

1. 关于演绎推理

演绎推理的前提对结论的支持度都为最高的支持度，演绎逻辑研究的是前提和结论之间具有最强支持的关系，即前提的真保证了结论的真。

演绎推理能否产生新知识？关键在于从哪个意义上来看待“新知识”。

第一层意义，逻辑上的“新知识”，即前提中所没有直接或潜在地包含的知识。由于

演绎推理的结论都是至隐含在前提中的，演绎推理所能揭示的东西永远不会多于前提中所蕴涵的东西，那么，从这个角度看，演绎推理不能提供新知识。

第二层意义认识上的“新知识”，即指原来不知道的知识。由于演绎推理是从 A 通过一个严密的推理链条推出 B，而 B 原来是人们不知道的，那么，从这个意义上，演绎推理能够提供新知识。比如，数学包括几何学本质上属于演绎系统，集中了演绎推理的精华，演绎推理在揭示和说明前提中蕴涵的内容方面是极有价值的推理模式，数学里的很多推理和证明所作出的新发现，也可以认为是一种认识上的新知识。

演绎推理作为从一般性前提到特殊性结论的推理，它的结论实质上已经包含在前提中，因此，它也是一种所谓的封闭性推理。

2. 演绎推理的有效性

一个推理是演绎有效的，当且仅当，不可能结论为假而前提都真。

演绎推理的有效性可以根据前提与结论之间的逻辑关系作出完全的判定。如果一个推理的证据支持度是 100%，即前提为真而结论不可能为假，那么，这种证据支持关系就称为演绎的关系。

（1）演绎逻辑可视为是关于检验有效性和无效性的逻辑分支

演绎推理的正确与否是用有效性来评价的，对演绎推理的评价要么是有效的，要么是无效的。从这个意义上，演绎推理可以定义为关于评价推理有效性和无效性的方法的逻辑分支。

①一个有效推理的本质特征是：必然如果前提为真，那么结论为真。

首先，需要注意的是“必然”一词。在一个有效推理中，前提和结论之间存在必然联系，即，一个有效推理具有这样的特征：不可能前提为真而结论为假。

其次，需要注意的是定义中的条件（如果……则……）。它并不是说，一个有效推理的前提和结论在事实上是真的，而是，该定义断定了，必然如果前提为真则结论为真。换句话说，如果一个推理是有效的，则假设其前提为真时，其结论也必定为真。

例如：大学教师中只有哲学系的教师写过许多哲学论文，老王是大学教师，又写过许多哲学论文，所以，老王一定是哲学系的教师。

②一个无效推理的本质特征是：当其前提都为真时，结论不必然为真。

换句话说，即使假设前提为真时结论仍然可能是假的。

例如：姜昆是相声演员，姜昆是曲艺演员。所以，相声演员都是曲艺演员。

（2）前提、结论与演绎有效性的关系

在有效的和无效的推理中，真的和假的前提与结论之间有许多可能的组合。其对应的真实性和有效性之间的关系如下：

	真结论	假结论
真前提	有效推理/无效推理	无效推理
假前提	有效推理/无效推理	有效推理/无效推理

当我们得出假结论时，就面临至少有两种可能：可能是前提本身出了错，也可能是推理过程出了错。如果推理形式是有效的，而推理得出了假结论，那么，由结论为假我们可以逆推出至少一个前提为假的。

例：所有的牛都是哺乳动物。蜗牛是牛，所以，蜗牛都是哺乳动物。

上述推理的小前提和结论都为假，但推理形式有效。

如果一个推理形式是无效的，那么，各种情况都可能发生：从真前提可能推出真结论，但也可能推出假结论；从假前提可能推出真结论，也可能推出假结论。

因此，考察一个推理形式是否有效，不是看它是否碰巧得出了真结论，而是看它是否能够保证得出真结论。

3. 有效性的评价

演绎推理的有效性，指的是推理形式的有效性，它与前提或结论本身的真假是无关的：只要保证假定前提为真，结论就一定为真，则该推理有效；至于前提如果为假，则结论的真假就无法保证了。

（1）准确理解有效性

检查一个演绎推理的主要任务是看它是否有效，即这个推理的方式有没有可能从真前提推导出错误的结论？如果回答是否定的，这个推理就是有效的。

如果把逻辑有效的推理形式比喻为一台完全可靠的计算机，若输入正确的数据，它必然输出正确的结论。若输入错误的数据，那么这台可靠的计算机就不能保证会输出什么样的结论：可以是错的，也可以是对的。

（2）判定推理有效性的步骤

第一步，识别推理中的支陈述，并用大写字母标明。

第二步，抽象出推理形式，运用字母代替语言陈述。

第三步，识别任何出现的典型形式，并评价有效性。

最终的判别标准是，如果我们在推理过程中严格遵循了演绎推理所要求的推理规则，这个演绎推理就是有效的；如果没有满足这个条件，这个推理就是无效的。

（3）推理有效性的检查：寻找反例

检查有效性不能靠有限次数的真前提和真结论来检验，它是检查真前提是否导致假结论的“可能性”。

如果我们能证明，一个演绎推理即使在前提为真的情况下，也有可能得到不止一个结果，那么，这就等于证明了这个演绎推理是无效的。

所有爬行动物都是脊椎动物。

所有鳄鱼都是脊椎动物。

所以，所有鳄鱼是爬行动物。

这里前提和结论都是真的，但是，按照这样的“推理形式”，我们只要有真的前提，就会有真的结论出来吗？人们可以构造同样的推理模式产生的反例。

所有爬行动物都是脊椎动物。

所有鸟类都是脊椎动物。

所以，所有鸟类是爬行动物。

我们构造的推理和原来的推理是具有相同的推理形式，但是一个推出真结论，一个推出假结论。这表明，这个推理不能保证前提为真结论就为真，因此它是无效的。

可见，反驳一个无效推理的方法之一就是进行归谬：构造一个类似的推理，有真的前提，却有假的结论，由此证明它不是一个有效推理。

4. 演绎论证的各种可能情况

演绎论证分为有效论证和无效论证，结合其前提与结论的真假组合具有以下 7 种情况。

（1）有效论证的三种可能情况

有效的论证		
	真结论	假结论
真前提	①	
假前提	②	③

那个空格位置显示了非常重要的一点：如果一个论证是有效的并且其前提都是真的，我们就可以断定其结论也是真的。换句话说，如果一个论证是有效的并且其结论是假的，那么其前提不会都是真的。有些完全有效的论证确有假结论，但是任一这样的论证必定至少有一个假前提。

①包含真前提和真结论的有效论证。例如：

凡金属都是导电的，
铜是金属，
所以，铜是导电的。

②包含假前提和真结论的有效论证。例如：

所有蕨类植物都是种子植物，
所有向日葵都是蕨类植物，
所以，所有向日葵是种子植物。

③包含假前提和假结论的有效论证。例如：

所有软体动物都有脊椎，
所有蜜蜂都是软体动物，
所以，所有蜜蜂都有脊椎。

这个论证是有效的，因为如果其前提是真的，其结论也一定是真的，即使我们知道这个论证的前提和结论实际上都是假的。

（2）无效论证的四种可能情况

在无效论证中，其前提与结论的真假组合具有以下四种情况。

无效的论证		
	真结论	假结论
真前提	①	②
假前提	③	④

①包含真前提和真结论的无效论证。例如：

所有鸟类是脊椎动物，
所有鸽子是脊椎动物，
所以，所有鸽子是鸟类。

②包含真前提和假结论的无效论证。例如：

所有鸽子是脊椎动物，
所有爬行动物是脊椎动物，
所以，所有鸽子是爬行动物。

③包含假前提和真结论的无效论证。例如：

所有节肢动物都有脊椎，
所有蜈蚣都有脊椎，
所以，所有蜈蚣都是节肢动物。

④包含假前提和假结论的无效论证。例如：

所有节肢动物都有脊椎，
所有田螺都有脊椎，
所以，所有田螺都是节肢动物。

上述七个例子清楚地表明，一个论证的结论的真或假自身并不决定那个论证的有效性或无效性。此外，一个论证有效不能保证其结论的真实性。

二、论证可靠

正确的演绎论证要求大前提、小前提必须真实、正确、一致，同时要求推论是合乎逻辑的，否则就会出现逻辑缺陷。

1. 可靠的论证

若一个论证有效，并且其所有前提都为真，就称之为“可靠的”论证。即演绎论证的可靠性不仅要求推理形式有效，而且要求推理的前提本身事实上必须为真，相应地也要求结论一定为真。

一个可靠的论证有两个本质特征：一是推理有效；二是前提都是真实的。

可表示为：可靠的论证＝有效的论证＋全部真前提。

很显然，一个可靠论证的结论一定是真的，也即不能有假结论，并且只有可靠的论证才能确立其结论的真实性。以下几例均为可靠的论证。

例 1：所有广州人是广东人，所有广东人是中国人，因此，所有广州人是中国人。

例 2：所有被子植物都是种子植物，所有玉米是被子植物，因此，所有玉米是种子植物。

例 3：所有哺乳动物都是脊椎动物，所有家兔是哺乳动物，因此，所有家兔是脊椎动物。

2. 不可靠的论证

不可靠的论证是非有效的、有一个或更多的假前提或者两者兼而有之的演绎论证。即如果一个演绎论证不是可靠的，那么，这个论证不是有效的，或者前提并非都是真的。一个不可靠的论证即使其结论事实上是真的，其结论的真实性在论证中也得不到确立。

一个不可靠的论证的本质特征是：或者推理无效，或者有至少一个假前提。

可表示为：不可靠的论证＝无效的论证∨存在假前提。

不可靠的论证有下列三种情况。

（1）论证有效但存在假前提

例 1：如果没结婚，男人们都是一副不修边幅、胡乱穿着的样子，刘先生身上的衣服总是穿得精神得体、干干净净的；所以，刘先生一定是已经结了婚的。

上述论证尽管推理有效，但大前提不真，因此是一个不可靠的论证。

例 2：所有被子植物是种子植物。油松是被子植物。所以，油松是种子植物。

该论证是不可靠的，因为尽管该论证有效，但它有一个假前提，即第二个前提是假的（油松不是被子植物，而是裸子植物）。

（2）前提都为真但论证无效

例如：所有鱼是动物。所有鸟是动物。所以，所有鸟是鱼。

该论证是不可靠的，因为尽管该论证的前提都是真的，但却是无效的推理。

（3）论证无效而且存在假前提

例如：所有向日葵都是动物。所有螃蟹都是动物。所以，所有螃蟹都是向日葵。

该论证是不可靠的，因为该论证是无效的并且至少有一个假前提。

3. 如何对待前提的真实性

检验前提的真实性或虚假性是一般科学的任务，而不是逻辑学最关心的。

逻辑学本身的研究重点不在于命题的真实性或虚假性，而在于命题之间的逻辑关系，即指的是决定其所出现于其中的论证的（形式）正确性或不正确性的命题之间的那些关系。

决定推理或论证的正确性或不正确性的任务属于逻辑学研究的领域。在科学研究中，我们通过推断出可检验的结果来检验理论，但是我们不能预先知道哪个理论是真的。同样，在日常生活中，人们往往要在可供选择的两个或多个行动方案之间作出选择，推断每个行动方案的后果。为了避免选错，我们必须对可供选择的两个选项作出正确的推理，将每个选择作为一个前提。此时，我们往往不知道哪个前提是真的，但我们可通过推理出的结果来检验哪个选择是合理的。

练习题

1. 在中唐公司的中层干部中，王宜获得了由董事会颁发的特别奖。

如果上述断定为真，则以下哪项断定不能确定真假？

Ⅰ. 中唐公司的中层干部都获得了特别奖。

Ⅱ. 中唐公司的中层干部都没有获得特别奖。

Ⅲ. 中唐公司的中层干部中，有人获得了特别奖。

Ⅳ. 中唐公司的中层干部中，有人没获得特别奖。

A. 只有Ⅰ　　B. 只有Ⅲ和Ⅳ

C. 只有Ⅱ和Ⅲ　　D. 只有Ⅰ和Ⅳ

E. Ⅰ、Ⅱ和Ⅲ

2. 在“财务管理”课期终考试后，班长想从老师那里打听成绩。班长说：“老师，这次考试不太难，我估计我们班同学们的成绩都在 70 分以上吧。”老师说：“你的前半句话不错，后半句话不对。”

根据老师的意思，下列哪项必为事实？

A. 多数同学的成绩在 70 分以上，有少数同学的成绩在 60 分以下

B. 有些同学的成绩在 70 分以上，有些同学的成绩在 70 分以下

C. 如果研究生的课程 70 分才算及格，肯定有的同学成绩不及格

D. 这次考试太难，多数同学的考试成绩不理想

E. 这次考试太容易，全班同学的考试成绩都在 80 分以上

3. 姜昆是相声演员，姜昆是曲艺演员。所以，相声演员都是曲艺演员。

以下哪项推理明显说明上述论证不成立?

A. 人都有思想，狗不是人，所以狗没有思想

B. 商品都有价值，商品都是劳动产品。所以，劳动产品都有价值

C. 所有技术骨干都刻苦学习，小张不是技术骨干，所以，小张不是刻苦学习的人

D. 犯罪行为都是违法行为，犯罪行为都应受到社会的谴责，所以，违法行为都应受到社会谴责

E. 黄金是金属，黄金是货币。所以，金属都是货币

4. 某车间有些工人是南方人。

如果上述断定为真，则下列哪项一定为假?

A. 某车间所有工人是南方人

B. 某车间有些工人不是南方人

C. 某车间所有工人不是南方人

D. 某车间有些工人是北方人

E. 某车间有些工人不是北方人

5. 在某住宅小区的居民中，大多数中老年教员都办了人寿保险，所有买了四居室以上住房的居民都办了财产保险，而所有办了人寿保险的都没办理财产保险。

如果上述断定是真的，以下哪项关于该小区居民的断定必定是真的?

Ⅰ. 有中老年教员买了四居室以上的新房。

Ⅱ. 有中老年教员没办理财产保险。

Ⅲ. 买了四居室以上住房的居民都没办理人寿保险。

A. Ⅰ、Ⅱ和Ⅲ

B. 仅Ⅰ和Ⅱ

C. 仅Ⅱ和Ⅲ

D. 仅Ⅰ和Ⅲ

E. 仅Ⅱ

6. 陈先生在鼓励他孩子时说道:“不要害怕暂时的困难和挫折，不经历风雨怎么见彩虹?”他孩子不服气地说:“您说得不对。我经历了那么多风雨，怎么就没见到彩虹呢?”

陈先生孩子的回答最适宜用来反驳以下哪项?

A. 如果想见到彩虹，就必须经历风雨

B. 只要经历了风雨，就可以见到彩虹

C. 只有经历风雨，才能见到彩虹

D. 即使经历了风雨，也可能见不到彩虹

E. 即使见到了彩虹，也不是因为经历了风雨

7. 小张是某公司营销部员工，公司经理对他说:“如果你争取到这个项目，我就奖励你一台笔记本电脑或者给你项目提成。”

以下哪项如果为真，说明该经理没有兑现承诺?

A. 小张没争取到这个项目，该经理没给他项目提成，但送了一台笔记本电脑

B. 小张没争取到这个项目，该经理没奖励他笔记本电脑，也没给他项目提成

C. 小张争取到了这个项目，该经理给他项目提成，但并未奖励他笔记本电脑

D. 小张争取到了这个项目，该经理奖励他一台笔记本电脑并且给他三天假期

E. 小张争取到了这个项目，该经理未给他项目提成，但奖励了他一台台式电脑

8. 在中国，只有富士山连锁店经营日式快餐。

如果上述断定为真，以下哪项不可能为真？

Ⅰ. 苏州的富士山连锁店不经营日式快餐。

Ⅱ. 杭州的樱花连锁店经营日式快餐。

Ⅲ. 温州的富士山连锁店经营韩式快餐。

A. 只有Ⅰ　　B. 只有Ⅱ

C. 只有Ⅲ　　D. 只有Ⅰ和Ⅱ

E. Ⅰ、Ⅱ和Ⅲ

9. 中周公司准备在全市范围内展开一次证券投资竞赛。在竞赛报名事宜里规定有“没有证券投资实际经验的人不能参加本次比赛”这一条。张全力曾经在很多大的投资公司中实际从事过证券买卖操作。

那么，关于张全力，以下哪项是根据上文能够推出的结论？

A. 他一定可以参加本次比赛，并获得优异成绩

B. 他参加比赛的资格将取决于他证券投资经验的丰富程度

C. 他一定不能参加本次比赛

D. 他可能具有参加本次比赛的资格

E. 他参加比赛的资格将取决于他以往证券投资的业绩

10. 贾女士：在英国，根据长子继承权的法律，男人的第一个妻子生的第一个儿子有首先继承家庭财产的权利。

陈先生：你说得不对。布朗公爵夫人就合法地继承了她父亲的全部财产。

以下哪项对陈先生所作断定的评价最为恰当？

A. 陈先生的断定是对贾女士的反驳，因为他举出了一个反例

B. 陈先生的断定是对贾女士的反驳，因为他揭示了长子继承权性别歧视的实质

C. 陈先生的断定不能构成对贾女士的反驳，因为他对布朗夫人继承父产的合法性并未给予论证

D. 陈先生的断定不能构成对贾女士的反驳，因为任何法律都不可能得到完全的实施

E. 陈先生的断定不能构成对贾女士的反驳，因为他把贾女士的话误解为只有儿子才有权继承财产

11. 如果丽达和露丝不去墨西哥，那么尤思去纽约。

以此为前提，再加上下列的哪个条件，就可以推出丽达去墨西哥的结论？

A. 尤思去纽约，露丝不去墨西哥　　B. 尤思不去纽约，露丝去墨西哥

C. 露丝不去墨西哥　　D. 露丝不去墨西哥，尤思不去纽约

E. 尤思不去纽约

12. 只有通过身份认证的人才允许上公司内网，如果没有良好的业绩就不可能通过身份认证，张辉有良好的业绩而王维没有良好的业绩。

如果上述断定为真，则以下哪项一定为真？

A. 允许张辉上公司内网　　B. 不允许王维上公司内网

C. 张辉通过身份认证　　D. 有良好的业绩就允许上公司内网

E. 没有通过身份认证，就说明没有良好的业绩

13. 粤西酒店如果既有清蒸石斑，又有白灼花螺，则一定会有盐焗花蟹；酒店在月末从不卖盐焗花蟹；只有当粤西酒店卖白灼花螺时，老王才会与朋友到粤西酒店吃海鲜。

如果上述断定为真，以下哪项一定为真？

A. 粤西酒店在月末不会卖清蒸石斑

B. 老王与朋友到粤西酒店不会既吃清蒸石斑，又吃白灼花螺

C. 粤西酒店只有在月末才不卖白灼花螺

D. 老王不会在月末与朋友到粤西酒店吃海鲜，因为那里没有盐焗花蟹

E. 如果老王在月末与朋友到粤西酒店吃海鲜，他们肯定吃不到清蒸石斑

14. 在潮湿的气候中仙人掌很难成活；在寒冷的气候中柑橘很难生长。在某省的大部分地区，仙人掌和柑橘至少有一种不难成活生长。

如果上述断定为真，则以下哪项一定为假？

A. 该省的一半地区，既潮湿又寒冷

B. 该省的大部分地区炎热

C. 该省的大部分地区潮湿

D. 该省的某些地区既不寒冷也不潮湿

E. 柑橘在该省的所有地区都无法生长

15. 林园小区有住户家中发现了白蚁。除非小区中有住户家中发现白蚁，否则任何小区都不能免费领取高效杀蚁灵。静园小区可以免费领取高效杀蚁灵。

如果上述断定都为真，则以下哪项据此不能断定真假？

Ⅰ. 林园小区有的住户家中没有发现白蚁。

Ⅱ. 林园小区能免费领取高效杀蚁灵。

Ⅲ. 静园小区的住户家中都发现了白蚁。

A. 只有Ⅰ　　B. 只有Ⅱ

C. 只有Ⅲ　　D. 只有Ⅱ和Ⅲ

E. Ⅰ、Ⅱ和Ⅲ

16. 某电路中有 S、T、W、X、Y、Z 六个开关，使用这些开关必须满足下面的条件：

（1）如果 W 接通，则 X 也要接通。

（2）只有断开 S，才能断开 T。

（3）T 和 X 不能同时接通，也不能同时断开

（4）如果 Y 和 Z 同时接通，则 W 也必须接通。

如果现在同时接通 S 和 Z，则以下哪项一定为真？

A. T 是接通状态并且 Y 是断开状态　　B. W 和 T 都是接通状态

C. T 和 Y 都是断开状态　　D. X 是接通状态并且 Y 是断开状态

E. T 和 Y 都是接通状态

17. 在某个发展成熟的旅游区，旅馆老板只能通过建造更多的客房或者改善已有的客房来提高他们的利润。该旅游区的土地使用法禁止建造新旅馆或者以任何其他的方式扩大旅馆的客容量。其结果使旅馆老板不能再提高他们的利润，由于该旅游区的旅馆________。

以下哪个选项能合逻辑地完成上述论证？

A. 全年的营业额100%爆满

B. 在不受土地法约束的地方建旅馆对顾客没有吸引力

C. 必须与劳工成本的上升作斗争，劳工成本的上升是由训练有素的职员短缺造成的

D. 已经改善到最豪华的水平，达到了富有的主顾能承受的极限

E. 由对本国游客的服务转向对外国游客的服务

18. 域控制器储存了域内的账户、密码和属于这个域的计算机三项信息。当计算机接入网络时，域控制器首先要鉴别这台计算机是否属于这个域，用户使用的登录账号是否存在，密码是否正确。如果三项信息均正确，则允许登录；如果以上信息有一项不正确，那么域控制器就会拒绝这个用户从这台计算机登录。小张的登录账号是正确的，但是域控制器拒绝小张的计算机登录。

基于以上陈述能得出以下哪项结论？

A. 小张输入的密码是错误的

B. 小张的计算机不属于这个域

C. 如果小张的计算机属于这个域，那么他输入的密码是错误的

D. 只有小张输入的密码是正确的，他的计算机才属于这个域

E. 如果小张输入的密码是正确的，那么他的计算机属于这个域

19. 所有参加此次运动会的选手都是身体强壮的运动员，所有身体强壮的运动员都是极少生病的，但是有一些身体不适的选手参加了此次运动会。

以下哪项不能从上述前提中得出？

A. 有些身体不适的选手是极少生病的

B. 有些极少生病的选手感到身体不适

C. 极少生病的选手都参加了此次运功会

D. 参加此次运功会的选手都是极少生病的

E. 有些身体强壮的运动员感到身体不适

20. 某中药制剂中，人参或者党参至少必须有一种，同时还需满足以下条件：

（1）如果有党参，就必须有白术；

（2）白术、人参至多只能有一种；

（3）若有人参，就必须有首乌；

（4）有首乌，就必须有白术。

根据以上陈述，关于该中药剂可以得出以下哪项？

A. 没有党参

B. 没有首乌

C. 有白术

D. 没有白术

E. 有人参

答案与解析

1. 答案：D

题干断定：中唐公司的中层干部王宜获得了特别奖。

Ⅰ项，中唐公司的中层干部都获得了特别奖。这超出题干断定范围，不能确定真假。

Ⅱ项，中唐公司的中层干部都没有获得特别奖。既然王宜获奖了，因此，此项必为假。

Ⅲ项，中唐公司的中层干部中，有人获得了特别奖。既然王宜获奖了，因此，此项必为真。

Ⅳ项，中唐公司的中层干部中，有人没获得特别奖。这超出题干断定范围，不能确定真假。

2. 答案：C

班长的“后半句话不对”，也就是并非“所有同学的成绩在 70 分以上（包含 70 分）”，意思是“有些同学的成绩在 70 分以下”。

那么，“如果 70 分才算及格，肯定有的同学成绩不及格”这个结论是必然可以得到的，因此，C 为正确答案。

B 项是干扰项，根据题干只能得出“有些同学的成绩在 70 分以下”，但从中不能必然得出“有些同学的成绩在 70 分以上”的结论。

A 项不对，因为从题干不能必然推出，有的同学成绩在 60 分以下。

D 项不对，因为题干并未说明“多数”还是“少数”同学成绩不理想。

E 项明显不对。

3. 答案：E

问题“以下哪项推理明显说明上述论证不成立?”就是要找一个与题干推理犯了同样错误的选项。

题干推理结构为：MAS，MAP；所以，SAP。（其中 S、M、P 分别表示为相声演员、姜昆、曲艺演员）

A 项推理结构为：MAP，SEM；所以，SEP。

B 项推理结构为：MAP，MAS；所以，SAP。

C 项推理结构为：MAP，SEM；所以，SEP。

D 项推理结构为：MAS，MAP；所以，SAP。

E 项推理结构为：MAS，MAP；所以，SAP。

因此，只有 E 项与题干推理完全一致，明显前提为真而结论为假，这说明该推理形式不正确，因此说明题干的论证不成立。

4. 答案：C

题干是个 I 判断。

选项 A 是 A 判断；由 I 判断为真不能确定 A 判断的真假。

选项 B 是 O 判断；由 I 判断为真不能确定 O 判断的真假。

选项 C 是 E 判断；由 I 判断为真必然能推出 E 判断为假。

选项 D 与选项 B 是一个意思，不能确定真假。

选项 E 与选项 A 是一个意思，不能确定真假。

因此选项 C 为正确答案。

5. 答案：C

中老年教员和四居室以上住房之间没有建立因果联系，推不出Ⅰ来。

大多数中老年教员办了人寿保险，而所有办了人寿保险的居民都没办理财产保险，所以大多数中老年教员没办财产保险，这是Ⅱ。

买了四居室以上住房的居民都办了财产保险，而所有办了人寿保险的居民都没办理财产保险，所以，买了四居室以上住房的居民都没办理人寿保险（否则矛盾了），这是Ⅲ。

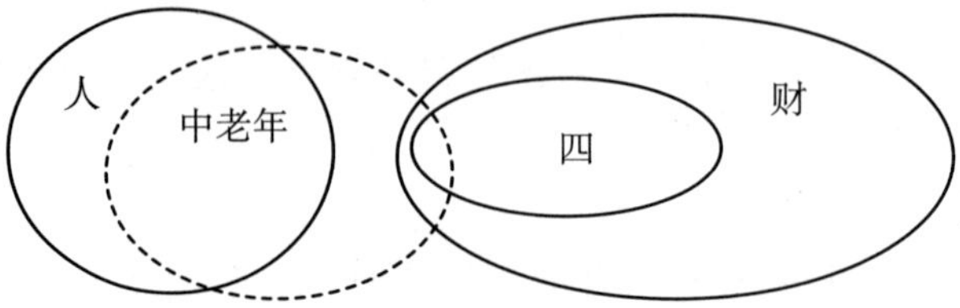

6. 答案：B

陈先生孩子的回答：经历风雨∧没见到彩虹。

这和如下命题互为负命题：经历风雨→见到彩虹。

即陈先生孩子的回答最适宜用来反驳：只要经历了风雨，就可以见到彩虹。

7. 答案：E

经理的意思是，“争取到这个项目”是“奖励笔记本电脑或给项目提成”的充分条件。

所谓“没有兑现承诺”就是求其负命题，应该是“争取到这个项目，但没奖励笔记本电脑，也没给项目提成”，E项中的台式电脑不是笔记本电脑，违背了经理的承诺，因此为正确答案。

8. 答案：B

题干推理关系为：富士山←日式快餐。

“富士山连锁店”是“经营日式快餐”的必要条件，而不是充分条件，因此，各地的富士山可以经营也可以不经营日式快餐，而不是富士山连锁店则不可能经营日式快餐。

即Ⅰ、Ⅲ有可能为真；Ⅱ必然为假。因此，B为正确答案。

9. 答案：D

题干断定一：具有证券投资经验是具备参赛资格的必要条件。即没有经验者肯定不具备参赛资格，但有经验者是否具备资格呢？可能具备，也可能不具备。

题干断定二：张全力是有经验者。

从题干的两个断定中可以推出的是D，但不能推出A。其余项均不能推出。

10. 答案：E

陈先生反驳的是“只有儿子才有权继承财产”，而没有反驳“一个儿子有首先继承家庭财产的权利”。因此，E项为正确答案。

11. 答案：D

“如果丽达和露丝不去墨西哥，那么尤思去纽约”等价于其逆否命题“如果尤思不去纽约，那么丽达或露丝至少有一人去墨西哥”。加上选项D这个条件，即“露丝不去墨西哥，尤思不去纽约”，那么就可以推出“丽达去墨西哥”。

12. 答案：B

题干断定：

通过身份认证←允许上公司内网。

¬良好的业绩→¬通过身份认证。

由此可得：没有良好的业绩就不允许上公司内网。

张辉有良好的业绩，推不出他是否允许上公司内网。

王维没有良好的业绩，那他必然不允许上公司内网。

因此，B项为正确答案。

13. 答案：E

题干条件关系为：

(1) 粤西酒店：石斑∧螺→蟹；

(2) 酒店在月末→¬蟹；

(3) 粤西酒店：螺←老王与朋友吃海鲜。

从中可作如下推理：

由(2)(3)，如果老王在月尾与朋友到粤西酒店吃海鲜，则粤西酒店卖螺，但不卖蟹。(4)

由(1)，粤西酒店不卖蟹，可得粤西酒店不卖石斑，或者不卖螺。(5)

由(4)(5)可得粤西酒店不卖石斑。

所以，如果老王在月尾与朋友到粤西酒店吃海鲜，他们肯定吃不到清蒸石斑。

14. 答案：A

题干断定：

(1) 潮湿的气候→仙人掌很难成活。

(2) 在寒冷的气候中→柑橘很难生长。

(3) 在某省的大部分地区：仙人掌不难成活∨柑橘不难生长。

从而显然可推出：在某省的大部分地区，不潮湿或者不寒冷。

由于：并非"在某省的大部分地区，气候不潮湿或者不寒冷"

＝该省少部分地区，既潮湿又寒冷。

因此，如果题干断定为真，A项一定为假。

15. 答案：E

题干作出了三个断定：

断定一：林园小区有住户家中发现了白蚁。

断定二：小区中有住户家中发现白蚁←该小区免费领取高效杀蚁灵。

断定三：静园小区可以免费领取高效杀蚁灵。

断定一是I判断，由I判断为真不能确定O判断的真假，因此，不能断定选项Ⅰ的真假。

因为断定二断定的是必要条件关系，由断定一和断定二这两个断定为真，不能断定选项Ⅱ的真假。

由断定二和断定三，可推出"静园小区有住户家中发现白蚁"为真，但由I判断为真不能确定A判断的真假，因此，不能确定选项Ⅲ的真假。

16. 答案：A

由题干可知以下推理关系：

①W→X

②¬S←¬T

③T $\leftrightarrow\neg$ X

④Y 且 Z→W

联立以上条件，可得 S→T→¬ X→¬ W→¬ Y 或¬ Z

也就是说，如果 S 接通，那么 Y 和 Z 至少要断开一个；而现在 S 和 Z 都接通，那么就一定要断开 Y。

这样我们可推出：T 是接通状态并且 Y 是断开状态，即 A 正确。

其余选项都得不到。

17. 答案：D

题干断定的条件关系式为：

(1) r（旅馆老板要能够提高利润）→p（建造更多的客房）∨q（改善已有的客房）；

(2) ¬ p（禁止建造新旅馆或扩大旅馆的客容量，即不能建造更多的客房）。

补充 D 项：(3) ¬ q

得出结论：(4) ¬ r（旅馆老板不能提高利润）

18. 答案：C

题干断定：如果域归属正确，并且账号正确、密码正确，则允许登录。

列出的条件关系式为：属∧账∧密→允

其等价的逆否命题为：¬允→¬属∨¬账∨¬密

既然小张的登录账号是正确的，但是域控制器拒绝小张的计算机登录。这就可推出：小张的计算机不属于这个域，或者，他输入的密码是错误的。

从而可进一步推出：如果小张的计算机属于这个域，那么他输入的密码是错误的，即 C 项正确。

19. 答案：C

根据题干条件，进行三段论推理：

所有参加此次运动会的选手都是身体强壮的运动员；

身体强壮的运动员都是极少生病的；

所以，所有参加此次运动会的选手都是极少生病的。

由此，按直言命题变形推理，只能得到“有的极少生病的运动员参加了运动会”，而不能必然推出“极少生病的选手都参加了此次运功会”。因此，答案选 C 项。

其余选项都能从题中干必然推出。

20. 答案：C

假定该中药制剂中包含人参，由（3）推出，必包含首乌；再由（4）推出，必包含白术；这与条件（2）矛盾。所以，该药制剂中不可能包含人参。

根据题干陈述，人参或者党参至少必须有一种，从而推出该中药制剂中必包含党参。

再由条件（1）进一步推出，该中药制剂中必包含白术。

所以，C 项为正确答案。

第四章　归纳论证

归纳逻辑是指对经验科学以及日常思维中非演绎论证类型的推理过程与方法的种种研究。前提必然蕴涵结论的称为演绎的，前提不必然蕴涵结论或者说前提与结论的关系是或然的，称为非演绎的。广义的归纳论证是运用非演绎推理的形式所进行的论证，它是根据一些特殊论断或常理得出结论的论证方式。

本章对归纳推理与论证进行相对简明的阐述，在本人的另一本著作《科学逻辑——逻辑推理与科学思维方法》的下篇“归纳逻辑”中有更为详细的阐述，有兴趣的读者可以进一步参看。

第一节　归纳推理与论证

归纳推理与论证是一种由特殊到一般的推理与论证方法，它通过许多个别的事例或分论点，然后归纳出它们所共有的特性，从而得出一个一般性的结论。

逻辑按推理方向，可分为演绎和广义归纳推理（即非演绎推理）。演绎是必然性推理，归纳是或然性推理。在必然性推理中，逻辑研究的核心是推理的有效性，凡是能从真实前提必然得到真实结论的推理，就是有效的，否则是无效的。在或然性推理中，逻辑研究的核心是推理的合理性，即如何提高结论的可靠程度。

一、归纳推理概述

所谓归纳推理，就是根据一类事物的部分对象具有某种性质，推出这类事物的所有对象都具有这种性质的推理。

归纳推理的结论所断定的知识范围超出了前提所断定的知识范围，因此，归纳推理的前提与结论之间的联系不是必然性的，而是或然性的。也就是说，其前提为真而结论为假是可能的，所以，归纳推理是一种或然性推理。

要注意的是，完全归纳推理其实不是真正的归纳推理，因为，完全归纳推理在前提中考察的是某类事物的全部对象，其结论所断定的范围并未超出前提所断定的范围。所以其结论是根据前提必然得出的，即其前提与结论的联系是必然的。

（一）完全归纳推理

完全归纳推理是这样一种归纳推理：根据对某类事物的全部个别对象的考察，发现它们每一个都具有某种性质，因而得出结论说：该类事物都具有某种性质。

根据完全归纳推理的这一定义，它的逻辑形式可表示如下（S 表示事物，P 表示属性）。

S1——P

S2——P

……………

Sn——P

（S1，S2……Sn 是 S 类的所有对象）

所以，S——P

从公式可见，完全归纳推理在前提中考察的是某类事物的全部对象，而不是某一部分对象，因此，其结论所断定的范围并未超出前提所断定的范围。就此而言，完全归纳推理具有演绎的性质。

运用完全归纳推理必须注意两点：

（1）前提所列举的应当是包括该类事物的每一个个别对象，一个也不能遗漏。

（2）作为前提的每一个判断都应当是真的，即每一个个别对象都确实具有某种性质。如果满足了这两条要求，那么，完全归纳推理的结论就必然是真实的。否则，结论就不是必然真实的。

由于完全归纳推理要求对某类事物的全部对象一一列举考察，所以，它的运用是有局限性的。如果某类事物的个别对象是无限的（如天体、原子）或者事实上是无法一一考察穷尽的（如工人、学生），它就不能适用了。这时就只能运用不完全归纳推理了。

（二）不完全归纳推理

真正意义上所谓归纳推理都是指不完全归纳推理，具体是指这样一种推理：根据对某类事物部分对象的考察，发现它们具有某种性质，因而得出结论说，该类事物都具有某种性质。

归纳概括是指利用不完全归纳推理，来得出一个虽然并非必然但要相对合理的结论。归纳概括一般分为以下两种情况。

1. 简单枚举归纳推理

简单枚举归纳推理的主要根据是：所碰到的某类事物的部分对象都具有某种性质，而没有发现相反的情况。

如用公式表示则是：

S1——P

S2——P

S3——P

……………

Sn——P

（S1，S2……，Sn 是 S 类的部分对象，枚举中未遇相反情况）

所以，S——P

例如：以任何一种草药来说吧，人们为什么会发现能治好某种疾病呢？原来，这是经过我们先人无数次经验（成功的或失败的）积累的。由于某一种草无意中治好了某一种病，第二次，第三次，……都治好了这一种病，于是人们就把这几次经验积累起来，作出结论说，“这种草能治好某一种病。”这样，一次次个别经验的认识就上升到对这种草能治某一种病的一般性认识了，这里就有着归纳推理的运用。

在体育竞技中，人们也常常用简单枚举归纳法寻找战胜对手的途径。例如，第一届中日围棋对抗赛时，日方超一流棋手小林光一接连战胜中方五位棋手。中方主帅聂卫平收集了国内所能见到的小林光一的对局棋谱。他从中发现，凡是小林光一输棋时，布局总是成对角。于是他产生了一个大胆的设想，并考虑了上千种变化。当他与小林光一对弈时，他牵制小林光一走成了对角布局，结果获得了胜利。

2. 科学归纳推理

不是对某类事物的部分对象，碰到哪个就考察哪个（简单枚举归纳推理就是如此），而是按照事物本身的性质和研究的需要，选择一类事物中较为典型的个别对象加以考察；通过这种对部分对象的考察而作出某种一般性的结论时，也不只是根据没有碰到例外相反的情况，而是分析和发现所考察过的某类事物的部分对象何以具有某种性质的客观原因和内在必然性。建立在这种对事物进行科学分析基础上的不完全归纳推理，我们就称之为科学归纳推理。

二、概括论证的批判性思考

概括论证是根据枚举归纳推理作出的论证，枚举归纳法虽然有着自己的独特作用，但是，它的前提和结论之间的逻辑联系具有或然性，所得出的结论并不可靠，因此，需要进行批判性思考。

（一）评估概括论证的批判性问题

评估概括论证的批判性问题如下：

（批判性问题的英文名为 Critical Question，以下统一简称为“CQ”）

CQ1. 结论是什么？

（1）有没有混淆或偷换了概念？需要洞察概念的不同解释对得出结论的关键影响。

（2）得出的结论是否恰当？

［案例］苏格兰的羊

诗人、物理学家、数学家和逻辑学家首次访问苏格兰，透过火车的窗户他们看到了一只黑色的羊。

诗人诗兴大发，“啊！苏格兰的羊都是黑的。”

“不对”，物理学家马上反驳：“在苏格兰有些地方的羊是黑的。”

“不对”，数学家打断他，“我们只能说，在苏格兰至少有一个地方有至少一只黑羊。”

逻辑学家又立刻纠正：“我们真正把握的只不过是：苏格兰至少有一个地方至少有一只羊的一边是黑的。”

分析：这个故事显示了归纳的结论中的内容与可靠性的反比关系，物理学家的结论中的内容最多，其推理的可靠性最弱；逻辑学家的推理，内容最少，但最可靠。

CQ2：有无反例？

为提高枚举归纳推理或统计推理结论的可靠性，要注意考察可能出现的反例。因为没有发现与结论相关的反例，结论的可靠性就较大。在前提中只要发现一个反面事例，结论就会被推翻。

［案例］贝蒂荣法则

1879 年，在巴黎警察厅抄写卡片的贝蒂荣厌倦了自己的工作，他产生了放弃现有工作进行人体测量的念头。他开始测量登记在案的一些囚犯的身体的部分部位，并记录下来。资料积累到一定程度后，贝蒂荣按照自己的想法对资料进行了分析和归类，并运用到囚犯识别上。1883 年 2 月，贝蒂荣运用自己的人体测定法则成功地识别出一名囚犯的前科身份，从而成为人体测定法成功的开始。1884 年，一年之内，他鉴别了 300 名有前科的罪犯，而且也没有遇到两个人人体测量资料完全相同的情况。于是法国人认为以测量人体某些不变部位的骨骼为基础的贝蒂荣法则是 19 世纪警务中最伟大的发明。这个发明不仅使法国而且使全世界的辨真工作不再出错，贝蒂荣法则在历史上曾经风靡一时。岂料在后来一次鉴别中贝蒂荣却发现了两名人体测量数据完全一样的囚犯，贝蒂荣法则失败了。

CQ3：所举的例子或样本是否具有代表性？

（1）前提中例子的数量是否足够大？样本容量越大，结论的可靠性就越大。

（2）例子是否多样化？样本的个体之间差异越大，结论的可靠性就越大。

（3）观察到的事物和属性有什么关系？样本属性与描述属性具有同质性的概率越大，结论的可靠性就越大。

■ **分析下面的论证在概念、论证方法、论据及结论等方面的有效性。**

在一个抽象派画展上，一幅高 50 厘米、宽 40 厘米的作品吸引了众多观众驻足。观众 A 说：“这是一个浪迹天涯的游子在沙漠中跋涉时留下的凌乱而又艰难的足迹。”观众 B 说：“这是一场艰苦卓绝的战争结束后的场面，血腥而又惨烈。”观众 C 说：“这是梁山伯、祝英台坟前化出的一对彩蝶，美丽、凄凉而又浪漫。”

这小小的一幅画，一个客观而又真实的存在，三个不同的人去感知，竟然有完全不同的理解！这说明，人们是从自己的想象出发对现实世界进行解释的。人们对生活中的是非曲直、正义邪恶的判断，完全取决于人们的偏好或者需要，而不是取决于客观的事实。对现实中管理问题的认识也是这样。由于管理问题的极端复杂性，每一项管理问题的研究成果，都可能留下研究者自身知识、经验、研究视角、主观意向等方面的烙印。学者们自以为看到了真实的世界，发现了客观事实之间的因果联系，其实，他们所谓的发现，只不过是他们头脑中的主观意向的映射，而不是客观规律。

［缺陷分析］

上文是通过枚举归纳的论证方式说明对抽象画的感受完全是主观的，进而得出，人们对生活中的是非曲直、正义邪恶的判断，完全取决于人们的偏好或者需要，而不是取决于客观的事实，并认为对管理问题的认识也一样是完全主观的。这一论证是存在严重漏洞的，其逻辑缺陷主要有归纳不当、例子不具有代表性、类比不当以及结论片面等。

［参考范文］

管理不是抽象画

上文从对抽象画的感受来论述对管理问题的认识，但存在以下逻辑缺陷。

首先，作者枚举了三个人对同一幅抽象画的感受各不相同，从而认为，人们是从自己的想象出发对现实世界进行解释的，而不是取决于客观的事实。这一归纳论证的结论显然是不当的，事实上，人们对世界的解释既有想象的成分，也取决于客观事实，不能片面强调前者。

其次，上述归纳论证的例子不具有代表性，抽象画只是绘画艺术的一个种类，强调的是想象力，并不能代表整个绘画艺术，比如，写实画就和抽象画完全不同，大多数人看到写实画，一般不会产生不同的理解。

再次，用抽象画来类比管理问题是不恰当的，绘画和科学研究分属不同领域。而且，抽象画是特殊的艺术种类，理解和感受的主观性很强。而对管理的研究属于社会科学，研究的目的是揭示客观事物发展变化的规律，具有很强的客观性，不可能由主观感受来主导。

另外，作者认为“对是非曲直、正义邪恶的判断，完全取决于人们的偏好或者需要，而不是取决于客观的事实”，这种说法过于片面和绝对化。尽管对是非曲直、正义邪恶的判断有一定的主观性和变动性，但是在特定的时间和特定的地域，对是非曲直、正义邪恶的判断对当时的社会来说，是具有相对客观的衡量标准的。

最后，管理问题尽管复杂，也存在一定的主观性，但对包括管理问题在内的事物的映射，也是离不开客观世界的，作者片面强调主观性是有失偏颇的。

总之，作者把错误归纳的结论进一步套用来解释管理问题，并把人类的认识成果仅仅看成是“他们头脑中的主观意向的映射，而不是客观规律”，严重歪曲了事实，其论证过程是十分荒谬的。

（二）概括谬误

概括谬误也叫归纳不当，是指在运用简单枚举归纳法时，在没有积累到足以进行概括的材料的情况下，只根据少数的、粗略的事实，就草率地推出普遍性的结论，这样的结论往往是不可靠的。这类谬误的实质是严重忽视了与样本属性相反的事例存在，即没有充分考虑到例外。

1. 特例概括

特例概括，也叫举例不当，是指所举的例子无法代表总体，即仅由不具有代表性的例证就草率地对这个特例情形进行概括，得出包含该个体的群体具有的普遍性的结论，这种谬误以概括所依据事例的非典型性和偶然性为主要特征。

特例概括的谬误特点：由缺乏典型性的事例不恰当地引申出一般规律。

例如：当许新与辩论队一起上台时，王教授安慰她说：缺一堂课没有关系，充分发挥才智，好好辩论。所以我说，王教授根本不在乎我们这些人是否去听他的课。

［案例］见书入睡

有一个笑话：一位妇女，因为孩子晚上啼哭不止，她无法让孩子止哭。正在为难时，忽然想到一个好办法，便对丈夫大声叫道：“快拿本书来！”丈夫马上拿来一本书，问道：“你要书干什么？”这妇人道：“我看你平时说说笑笑，很有精神，一捧起书来就打呵欠，想睡觉，可见，书本一定可以叫人入睡。”

分析：她仅以丈夫“见书入睡”的事实，推断小孩也一定“见书入睡”。

2. 轻率概括

轻率概括也叫样本太小，是一种常见的归纳不当，以少数的事例就轻率地归纳出普遍性的事例。这种谬误通常是由于归纳总体的样本太小，不能满足在样本容量方面的要求，而使样本缺乏代表性，不足以概括出代表总体特征的结论。

［案例］天鹅

在澳大利亚被发现之前，生活在十七世纪欧洲的人们都相信一件事——所有的天鹅都是白色的。因为当时所能见到的天鹅的确都是白色的。直到 1697 年，探险家在澳大利亚发现了黑天鹅，人们才知道以前的结论是片面的——并非所有天鹅都是白的。

需要注意的是，样本可能太小这一事实不一定意味着样本就是不典型的。反之，样本大不一定能保证样本就是典型的。如果较小的样本在一个很大的总体中具有典型性，这样的概括不是谬误。只有对样本容量太小而且不典型的样本进行概括，才会犯轻率概括的谬误。

例 1：他父母的话不听，朋友的话不听，所以，什么人的话他都不听。

例 2：张三、李四、王五都是香港人，张三持械抢劫，李四奸杀多女，王五屡次入室偷盗，可见，香港人肯定有犯罪倾向。

例 3：我问了十个人，有九个人说反对民主党。结论：原来九成选民反对民主党。

这类谬误的实质是严重忽视了与样本属性相反的事例存在，其特征是以不具有代表性的样本为根据，概括出一类对象的总体都具有某种属性的结论。

■某国对吸烟情况进行了调查，结果表明，最近三年来，中学生吸烟人数在逐年下降。于是，调查组得出结论：吸烟的青少年人数在逐年减少。

下述哪项如果为真，则调查组的结论受到怀疑？

A. 由于经费紧张，下一年不再对中学生做此调查

B. 国际上的香烟打进国内市场，香烟的价格在下降

C. 许多吸烟的青少年不是中学生

D. 近三年来，反对吸烟的中学生在增加

E. 近三年来，帮助吸烟者的戒烟协会在增加

［解析］答案：C

题干结论是：吸烟的青少年人数在逐年减少。理由是：中学生吸烟人数在逐年下降。

选项 C 中指出不仅有中学生以外的青少年吸烟，而且还有“许多”。这正是针对题干中的推理错误：用对中学生的调查数据得出对整个青少年群体的结论。

其他选项明显不适合作为答案。

■当牧师向奥德塞斯展示一幅关于那些尊敬上帝并都从沉船中逃生的人的图画时，问他现在是否仍不承认上帝的力量，他回答得很好，“是的”，他说，“但是画中那些祈祷后又被淹死的人在哪呢？”这就是所有迷信的方式，在迷信上，人们都喜欢这样的虚荣心，把他们成功的事情都记下来，而忽视并且忘记那些他们失败的，即使那些是更经常发生的事情。

下面哪一点含有作者在文中所指出的推理错误？

A. 我发现 5 月 13 日确实是不吉利的一天，就是在上个星期五，13 日，我被锁在了门外

B. 尽管伟人拿破仑和亚历山大个子矮，但是亚伯拉罕·林肯和查利斯·得高利个子高。因此，个子矮的人追求当领导是为了克服他们低人一等的感觉

C. 在过去 15 年的每个学期中，平均都有 10 名学生在考前放弃了爱丽特的历史课。因此，我们可以期望今年也有 10％的学生会放弃她的历史课

D. 没有可依赖的观察者曾经真看到过雪人，最有力的证据好像是一些可疑的踪迹。因此，我认为这次搜寻雪人是毫无希望的愚蠢之举

E. 我不能再相信我的幸运衬衫了，我今天穿上它去看比赛，结果我们队输了

[**解析**] 答案：A

题干所叙述的推理错误是不完全归纳所得出的，迷信就是记住成功的事情而忘记失败的事情，也就是说，迷信就只看到了事物的一面而没有看到另一面，也即根据不具备代表性的证据得出了错误的结论。

A 项仅仅因为被锁在了门外这一片面的事实，就作出了 5 月 13 日是不吉利的错误结论，这同样属于迷信的推理，显然与作者文中描述的推理错误一致，因此 A 项为正确答案。

B 项犯了证据和结论在逻辑上不具相关性的推理错误；C 项用的是归纳论证法；D 项犯了诉诸无知的谬误。

E 项比较容易误选，但是应注意的是由我们队今天输了得出幸运衬衫不幸运的结论是正确的，因为幸运衬衫本身就无幸运可言，因此，破除了迷信。

第二节 统计推理与论证

统计推理是利用统计数字进行的推理，是由样本总体具有某种性质而推出对象总体也具有该种性质的归纳推理。统计推理被广泛地应用于社会生活的各个领域。能否正确地估价统计推理会直接影响到人们是否能对他所遇到的各种观点、意见作出合理的判断。虽然作为一门独立的学科的统计学对于大多数并非以统计为职业的人来说是复杂而又枯燥的，但懂得一些评价统计推理的原则和技巧，使我们能够对日常遇到的统计推理作出合理的评价非常必要。

一、统计推理概述

统计推理是从样本过渡到总体的推理，属于不完全归纳推理，其结论所断定的范围超出了前提所断定的范围，前提与结论之间的联系不是必然的，因而，它的结论是或然的，

（一）统计中的重要概念

1. 统计中的重要概念主要有：总体、抽样和样本的代表性

所谓“总体”，就是指统计推理的结论所涉及的对象的集合。总体又可分为对象总体和样本总体。对象总体是研究对象的全体，而样本总体是被考察的对象的全体。

例如：要调查某城市 3 万名高二学生的平均身高，从中抽选 500 人进行调查，这 3 万名学生就是对象总体，而被调查的 500 名学生就是样本总体。统计推理的本质就是根据样本总体的性质来推断对象总体的性质。

“抽样”是指从对象总体中选取样本总体的过程。抽样的方法对于统计推理的结论来说至关重要。如果抽样方法不合理，统计数据再准确，它对统计推理的结论也没有说服力。

"样本的代表性"是指被调查的对象能够反映其他未被调查的对象的性质。要提高统计推理结论的可靠程度，关键在于从对象总体中抽选出的样本是否具有代表性。

2. 统计概括与统计属性

统计概括就是从样本的统计属性概括出总体的统计属性的推理，具体说是由样本具有某种属性的单位频率（百分比）推出总体具有某种属性的概率（可能性）的推理。

所考察的样本个体中，有些具有 P 属性，有些不具有 P 属性，我们把具有这部分特征的样本属性叫作样本的统计属性。

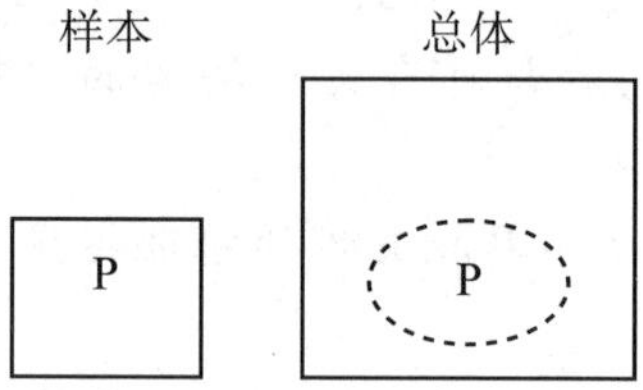

（二）统计推理的结构

1. 统计推理的一般结构

前提：样本有属性 P。

结论：总体有属性 P。

2. 统计概括的论证型式

前提：样本 S 的 $x\%$有 P 属性。

结论：总体 A 的 $x\%$有 P 属性。

在以上型式中，"$x\%$有 P 属性（$1<x<100$）"表示被考察样本 S 和总体 A 的统计属性。

增强统计推理（统计概括）可靠性的准则：

准则 1：样本的规模越大，样本就越具有代表性。

准则 2：样本与总体的相关性越大，样本就越具有代表性。

概率抽样这个概念可用来描述样本与总体的相关性，如果样本是根据总体的不同性质，选择恰当的随机抽样方法选取的，那么样本与总体就有相关性，并把它称为统计相关。随机抽样的方法包括：简单随机抽样、分层随机抽样和系统随机抽样。

3. 统计三段论的论证型式

统计三段论是统计概括的逆转形式，其推理结构如下。

前提：总体 A 的 $x\%$有 P 属性；

前提：这个（这些）a 属于总体 A；

结论：这个（这些）a 可能有 P 属性。

增强统计三段论可靠性的准则：

准则 1：总体中的 x 越接近 100，结论为真的可能性就越大。

准则 2：样本或样本个体应当在总体中具有代表性。

■据对一批企业的调查显示，这些企业总经理的平均年龄是 57 岁，而在 20 年前，同样的这些企业的总经理的平均年龄大约是 49 岁。这说明，目前企业中总经理的年龄呈老化趋势。

以下哪项对题干的论证提出的质疑最为有力？

A. 题干中没有说明，20年前这些企业关于总经理人选是否有年龄限制

B. 题干中没有说明，这些总经理任职的平均年数

C. 题干中的信息，仅仅基于有20年以上历史的企业

D. 20年前这些企业的总经理的平均年龄，仅是个近似数字

E. 题干中没有说明被调查企业的规模

[解析] 答案：C

题干根据受调查的企业总经理年龄增大，得出结论：目前企业中总经理的年龄呈老化趋势。

本题论证的错误属于样本不具有代表性，只基于对具有20年以上历史的企业的抽样调查便得出目前企业总经理有年龄偏大趋势的结论。

C项所指出的，题干的论据，仅仅基于有20年以上历史的老企业。而题干的结论，却是对包括新老企业在内的目前各种企业的一般性评价。因此，C项是对题干的有力质疑。

其余各项均不能构成对题干的质疑。

■为了估计当前人们对管理基本知识掌握的水平，《管理者》杂志对读者开展了一次管理知识有奖答卷活动。答卷评分后发现，60%的参加者对于管理基本知识掌握的水平很高，30%左右的参加者也表现出了一定的水平。《管理者》杂志因此得出结论，目前社会群众对于管理基本知识的掌握还是不错的。

以下哪项如果为真，最能削弱以上结论？

A. 管理基本知识的范围很广，仅凭一次答卷得出结论未免过于草率

B. 管理基本知识的掌握与管理水平的真正提高还有相当的差距

C. 并非所有的《管理者》的读者都参加了此次答卷活动

D. 从定价、发行渠道等方面看，《管理者》的读者主要集中在有高等学历的知识阶层

E. 可能有几位杂志社的工作人员的亲戚也参加了此次答卷，并获了奖

[解析] 答案：D

题干根据《管理者》杂志的读者管理知识水平高，得出结论：社会群众对于管理知识的掌握还是不错的。

要削弱这个推理，就是要说明这两者之间是有差异的，即《管理者》杂志的读者不是社会群众的代表，题干推理犯了以偏概全的错误。如果D项为真，则由于事实上《管理者》的读者主要是高学历者和实际的经营管理者，因此就不能因为他们在问答中表现出较高的管理知识水平，就得出“目前社会群众对于管理基本知识的掌握还是不错的”的结论。

选项B与题干结论无关，选项A、C、E对题干结论构成轻度质疑，C、E项在质疑抽样数据的可靠性与可信性，但比较而言，D项的质疑最根本。

二、统计论证的批判性思考

统计论证也叫统计概括，属于广义的归纳论证，是指由样本具有某种属性的单位频率

（百分比）推出总体具有某种属性的概率（可能性）的论证。

例如：有一年，哈佛大学毕业生临出校门前，校方对他们做了一个人生目标的调查，结果是27%的人完全没有目标，60%的人目标模糊，10%的人有近期目标，只有3%的人有长远而明确的目标。25年过去了，那3%的人不懈地朝着一个目标努力，成为社会的精英，而其余的人，成就要差很多，这说明________。

上述统计数据得出的结论应该是：是否有长远而明确的人生目标，对人生成就的大小有非常重要的影响。

（一）评估统计论证的批判性问题

在进行统计推理与论证时，需要考虑以下批判性问题。

CQ1. 明确结论问题：结论是什么？

（1）论题说了什么和没说什么？

（2）是否明确了结论中的具体概念？

（3）有人混淆或偷换概念了吗？——洞察概念的不同解释对得出结论的关键影响。

CQ2. 数据意义问题：统计数据有何含义？

（1）数据能否说明问题？能说明什么问题？是否存在数据理解的陷阱？

（2）是否遗漏了什么？——揭示相关因素和比较基础。

（3）这个资料是否有意义？——揭露统计数据赖以建立的未经证实的假设。

CQ3. 数据可信度问题：统计数据从何而来？

（1）该统计数据是谁说的？——验证资料来源的正当性和权威性。

（2）该统计数据是如何知道的？——检验样本。

CQ4. 样本代表性问题：样本是否能真正代表总体？

统计推理的可靠性关键取决于样本是否有代表性。样本的代表性，是指被调查的对象能够反映其他未被调查的对象的性质。只有从能够代表总体的样本出发，才能得到关于总体的可靠结论。通常从样本的容量和样本与总体的相关性两方面来保证样本的代表性。为了保证样本的代表性，人们一般对抽样过程提出如下要求。

（1）抽样规模应当尽可能地大。样本容量越大，结论的可靠性就越高。

（2）抽样范围应当尽可能地广。样本范围越广，结论的可靠性就越高。

（3）样本的选取应当是随机的。选取样本时不应带有主观偏见。

CQ5. 反案例问题：有无不具有原样本属性的其他样本？

（1）若没发现相反的案例，则结论的可靠程度就较高。

（2）若存在相反的案例，相反的案例越多，则结论的可靠程度就越低。

CQ6. 数据应用问题：统计数据的应用是否合理？

分析统计推理的前提与其结论之间的相关程度，对统计数据与结论进行如下评估。

（1）数据的相关性

统计数据与结论是否相关？相关度如何？统计数据是否能支持结论？

数据的相关性表现在样本的归属问题上。对于不同的群体，某事在样本身上发生的可能性的大小通常是不一样的。所以，当我们衡量某事在一个样本身上发生的可能性时，必须确定这个样本属于哪个群体。

（2）数据的可比性

统计数据是否进行了比较？是否设定了供比较的对象？是否设定了比较的根据或基础。

统计概括的结论总是涉及总体的性质，也就是总体的规模和它的异质性程度，如果忽略总体性质的差异而对两个统计数据进行比较，并试图在此基础上得出某一结论，那么就犯了数据不可比的错误。其中，独立数据是指脱离比较基础的数据，这种缺乏比较基础的数据在论证中不具备令人信服的证据效力。

（3）结论的恰当性

要考察从这些统计数据中可以推出什么结论，得出的结论是否恰当。

（二）统计谬误

在现实生活中，人们常通过调查对象的统计性质来分析研究各种问题。在论证中，用统计数据作论据具有很强的证据支持效力。而一旦在所使用的统计数据方面产生谬误，就会动摇论证的基础。

统计谬误指的是在使用统计数据作论据时所产生的错误，即运用统计推理时未能满足特定的相关条件而导致结论的可信度降低的谬误。

1. 以偏概全

统计论证的关键在于样本的代表性，影响样本代表性的三个因素：样本的大小、范围和抽样的随机性。错误抽样的谬误是指在作出归纳概括过程中抽样不合理（如抽样片面、样本不具有代表性等）而产生的谬误。

以偏概全就是统计中的特例概括、轻率概括，是指根据部分样本具有的属性概括整体的属性而导致的谬误，这种谬误是由于忽视样本属性的异质性，或者是根据有偏颇的样本所作出的概括。这种谬误主要有以下两种表现形式。

一种是小众统计或统计不全，是指以少数样本为根据，即只统计个别或少数数据，就引申出一般结论的错误论证。小的样本不足以反映总体的特性。仅根据几个具体事例就得出普遍的结论，这样的推论是极不可靠的。由于概括出一般结论所依据的样本太少，则发现反例的机会甚大，样本不足以支持一般性的结论。

另一种是样本偏颇，是由于抽样不当而导致的样本偏颇的谬误。影响统计推理结论的可靠性的不仅仅是调查对象的数量，调查对象的范围也很重要。就统计对象的整体而言，虽然在某个局部范围内的统计样本是有代表性的，但如果忽视了对其他部分的调查统计，则从统计对象的总体上看就是样本偏颇或不具有代表性。

例1：调查结果显示，某村78%的人对乡政府的工作表示满意。由此可知，这个乡政府是值得信赖的。

分析：某村的情况不能代表全乡的情况，这个论证犯了以偏概全的错误。

例2：北京某报以“15%的爸爸替别人养孩子”为题，发布了北京某司法物证鉴定中心的统计数据：在一年时间内北京进行亲子鉴定的近600人中，有15%的检测结果排除了亲子关系。

分析：这个推理显然是不充分的，结论是值得怀疑的。该统计推理只能说明：在进行亲子鉴定的人中，15%的爸爸替别人养孩子。因为，社会上绝大多数家庭并没有进行亲子鉴定，由于本推理抽样不科学，整体比例无从得知。该文标题应加限定：在进行亲子鉴定的人中，15%的爸爸替别人养孩子。

■1936 年夏天，一个民意测验机构打电话给 1 万个美国选民，问他们在即将来临的总统选举中打算怎样投票。调查的样本包括各种回答者，他们来自各个州，有农村的和城镇的，有男人和女人。民意调查预示，阿尔弗雷德·兰顿将彻底击败富兰克林·罗斯福。然而，事实上罗斯福却取得了压倒性的胜利。

如果以下哪项为真，最好地解释了为什么民意调查的预言是不准确的？

A. 采访者没有向采访对象透露他们自己隶属的政治派别

B. 只有在选举时有资格投票的人被采访了，因而调查样本不能代表所有美国人

C. 调查样本只代表了那时能够安装电话的人，当时拥有电话的人没有现在这样普及

D. 调查者没有尽力去确定回答者的政治派别

E. 由于调查者只问被调查者选择候选人的倾向，这并不能搜集到他们支持兰顿或罗斯福的真实信息

［**解析**］答案：C

本题论证的错误属于样本不具有代表性，调查样本只代表了那时能够安装电话的人，而当时有电话的人远没有现在这样普及。选项 C 指出民意测验机构的调查结论不准确是由于样本不具有代表性所导致的。

■许多消费者并没有充分利用他们所购买的运动器材。据调查，美国有 17%的成年人都有跑鞋，但其中只有 45%的人一年跑一次以上，17%的人一周跑一次以上。

下述哪项如果为真，则最能构成对于以上结论的质疑？

A. 跑步者在刚开始跑步的 6 个月里，很容易造成运动拉伤

B. 在有关的调查中，跑步者经常夸大跑步的次数

C. 许多消费者买跑鞋是为参加其他活动，而不是跑步

D. 喜欢跑步的消费者通常买运动鞋，因为这可提高成绩

E. 每周坚持跑步一次以上的人，往往是其他运动的积极分子

［**解析**］答案：C

只有“17%的人一周跑一次以上”，跑鞋用来跑步的频率确实不高。但要得到“许多消费者并没有充分利用他们所购买的运动器材”，就得保证跑鞋买回来就是为了跑步的。

选项 C“许多消费者买跑鞋是为参加其他活动，而不是跑步”正好反驳了这一点，从而质疑了题干的结论。

2. 数字陷阱

统计数字包括平均数、百分比、相对数量与绝对数量、比率和概率等各类数据。在当代社会，各种数字、数据、报表可以说铺天盖地，频频出现在大众传媒之中。我们常常会想，这些数字、数据准确、可靠吗？人们是如何得到这些数字和数据的？获得这些数字、数据的方法和途径是什么？这些方法和途径可靠吗？这些数字、数据的可信度高吗？这些数字、数据到底能说明什么问题？由于统计推理的结论具有或然性，因此，在统计推理的过程中应注意数字陷阱的问题。对这些“精确”数字保持必要的怀疑，是一种明智、理性的态度。

①平均数谬误

平均数谬误是指误用平均数，即将平均数的性质机械地分配给总体中的个体，从而基

于平均数假象而引申出一般性结论的谬误。“平均数”的三种不同含义：算术平均数、众数和中位数。算术平均数是指一组数值的总和除以这组数值的个数所得到的数。众数是指调查对象中出现次数最多的数。中位数是指将所有数据从高到低排列起来，居于数列中间位置的那个数。

其中，算术平均数的谬误是最常见的平均数谬误，是指不恰当地使用算术平均数，以算术平均数的假象为根据，引申出一般结论的错误论证。算术平均数的特点是拉长补短、以大补小，以最终求得的结果代表对象总体的某种一般水平。算术平均数掩盖了实际上的不平均，通过算术平均数设计的数字陷阱主要是利用了算术平均数的这一特点。

例 1：我们可能不大相信一位身高 1.85 米的小伙子会在平均不到半米深的河里淹死了这个事实，然而，这就是把平均不到半米深和实际水深混为一谈造成的。也许这条河有的地方深达 5 米。

例 2：我国的平均人口密度只有每平方公里 100 多人，这比许多其他国家少多了。所以我们应该大力提倡生育。

平均人口密度是总人口与国土面积的比值，上述论证显然忽视了我国有大量国土不适合人居住的实情。

例 3：某村负责人向上级汇报工作：在上级领导的正确领导下，我村的经济有了飞速发展，村民的生活水平有了大幅度提高。与前年相比，全村人均收入增加了一万元。

类似地，一个 1 000 人的社区，如果要把人均收入从 3 000 元提高 10%，只需要向社区引进一个年收入 30 万元的小老板落户即可。虽然提高人均收入的“政绩工程”效果显著，但社区群众的收入水平并未发生明显变化。极端值可以将平均数向上拉，也可以将它向下拉。有首打油诗能说明上述谬误。“张村有个张千万，隔壁九个穷光蛋，平均起来算一算，人人都是张百万”。这首打油诗里的“张村”绝大部分人是穷光蛋，但有一个张千万就把大家的收入平均上去了，而整个村子的实际状况其实很差。

可见，统计与宏观趋势的分析中可以用平均数，但在具体事物的处理时往往却不能用平均数。误用平均数的谬误就是把平均数和样本的可能取值混为一谈。

■东升商城公关部职工的平均工资是营业部职工的 2 倍，因此，公关部职工比营业部职工普遍有较高的收入。

以下哪项如果是真的，将最能削弱上述论证？

A. 公关部职工的人均周实际工作时数要超过营业部职工的 50%

B. 按可比因素计算，公关部职工为商城创造的人均价值是营业部职工的近 10 倍

C. 公关部职工中最高工资与最低工资间的差别要远大于营业部职工

D. 公关部职工的人数只是营业部职工的 10%

E. 公关部职工中有 20%享受商城的特殊津贴，营业部职工中则有 25%享受此种津贴

[**解析**] 答案：C

公关部职工的平均工资是营业部职工的 2 倍，能不能得出，公关部职工比营业部职工普遍有较高的收入呢？一种极端的情况是公关部有几个职工工资特别高，剩下的职工的工资普遍比营业部绝大部分职工的工资还低，但是平均下来，公关部的平均工资还是营业部的 2 倍，这是可能的，所以选 C 项。

■业余兼课是高校教师实际收入的一个重要来源。某校的一项统计表明，法律系教师

的人均业余兼课的周时数是3.5，而会计系则为1.8。因此，该校法律系教师的当前人均实际收入要高于会计系。

以下哪项如果为真，将削弱上述论证？

Ⅰ.会计系教师的兼课课时费一般要高于法律系。

Ⅱ.会计系教师中当兼职会计的占35%；法律系教师中当兼职律师的占20%。

Ⅲ.会计系教师中业余兼课的占48%；法律系教师中业余兼课的只占20%。

A. Ⅰ、Ⅱ和Ⅲ　　B. 仅Ⅰ

C. 仅Ⅱ　　D. 仅Ⅲ

E. 仅Ⅰ和Ⅱ

[解析] 答案：E

收入＝本职收入＋兼课收入（兼课时数＊课时费）＋其他兼职收入

下面我们对选项逐一加以判断：

Ⅰ.会计系教师的兼课课时费一般要高于法律系。这削弱了题干论证：因为兼课的周时数乘以兼课的课时费才等于兼课收入。法律系教师人均兼课周时数高，而会计系教师的兼课课时费高，很难得出法律系教师的当前人均实际收入高于会计系的结论。

Ⅱ.会计系教师中当兼职会计的占35%；法律系教师中当兼职律师的占20%。兼职会计和兼职律师的收入多少我们不知道，但知道这是这两个系教师除业余兼课之外实际收入中的另一组成部分。会计系教师中做兼职会计的比例比法律系教师做兼职律师的要高不少，这就使得法律系教师的当前人均实际收入高于会计系的结论也很难得出。

Ⅲ.会计系教师中业余兼课的占48%；法律系教师中业余兼课的只占20%。这是个不错的迷惑性选项。似乎会计系的兼课比例高会影响人均实际收入的比较。但事实上，我们已经知道了两个系人均的兼课周时数，教师中的兼课比例（人数）对于比较他们的人均实际收入没有贡献新的信息。

可见，Ⅰ和Ⅱ是另有他因的削弱。正确答案为E。

②数据的相对性谬误

数据的相对性主要指的是百分比、基数与绝对量三者之间的相对关系，数据的相对性谬误就是指忽视三者之间的相对变化而导致对数据的滥用。

绝对数难以反映对象的相对变化，一般来讲，绝对数与相对比例相结合才能有效地说明问题，而仅仅用绝对数或相对比例往往容易误导受众。

百分比可以使人们了解某一类对象在全体对象中所占的比例。使用百分比的优点是，可以使人们了解某一类对象在全体对象中所占的比例，统计结果简单明了、一目了然。使用百分比的缺点是，无法反映一种非常重要的信息，即得出百分比所依据的绝对数字。百分比高不意味着绝对量大，还要看基数。误用百分比是指利用百分比眩人耳目，论证中使用了确切的百分比，却疏漏了一项重要的信息——百分比所凭依的绝对数字。

百分比只是一个相对数字，它不能反映对象的绝对总量。如果在统计推理中遇到百分比，我们务必要问问自己，是否需要知道这些相对数字所依据的绝对总量。

有关百分比的批判性思维问题如下。

CQ1. 该百分比所依据的基础数据是什么？

CQ2. 该百分比所表示的绝对总量是多大？

使用百分比的陷阱类型如下。

一是使用小的分母（小的基数）加大百分比，可使人们相信夸大了的事实。

例如：在过去 20 年中，美国国会议员中黑人的数量增加了 100%。照这样的速度发展下去，美国国会中黑人议员的数量会很快超过白人。

分析：事实上，到目前为止，白人议员的数量仍是黑人议员数量的很多倍，即使按这样的速度发展下去，美国国会中黑人议员的数量在短时间内也不可能超过白人。

二是使用大的分母（基数）缩小百分比，可以使人相信某种现象并不重要或不值得重视，没有必要大惊小怪。

例 1：我国绝大多数人都能自觉抵制毒品的诱惑。吸毒并不会给我国带来严重后果，目前我国吸毒的人数还不到总人口的 1‰。

例 2：限制工业废气的排放量并没有人们想象得那么重要，过去 20 年大气中的二氧化碳含量仅仅增加了 2%。

三是在不该使用百分比的情况下使用了百分比，对不同的百分数进行错误的比较，从而误导对方。

例 1：我们在小型机械的销售方面增加了 50%，而我们的竞争对手只增加了 25%。

例 2：A 房地产公司的销售经理说：我们公司今年售出的房屋面积比去年增加了 50%，而 B 公司只增加了 25%。

例 3：本市的治安形势急剧恶化，今年的恶性刑事案件较去年增加了 100%。

■某国报载：“在过去的 20 年里，州立法机关的黑人成员人数增长超过了 100%，而白人成员却略微下降。这充分说明黑人的政治力量将很快与白人基本相等。”

下列哪一事实有力地削弱了上述观点？

A. 州立法机关提供的席位总数在 20 年里保持不变

B. 20 年前，州立法机关成员中有 168 个黑人，7 614 个白人

C. 过去 20 年里，选黑人为州长的州连 5 个也不到

D. 过去 20 年里，中等家庭的收入提高了 80%左右

E. 过去 20 年里，登记选举的黑人比例提高了，而白人比例却有所下降

［**解析**］答案：B

增长的百分比多并不能说明最终的绝对量大，关键的是比较基数的大小。

若 B 项事实成立，虽然州立法机关的黑人成员人数增长超过了 100%，而白人成员虽略有下降，但黑人和白人的数量比仍有很大的悬殊，因而得不出黑人的政治力量将很快与白人基本相等的结论。这就有力地削弱了题干的论证。

③概率误解

概率，又称或然率、机会率或几率，是表示随机事件发生可能性大小的量，是事件本身所固有的，不随人的主观意愿而改变的一种属性。如果一件事情发生的概率是 $1/n$，不是指 n 次事件里必有一次发生该事件，而是指该事件发生的频率接近于 $1/n$ 这个数值。

赌徒谬误是指根据一个事件在最近的过去不如期望的那样经常出现，推断最近的将来它出现的概率将会增加的统计推理谬误。赌徒谬误是误用大数定律所产生的一种谬误。通俗地说，在输赢概率为 1/2 的情况下，赌徒一般认为，每输一次，就增大了赢的机会；相反，赢一次，就会增加输的可能。岂不知，每次赌博都是独立事件，概率不变。也就是

说，一个人连赢100场也有可能，而且并不违背统计规则。并不是说，你扔10 000次硬币都是正面，下一次是反面的概率就很高，其实每次概率都是一样的，都是1/2。当试验的次数足够多时，随机事件发生的频率与它们的概率可以无限接近。然而，就某一次随机事件而言，它都是独立的，上一次发生的事件既不会增加，也不会减少下一次事件发生的可能性。

例如：有一个故事讲的是很多年前有一个人坐飞机到处旅行。他担心可能哪一天会有一个旅客带着隐藏的炸弹。于是他就总是在他的公文包中带一枚他自己卸了火药的炸弹。他知道一架飞机上不太可能有某个旅客带着炸弹，他又进一步推论，一架飞机上同时有两个旅客带炸弹是更加不可能的事。事实上，他自己带炸弹不会影响其他旅客携带炸弹的概率。

3. 数据误用

数据误用是指因忽视统计数据的相关性、可比性而导致的谬误。在考察统计论证或运用统计数据推出结论时，应注意以下几个问题。

第一，说话人或作者是从何种途径知道这些统计数据的？

第二，说话人或作者是如何使用这些统计数据的？说话人或作者运用这些统计数据是如何得出结论的？

第三，说话人或作者运用这些统计数据得出的结论是否恰当？有没有对这些统计数据作出引申？引申的适当程度如何？

你可以尝试利用这些统计数据建构你自己的结论，若其与作者的结论不符，你或许便找到了某种不实之处。

（1）数据不相关

数据与结论不相关的谬误是指把不相关的统计数据误认为密切相关而作出的错误的统计论证。

在归纳论证中，归纳强度取决于样本与总体的相关性。统计概括的结论不但描述统计对象的性质，也描述统计对象之间的因果关系，人们在论证中时常常依靠统计相关来确认统计对象之间的因果联系。当我们依靠统计数据来解释或者确认一种因果关系时，必须考虑其前提所选取的样本属性与结论所描述的总体属性是否相关，在很多情况下，统计推理的前提与其结论之间貌似相关，而实际上却不相关。

因此，在遇到一个统计论证时，我们应先将推理中出现的统计数字放到一边，考虑一下，这些统计数据和结论是否相关？什么样的统计数据可以证明推理的结论？然后，把证明结论所需要的数字与推理中所给出的数字比较一下。如果二者并不相关，就可由此发现论证的错误。

例如：研究表明，严重失眠者中的90%爱喝浓茶。老张爱喝浓茶，因此，他很可能严重失眠。

分析：上述论证依赖的论据并不涉及爱喝浓茶的人中严重失眠者的比例。合理的论证应该是：爱喝浓茶者中的90%严重失眠，老张爱喝浓茶，因此，他很可能严重失眠。

（2）数据不可比

数据不可比的谬误指的是由于忽视统计对象和样本的实质差别而将两个数据机械进行比较而导致的错误。数据不可比谬误的主要表现如下。

①“对比不当”的谬误

“对比不当”的谬误是指在不同的基础上进行比较，或者把本来不可比的对象、数据拿来强行做比较。削弱统计论证常用的方式是通过指出比较的根据或基础不正确，来说明某一组数据不能说明问题或两组数据不可比。“对比不当”的谬误主要有两种表现。

一是比较的对象不恰当。

二是两个样本有实质性差别。

例如：A 省出了 1 个世界冠军，B 省出了 3 个世界冠军。可见，B 省的体育普及工作和训练水平比 A 省好得多。

■在美国与西班牙作战期间，美国海军曾经广为散发海报，招募兵员。当时最有名的一个海军广告是这样说的：美国海军的死亡率比纽约市民还要低。海军的官员具体就这个广告解释说：“根据统计，现在纽约市民的死亡率是每千人有 16 人，而尽管是战时，美国海军士兵的死亡率也不过每千人只有 9 人。”

如果以上资料为真，则以下哪项最能解释上述这种看起来很让人怀疑的结论？

A. 在战争期间，海军士兵的死亡率要低于陆军士兵

B. 在纽约市民中包括生存能力较差的婴儿和老人

C. 敌军打击美国海军的手段和途径没有打击普通市民的手段和途径来得多

D. 美国海军的这种宣传主要是为了鼓动入伍，所以，要考虑其中夸张的成分

E. 尽管是战时，纽约的犯罪仍然很猖獗，报纸的头条不时有暴力和色情的报道

[解析] 答案：B

这则广告想要告诉人们的是，加入美国海军并没有什么危险，因为到美国海军去当士兵比在纽约当市民还要安全。证据是，纽约市民的死亡率是 16‰，海军士兵的死亡率 9‰。

这个结论是建立在将两个具有不同内容的数字进行不恰当比较的基础上的。这里，16‰和 9‰是不可比的，因为样本（质）不同。纽约市民中有婴儿、老年人和各式各样的病人，而美国海军士兵都是通过体检选拔出来的身强体壮、生命力旺盛的年轻人。海军士兵正处于生存能力最佳状态的年龄段，造成他们死亡的几乎唯一的原因，是直接死于战争。如果处于后方的纽约市民具有和海军士兵相同的生存能力状态，前者的死亡率无疑要低得多。

B 项就抓住了题干进行不恰当比较的实质，并为统计数据所显示的纽约市民死亡率高于海军士兵的现象提供了一个合理的解释。

C 项和 E 项断定的也是对纽约市民构成威胁的因素，但没有理由认为这些因素造成的威胁会大于直接的战争，因此，如果不首先断定纽约市民和海军士兵处于不同的生存能力状态，C 项和 E 项都不能对题干的统计数据提供解释。因为条件已假设题干提供的资料为真，所以，D 项不成立。A 项的不成立是显然的。

■人们对于搭乘航班的恐惧其实是毫无道理的。据统计，仅 1995 年，全世界死于地面交通事故的人数超出 80 万，而在 1990 年至 1999 年的 10 年间，全世界平均每年死于空难的还不到 500 人，而在这 10 年间，我国平均每年死于空难的还不到 25 人。

为了评价上述论证的正确性，回答以下哪个问题最为重要？

A. 在上述 10 年间，我国平均每年有多少人死于地面交通事故

B. 在上述 10 年间，我国平均每年有多少人加入地面交通，有多少人加入航空运输

C. 在上述10年间，全世界平均每年有多少人加入地面交通，有多少人加入航空运输

D. 在上述10年间，1995年全世界死于地面交通事故的人数是否最高的

E. 在上述10年间，哪一年死于空难的人数最多？人数是多少

[**解析**] 答案：C

题干根据统计数据，地面交通比搭乘航班的死亡人数要大得多，得出结论：对搭乘航班感到恐惧是没有道理的。

为了评价上述论证的正确性，必须要知道每年加入地面交通和搭乘航班的人数。因为在对航空运输和地面交通的安全性进行比较时，在事故罹难者的绝对数量之间进行比较是没有意义的，正确的方法应是在事故率和事故死亡率之间进行比较。为了进行这种比较，不仅要知道统计年限内航空运输和地面交通事故罹难者的绝对数字，而且要知道有多少人加入地面交通，有多少人加入航空运输。选项C提出的正是这个问题，因此，为正确答案。选项B提出的是类似的问题，但它仅涉及我国，不符合题干。

②“独立数据”的谬误

独立数据是脱离比较基础的数据。在统计论证中，独立数据在论证中的证据效力是不能令人信服的。

一是没有设定供比较的对象。

如果没有供比较的对象，那么这组数据表面上在进行比较，而实际上根本没有比较。

例如：“本品牌的手机便宜500元。”就后一句而言，比谁便宜？是与该手机去年的价格相比？还是与同类型手机中质量最好因而价格最贵的相比？或者是与同类手机中最便宜的相比？不提供这样的背景信息，上述表面上的比较就毫无意义。

二是没有与相关的数据进行比较。

例1：美国有些州的法官是通过选举产生的。选举通常需要得到利益集团的资金支持，这有可能直接或间接地影响司法公正。一项研究表明，在涉案一方是自己的竞选资助人的案件中，路易斯安那州最高法院的法官有65%的判决支持了竞选资助人。这说明，给予法官的竞选资助与有利于资助人的判决之间存在相关性。

分析：上述论证仅凭65%的判决支持了竞选资助人就得出结论，给予法官的竞选资助与有利于资助人的判决之间存在相关性。这一论证的隐含假设是支持竞选资助人的案件数量高于事实上应该支持的数量，而该论证并没有给出竞选资助人在所有涉案当事人中所占的比例，所以题干论证的假设是存在疑问的。

例2：媒体报道，严查酒后驾车以来，全国已经查处两千多起酒后驾车。一个数据让人深思，在这被查出的两千多名酒后驾车者中，60%拥有高学历。这说明高学历者更容易酒后驾车。

分析：该论证所列的统计数据就是独立数据，对于证明高学历者更容易酒后驾车来说是悬而未决的。若使所列数据成为有说服力的证据，就必须与相关的数据进行比较。如果有车者的高学历者居多，上述结论就不能成立。

■据国际卫生与保健组织1999年年会“通讯与健康”公布的调查报告显示，68%的脑癌患者都有经常使用移动电话的历史。这充分说明，经常使用移动电话将会极大地增加一个人患脑癌的可能性。

以下哪项如果为真，则将最严重地削弱上述结论？

A. 进入 20 世纪 80 年代以来，使用移动电话者的比例有惊人的增长

B. 有经常使用移动电话历史的人在 1990—1999 年超过世界总人口的 65%

C. 1999 年全世界经常使用移动电话的人数比 1998 年增加了 68%

D. 使用普通电话与移动电话通话者同样有导致癌的危险

E. 没有使用过移动电话的人数在 90 年代超过世界总人口的 50%

[**解析**] 答案：B

在统计论证中，脱离比较基础的独立数据，在论证中的证据效力是不能令人信服的。若使所列的数据成为有说服力的证据，就必须与相关的数据进行比较。

如果一份对中国人的调查显示，肺癌患者中 90%以上都是汉族人，由此显然不能得出结论，汉族人更容易患肺癌，因为汉族人本身就占了中国人口的 90%以上。同样的道理，如果 B 项的断定为真，说明在世界总人口中，有经常使用移动电话历史的人所占的比例，已接近在脑癌患者中有经常使用移动电话历史的人所占的比例，这就严重削弱了题干的结论。其余各项均不能削弱题干的结论。

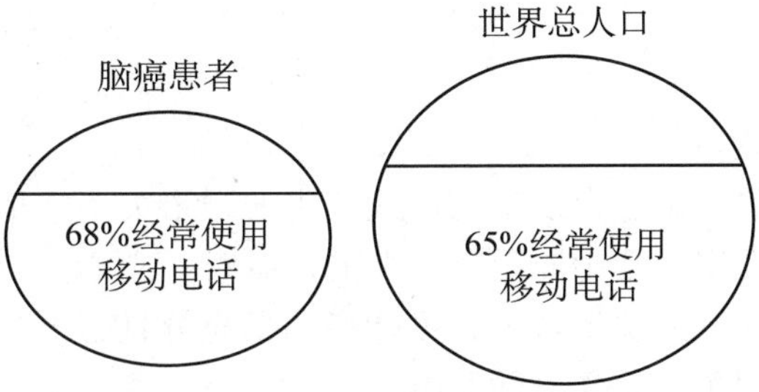

■ 在科技界也同样存在着性别歧视，《科技时报》报道，在过去的 20 年间，女性从事科技工作的人数虽然有所增长，但是在各类科技奖项的评选中，男女获奖比例仅为 12∶1。

以下哪项能对上述论断提出最有力的质疑？

A. 女性从事科技工作的人数不到男性的十五分之一

B. 能否获得各类科技奖项并不是评价科技工作者的唯一指标

C. 女性从事科技工作的人数在过去的 20 年间增长幅度高于男性

D. 各类科技奖项的评选是匿名进行的，在性别上具有一定的偶然性

E. 相当多的女性科技工作者不会去参评一些科技奖项

[**解析**] 答案：A

题干根据女性获奖是男性获奖的 1/12，得出结论，科技界存在着性别歧视。

虽然女性获奖比例仅是 1/13，但如果 A 项为真，在从事科技工作的总人数中女性只占不到 1/16，这反而有利于说明，女性的获奖比例还算高的呢。因此，A 项最能削弱题干。

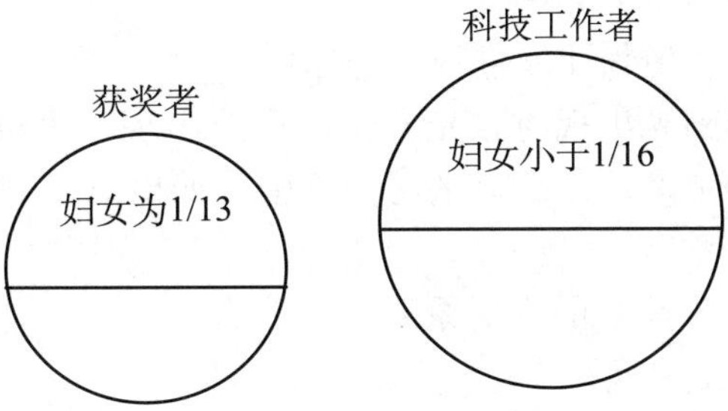

第三节　因果推理与论证

因果联系是世界万物之间普遍联系的一个方面，因果推理与论证的目的就是要把握事物之间的因果联系，以便掌握事物发生、发展的规律。

一、因果推理概述

客观世界是一个有内在联系的统一整体，其中各个对象或各个现象之间是互相密切联系着、互相依赖着、互相制约着的。因果联系是指原因和结果之间的联系。如果一个现象的出现必然引起另一个现象的出现，那么，这两个现象之间就有着因果联系。引起另一现象出现的现象叫原因，被引起的现象叫结果。因果联系在我们的现实生活中扮演着重要角色。对历史和现实的理解，需要追溯它们的原因，对未来的预见要求我们把握现实的可能发展结果。

（一）原因的分类

现实生活中的因果关系是非常复杂的，我们讲的因果关系一般是实验室情况，排除了其他背景因素的干扰。现实生活中原因是复杂的，有时，它指的是充分条件原因，有时指的是必要条件原因，而在另一些场合下，可能指的是充分且必要条件原因。我们可以运用系统的方法，来探求不同条件意义上的原因。

1. 充分原因

当满足下列原因时，A 是 B 的充分原因（A、B 代表事件或属性）：

A 出现时，B 也出现；

A 不出现时，B 可出现，也可不出现；

从未有 A 出现时，B 却不出现。

例如：天下雨，地上就湿。

以上陈述意味着，当天下雨时，地上湿就出现；天不下雨时，地上可能湿（比如自来水管破裂），也可能不湿。简言之，A 是 B 的充分原因：如果 A 出现，B 一定出现。

2. 必要原因

当满足下列原因时，A 是 B 的必要原因：

A 出现时，B 可出现，也可不出现；

A 不出现时，B 不出现；

从未有 A 不出现时，B 却出现。

例如：只有存在阳光，植物才能进行光合作用。

以上陈述意味着，当阳光出现时，光合作用可能出现，也可能不出现；没有阳光时，光合作用必定不出现。简言之，A 是 B 的必要原因：如果 A 不出现，B 一定不出现。

3. 充要原因

当满足下列原因时，A 是 B 的充要原因：

A 出现时，B 一定出现；

A 不出现时，B 一定不出现；

从未有 A 出现时，B 却不出现；A 不出现时，B 却出现。

例如：当且仅当脑死亡，则人死亡。

以上陈述意味着，“脑死亡”是“人死亡”的充分且必要原因。

4. 既非充分也非必要原因

把在总体中倾向于产生某一结果的原因称为统计性原因，或称随机性原因。这些原因往往既非结果的充分条件，也非必要条件。

例如：吸烟易于致癌。

以上陈述意味着，就很大的一个样本总体来说，吸烟有致癌的倾向性，或者说吸烟的人比不吸烟的人更容易得癌，但我们不能说每一个吸烟的人都将会得癌症，也不能说每个癌症患者都吸烟，即“吸烟”是“致癌”的既非充分也非必要原因。

[案例] 就医的逻辑

假如你身体不适，去一家民营医院看病，检查出你身上携带了病毒 A。医生就会告诉你必须用大量的抗生素清除病毒 A。医生的理由是，A 会引起 B，B 会引起 C，C 会引起 D，而 D 是个严重的问题，所以，要治根就要清除 A。你听从医生话后，最后往往花了大量的治疗费而去清除 A。

分析：其实，对医生的论证，我们必须进行一系列批判性思考。

第一，因为每一个引起都是一种可能性。如果做到其中一个因果链条不传递，这个 A 就不成为问题。但很多医生认为，由于 D 是个严重问题，所以 A 是个大问题，这是不合逻辑的。

第二，即使用了大量的抗生素，也因人而异，有些人身体里的 A 病菌无论怎么用抗生素，都是清除不掉的。

第三，即使能清除 A，但也有可能会引起另外的严重问题 E。

第四，类似 A 这样的病毒在身体中有很多，比如每个健康的人身体都带有各种各样的病菌，关键是做到菌群平衡。每个人身体中都有很多这样的病菌，没有这个 A，可能也有其他的病菌，也有现在许多医学没发现的病菌。

第五，以前的医学不能化验，所以，遇到一些病菌，只要没病症的就没事，也就没有心理负担。现在医学发达了，但往往发现的问题更多了，心理负担也更重了。

第六，人是有自愈能力的，即使不用抗生素，经过一段时间，有些人身体会自动清除病毒 A。

第七，用大量抗生素治疗，会造成病菌的耐药性，以后再得病，目前的抗生素就不管用了，可能会面临无药可治。

第八，用大量抗生素治疗，会造成很多副作用和医源污染，反而往往引起更多的其他问题。

当你考虑了这样一系列问题后，就不会轻易相信某些仅仅以营利为目的的民营医院的某些所谓的医生了。

（二）从因到果的推理

从因到果的推理是指：预见一个事件将出现，因为其原因已经出现。

例如：如果水温达到了100摄氏度，那么水会沸腾；这壶水的温度即将达到100摄氏度；所以，这壶水即将沸腾。

论证一个事件将发生，因为其原因在事实中出现。论证型式如下：

一般地，若A发生，那么B将（可能）发生，

在此情形下，A发生（可能发生），

在此情形下，B将（可能）发生。

评估从因到果的批判性问题：

CQ1. 说明原因问题：先行事件在某一情况下确实发生了吗？

即事件A是否真的发生了。

CQ2. 因果联系问题：前提中反映某因果联系的命题是否为真？

即事件A与事件B是否真的具有因果关系？假如前提中存在证明某因果联系的证据，那么，这些证据足以证明某因果联系存在吗？

CQ3. 干扰因素问题：存在干预或抵消在此情形中产生那个结果的其他因素吗？

■最近的调查显示，许多寻求医疗帮助的人，处于很大的压力下。医学研究同时显示，压力能够严重影响一个人的免疫系统。因此，当一个人处于压力下的时候，他更可能得病。

下列哪项如果正确，最能支持上述结论？

A. 许多为职员提供健康保险的企业同时提供压力处理研习班

B. 许多企业反映职员在感到工作压力增大时，缺勤明显减少

C. 在放假期间，大学医院的就诊人数显著增加

D. 在考试期间，大学医院的就诊人数显著增加

E. 大多数人认为医院和诊所是有压力的环境

[解析] 答案：D

题干中的因果关系是压力大容易生病。D项表明，在考试期间，学生的压力会明显增加，也很容易得病，为有因有果的支持。

■在过去的10年中，登山设备有了几项改进，这些改进使该运动对于经验丰富的登山者来说更加安全、更加惬意了。然而，虽然有了这些改进，过去10年中登山事故发生率仍旧翻了一番。

如果以上陈述完全正确，下列哪一项如果正确，最好地调和了它们之间明显的分歧？

A. 许多登山者误以为使用这些设备会很安全，试图使用新设备去创造他们能力所不及的登山业绩

B. 一些登山事故的发生是由无法预测的天气情况所引起的

C. 登山尽管是一种危险运动，但对于有经验的登山者，通常不会造成伤害

D. 在过去的10年中，不仅登山技术有了改善，登山设备也有了提高

E. 尽管在登山活动中受伤的比例增加了，但在登山活动中死亡的比例没有变

[解析] 答案：A

本题需要解释的是，为什么登山设备先进了，但登山事故发生率反而增加。

A项指出许多登山者误以为使用登山设备会很安全，就使用设备以图达到他们能力所不及的登山业绩，从而导致事故发生率的增加，解释了登山设备改进但事故发生率增加的

事实，所以正确。

选择B项的人认为受伤率的增加是由天气条件导致的，但这个受伤率的增加是与过去10年相比较的，未预见的天气条件在两个10年同样存在，并不是它们之间的区别，所以B项不对；同样，C、E项均不正确。D项中虽也涉及设备这个概念，但D项与“事故增加”无关。

（三）从果到因的推理

从果到因的推理是通过援引反映某因果联系的命题，以及反映该因果联系中作为结果的事件存在的命题，进而推出一个结论。

1. 溯因推理是典型的从果到因的推理

一般情况下，如果A发生，那么B将发生；

在某一具体情况下，B发生；

所以，在某一具体情况下，A可能发生。

例如：如果咽喉发炎，那么就会咳嗽；老王咳嗽；所以，老王的咽喉发炎了。

溯因推理的特点是从已知的结果出发，寻找其原因，从已知的推断出发，追溯其理由。它不是一种必然性推理。必然性推理是从A并且如果A那么B出发，推出B的。这即是说，必然性推理是从原因推出结果。由此可见，溯因推理的方向同必然性推理的方向正好相反，此外，必然性推理前提为真则结论必为真，而溯因推理前提为真，结论只是或然为真，因此，它属于或然性推理。

当然，在一定条件下，溯因推理也可以转化为必然性推理。这个条件就是在前提中穷尽引起某种结果的一切原因，在引起某种结果的各种原因中，如果能将可能引起某种结果的其他原因一一排除，留下一个唯一的原因，这个唯一的原因就是真正的原因。于是，溯因推理就由或然性推理转化为必然性推理。

［案例］贝都印人的推断

一个阿拉伯人在沙漠里与同伴失散了，他找了一天也没有找到。傍晚，他遇到了一个贝都印人，阿拉伯人连忙问他是否见过自己的同伴。

“你的同伴是胖子，而且是跛子，对吗？”贝都印人问，“他手里是不是拿一根棍子？他的骆驼只有一只眼，驮着枣子，是吗？”

阿拉伯人高兴地回答说：“对！这就是我的同伴和他的骆驼，你是什么时候看见的？他往哪个方向走了？”

贝都印人回答说：“我没有看见他。”

阿拉伯人生气地说：“你刚才详细地说出了我的同伴和他的骆驼的样子，现在怎么又说没有见到过呢？”

“我确实没见过他。”贝都印人平静地说：“不过，我还知道，他在这棵棕榈树下休息了很长时间，然后向叙利亚方向走去了。这一切发生在三个小时前。”

“你既然没见过他，那你又是怎么知道这些的呢？”

“你看这个人的脚印：他左脚脚印大且深，这就说明他是个跛子；他的脚印比我的深，这就表明他比我胖。你看，骆驼只吃右边的草，这就说明，骆驼只有一只眼，它只看到路的一边。你看这些蚂蚁都聚在一起，难道你没有看清它们都在吸吮枣汁吗？”

“那么你怎么确定他在三个小时前离开这里了呢？”贝都印人解释说：“你看棕榈树的影子。在这样的大热天，一个人总不会坐在阳光下吧？

所以，你同伴留下印记的地方就是他离开时树的阴影。可以推算出，阴影从他躺下的地方移到现在我们站的地方，需要三个小时左右。”

阿拉伯人听罢，急忙往叙利亚方向去找，果然找到了他的同伴。

分析：贝都印人的推理如下：

1. 如果一个人是跛子，则他的脚印一边深一边浅；这个人左脚印大且深，所以，这个人是跛子。

2. 如果骆驼是一只眼，则必然只看见路的一边，只吃一边的草；这个人的骆驼只看见路的一边，只吃右边的草，所以，这头骆驼是一只眼。

这两个推理是以结果推导原因的回溯推理。

3. 如果一个人的脚印比我的深，那么表明他比我胖；这个人的脚印比我的深，所以，这个人是胖子。

4. 该案例中，贝都印人还根据棕榈树影子的移动，类比推算出阿拉伯人的同伴及骆驼离开时的时间。

事实证明，贝都印人的推断都是正确的，因为阿拉伯人按照他的推断果然找到了同伴。

2. 从果到因的论证型式

一般情况下，因为事件 A（因）发生，所以产生事件 B（果）。

在某一具体情况下，B 发生了；

所以，在某一具体情况下，A 可能发生了。

评估从果到因的批判性问题：

CQ1. 说明结果问题：结果在某一情况下确实发生了吗？

即事件 B 是否真的发生了。

CQ2. 因果联系问题：前提中反映某因果联系的命题是否为真？

即事件 A 和事件 B 是否真的具有因果关系？

CQ3. 其他原因问题：是否排除了其他原因的可能性？

即造成事件 B 的原因是否只有 A？有没有另一个事件 C 是事件 B 发生的原因？

需要注意的是，若由“如果，那么”型的前提通过肯定后件而得出“可能正确”型的结论，就属于溯因推理。若以同样的方式得出“一定正确”型的结论，就犯了“充分条件的假言推理的肯定后件而肯定前件”的逻辑错误。

■高级经理人在报酬上的差距可反映公司各个部门之间的工作方式。如果这个差距较大，它激励的是部门之间的竞争和个人的表现；如果这个差距较小，它激励的是部门之间的合作和集体的表现。3M 公司各个部门之间是以合作的方式工作的，所以________。

将以下哪项陈述作为上述论证的结论最为恰当？

A. 3M 公司的高级经理人在报酬上的差距较大

B. 以合作的方式工作能共享一些资源和信息

C. 3M 公司的高级经理人在报酬上的差距较小

D. 以竞争的方式工作能提高各个部门的工作效率

E. 高级经理人在报酬上的差距影响激励效果

[解析] 答案：C

本题是溯因推理，推理过程表示为：

已知：Q　　　　　　（3M 公司各个部门之间是以合作的方式工作的）

已知：如果 P，那么 Q（如果这个差距较小，它激励的是部门之间的合作和集体的表现）

所以，P 可能为真　　（很可能 3M 公司的高级经理人在报酬上的差距较小）

因此，C 项作为上述论证的结论最为恰当，是正确答案。

二、因果论证的批判性思考

因果论证是对因果关系的运用或确定，推理的前提或结论涉及对因果关系的认识。

（一）因果关系确立的要素

一般说来，有两种类型的相互关联可以作为确立因果主张的初步证据：时间关联和统计关联。

1. 时间关联

时间关联指的是在时间上的联系。对于特定的事件 X 和 Y：

当 X 发生在 Y 之前，我们说 X 早于 Y；当 X 与 Y 一起发生时，我们说 X 与 Y 是共时的；如果 X 与 Y 总是恒常伴随，我们说 X 与 Y 是相互伴随的。时间关联通常用来确立实质性因果主张。

2. 统计关联

统计关联指的是总体中的两个事实或者特征在统计上的相互关联。就总体而言，某一特征的有或者无，与另一个特征出现频率的高或者低相互关联，我们就说这两个特征之间有统计关联。

例如：肝病发病率和喝酒之间的关系，如果喝酒的人比不喝酒的人肝病发病率高，那么喝酒和患肝病之间就有统计上的相互关联。

■ 在对使用五大湖中两个湖的 10 处沙滩的 8 000 多人的调查研究中，多伦多大学的生态学家们发现游泳的人中呼吸道疾病和胃肠疾病的患病率达 69.6‰，而没有游泳的人这两类病的患病率为 29.5‰。

从上述数据能最恰当地得出如下哪一结论？

A. 人们容易低估在这些湖中游泳的危害

B. 在这两个湖中任意一个湖中游泳，呼吸道和胃肠疾病的患病率比在其他湖中游泳的患病率高

C. 除呼吸道、胃肠疾病之外的疾病不太可能与在这两个湖中的一个湖中游泳有关

D. 在这些湖中游泳与呼吸道、胃肠疾病之间的联系为这二者之间的因果关系提供了证据

E. 在这些湖中游泳的大部分人对游泳可能引起的疾病有免疫力

[解析] 答案：D

本题通过对曾在湖中游泳和未曾在湖中游泳的人的调查，发现前者呼吸道疾病和胃肠

疾病的发病率高于后者。根据调查的结果我们很容易得出D选项的结论，即在这些湖中游泳与呼吸道、胃肠疾病之间的联系为这两者之间的因果关系提供了证据，因此D项正确。

A、B、C和E四个选项所述及的内容都与本题段落中的内容无关。

（二）从相关到因果的论证

所谓从相关到因果的推理就是根据两个事件之间存在一定的相关性，进而推断出它们之间存在着因果关系。

1. 从相关到因果的论证型式

相关性前提：A和B之间存在正相关，

结论：A引起B。

要注意的是，除时间关联和统计关联外，两类因素要有因果关系还必须有实质性的相关。好的因果推论必须考虑如何排除其他可能的解释，确定相关性不是偶然的，甚至以具体的因果机制说明，显示“A导致B”是最佳的因果解释。

2. 从相关到因果的批判性问题

在评估从相关到因果的推理之可靠性时，以下批判性问题需要考虑。

CQ1. 相关性存在问题：在A和B之间真的存在相关性吗？

存在A和B之间正相关的大量实例吗？在某些其他的情况下，在A和B之间是否依然存在正相关（负相关）的关系吗？A和B之间的相关强度如何？

CQ2. 因果方向问题：是否存在证据可以表明A是B的原因，而不是B是A的原因？

A和B之间真的存在因果关系吗？因果关系有没有可能是从B到A，而不是从A到B？

CQ3. 独立第三因素问题：A和B之间的相关性有没有可能是由第三个因素造成的？

也即他因问题，B的产生有没有可能是因为一个与A同时发生的C导致的？也即C同时导致了A和B？或者有无可能A只是B的次要原因，C才是导致B的主要原因？

CQ4. 因果间接性问题：是否存在能够表明A和B之间的因果关系是间接的干涉变量（A和B之间的因果关系是其他原因起中介作用）引起的？

有没有可能是“A导致了C，然后C导致了B?”或者“A与C相结合导致了B?”或者“B与C相结合导致了A?”

CQ5. 相关性范围问题：假如A和B之间的相关性在特定的范围之外不成立，那么，能否清楚地指明该限制范围？

■对东江中学全校学生进行调查发现，拥有MP3播放器人数最多的班集体同时也是英语成绩最佳的班集体。由此可见，利用MP3播放器可以提高英语水平。

以下哪项如果为真，最能加强上述结论？

A. 拥有MP3播放器的同学英语学习热情比较高

B. 喜欢使用MP3播放器的同学都是那些学习自觉性较高的学生

C. 随着MP3播放器性能的提高，其提高英语水平的作用将更加明显

D. 拥有MP3播放器人数最多的班级是最会利用MP3播放器的班级

E. 拥有MP3播放器人数最多的班上的同学更多地利用MP3进行英语学习

[解析] 答案：E

题干由“拥有MP3播放器人数最多”和“英语成绩最佳”这两个并存的现象，得出

结论：MP3 播放器可以提高英语水平。

由于两个现象统计相关并不足以说明它们之间有因果关系，因此，要增加这两个现象之间有本质联系的证据，才能支持上述结论。在各选项中，E 项最能支持这两个现象存在因果关系。

A、B 项有利于说明上述两个现象为何统计相关，但不能说明两者有因果关系。

（三）因果主张的确立

事物的发生、发展都有它内在的因果关系。在自然界和社会中，各种现象之间是普遍联系、互相依赖、互相制约的。因果联系是普遍的和必然的联系，但推断现象之间的因果关系，除了时间关联和统计关联之外，因果关系的关键是必须具备一个条件，即结果是由于原因的作用所引起的。

因果主张是一个被断定的陈述，这个陈述表达了现象 A 是现象 B 的原因。统计数字试图把关联性说成因果关系，但真正要判断这是 A 导致 B 的因果关系，常常还需要进一步研究，排除其他因素影响的可能。

若 A 与 B 时间相关或者统计相关，其因果主张的解释存在以下几种情况。

解释 1：A 与 B 时间相关或者统计相关，因为 A 导致 B。

解释 2：A 与 B 时间相关或者统计相关，因为 B 导致 A。

解释 3：A 与 B 时间相关或者统计相关，因为 A 与 B 互为因果。

解释 4：A 与 B 时间相关或者统计相关，纯属偶然的巧合，A 与 B 并没有因果关系。

解释 5：A 与 B 可能时间相关或者统计相关，因为 C 导致了 A 和 B。

解释 6：A 与 B 时间相关或者统计相关，因为 A 与 C 相结合导致了 B，即 A 是导致 B 的部分原因，或者，因为 B 与 C 导致了 A，也就是说，B 是导致 A 的部分原因。

（四）因果谬误

因果谬误也叫假性因果，是指在探究因果联系的过程中，由于忽视或错认了某些相关条件和相互关系而导致的谬误。其谬误在于在不具有因果联系的两个现象之间断定了一种因果关系，具体来说，就是前提与结论的联结依靠的是某些想象的因果关系，而实际上可能不存在这些因果关系。

1. 强加因果

有因果联系的两个现象通常具有统计上的关联，但具有统计关联的两个现象之间未必就有因果联系，相关可能纯粹是巧合。

“强加因果”的谬误也叫嫁接因果、无关因果等，当人们把根本不是某些事物产生的原因当成这些事物产生的原因时，就会犯这种错误，具体是指论据与结论之间毫无因果关系，却被陈述者生拉硬拽在一起，即在明显不具有因果联系的现象之间强加或嫁接因果联系。

（1）轻断因果

轻断因果也叫巧合谬误、后此谬误、事后归因、以时间先后为因果等，是指以时间关联为因果关系，把先后关系误认为因果关系的谬误。

例 1：因为天气不好，所以心情不好。

例 2：张大爷昨天夜里没了。我说怪不得前几天附近树林里总是有猫头鹰的叫声呢！

例 3：在张三来我这里之后，我的某件贵重物品就找不到了，肯定是被他偷走了！

（2）错断因果

错断因果，也叫错为因果、相关误为因果，是指仅以表面具有的统计关联便断定两个现象之间存在因果关系的谬误。其谬误根源在于尽管统计数据是真实的，而且两类事件就某些统计数字上看好像是密切相关的，其实两者之间并不存在真正的因果关系。

例如：玩象棋的人中男性比女性多，所以男性棋艺也比女性高。

分析：男性棋艺也比女性高的原因很可能是男性更喜欢理性思维，而不应该是玩象棋的人中男性比女性多。

（3）虚假因果

虚假因果是指把表面的关联关系而无实质性关联的现象之间的关系看成因果关系的谬误。其谬误根源在于有些现象看起来似乎是发生作用的原因，但事实并非如此，在它们的背后，才有产生它们的真正原因。

例如：妈妈对小女儿说：你不是想长成像那些令人惊艳的女孩子一样漂亮吗？那就赶紧把猪肝和胡萝卜吃完。

■2008 年 5 月 12 日，四川汶川发生强烈地震，伤亡惨重。有人联想到震前有媒体报道过绵竹发生了上万只蟾蜍集体大迁移的现象，认为这种动物异常行为是发生地震的预兆，质问为何没有引起地震专家的重视，及时作出地震预报，甚至嘲笑说“养专家不如养蛤蟆”。

下面的选项都构成对“蟾蜍大迁移是地震预兆”的质疑，除了：

A. 为什么作为震中的汶川没有蟾蜍大迁移？为何其他受灾地区也没有蟾蜍大迁移

B. 国际地震学界难道认可蟾蜍大迁移这类动物异常行为与地震之间的相关性吗

C. 蟾蜍大迁移这类动物异常行为在全国范围内可谓天天都有，地震局若据此作出地震预报，我们岂不时时生活在恐惧之中

D. 为什么发生蟾蜍大迁移这类现象？这么多蟾蜍是从哪里来的

E. 是不是还存在其他的情况会导致蟾蜍集体大迁移

［**解析**］答案：D

题干根据汶川地震前绵竹发生了蟾蜍集体大迁移的现象，认为：蟾蜍大迁移是地震预兆。

也就是题干根据两种现象先后发生，就认为这两种现象具有因果相关。

A 项是个无因有果的反例，质疑了题干。

B 项对国际地震学界是否认可这两种现象的相关性提出了质疑。

C 项是个有因无果的反例，质疑了了题干。

E 项是个另有他因的削弱，质疑了题干。

D 项所述与题干论证无关，为正确答案。

■高个子的孩子一般容易够着高架子，矮个子的孩子够着高的架子一般比较困难。现在已知矮个子的孩子比高个子的孩子更可能变成矮个子的成年人。所以，如果教会矮个子的孩子容易地够着高架子，那么他们变成矮个子的成年人的比例将会下降。

上述论证中的推理错误是：

A. 把一组中的个体的特征当作整体的特征

B. 预先假设将要证明的论题为真
C. 用例外的事例来驳斥一种普遍的概括
D. 在仅标示一种表面的相关联之处假定一种因果关系
E. 以事件存在的根据不足为根据，来证明这种事件不可能存在

[**解析**] 答案：D

在“高个子”与“容易够得着高架子”所具有的表面相关之处，假定一种因果关系，犯了强加因果的错误。

另外，即使二者之间存在因果关系，“够得着高架子”只能是“孩子长成高个子”的结果，而不是“孩子长成高个子”的原因。所以，该论证的结论同时犯了因果倒置的错误。

2. 因果倒置

因果倒置是指认因为果或认果为因的谬误。

因果关系具有共存性。原因和结果在时空上是相互接近的，并且总是共同变化的，原因的变化会引起结果的相应变化，结果的改变总是由原因的改变所引起的。但因果之间的共存性也容易引起人们颠倒事件的因果关系，包括倒因为果（错把原因当结果），或倒果为因（错把结果当原因）。

例 1：古代希伯来人观察到健康的人身上有虱子，而有病发烧的人身上没有虱子，便认为：虱子能使人身体健康。

例 2：调查结果表明，工资高的销售人员工作业绩也比较好，反之，工资低的销售人员工作业绩就比较差。可见，提高销售人员的工资可以提高他们的工作效率。

例 3：19 世纪有一位英国改革家说，每一个勤劳的农夫，都至少拥有两头牛。那些没有牛的，通常是好吃懒做的人。因此，他的改革方式便是国家给每一个没有牛的农夫两头牛，这样整个国家就没有好吃懒做的人了。

分析：这位改革家明显犯了一个逻辑错误。实际上农夫是因为勤劳才有了两头牛，并不是因为有了两头牛才勤劳起来。这是倒果为因。

统计结果往往可以说明，不同现象之间存在着因果关系。但是究竟哪个现象是原因，哪个现象是结果？这不能简单地定论，需要进一步考察。对一个因果关系来说，原因就是原因，结果就是结果，既不可倒“因”为“果”，也不可倒“果”为“因”。在因果解释中，如果错把原因当结果，或者错把结果当原因，就犯了“因果倒置”的错误。

■最近进行的一项调查表明，师大附中的学生对滚轴溜冰的着迷程度远远超过其他任何游戏，同时调查发现经常玩滚轴溜冰的学生的平均学习成绩相对其他学生更好一些。看来，玩滚轴溜冰可以提高学生的学习成绩。

以下哪项如果为真，最能削弱上面的推论？

A. 师大附中与学生家长订了协议，如果孩子的学习成绩的名次没有排在前二十名，双方共同禁止学生玩滚轴溜冰
B. 玩滚轴溜冰能够锻炼身体，保证学习效率的提高
C. 玩滚轴溜冰的同学受到了学校有效的指导，其中一部分同学才不至于因此荒废学业
D. 玩滚轴溜冰有助于智力开发，从而提高学习成绩

E. 玩滚轴溜冰很难，能够锻炼学生克服困难做好一件事情的毅力，这对学习是有帮助的

[解析] 答案：A

因果倒置型题目。选项A揭示了一个额外信息，说明经常玩滚轴溜冰的学生是被筛选过的，是因为成绩好才能玩，而不是因为玩才成绩好。

选项B、D、E都是支持题干推论的，排除；选项C虽然有一定的削弱作用，但是程度太弱。

3. 混淆原因

因果论证是对因果关系的运用或确定，推理的前提或结论涉及对因果关系的认识。如果对原因的类型认识错误，就会犯“混淆原因”的谬误，具体包括以下几种情况。

(1) 将必要原因当作充分原因。即将导致某一结果产生的某一个原因或者部分原因当作导致这一结果产生的全部原因。

(2) 将充分原因当作必要原因。即将导致某一结果产生的一个充分原因当作导致这一结果产生的必要原因。

(3) 将充分原因或必要原因当作充要原因。将导致某一结果产生的充分原因或必要原因当作导致这一结果产生的唯一原因。

例如：富有经验的园艺专家不主张在四月底种植豌豆，因为豌豆在暖和的气候下不可能很好地生长。然而，今年直到六月底，天气仍异常凉快。因此，尽管专家们已作出警告，但今年五月中旬种植的豌豆也不可能会生长不好。

分析：豌豆在暖和的天气下就长不好，今年天气凉快，所以，豌豆生长一定好。这一论证的错误在于混淆了充分原因与必要原因。

■ 到目前为止，核威慑政策是成功的。第二次世界大战结束以后，对毁灭性的核战争的恐惧，使拥有核武器的超级大国都不敢轻易动用它。超级大国之间的第三次世界大战还没有爆发就足以证明这一点。

以下哪项如果为真，指出了上述论证中的错误？

A. 保持一个较高水平的核武器装备会严重削弱一个国家的经济实力

B. 根据以前的经验，我们无法对未来作出任何确定的预测，一个小的事故也可能触发第三次世界大战

C. 超出核威慑所需要的最小的武器量而继续制造核武器会增加出现事故的可能性

D. 第二次世界大战结束以后，在超级大国之间曾经爆发了多起小规模武装冲突，但都相互克制以防止大的核冲突

E. 现在还不知道没有发生核冲突的原因是否真的就是核威慑的作用，也许是其他一些因素，比如认识到保持和平的经济价值起了作用

[解析] 答案：E

“核威慑政策”对抑制第三次世界大战来说，可能是非常必要的因素，但它未必是充分的因素。现在还不知道核威慑的作用是不是抑制第三次世界大战的充分因素，也许其他一些因素，比如和平时期的经济建设，也起到了相当大的作用。该论证将抑制第三次世界大战的必要因素视为充分因素，犯了混淆原因的错误。E项指出了可能另有他因的解释。

4. 复合原因谬误

复合原因谬误也叫一果多因，是指当一个特定的结果是由多种原因引起的时候，论证者只选择其中的一个原因作为对该结果产生原因的解释。我们称复合原因中的某一个原因为部分原因，或者叫作助成事实。如果导致一结果产生的事实不包含复合成分，这一事实就被称为单一原因。

例如：一位司机参加朋友聚会时喝了不少酒，在开车匆忙回家的路上撞到了停主路昏暗灯光下的卡车，结果车毁人亡。

分析：导致这一结果发生的原因是复合的：酒后驾车、超速行驶、光线不足和停在主路上的车。对给定的结果而言，复合原因可能是它产生的必要条件，也可能是充分且必要条件，还可能是既非充分又非必要条件。但是，部分原因不可能是导致其结果产生的充分条件。如超速行驶是导致车祸的部分原因，但它不是导致车祸的必要条件，不超速行驶就一定不会发生车祸吗？显然不是。

复合原因谬误也叫“单因谬误”，产生于论证过程中只认定某个结果是由某一个单一原因引起的，将导致结果产生的多种因素简单排除或忽视其存在。在自然界和社会生活中，很多事情是由很多因素共同造成的，在没有办法将其他因素一一排除的前提下，不能断然决定是某一个因素导致了结果的产生。如果只指出多个原因中的其中一个为事件主因，或使人看起来好像是导致该结果产生的唯一原因，就犯了单因谬误。

例 1：我在学校很受人欢迎，因为我每天穿得都很漂亮。

分析：穿得漂亮和受人欢迎并没有必然的联系，不能成为单一的因果关系。

例 2：张明很胖，他一定很少做运动。

分析：张明的胖是多种原因一起造成的，不能断定仅仅是很少运动造成的。

例 3：你一天到晚都只是玩游戏机而不温习，难怪你考试成绩那么差。

分析：除了玩游戏机而不温习外，还有其他原因，如考试期间一时大意或者试题太难，但它们和玩游戏机一样，不一定是主因。

■ 为了对付北方夏季的一场罕见干旱，某市居民用水量受到严格限制。不过，该市目前的水库蓄水量与 8 年前该市干旱期间的蓄水量持平。既然当时居民用水量并未受到限制，那么现在也不应该受到限制。

如果以下陈述为真，哪一项将最严重地削弱作者的主张？

A. 自上次干旱以来，该市并没有建造新的水库

B. 自上次干旱以来，该市总人口有了极大的增长

C. 居民用水量占总用水量的 50%还多

D. 按计划，对居民用水量的限制在整个夏天仅仅持续两个月

E. 自上次干旱以来，法律要求在所有新的住宅中安装储水设备

[**解析**] 答案：B

题干结论是：虽然遇到了罕见干旱，居民用水也不应受到限制。

理由是：目前的水库蓄水量与 8 年前干旱期间的蓄水量持平，而当时居民用水量并未受到限制。

若 B 项为真，即自上次干旱以来，该市总人口有了极大的增长。这说明现在水的需求量增加了，虽然水的供给没变，还是很可能不能满足需求，这就意味着，现在还是应该限

制居民用水。因此，B 项有力地削弱了作者的主张，为正确答案。

其余选项不能削弱题干论证。

■ 1985 年，W 国国会降低了单身公民的收入税收比率，这对有两份收入的已婚夫妇十分不利，因为他们必须支付比分别保持单身更多的税。从 1985 年到 1995 年，未婚同居者的数量上升了 205%，因此，国会通过修改单身公民的收入税收比率，可使更多的未婚同居者结婚。

以下哪项如果为真，将最有力地削弱上述论证？

A. 从 1985 年至 1995 年，W 国的离婚率上升 185%，高离婚率对当事者特别是单亲子女造成的伤害，成为受到普遍关注特别是受到婚龄段青年人关注的社会问题

B. 在 H 国，国会并未降低单身公民的收入税收比例，但在 1985 年至 1995 年期间，未婚同居者的数量也有上升

C. W 国的税率在相同发展水平的国家中并不算高

D. 从 1985 年至 1995 年，W 国未婚同居者的数量并不呈直线上升，而是在 1990 年有所回落

E. W 国的未婚同居现象，并不像在有些国家中那样受到道义上的指责

[**解析**] 答案：A

题干结论是：通过修改单身公民的收入税收比率，可使更多的未婚同居者结婚。

理由是：单身比结婚缴纳较少的税是未婚同居者的数量大幅上升的原因。

如果 A 项的断定为真，则有理由认为，从 1985 年到 1995 年间，未婚同居者的数量大幅度上升的另外一个原因是，高离婚率所造成的伤害使得人们对结婚的态度更为保留和谨慎。因此，光通过修改相应税率，未必能使更多的未婚同居者结婚。这就有力地削弱了题干的论证。

5. 复合结果谬误

复合结果谬误也叫共同原因、一因多果，是指根据现象 A 和现象 B 存在时间相关或者统计相关，就误认为现象 A 和现象 B 具有因果关系，而事实是有一个共同原因 C 导致了现象 A 和现象 B 两个结果同时出现。

例如：记者报道背井离乡的战争难民中的一家人："他们因为房子被毁而逃到这里。"

分析：战争的炮火导致这家人的房子被毁及离乡逃难，房子被毁并不是导致这家人离开原居住地的真正原因。

我们不能只看到两组数据之间的正比或反比关系，关键要分析其背后的因果联系。比如两组数据的相关性很强（存在正比或反比关系），但仅此而已，相互间并没有任何因果关系，有时也可能两组数据都是由第三种数据决定的。

■ 一所大学的经济系最近做的一次调查表明，教师的加薪常伴随着全国范围内平均酒类消费量的增加。从 1980 年到 1985 年，教师工资人均上涨 12%，酒类销售量增加 11.5%。从 1985 年到 1990 年，教师工资平均上涨 14%，酒类销售量增加 13.4%。从 1990 年到 1995 年，酒类销售量增加 15%，而教师平均工资也上涨 15.5%。

以下哪项最为恰当地说明了文中引用的调查结果？

A. 当教师有了更多的可支配收入，他们喜欢把多余的钱花费在饮酒上

B. 教师所得越多，花在买书上的钱就越多

C. 由于教师增加了，人口也就增加了，酒类消费者也会因此而增加

D. 在文中所涉及的时期里，乡镇酒厂增加了很多

E. 从 1980 年至 1995 年，人民生活水平提高了，酒类消费量和教师工资也增加了

[解析] 答案：E

如果两类现象有规律地相伴出现，通常的思路是指出它们之间可能存在的因果关系。

E 选项说明，人民生活水平的提高，是引起老师工资提高和酒类销售量增加两类现象相伴出现的共同原因，作为共同结果相伴出现的这两类现象之间没有因果关系。这最为恰当地说明了题干的调查结果。

A 选项试图说明这种因果关系，但显然有些牵强。选项 B 与题干无关，选项 C 讲的是教师增加而不是教师加薪，选项 D 只是有可能解释酒类销售量的增加。

6. 错否因果

错否因果的谬误往往涉及间接原因或间接因果，指的是对表面上不相干或关系不紧密的两个现象，就断定这两个现象之间不存在因果关系而事实上其存在因果关系的谬误。在自然界和社会生活中，对表面上不相干或关系不紧密的两个现象，如果用联系的眼光看问题，深入分析下去，有时候会发现在它们的背后存在着间接的因果关系，排除了表面现象的迷惑，就更加接近了事物的本质。

下面列出几种常见的“错否因果”谬误。

(1) A 是 B 的原因，所以，A 不是 C 的原因。

而事实是：B 导致了 C，从而 A→B→C 形成因果链条，所以，A 是 C 的间接原因。

(2) A 是 C 的原因，所以，B 不是 C 的原因。

而事实是：B 导致了 A，从而 B→A→C 形成因果链条，所以，B 是 C 的间接原因

(3) A 和 B 貌似不相关，所以，A 不是 B 的原因。

而事实是：A 导致了 C，而 C 导致了 B。从而 A→C→B 形成因果链条，所以，A 是 B 的间接原因。

例如：公共教育遭受到一种被诊断为过分控制的弊病。这种弊病否认了父母亲对其孩子所接受教育的控制，曾经被父母亲拥有的权利移到了专职的教育者身上。由于学校的越来越集中和官僚化，这种弊病被加重了。

分析：上述论证认为，P（父母亲）对 R（对孩子的控制）的影响转移到了 Q（专职的教育者）对 R（对孩子的控制）的影响。而事实上是，由于社会压力的影响，越来越多的学校管理员遵循父母的建议。这就表明，P（父母亲）影响了 Q（专职的教育者），这表明 P（父母亲）还是对 R（对孩子的控制）起主导作用的原因。

■ 尽管在中星县森林周围的人口增加了，但是森林的量并没有减少。因此，县里燕雀的减少不能归因于人口的增加。

下面哪一个如果正确，最能削弱上面的论述？

A. 中星县人口增加时，购物商场的数目增加了

B. 人口增加导致更多垃圾罐的存在，使更多浣熊得以生存，而浣熊无论在何时，都要捕食燕雀蛋

C. 近来，燕雀过冬的中非、南非热带雨林面积已经减少

D. 虽然几种燕雀已在中星县绝迹，但它们还远远没有到濒危的地步

E. 吃昆虫的燕雀的消失，经常导致昆虫对树木破坏的加大

［**解析**］答案：B

题干断定，县里燕雀的减少不能归因于人口的增加。

B项表明，县里燕雀的减少还是由于人口增加间接导致的，有力地削弱了题干论述。

7. 滑坡谬误

滑坡谬误也叫诉诸远因，是假性因果谬误的一种，是指忽视其他因素在原因长链中的影响而诉诸遥远的单一因素。

因果关系并不是一定能传递的，即A是B的原因，并且B是C的原因，却不一定能得出A是C的原因，即结果的原因的原因，不一定是结果的原因。若因果链条不包含实质性的因果传递关系而断定其具有因果关系，那就会犯“诉诸远因”或“滑坡论证”的谬误。

在滑坡论证中，结论的得出依靠的是靠不住的连锁反应链，没有充足的理由认为这种连锁反应将会在实际中发生。滑坡之滑在于，用一连串弱关系、微相关的“或然”，在连环的推理中，推出一个不可靠的结论。滑坡论证总是从论证者接受的一个前提开始，通过一系列的步骤，形成一个论证链，逐渐推理出不可信的结论。显然，这种论证，随着论证一步步推进，其确证性却一步步下降，最后，前提和结论的联系往往变得十分微弱，甚至毫无关系。

例1：“如果我们容许医生帮助安乐死，那么到最后，政府会控制我们如何死。”

例2：“如果你偷懒，就会令公司蒙受损失，公司赚不到钱，就要解雇员工，遭解雇而导致失业的人士因为失业而没有收入，就会打劫，如果打劫时遇到反抗，就会杀人。所以，如果你偷懒，你就是杀人犯。”

例3：“如果你买日本货，日本公司就会盈利；如果日本公司盈利，那么日本公司就会发展壮大；如果日本公司发展壮大，那日本国力就会成为世界第一；如果日本国力成为世界第一，那么日本就会侵略中国。所以如果你买日本货，你就是在帮助日本侵略中国。”

三、探求因果关系的逻辑方法

探求现象间的因果联系是一个复杂的思维和认识过程，但大致上可以概括为这样两个基本步骤。首先，确定可能的原因（或结果）。任何现象都有许许多多的先行状态或后继状况，人们必须根据已有的科学知识作出初步判定：究竟哪些现象是与被研究现象有关的，可能是被研究现象的原因（或结果）。其次，从可能的原因（或结果）中探求出真正的原因（或结果）。其方法主要是对被研究现象出现（或不出现）的各种场合进行比较，把那些不可能成为被研究现象原因（或结果）的那些现象排除出去，从而探求出真正的原因（或结果）来。

英国哲学家穆勒归纳了求同法、求异法、求同求异法、共变法和剩余法等探求因果关系的基本方法，这实际上是一种比较的方法，它们的原则可以简单归纳为：相同结果必然有相同原因；不同结果必然有不同原因；变化的结果必然有变化的原因；剩余的结果应当有剩余的原因。容易看到，“穆勒五法”是力图在现象的比较中发现因果关系。下面着重讲解求同法、求异法和共变法这三种主要的方法。

（一）求同法

求同法又称契合法，它根据被讨论的现象出现的两种或两种以上不同场合中只有一种情况是共同的，进而推断该情况与被讨论的现象之间具有因果联系。

例如：人们发现用不同材料做的、具有不同形状的摆，只要摆的长度相同，它们摆动时的振动周期就相同，于是，推断摆长是摆振动周期相同的原因。

1. 求同法的推理

求同法是这样一种方法，当我们发现某一现象出现在几种不同的场合，而在这些场合里，只有一个条件是相同的（其他条件均不相同），这样，我们就可以推断说，这个相同条件就是各个场合出现的那个共同现象的原因。可以用这样一个公式来表示：

场合	先行情况	被研究现象
（1）	A、B、C	a
（2）	A、D、E	a
（3）	A、F、G	a
……	……	……

所以，A 是 a 的原因（或结果）。

2. 针对运用求同法推出的因果主张，所提出的批判性准则

第一，考察的场合是否足够多，是否有反例存在。

第二，是否另有他因：不同场合中所具有的相同因素是不是唯一的？表面不同是否实质相同？

场合	先行情况	被研究现象
（1）	A、B、C	a
（2）	A、D、E	a
（3）	A、F、G	a

比如 B、D、F 表面不同，但实质相同。

3. 求同法论证的强化

（1）增加另一个场合，即增加论据来强化一个论证。

（2）从正面指出相同的因素对导致某个现象的出现是唯一的或关键的，或从反面指出在所比较的两种现象之间不存在其他相同的因素。

■ 售货员：显像管是任何一台电视机的核心元件，长虹牌电视和康佳牌电视使用相同质量的显像管。由于长虹牌电视的价格较低，所以，当你购买长虹而不是康佳时，便用较低的价钱买到了图像质量相同的电视。

如果以下哪项假设被证明为真，能使售货员的结论在其论证中适当地推出？

A. 康佳牌电视比长虹牌电视所做的广告更加广泛

B. 电视的图像质量只由显像管的质量来决定

C. 售货员销售长虹牌电视赚的钱少于销售康佳牌电视赚的钱

D. 长虹牌电视每天要比康佳牌电视销售得多

E. 长虹牌电视与康佳牌电视是在同一家工厂组装的

［**解析**］答案：B

售货员观点：因为两种电视的显像管一样，所以图像质量一样。

这是一则用求同法作出的论证，即比较两个对象所具有的相同点（核心元件显像管），并以此相同点为原因推出其产生的结果（图像质量的效果）也相同。为这种论证类型找假设要考虑：相同点是导致某个现象产生的部分原因（即使是主要的原因）还是全部的原因。若得出该论证的结论，就必须假设显像管是影响图像质量的全部原因（唯一的原因）。

B 项是必须假设的，否则，如果电视的图像质量“不”只由显像管的质量来决定，那么售货员的说法就不成立了。

A、C、D 明显为无关选项，直接排除；E 项加非：长虹牌电视与康佳牌电视“不”是在同一家工厂组装的。暗示也许会有其他因素影响图像质量，有削弱的味道，但是售货员讨论的是显像管，跟组装方式关系不明显，削弱力度不足，排除。

4. 求同法论证的弱化

（1）增加另一个相反的场合，即提出一个反例来弱化论证。

（2）从正面指出在被讨论的现象出现的不同场合中某个相同的因素并不是唯一的；或从反面指出在所比较的两种现象之间存在其他相同的因素。

（3）是否还存在其他隐含的相同因素。

（4）相同因素是不是导致某一现象产生的唯一的原因。

■现代社会中有很多人发胖，长有啤酒肚，体重严重超标，因为他们常常喝啤酒。

对以下各项问题的回答都可能质疑上述论证，除了：

A. 如果人们每天只喝啤酒，吃很少的其他食物，特别是肉食品，他们还会发胖吗

B. 为什么美国有很多女人和孩子常喝可乐、吃炸鸡和比萨饼，其体重也严重超标

C. 很多发胖的人也同时抽烟，能够说“抽烟导致发胖”吗

D. 发胖的人除常喝啤酒外，是否经常进行体育锻炼

E. 未成年儿童没有喝过啤酒，为什么也有很多肥胖的

［**解析**］答案：D

题干根据很多胖人常喝啤酒，得出结论：常喝啤酒导致了发胖。

A 项，如果只喝啤酒，吃很少的其他食物，就不会发胖，有因无果，那就削弱了题干论证。

B 项，不喝啤酒也发胖，无因有果，有力地质疑了题干论证。

C 项，意味着不能根据事实相关就得出因果相关，削弱了题干论证。

D 项，如果发胖的人除常喝啤酒外还经常进行体育锻炼，由于体育锻炼能减肥是常识，意味喝啤酒确实会发胖，支持了题干。如果发胖的人除常喝啤酒外不经常进行体育锻炼，意味着可能不经常锻炼也是发胖的一个因素，也似乎有削弱题干的意思。但综合来看，D 项是最不能削弱题干论证的，为正确答案。

E 项也是个无因有果的反例，有力地质疑了题干论证。

■尽管迈克一贯胃口不好，但是他却非常喜欢在德普饭店吃的三顿饭。然而不幸的是，他每次饭后都得了病。第一次，他吃了一块巨大的香肠比萨饼外加一道辣椒；第二次，他尽其所能吃了“吃你所能吃炸虾”和辣椒特价菜；第三次，他就着辣椒吃了两个德普饭店的大肉团三明治。因为这三顿饭中每次都有的菜只有辣椒，所以迈克推论出他生病

就是因为德普饭店的辣椒。

迈克的推理最易受到下面哪一项的批评？

A. 作为得出他的结论的基础，在德普饭店食用的包括辣椒的饭的次数太少了

B. 他在没有确定假设的原因是否先于假设的结果的情况下，假定了一个因果关系

C. 他让自己继续在德普饭店进餐的愿望使其结论带上了偏见

D. 他没有证明每个在德普饭店吃过辣椒的人都生了病

E. 他忽视了这样的事实，即对他来说所有这三餐饭他都吃得太多了

［**解析**］答案：E

题干推理是求同法：迈克在饭店吃了三餐饭后都得了病，他吃的三餐饭都不同，但每餐都包含有辣椒这个共同因素，因此，他认为生病的原因就是辣椒。

那么，如果他除了每餐都包含有辣椒这个共同因素外，还有别的共同因素，比如这三餐饭他都吃得太多了，那么，就不能认为生病的原因就是辣椒，而是另外的共同因素，即吃得太多造成的。因此，E 项为正确答案。

（二）求异法

求异法又称差异法，是指这样一种方法：如果某一现象在一种场合下出现，而在另一场合下不出现，但在这两种场合里，其他条件都相同，只有一个条件不同（在某现象出现的场合里有这个条件，而在某现象不出现的那一场合里则没有这个条件），那么，这唯一不同的条件，就是某现象产生的原因。

1. 求异法的推理

求异法可用下述公式来表示：

场合	先行情况	被研究现象
(1)	A、B、C	a
(2)	—、B、C	—

所以，A 是 a 的原因（或结果）。

求异法的特点是“从同中求异”。既然是“从同中求异”，它就必须有正反两个场合。也就是说，求异法要求的是其他现象不变，只有一个现象 A 变化，A 在，则被考察现象 a 在；A 不在，则被考察对象 a 就不存在。所以求异必须有正反两个场合加以对比。

■ 与挪威的许多其他海岸城镇一样，斯塔夫镇直到 20 世纪 60 年代初都是安静太平的。自从它成为挪威的远洋石油开采中心以来，斯塔夫镇的暴力犯罪和蓄意破坏现象大量增加。斯塔夫镇的社会问题可能起因于这场石油开发，因为在挪威，那些没有开发石油的海岸城镇仍然保持着很低的暴力犯罪和蓄意破坏现象。

以下哪项最准确地描述了上述论证所使用的推理方法？

A. 基于在某种条件不存在的情况下，某种现象有时也会产生，断定这一条件不是导致这一现象产生的一个前提条件

B. 基于在某种条件不存在的情况下，某种现象没有产生，断定这一条件是导致这一现象产生的原因

C. 根据在某种现象产生之前，某种特定的条件并未出现，断定这一条件不可能是导致这种现象产生的原因

D. 试图通过论证与某种论断相矛盾的论断是与事实相矛盾的，来证明这种论断

E. 试图证明若使某种特定的解释成立就必须使将发生的事件不可能发生

[解析] 答案：B

该论证用的是求异法。B项准确地描述了题干的推理方法，因此为正确答案。

其余选项不妥，比如D概括的是反证法。

2. 针对运用求异法推出的因果主张，所提出的批判性准则

（1）不同场合中所具有的差异因素是不是唯一的？

（2）注意在相同因素中有无差异因素。

（3）要注意探求是否还隐藏着其他原因。

（4）不同场合中所具有的差异因素是部分原因，还是全部原因？

（5）正反两个场合的背景因素是否一样？

[案例] 投诉信

有一天，美国通用汽车公司客户服务部收到一封信，“这是我为同一件事第二次写信，我不会怪你们没有回信给我，因为我也觉得这样别人会认为我疯了，但这的确是一个事实。我家有个习惯，就是每天晚餐后，都会以冰激凌来当饭后甜点。由于冰激凌的口味很多，所以我们家每天饭后才投票决定要吃哪一种口味，决定后我开车去买。但自从我买了新的庞帝雅克后，我去买冰激凌的这段路程问题就发生了。每当我买香草口味时，我从店里出来车子就发动不起来。但如果买其他口味，发动起来就顺得很。我对这件事是非常认真的：为什么当我买了香草味冰激凌它就罢工，而我不管什么时候买其他口味，它就一尾活龙？”

对于这辆“对香草冰激凌敏感”的汽车，售后服务部没有一笑置之，而是专门派出一位工程师跟随这位客户验证并探索原因。工程师将每次买冰激凌所花费的时间、地点、汽油型号、冰激凌品种、次数等数据一一记录，发现买香草冰激凌所使用的时间比买其他冰激凌的时间短，此时引擎还热，所产生的“蒸气锁”耗散不掉，导致汽车发动不起来。终于探明了真正的原因。

为了提高求异法推理结论的可靠性，应该注意以下两点。

第一，正反两种场合除了有一种情况不同外，其余情况必须完全相同。因为求异法是“从同中求异”，如果相异之处不止一个，就很难判定真正的原因了。

第二，要注意探求是否还隐藏着其他原因。

3. 求异法论证的强化

（1）通过对比观察或对比实验增加一个论据。

（2）增加另一个对比场合。

（3）在导致不同结果的原因方面，指出差异因素是唯一的或关键的。

（4）正面指出除这个差异因素之外，其他背景因素（先行条件）都是相同的。

（5）从反面指出导致不同结果的原因方面不存在其他方面的差异。（没有他因）

■壳牌石油公司连续三年在全球500家最大公司净利润总额排名中位列第一，其主要原因是该公司比其他公司有更多的国际业务。

下列哪项如果为真，则最能支持上述说法？

A. 与壳牌公司规模相当但国际业务少的石油公司的利润都比壳牌石油公司低

B. 历史上全球500家大公司的净利润冠军都是石油公司
C. 近三年来全球最大的500家公司都在努力走向国际化
D. 近三年来石油和成品油的价格都很稳定
E. 壳牌石油公司是英国和荷兰两国共同拥有的

[解析] 答案：A

题干断定的壳牌公司的因果关系为：因（国际业务多）——果（利润高）。

A项是个无因无果的支持：无因（国际业务少）——无果（利润低）。

由求异法，就支持了利润与国际业务之间存在因果关系。

B、D与国际化无关；C谈的是“500家公司”都在“国际化”，而题干强调的是各公司国际化程度的差异；E好像与国际业务有一定的关系，但国际业务的多少与公司是否由多国共同拥有并无直接关系。

■《星岛日报》和《星岛晚报》都有一个专门的校对小组负责防止错别字出现在每天刊出的报纸中。但是，《星岛日报》发表的文章中2%的文字有错误，而《星岛晚报》却没有出现此类错误。因此，《星岛晚报》的校对小组在发现错别字方面比《星岛日报》的校对小组更有效率。

以上论述是以以下哪项假设为前提的？

A. 大多数在《星岛日报》上发表的文章中都或多或少有错别字出现
B. 在《星岛晚报》上发表的文章，在校对之前至少是有错别字存在的
C. 从总体上看，《星岛晚报》校对小组的成员比《星岛日报》校对小组的成员素质更高
D. 一份报纸错别字数量的多少是衡量该报纸编辑工作是否细致的一个重要标准
E. 《星岛晚报》的记者和给该报投稿的作者比《星岛日报》的记者和给该报投稿的作者更认真

[解析] 答案：B

题干结论为：《星岛晚报》的校对小组在发现错别字方面比《星岛日报》的校对小组更有效率。

理由是：《星岛晚报》无文字错误，而《星岛日报》有文字错误。

本题是使用求异法作出的论证，比较的对象是《星岛日报》和《星岛晚报》，比较的现象是“有无文字有错误”，得出的结论是：差异因素（校对小组的效率）是导致某种现象（有无文字错误）产生的原因。要使这个论证成立，就必须指出除了“校对小组的效率”这个差异因素外，其他先行情况必须是相同的。

选项B就指出了两个比较的对象在校对之前，都是存在错别字的。可见，B项是题干推理必须假设的，否则，如果在《星岛晚报》上发表的文章，在校对之前是“没有”错别字存在的，意味着即使校对小组没有效率，晚报上的文章也会没有错误。

A项明显为无关选项；C是无关比较，素质更高未必就效率更高；D项讨论编辑工作，而不是“校对工作”，为无关选项；如果“提供给晚报的文章更认真”，那么就可能无错别字，就暗示也许发表的文章错别字少不是校对的功劳，有削弱味道，E项排除。

4. 求异法论证的弱化

（1）增加另一个场合，即增加一个反例。

（2）正面指出除这个差异因素之外，其他背景因素存在不同。

（3）反面指出在所比较的两种现象之间存在其他差异因素，或指出导致不同结果的原因方面差异因素不是唯一的。

■在村庄东西两块玉米地中，东面的地施过磷酸钙单质肥料，西面的地则没有。结果，东面的地亩产玉米 300 公斤，西面的地亩产仅 150 公斤。因此，东面的地比西面的地产量高的原因是由于施用了过磷酸钙单质肥料。

以下哪项如果为真，最能削弱上述论证？

A. 给东面地施用的过磷酸钙是过期的肥料

B. 北面的地施用过硫酸钾单质化肥，亩产玉米 220 公斤

C. 每块地种植了不同种类的四种玉米

D. 两块地的田间管理无明显不同

E. 东面和西面两块地的土质不同

［**解析**］答案：E

要使这则通过求异法得出的论证成立，必须保证对照实验中的这两块地除了是否施了过磷酸钙单质肥料外，其他背景因素都应该相同。

E 项表明，东面和西面两块地的土质不同。这就说明存在其他因素影响论证，能有效地削弱题干，为正确答案。

其余选项难以削弱题干。比如 A 项，给东面地施用的过磷酸钙是过期的肥料，东面地的产量都比没施肥的西面的地高，可见过期的过磷酸钙有作用，那么不过期的肥料就更有作用了，支持了题干。C 项意思是这两块地都种植了不同种类的四种玉米，而不是说这两块地种植的玉米不一样，因此，不能削弱题干。

■在美国，实行死刑的州，其犯罪率要比不实行死刑的州低。因此，死刑能够减少犯罪。

以下哪项如果为真，最可能质疑上述推断？

A. 犯罪的少年，较之守法的少年更多出自无父亲的家庭。因此，失去了父亲能够引发少年犯罪

B. 美国的法律规定了在犯罪地起诉并按其法律裁决，许多罪犯因此经常流窜犯罪

C. 在最近几年，美国民间呼吁废除死刑的力量在不断减弱，一些政治人物也已经不再像过去那样在竞选中承诺废除死刑了

D. 经过长期的跟踪研究发现，监禁在某种程度上成为酝酿进一步犯罪的温室

E. 调查结果表明：犯罪分子在犯罪时多数都曾经想过自己的行为可能会受到死刑或常年监禁的惩罚

［**解析**］答案：B

题干根据实行死刑的州犯罪率比不实行死刑的州低，得出结论：死刑能够减少犯罪。

要削弱这个推断，就要说明存在别的因素影响这个推理。如果 B 项为真，则可以认为，许多罪犯，为了躲避死刑的风险，宁愿采取流窜作案的方式，选择在不实行死刑的州作案。这样，虽然实行死刑的州犯罪率因此下降，但全美国的犯罪率并没有下降。所以不能由此得出死刑能够减少犯罪的结论。

其余各项均不能质疑题干的推断。

5. 求异法论证的推论

基于某种条件存在的情况下，某种现象就产生；在某种条件不存在的情况下，某种现象没有产生。从而应该合理地得出的结论是：这一差异因素是导致某种现象产生的原因。

■一项对西部山区小塘村的调查发现，小塘村约五分之三的儿童进入中学后出现中度以上的近视，而他们的父母及祖辈，没有机会到正规学校接受教育，很少出现近视。

以下哪项作为上述断定的结论最为恰当？

A. 接受文化教育是造成近视的原因

B. 只有在儿童期接受正式教育的情况下才易于出现近视

C. 阅读和课堂作业带来的视觉压力必然造成儿童的近视

D. 文化教育的发展和近视现象的出现有密切关系

E. 小塘村约有五分之二的儿童是文盲

[**解析**] 答案：D

题干根据调查发现：小塘村约五分之三的儿童进入中学后出现近视，而他们没有接受学校教育的父母及祖辈却很少出现近视。

根据求异法的推理，上述调查比较的现象是“是否近视”，差异因素是“是否接受学校教育”，从而有利于得出结论：文化教育的发展和近视现象的出现有密切关系。因此，D项为正确答案。

6. 求异法论证的解释

若一段文字论述，一方面，差异因素（先行情况）发生正反两方面的变化，比较的现象（结果）也变化，按理应该有因果关系；但另一方面，又说明它们没有因果关系。为什么？这时，就要从另外角度，比如背景因素不一样，来解释它们的分歧。

■研究表明，很少服用抗生素的人比经常服用抗生素的人有更强的免疫系统。然而，没有证据表明，服用抗生素会削弱免疫系统。

下面哪一项如果正确，最能够调和题干中信息之间的不一致？

A. 有些人常吃抗生素类药，因为他们的医生无论是对病毒感染还是对细菌感染都开抗生素类药物

B. 免疫力强的人很少感染上人们通常用抗生素来治疗的疾病

C. 尽管抗生素会产生许多副作用，有些人依然使用这类药

D. 免疫力差的人，如果不服用抗生素类药，很难从细菌传染病中恢复过来

[**解析**] 答案：B

很少服用抗生素的人比经常服用抗生素的人有更强的免疫系统，按求异法推理，正常情况应该是，服用抗生素会削弱免疫系统；然而，题干认为没有证据表明这一结论，为什么呢？肯定是存在别的原因使用求异法得出的这一结论不可靠。

B项就指出“免疫力强的人很少感染上人们通常用抗生素来治疗的疾病”，说明很少服用抗生素的人本来就免疫系统强；也就是说，不是因为服用抗生素削弱了免疫系统，而是免疫系统强的人不需要服用抗生素。

D项对题干也能起到解释作用，该项表明，免疫力差的人确实需要服用抗生素，只是有助于说明，服用抗生素可能不是削弱免疫力的原因，但解释力度不如B项。

■京华大学的30名学生近日里答应参加一项旨在提高约会技巧的计划。在参加这项

计划前一个月，他们平均已经有过一次约会。30 名学生被分成两组：第一组与 6 名不同的志愿者进行 6 次“实习性”约会，并从约会对象得到对其外表和行为的看法的反馈；第二组仅为对照组。在进行实习性约会前，每一组都要分别填写社交忧惧调查表，并对其社交的技巧评定分数。进行实习性约会后，第一组需要再次填写调查表。结果表明：第一组较之对照组表现出更少社交忧惧，在社交场合更自信，以及更易进行约会。显然，实际进行约会，能够提高我们社会交际的水平。

以下哪项如果为真，最可能质疑上述推断？

A. 这种训练计划能否普遍开展，专家们对此有不同的看法

B. 参加这项训练计划的学生并非随机抽取的，但是所有报名的学生并不知道实验计划将要包括的内容

C. 对照组在事后一直抱怨他们并不知道计划已经开始，因此，他们所填写的调查表因对未来有期待而填得比较悲观

D. 填写社交忧惧调查表时，学生需要对约会的情况进行一定的回忆，男学生普遍对约会对象评价得较为客观，而女学生则显得比较感性

E. 约会对象是志愿者，他们在事先并不了解计划的全过程，也不认识约会的实验对象

［**解析**］答案：C

题干的结论是：实际进行约会，能够提高社交水平。其根据是：在所填写的调查表中，实习组比对照组显示出更多的自信。

如果 C 项为真，意思是，对照组不知道在实验，因此，表填得比正常情况要悲观，也即对照组实际上的社交水平与状态，比调查表中填写的要好，这样，作为题干根据的上述对比结果（即参加实习约会后表现出更多自信）就可能不成立，也就是，参加与不参加实习约会的社交水平是差不多的，这就对题干的推断提出了有力的质疑。

B 项前半句话“参加这项训练计划的学生并非随机抽取的”似乎对题干有所削弱，但后半句话“所有报名的学生并不知道实验计划将要包括的内容”对题干起到了支持作用。

其余各项均不能构成质疑。

7. 求异论证的评价

求异法就是要考察正反两个场合。对某个事物的评价，首先要有个评价的基准，也就是可比较的标准。常用的方法是做对比实验进行对比评价

■在经历了全球范围的股市暴跌的冲击以后，T 国政府宣称，它所经历的这场股市暴跌的冲击，是由于最近国内一些企业过快的非国有化造成的。

以下哪项如果事实上是可操作的，最有利于评价 T 国政府的上述声明？

A. 在宏观和微观两个层面，对 T 国一些企业最近的非国有化进程的正面影响和负面影响进行对比

B. 把 T 国受这场股市暴跌的冲击程度，和那些经济情况和 T 国类似，但最近没有实行企业非国有化的国家所受到的冲击程度进行对比

C. 把 T 国受这场股市暴跌的冲击程度，和那些经济情况和 T 国有很大差异，但最近同样实行了企业非国有化的国家所受到的冲击程度进行对比

D. 计算出在这场股市风波中 T 国的个体企业的平均亏损值

E. 运用经济计量方法预测 T 国下一次股市风波的时间

[解析] 答案：B

对某个事物的评价，有效的方式是看对比情况的结果，即与另一场合进行对比，按照 B 项的设计操作，那些经济情况和 T 国类似，但最近没有实行企业非国有化的国家，如果没有受到类似于 T 国的股市暴跌的冲击，则根据求异法可认为股市暴跌的原因就是非国有化，即 T 国政府的声明将受到支持；如果同样受到类似于 T 国的股市暴跌的冲击，则股市暴跌的原因就不能认为是非国有化，即 T 国政府的声明将受到严重质疑。显然，这一操作有利于评价 T 国政府的声明。

其余各项，对评价 T 国政府的声明没有意义或意义不大。

（三）共变法

共变法是指：在其他条件不变的情况下，如果一个现象发生变化，另一个现象就随之发生变化，那么，前一现象就是后一现象的原因或部分原因。

[案例] 婴儿为什么总被抱在左边

有人做过一个十分有趣的统计：过去几百年间流传至今的 466 幅圣母玛利亚的画像中，有 373 幅里的耶稣是在左边吸吮圣母的乳汁的，这一数字是全部被统计画幅的 80%左右。

艺术是生活的概括，如果你稍微注意的话，就会发现，大多数母亲喂奶时，也是把婴儿抱在自己的左边。据心理学家统计，80%的母亲都是把婴儿抱在左边的。

为什么会这样？为此，有个心理学家做了以下实验。

任选四组婴儿，每组人数相同，把他们放在声音环境不同的房间里。第一个房间保持寂静；第二个房间放催眠曲；第三个房间放模拟的心跳声；第四个房间放真实的心跳声的录音。用这样的方法，试验一下哪一个房间的婴儿最先入睡。结果是第四个房间的婴儿，只用了其他房间中婴儿入睡所需时间的一半，就进入梦乡。然后依次是第三个房间、第二个房间、第一个房间里的婴儿先后入睡。通过实验证明听到母亲的心跳声对婴儿有某种抚慰的作用。

1. 共变法的推理

共变法可用下述公式来表示：

场合	先行情况	被研究现象
(1)	A1、B、C、D	a1
(2)	A2、B、C、D	a2
(3)	A3、B、C、D	a3
……	……	……

所以，A 是 a 的原因。

■在 20 世纪 50 年代，我国森林覆盖率为 19%，60 年代为 11%，70 年代为 6%，80 年代不到 4%。随着森林覆盖率的逐年减少，植被大量被破坏，削弱了土地对雨水的拦蓄作用，一下暴雨，水卷泥沙滚滚而下，使洪涝灾害逐年严重。可见，森林资源的破坏，是酿成洪灾的原因。

以下哪项使用的方法与上文最类似？

A. 敲锣有声，吹箫有声，说话有声。这些发声现象都伴有物体上空气的振动，因而可以断定物体上空气的振动是发声的原因

B. 把一群鸡分为两组，一组喂精白米，鸡得一种病，脚无力，不能行走，症状与人的脚气病相似。另一组用带壳稻米喂，鸡不得这种病。由此推测带壳稻米中有某些精白米中所没有的东西是造成脚气病的原因。进一步研究发现，这种东西就是维生素 B1

C. 意大利的雷地反复进行一个实验，在 4 个大口瓶里，放进肉和鱼，然后盖上盖或蒙上纱布，苍蝇进不去，一个蛆都没有。另 4 个大口瓶里，放进同样的肉和鱼，敞开瓶口，苍蝇飞进去产卵，腐烂的肉和鱼很快生满了蛆。可见，苍蝇产卵是鱼肉腐烂生蛆的原因

D. 在有空气的玻璃罩内通电击铃，随着抽出空气量的变化，铃声越来越小，若把空气全抽出，则完全听不到铃声。可见，声音是靠空气传播的

E. 棉花是植物纤维，疏松多孔，能保温。积雪是由水冻结而成的，有 40%至 50%的空气间隙，也是疏松多孔的，能保温。可见，疏松多孔是能保温的原因

[解析] 答案：D

选项 D 和题干都使用求因果联系的共变法。A、E 为求同法；B 为求异法；C 为求同求异法。

2. 针对运用共变法推出的因果主张，所提出的批判性准则

(1) 被研究现象发生共变的情况是否唯一的？

(2) 在考察两个现象之间的共变关系时，其他条件是否保持不变？

(3) 两种现象的共变是否具有相关性？

[案例] 看的电影

共变不一定有因果，关键要看是否有实质性的相关。下面的幽默是误用共变造成的。

三个男人在一起聊天，一个说："自从老婆看过《双胞胎》这部电影后，就生了双胞胎。"另一个说："自从我老婆看了《三个火枪手》这本书后，就生了三胞胎。"第三个男人听了以后大叫起来，边往家跑边说："不好了，我老婆正在看《阿里巴巴和四十大盗》呢！"

3. 共变法论证的强化

强化一个用共变法作出的论证的方法是指出发生共变的两个现象之间有实质性的相关。

■最近几年，外科医生数量的增长超过了外科手术数量的增长，而许多原来必须施行的外科手术现在又可以代之以内科治疗，这样，最近几年，每个外科医生每年所做的手术的数量平均下降了四分之一。如果这种趋势得不到扭转，那么，外科手术的普遍质量和水平不可避免地会降低。

上述论证基于以下哪项假设？

A. 一个外科医生不可能保持他的手术水平，除非他每年所做手术的数量不低于一个起码的标准

B. 新上任的外科医生的手术水平普遍低于已在任的外科医生

C. 最近几年，外科手术的数量逐年减少

D. 最近几年，外科手术的平均质量和水平下降了

E. 一些有经验的外科医生最近几年每年所做的外科手术，比以前要多

[解析] 答案：A

本题涉及的共变关系是：随着外科医生平均手术量的不断下降，他们的医术水平也会下降。假设的类型是：指出发生共变的两个现象之间有实质性的相关。

A 项的意思就是，如果他每年所做手术的数量低于一个起码的标准，那么他不可能保持他的手术水平，与题干的意思一致。可见，A 项必然可以使题干论证成立，为正确答案。

其余选项都不是题干论证基于的假设。

4. 共变法论证的弱化

削弱一个用共变法作出的论证的方法是指出发生共变的两个现象之间没有实质性的相关，或存在其他共变情况，即存在反例。

■美国 1935—1940 年的汽油消耗因为大战期间采取配额限制而下降了 35%，与此同时，美国白人的肺癌发病率也下降了几乎相同的百分比。1941—1950 年肺癌死亡人数增加了 19 倍，而同一时期汽油的消耗量也增加了相同的比率。这说明汽油消耗是造成美国人得癌症的一个重要原因。

下列陈述如果为真，哪一个能够最有力地削弱上述观点？

A. 1939—1949 年，美国城市黑人的肺癌发病率没有变化

B. 1936—1944 年，汽油中铅含量有所增加

C. 1950 年以后，汽油消耗量大幅度上升

D. 第二次世界大战期间，癌症病人不许开车

E. 1941—1951 年，妇女开始大量开汽车

[解析] 答案：A

本题根据汽油消耗与白人肺癌发病率的共变关系的统计数据，得出的结论是：汽油消耗引起的空气污染是造成美国人得癌症的一个重要原因。

A 项指出，黑人的肺癌发病率没有变化，也就是汽油消耗与黑人肺癌发病率无共变关系，作为反例，有力地削弱了题干的观点。

5. 共变论证的推论

共变论证结论的得出：共变的先行因素是被研究现象出现的原因

■美国国家专利局授予发明者专利的数量，1971 年为 56 000 项，1978 年降低到 45 000 项，而用于科研与开发的国家投入，1964 年达到国民生产总值的 3%，1978 年只有 2.2%，而在此期间，在美国对科研与开发的投入不断减少的同时，联邦德国与日本在这方面的投入分别提高了 3.2%和 1.6%。

以下哪项是从上述信息中最能得出的结论？

A. 一个国家的国民生产总值和它的发明数量有直接关系

B. 1978 年，联邦德国和日本用于科研与开发的投入要比美国的多

C. 一个国家对科研与开发的投入量与这个国家的发明专利数有直接关系

D. 在 1964 年至 1978 年间，美国用于科研与开发的投入占国民生产总值的比例一直高于日本

E. 联邦德国和日本在授予发明者专利的数量上将很快超过美国

[解析] 答案：C

随着美国对科研与开发的投入不断减少，美国国家专利局授予发明者专利的数量也在不断减少，根据共变法，可以合理地得出结论：一个国家对科研与开发的投入量与这个国家的发明专利数有因果关系，即选项 C。

其余选项从题干中得不出。

第四节　类比推理与论证

类比方法是人们生活、学习及人际沟通中最为常用的一种思维方法。类比推理是根据两个或两类事物在某些属性上相同或相似，进而推出它们在其他属性上也相同或相似的推理。类比是或然性推理，属于扩展性的推理，因此属于广义的归纳推理。

一、类比推理概述

（一）类比推理的结构

类比推理的结构，可表示如下：

A 有属性 a、b、c、d。

B 有属性 a、b、c。

所以，B 有属性 d。

[案例] 光波

据科学史的记载，光波概念的提出者，荷兰物理学家、数学家赫尔斯坦·惠更斯曾将光和声这两类现象进行比较，发现它们具有一系列相同的性质：如直线传播、有反射和干扰等。又已知声是由一种周期运动所引起的、呈波动的状态，由此，惠更斯作出推理，光也可能有呈波动状态的属性，从而提出了光波这一科学概念。惠更斯在这里运用的推理就是类比推理。

在类比推理的形式结构中：第一，A 事物是我们熟悉的事物，B 事物是我们希望说明或深入了解的事物，并且它们在一些属性上具有相似性。第二，已知 A 事物的前提与结论具有真实的因果联系，因此，B 事物也应有相关的因果联系。

由于“属性”包括事物具有或不具有的性质，也包括事物之间所具有或不具有的关系，因此，按上述类比推理的定义和结构，类比推理主要有两种：性质类比推理与关系类比推理。

性质类比推理是根据两个或两类对象在某些性质上的相同或相似，又知其中一个或一类对象还具有另外一种性质，从而推知另一个或一类对象也具有这另外一种性质的类比推理。

关系类比推理是根据两个或两类对象之间的关系在某些方面（如 a、b、c、d 等方面）类似于另两个或两类对象之间的关系，现又知前两个或两类对象在另一方面存在关系，从而推知后两个或两类对象也在另一方面存在关系。这是一种以关系的相同或相似为根据而进行的类比推理。

（二）类比推理的特点

类比推理是一种“同中求同”的推理形式。

类比推理有两个基本特点：其一，从思维进程来看，类比推理主要是由个别到个别的推理，它的前提和结论一般都是对个别对象的断定。其二，类比推理的结论是或然的，结论所断定的范围超出了前提的断定范围，因此，当前提为真时，结论未必为真。

例如：人们通过对地球的认识，认为火星上也可能有生命现象。其类比的思维过程是这样的：

地球是行星，绕轴自转，有昼夜，被大气包围，有水，有生命。

火星是行星，绕轴自转，有昼夜，被大气包围，有水。

因此，火星上也有生命。

（三）提高类比推理可靠性的办法

为了使我们运用类比推理所得到的认识更加可靠，避免错误和提高可靠性程度，我们应当尽可能从两类事物的较本质的属性上去进行类比（类比属性较本质，说明类比对象在性质上更加近似，类比结论的可靠性也就较大），并且，尽可能找到类比的对象间较多的共同属性（类比对象的已知共同处越多，其结论的可靠性当然也就越大）。但是，也要明白，既然进行类比的是两类对象，它们总有不同之处。因此，当我们由两类对象在一些属性上相同而推出它们在另一属性上也相同时，这另一属性很有可能正好是它们两者的不同之处。在这种情况下，类比得出的结论就会是不正确的。

类比推理的结论虽然只具有或然性，但这种推理形式在人们的认识活动中还是具有重要作用的。在科学研究中，许多科学假说最初都是通过类比推理提出的。例如，我们在前面讲的惠更斯的光波概念最初就是应用类比推理提出的。又如，天文学上关于火星上有生物存在的推测和假说的提出，就是运用类比推理的结果（天文学家通过对地球与火星相同条件的分析，发现它们同样具有大气、水、空气、适当的温度等生物存在的必需条件。现在地球上存在生物，故推断火星上也可能有生物）。在这里，类比推理的应用就为科学研究提供了重要的线索。

类比推理是人们在日常思维活动过程中经常运用的一种思维形式。因为，人们在实践活动中，常常要借助某些已经认识的个别事物与其他相似的事物比较，从它们之间已知的共同点出发，进一步判明它们另一些方面的共同点，从而扩大人们的认识领域，从对某些特殊事物的认识过渡到对另一些特殊事物的认识。

二、类比论证的批判性思考

类比论证是从两个或两类事物的某些地方的相似，推出它们在另外的地方仍相似的结论，其结论不具有必然性。

（一）评估类比论证的批判性问题

由于类比是一种主观的不充分的似真推理，因此，要确认其类比推理与论证的正确性，还要经过严格的逻辑检验。

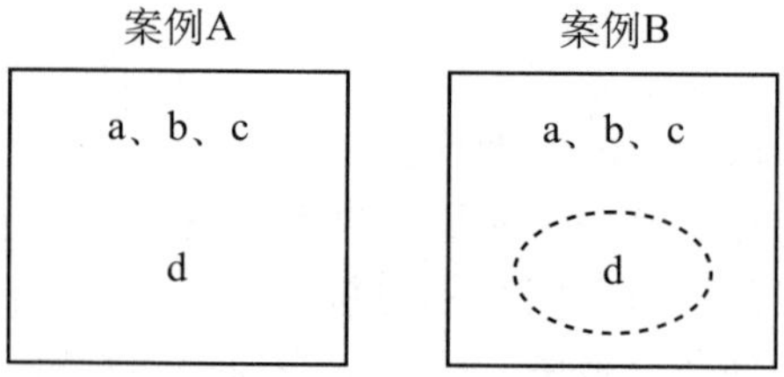

在进行类比推理与论证时，需要考虑以下批判性问题。

CQ1. 是否在同类对象或可比的对象之间进行类比。

世间几乎任何两个事物之间都有某种相似性，但不能简单进行类比。世界上具有某些相同属性或相似属性的事物是无穷多的，有的根本是风马牛不相及的，对它们进行类比，就缺乏说服力。

例 1：中国古代墨家曾提出“异类不比”的原则，他们把“木与夜孰长？智与粟孰多”之类的问题斥为荒谬，因为木头占据空间，夜晚涉及时间；智慧属于精神范畴，粟米属于物质范畴，不同类，不可比。

例 2：“狗和人都是哺乳动物，吃人肉是违背道德的，所以吃狗肉是违背道德的。”

分析：人与狗是不同类的对象，其共性是在生物学上，而非人类道德上。

CQ2. 两类事物之间是否具有相似性？

辨别属性 a、b、c、……，确定这些属性为实体 A 和 B 所共有。前提相似属性越多，结论的可靠性程度就越高。

CQ3. 两类事物之间是否还具有相异性？

作类比的两个事物之间固然有相似之处，但也有所差别。相异的属性越关键，越会降低类比论证的可靠程度。

例如：他对朋友这么好，对女朋友一定很好呢。

分析：朋友和朋友是有不同的，未必适合类比。

CQ4. 类比的前提与结论之间是否具有相关性？

类比结论的可靠程度取决于很多因素，其中最重要的是它们已知的相同属性与推出的属性之间的相关程度，即确定结论提到的属性 a、b、c 与属性 d 之间的关系，若存在着因果上的联系或者系统上的联系，那么，这个类比论证就是强的，否则它就是弱的。因此，明确哪些是与推出属性紧密相关的重要属性，再看所比较的两个事物是否都具备这些关键属性。

CQ5. 类比所得出的结论是否恰当？

对这些相似的事物我们还需了解什么？有无信息遗漏？

[案例] 技艺高超的剃头匠

有个故事，古代有个技艺高超的剃头匠，一次，他给一位将军剃头。为了卖弄他的手艺，他在剃头刀上拴了一串铃铛，然后将剃头刀高高抛起，随着一阵铃铛声响，剃头匠敏捷地接住下落的剃头刀，顺势剃上一刀。在整个剃头过程中，将军被吓得冷汗淋漓。好不容易等到剃完了最后一刀，气急败坏的将军不由分说地把剃头匠捆在树上，操起弓箭便射向剃头匠。只见每支箭都贴着剃头匠的头皮射在树干上。自然，剃头匠也是被吓得两股战战。

分析：表现技艺有各种形式，虽然越是惊险就越是刺激，但剃头匠在表现他的技艺时，却忽视了一个重要的前提条件，即不能拿别人的生命开玩笑。同样技艺高超的将军，以其人之道还治其人之身，用归谬式的类比，揭示出了剃头匠在卖弄技艺过程中所无意遗漏的这个重要信息。

（二）类比谬误

类比论证是根据两个对象在某些属性上的相同或相似，推论两者在其他属性上也相同或相似。类比论证属于或然性推理，是一种从特殊到特殊、从个别到个别的推理方式，其结论不一定为真，只有一定程度的可靠性。

1. 类比不当

类比不当的谬误，也叫谬比、假类比、弱类比、诉诸类比、虚假类比、机械类比、荒唐类比、类比失当的谬误，是指 A 与 B 不具有或者是缺少可比性，却被论述者简单地放在一起加以比较。具体是指把所论证的事物和一个表面与其相似、本质却不同的事物进行类比，从而得出荒谬的结论。

例 1：基督教神学家们就曾用机械类比来“证明”上帝的存在。在他们看来，宇宙是由许多部分构成的一个和谐的整体，正如同钟表是由许多部分构成的和谐整体一样，而钟表有一个创造者，所以，宇宙也有一个创造者——上帝。这就是把两类根本性质不同的对象，按其表面相似之处，机械地加以类比。这种类比显然是错误的、不合逻辑的。

例 2：剪刀和手枪都是金属做的，而且都能伤人。但是，手枪被禁止，而剪刀却不被禁止。显然手枪被禁止是错误的。

例 3：熊猫和棕熊是近亲，它们都具有相似的牙齿和肠道结构，适应于肉食。所以，熊猫常吃的食物是肉类。

[案例] 父子对话

孩子：“爸爸，小明的爸爸游泳游得可好了，你怎么不会呢？”

爸爸：“小明的爸爸总吃鱼，所以会游泳；我不爱吃鱼，怎么会游泳呢？”

孩子：“可是，爸爸，你总吃鸡，你下过蛋吗？”

爸爸：“混蛋。”

这种谬误貌似运用类比推理，但实际上却是缺乏相关性的类比推理。使用类比推理所作出的论证，其结论依靠的是两种事物或情况之间可比的或相似的属性的存在。当论证中的类比推理不足以支持其结论时，就会出现谬误。

比较以下两则论证。

论证一：电流通过导线如同水流通过管道。由于大口径的管道比小口径的管道输送的流量大。所以，较粗的导线比较细的导线输送的电量大。

论证二：电流通过导线如同水流通过管道。当水通过管道从高处流向低处时，低处的水压要大于高处的水压。所以，当电流通过导线从高处向低处输送时，低处的电压也会大于高处的电压。

第一则论证是好的，第二则论证存在谬误。这两则论证都以水流通过管道与电流通过导线的相似性为根据，在两种情况下，管道或导线的直径与流量的大小有系统性的联系。

在第一个论证中，这种系统性的联系为从前提得出结论提供了较强的支持，所以这个论证是好的。但是，在第二个论证中，对水流来说，在不同的高度与压力大小之间存在因果联系，而对电流来说则不存在这种因果联系。水分子在管道中流动明显会受到重量的影响，而在导线中输送电流则不受重量的影响。因此，第二则论证存在谬误。

■今年，我国的小汽车交易十分火爆。在北京，小汽车的平均价格是 13.8 万元；在石家庄，其平均价格仅为 9.9 万元。所以，如果你想买一辆新的小汽车，若去石家庄购买，有可能得到一个更好的价钱。

下面哪一个选项最好地描述了作者推理中的漏洞？

A. 作者假定，在北京和石家庄两地所卖的汽车档次差不多

B. 作者假定，一类商品的平均价格就是它的中位价格

C. 作者假定，在北京所卖的汽车数量与在石家庄所卖的汽车数量相同

D. 作者假定，在石家庄新汽车的价格比在北京新汽车的价格更便宜

E. 作者假定，北京和石家庄两地的消费者偏好相同

［**解析**］答案：A

题干根据在北京交易的小汽车的平均价格高于石家庄，得出结论：去石家庄购买小汽车更合算。这个论证犯了弱类比的谬误。

要使这一论证成立，必须假设在北京和石家庄两地所卖的汽车档次差不多。否则，如果北京所卖的汽车档次要高于石家庄，那么，这两地的汽车售价就不具有可比性，这样就得不出题干的结论。因此，A 项最好地描述了作者推理中的漏洞，为正确答案。

其余选项不恰当，比如 D 项，在石家庄新汽车的价格比在北京的新汽车价格更便宜，这是题干作者隐含的结论，而非作者的假定。

2. 类推不当

除了两个物体之间的类比，还有同一个物体或不同物体在不同时间的类比，在大部分情况下这种类比都是有问题的，因为当时间发生了变化，物体所处的环境也可能会发生变化，而且不能排除偶然性。

“类推不当”的谬误是指由于忽视时间因素对样本属性的影响，机械地以样本属性为根据，对一类事物的现在或未来作出的概括或类推。其谬误在于忽视已经发生的重要事件可能会随着时间的推移而发生变化，使得基于这类事件所归纳出来的结论变得不大可能。

例如：上次我打得赢他；我这次一定也打得赢。

分析：上次打得赢，这次不一定能打得赢，世上没有常胜将军。

■分析下面的论证在概念、论证方法、论据及结论等方面的有效性。

内地某山村有一农民对自己的玉米收成很不满意，于是买来优质的玉米种子，果然当年大获丰收。邻人们在惊羡之余，纷纷请求其卖些种子给他们。可是，这个农民为保全自己的优势，断然拒绝。可从第二年开始，他的玉米收成就开始差了，到了第三年，产量更是和邻人的相差无几。他的玉米产量为什么连年减少？原因一定是他的优质玉米接受了邻人田中劣等玉米的花粉。市场竞争的道理也是一样，封锁某种优良的技术种子，伪劣的仿造品就会如同劣等玉米的花粉一样将优质的玉米杂交得不成样子。所以，更好的做法应该是，慷慨无私地把自己公司的先进技术公布出来，与人共享，这样通过利人的方式最终反而更能达到利己的目的。

［参考分析］

不当的类比 荒唐的无私

上文先论述了一则故事：一农民买来优质的玉米种子并大获丰收后，拒绝把种子卖给邻人，之后，他的玉米产量连年减少。作者认为其原因是他的优质玉米接受了邻人田中劣等玉米的花粉。由此类比企业经营之道，认为：企业应该慷慨无私地把自己的先进技术公布出来，与人共享，这样，通过利人的方式最终反而更能达到利己的目的。这一类比论证是有严重缺陷的，现试剖析如下。

首先，玉米收成下降的原因未必就是邻人玉米花粉的影响，而可能是气候、施肥、除草等别的原因，或者是多种原因的综合产物。

其次，即使玉米收成下降的原因确实是受到邻人玉米花粉的影响，上述类比论证也是不当的。文中作者把"优质的玉米种子"类比为"优良的技术种子"，把"劣等玉米"类比为"伪劣的仿造品"，既然玉米产量减少的原因是"优质的玉米种子与劣等玉米的花粉杂交"，那么可类比推出，企业的优质产品会受到的负面影响是"优良的技术种子与伪劣的仿造品杂交"，显然，这是荒谬的。可见，把上述两类对象进行类比是不恰当的。

再次，伪劣的仿造品可能会影响自己先进的技术产品，但要相信很多顾客还是可以区分好坏优劣的，从长远的角度看，先进的产品还是会战胜那些劣质的仿造品的。而且，伪劣的仿造品如果非法侵害了自己公司的利益，那么，公司完全可以采取法律手段来维护自己的利益，而没有必要非得采取公布先进技术的下策。

最后，就算决定采取公布技术的方法，也没有必要"慷慨无私"，因为企业毕竟要以营利为目的，所以，公司应该尽量考虑通过知识产权交易的方式把这种先进技术出售、转让或许可出去。

总之，作者没有有效地证明，"企业应慷慨无私地把自己的先进技术公布出来，与人共享，从而达到利人利己的目的"。相反，这反而会令人担心，这样做可能会毁了企业本身。

（三）类比论证的恰当性

类比论证就是以类比的方式得出结论或者反驳他人论点的论证。一般说来，可以类比的事物都具有某些共性，要么形式，要么内容。

■小光和小明是一对孪生兄弟，刚上小学一年级。一次，他们的爸爸带他们去密云水库游玩，看到了野鸭子。小光说："野鸭子吃小鱼。"小明说："野鸭子吃小虾。"哥俩说着说着就争论起来，非要爸爸给评评理。爸爸知道他们俩说得都不错，但没有直接回答他们的问题，而是用例子来进行比喻。说完后，哥俩都服气了。

以下哪项最可能是爸爸讲给儿子们听的话？

A. 一个人的爱好是会变化的。爸爸小时候很爱吃糖，你奶奶管也管不住。到现在，你让我吃我都不吃

B. 什么事儿都有两面性。咱们家养了猫，耗子就没了。但是，如果猫身上长了跳蚤也是很讨厌的

C. 动物有时也通人性。有时主人喂它某种饲料吃得很好，若是陌生人喂，怎么也不吃

D. 你们兄弟俩的爱好几乎一样，只是对饮料的爱好不同。一个喜欢可乐，一个喜欢雪碧。你妈妈就不在乎，可乐、雪碧都行

E. 野鸭子和家里饲养的鸭子是有区别的。虽然人工饲养的鸭子是由野鸭子进化来的，但据说已经有几千年的历史了

［解析］答案：D

在题干中，两人说的“野鸭子吃小鱼”和“野鸭子吃小虾”都有可能性，可能一部分野鸭子吃小鱼，另一部分野鸭子吃小虾，也可能是野鸭子既吃小鱼又吃小虾。所以两个孩子的话并不矛盾，他们只是片面地看到了野鸭子某一种行为，各执一词，争论不休。

在D项中，爸爸用哥俩各有偏好和妈妈既喝可乐又喝雪碧的例子进行类比，说明同一个群体的不同个体可能有不同偏好，一个主体也可以有不同的行为。由于类比恰当，哥俩也就服气了。

选项A虽然用了类比，但是说的是小孩和大人的区别，而题干中并未讨论小鸭子和大鸭子。选B不妥，因为B讲的是事物的两面性，与题干的含义相距较远。选项C、E用的不是类比，与题干不符。

■一般人总会这样认为，既然人工智能这门新兴学科以模拟人的思维为目标，那么，就应该深入研究人思维的生理机制和心理机制。其实，这种看法很可能误导这门新兴学科。如果说，飞机发明的最早灵感可能是来自鸟的飞行原理的话，那么，现代飞机从发明、设计、制造到不断改进，没有哪一项是基于对鸟的研究之上的。

题干是用类比的方法来论证自己的观点。以下哪项是题干中所作的类比？

Ⅰ. 把对人思维的模拟，比作对鸟的飞行的模拟。

Ⅱ. 把人工智能的研究，比作飞机的设计制造。

Ⅲ. 把飞机的飞行，比做鸟的飞行。

A. 只有Ⅰ　　B. 只有Ⅱ

C. 只有Ⅲ　　D. 只有Ⅰ和Ⅱ

E. Ⅰ、Ⅱ和Ⅲ

［解析］答案：D

题干结论：虽然人工智能以模拟人的思维为目标，但这并不意味着必须深入地研究人思维的生理机制和心理机制。

其论据为：虽然飞机发明的最早灵感可能是来自鸟的飞行，但是，现代飞机从发明、设计、制造到不断改进，没有哪一项是基于对鸟的研究之上的。

显然，题干把人工智能对人思维的模拟比作飞机对鸟的飞行的模拟，Ⅰ正确；

同时，题干的论证是基于把人工智能的研究比作飞机的设计制造，Ⅱ正确；

题干是将人工智能与飞机作类比，没有讨论飞机的飞行与鸟的飞行的比较，Ⅲ明显错误。

（四）类比论证的强化

强化一个类比论证的方法是指出两种现象的可类比性（保证类比的两类对象有实质性的相关），或者指出不存在与类推属性相关的反例。

■去年引进国外大片《马语者》，仅仅在白山市放映了一周，各影剧院的总票房收入

就达到 800 万元。这一次白山市又引进了《空军一号》，准备连续放映 9 天，1 000 万元的票房收入应该能够突破。

根据上文包括的信息，分析以上推断最可能隐含了以下哪项假设？

A. 白山市很多人因为映期时间短都没有看上《马语者》，这一次可以补偿一下了

B. 有《马语者》作铺垫，《空军一号》的票房应当会更火爆

C. 这两部片子的上座率、票价等将非常类似

D. 连续放映 9 天是以往比较少见的映期安排，可以吸引更多的观众

E. 总统题材的影片的影响力和票房号召力是巨大的

[解析] 答案：C

要在两样东西或是两种方法间类推，很重要的一点就是这两者实质性相关，即两者之间具有可类比类推性。对于本题来说，映期上可以类比，剩下的就是票价和上座率了，这些指标的综合就是一部影片的票房。因此，C 项是必须假设的，否则，如果《空军一号》的上座率、票价不如《马语者》，那么《空军一号》的票房收入的预计就显然缺乏说服力了。

其余选项作为答案均不恰当。

（五）类比论证的弱化

削弱一个类比论证的方法是指出两种现象不可比（类比的两类对象存在实质性的区别，即存在其他不同），或者在可比的情况下指出反例的存在。

■某市繁星商厦服装部在前一阵疲软的服装市场中打了一个反季节销售的胜仗。据统计，繁星商厦皮衣的销售额在 6、7、8 三个月连续成倍增长，6 月销售 527 件，7 月销售 1 269 件，8 月销售 3 218 件。市有关主管部门希望在今年冬天向全市各大商场推广这种反季节销售的策略，力争今年 11、12 月和明年 1 月全市的夏衣销售能有一个大突破。

以下哪项如果为真，能够最好地说明该市有关主管部门的这种希望可能会遇到麻烦？

A. 皮衣的价格可以在夏天一降再降，是因为厂家可以在皮衣淡季的时候购买原材料，其价格可以降低 30%

B. 皮衣的生产企业为了使生产销售可以正常循环，宁愿自己保本或者微利，把利润压缩了 55%

C. 在盛夏里搞皮衣反季节销售的不只是繁星商厦一家。但只有繁星商厦同时推出了售后服务由消协规定的三个月延长到七个月，打消了很多消费者的顾虑，所以在诸商家中独领风骚

D. 今年夏天繁星商厦的冬衣反季节销售并没有使该商厦夏衣的销售获益，反而略有下降

E. 根据最近进行的消费者心理调查的结果，买夏衣重流行、买冬衣重实惠是消费者极为普遍的心理

[解析] 答案：E

市有关主管部门的建议依据的是类比推理：夏季反季节销售冬季服装销量大增，因此，若在冬季反季节销售夏季服装也将销量大增。显然这个类比结论可能是错的，题目所要求的就是找出使这个类比不成立的理由。

选项 E 非常准确地概括了买夏衣和买冬衣时人们的不同消费心理，说明繁星商厦夏季

售皮衣之所以成功，是因为消费者买冬衣重实惠；但因为消费者买夏衣重流行，所以，冬季售夏衣的计划可能难以奏效。这就使题干中所设想的反季节销售的一般规律不成立了。

选项 A、B、C 都只是部分地说明了反季节销售冬装成功的原因，与“反季节销售夏装是否会成功”并不相干；选项 D 只是陈述了夏天反季节销售没有获益这一事实，但这并不能推翻销量增加这一事实。

■某中学发现有学生课余利用扑克玩带有赌博性质的游戏，因此规定学生不得带扑克进入学校。不过即使是硬币，也可以用作赌具，但禁止学生带硬币进入学校是不可思议的，因此，禁止学生带扑克进学校是荒谬的。

以下哪项如果为真，最能削弱上述论证?

A. 禁止带扑克进学校不能阻止学生在校外赌博

B. 硬币作为赌具远不如扑克方便

C. 很难查明学生是否带扑克进学校

D. 赌博不但败坏校风，而且影响学习成绩

E. 有的学生玩扑克不涉及赌博

[**解析**] 答案：B

题干论证实际上把硬币类比为扑克，都可用作赌具，但既然不禁止学生带硬币进入学校，那也没必要禁止学生带扑克进入学校。

题干的论证方法是类比。类比对象的相关属性必须不存在实质性的差异，否则类比的结论就不可靠。题干的类比对象是扑克和硬币，相关属性是用作赌具。B 项指出，硬币作为赌具远不如扑克方便，意味着这两个类比对象的相关属性存在实质性差异，显然有力地削弱了题干论证。

其余选项都游离了题干论证，均为无关项。

第五节　归纳论证的评估

和演绎论证相对应的是扩展性论证（也叫广义归纳论证），如果一个论证不是演绎的推理方式，那么这个论证的推理方式就是扩展性推理，其前提和结论之间的关系是或然的，结论所包含的东西超过了前提所包含的东西，这种论证广泛运用于科学、社会、人文和实际生活领域。扩展性推理的正确与否是用合理性来评价的。

归纳论证是其结论的内容原本在某方面“超越”前提的内容的，我们不要求它们的前提必然地支持结论，其前提或然性地支持结论。因而归纳论证不能根据有效或无效来判断。对归纳论证进行评估是科学评价最主要的任务之一。

一、归纳强的

归纳推理是一种扩展性的推理，相应地，归纳论证的前提总是关于某相对熟悉的主题的，而结论则超越这个达到一个比较不熟悉的或者知之甚少的主题。

1. 归纳论证与演绎论证

归纳推理是“可能性”的推理，即归纳具有或然性，并非单单依赖于前提或结论，而

是依赖于前提和结论之间的关系。好的归纳是结论可能性很高的推理，但不能达到像演绎推理那样完全的确定性。演绎推理是“确定性”的推理，好的演绎推理是在前提为真的情况下结论也肯定为真。

论证类型	定义	说明
演绎论证	根据演绎推理而作出的论证，即指前提为真必然推出结论也真的论证	演绎论证是一种其结论被断言为从其前提绝对必然地推出的论证。如果一个演绎论证是有效的，就没有附加的前提可以增强这个论证的有效性
归纳论证（指广义归纳论证、扩展性论证）	运用广义归纳推理作出的论证，是从有限数量的事件推论到普遍的规律，从过去发生的事件推论未来的发生规律，或者根据某些不完全的信息作出决策	广义归纳论证是一种其结论被断言为仅仅或然性地从其前提推出的论证，附加的信息就有可能强化或弱化这种或然性。这种或然性是一个程度问题，其程度受可能出现的其他事物情况的影响

2. 强论证和弱论证

一个论证的强弱是指该论证中的结论是真或者是假的可能性程度。

（1）强论证的本质特征：强的论证是指一个论证的结论为真的可能性高于为假的可能性，即该论证不大可能是如果前提为真而结论为假。

（2）弱论证的本质特征：弱的论证是指一个论证的结论为假的可能性高于为真的可能性，即该论证不大可能是如果前提为真而结论为真。

演绎论证要么是有效的，要么是非有效的，在有效的范围内并没有程度之分，一个有效的论证在其前提为真的条件下是最强的。

归纳论证的强弱是有程度之分的，从某种意义上，归纳逻辑是关于评价论证强弱的方法的逻辑分支，是研究前提和结论之间的联系是强有力而非必然的证据关系。

归纳推理的强度依赖于前提对结论的支持作用（又称支持度），也就是前提和结论之间的证据关系。当然，知识是内容和可靠性的结合，但归纳推理中的内容与可靠性存在反比关系，一方面，科学的目的在于追求真理，就是追求使结论获得高可靠性、高概率；另一方面，科学的目的也包含知识的增长。因此，科学研究需要综合两方面的平衡，如果认识的目的仅仅是最高的可靠性，那么给出的结论、假说的内容越少、越空洞、越模糊、越保守，可靠性就越高，结论一点都不超出前提，最高的程度就是同义反复，但这没有任何意义。科学发展的途径就是根据一定证据，提出更广泛、更精确、更有预见力的假说，然后检验它，这样才能不断扩大人类的知识边界。

3. 归纳强弱的判断

归纳论证（扩展性论证）的前提为结论提供某种支持，前提授予结论的可能性程度越高，论证的价值也就越大。判定归纳强度，除了依靠前提与结论之间的逻辑关系外，还要判定前提与结论之间联系的“紧密程度”，这就需要对推理所涉及的背景知识有所了解。脱离具体的语言环境和相关的背景知识，归纳推理的强度往往就不好确定。

对论证的强弱和好坏的判断与我们对论证的评价相关，虽然论证的强弱临界点难以确定一个定数，即对一个论证的强弱评价难以作精确的描述，但人的理性直觉对论证的强弱可以提供一定区分，一般可以用归纳事例、类比性质和统计数字的多少为依据。当若干个命题作为对一个命题的支持或者削弱构成一个论证的时候，我们就有一种理性直觉来对这些命题支持或者削弱的程度作出判断，下面提供一些评价的一般经验。

序号	判定标准	强化论证的程度评价经验	弱化论证的程度评价经验
1	结论强于理由	支持结论的强度大于支持原因或论据	削弱结论的强度大于削弱前提（论据、原因）
2	内部强于外部	针对逻辑主线的支持强于针对非逻辑主线的支持	内部削弱的强度大于外部削弱
3	必然强于或然	必然的支持强度大于或然的支持	必然性削弱强度大于或然性削弱
4	明确强于模糊	含有确定性数字的支持大于模糊概念的支持	含有确定性数字的削弱大于模糊概念的削弱
5	量大强于量小	量大的支持强度大于量小的支持	量大的削弱强度大于量小的削弱
6	直接强于间接	直接支持的强度大于间接支持	直接削弱的强度大于间接削弱
7	整体强于部分	综合因素的支持强度要大于单一因素的支持强度	针对整体的削弱强度要大于针对部分的削弱
8	逻辑强于非逻辑	逻辑支持（形式化支持）的强度大于非逻辑支持	逻辑削弱的强度大于非逻辑削弱
9	质强于量	针对样本质的支持强度大于对样本量的支持	针对样本质的削弱强度大于针对样本量的削弱

■爱尔兰有大片泥煤蕴藏量丰富的湿地。环境保护主义者一直反对在湿地区域采煤。他们的理由是开采泥煤会破坏爱尔兰湿地的生态平衡，其直接严重后果是会污染水源。然而，这一担心是站不住脚的。据近 50 年的相关统计，从未发生过因采煤而污染水源的报告。

以下哪项如果为真，最能加强题干的论证？

A. 在爱尔兰的湿地采煤已有 200 年的历史，其间从未因此造成水源污染

B. 在爱尔兰，采煤湿地的生态环境和未采煤湿地没有实质性的不同

C. 在爱尔兰，采煤湿地的生态环境和未开采前没有实质性的不同

D. 爱尔兰具备足够的科技水平和财政支持来治理污染，保护生态

E. 爱尔兰是世界上生态环境最佳的国家之一

［**解析**］答案：C

题干要论证的结论是：环境保护主义者关于采煤会破坏爱尔兰湿地的生态平衡的担心是站不住脚的。在各选项中，只有 C 项如果为真，才能得出结论：在湿地采煤并没有破坏生态环境。

其余各项都能加强题干的论证，但都不能得出这一结论。例如，B 项如果为真，并不能保证在湿地采煤不改变生态环境，因为无法排除这种可能性：采煤湿地的生态环境虽然和未采煤湿地没有实质性的不同，但却和自身未开采前的生态环境有实质性的不同。再如，A 项如果为真，只能加强题干的论据，但不能保证得出题干的结论。

■一种外表类似苹果的水果被培育出来，我们称它为皮果。皮果皮中会包含少量杀虫剂的残余物。然而，专家建议我们吃皮果之前不应该剥皮，因为这种皮果的果皮中含有一

种特殊的维生素，这种维生素在其他水果中含量很少，对人体健康很有益处，弃之可惜。

以下哪项如果为真，最能对专家的上述建议构成质疑？

A. 皮果皮上的杀虫剂残余物不能被洗掉

B. 皮果皮中的那种维生素不能被人体充分消化吸收

C. 吸收皮果皮上的杀虫剂残余物对人体的危害超过了吸收皮果皮中的维生素对人体的益处

D. 皮果皮上杀虫剂残余物的数量太少，不会对人体带来危害

E. 皮果皮中的这种维生素未来也可能用人工的方式合成，有关研究成果已经公布

[解析] 答案：C

如果C项为真，则由于吸收皮果皮上的杀虫剂残余物对人体的危害超过了吸收皮果皮中的维生素对人体的益处，因此，没有理由因为皮果皮中的维生素对人体有益而食用它，这有力地质疑了专家的建议。

A和B项也能对专家的建议构成质疑，是单一因素的削弱，但力度不如C项。A项说的是坏处存在；B说的是维生素不能被人体充分消化吸收，但也可以被部分吸收，削弱力度不足。

D和E项不能构成质疑，其中，D项对专家的建议有所支持。

二、论证可信

说一个论证是强的，并不是说其前提事实上是真的（就像说一个论证是有效的，并不是说其前提事实上是真的）。在逻辑中，用可信论证一词来指称任一既强又仅有真前提的论证（就像用可靠论证一词来指称任一既有效又仅有真前提的论证一样）。

1. 可信论证

一个可信论证有两个本质特征：强并且所有前提都为真。

可表示为：可信的论证＝强的论证＋全部真前提

可信论证也叫恰当的论证，是强的而且前提全都为真的归纳论证；如果缺少其中任何一个条件，该论证就是不恰当的。由于恰当的论证的结论真正得到真前提支持，可推断每一恰当的论证的结论都或然地是真的。

例1：所有被我们尝过的柠檬都是酸的。因此，几乎所有柠檬都是酸的。

该论证不是有效的，因为结论还包括那些还未被尝过的柠檬。然而，该论证属于强的论证，而且前提是真的。因此，论证是可信的。

例2：研究人员使用脑电图技术研究了母亲给婴儿唱童谣时两人的大脑活动，发现当母亲与婴儿对视时，双方的脑电波趋于同步，此时婴儿也会发出更多的声音尝试与母亲沟通。科学研究发现，脑电波趋于同步可优化双方对话状态，使交流更加默契，增进彼此了解。因此，母亲与婴儿对视有助于婴儿的学习与交流。

分析：上述论证的前提都是真的，而且是强的论证，因此，该论证是可信的。

2. 不可信论证

一个不可信论证是或者弱，或者强但有至少一个假前提。

不可信论证也叫不恰当的论证，是弱的或者有一个或更多的假前提的归纳论证。

例1：许多大学教师具有高级职称，小张是大教师，因此，小张具有高级职称。

分析：尽管上述论证的前提可以是真的，但前提对结论的支持是弱的，因此，论证不可信。

例 2：水星、金星、地球、木星、天王星、海王星、冥王星等行星上都有智能生物。因此，火星上也有智能生物。

分析：虽然上述论证的前提对结论的支持是强的，但就目前所知，上述论证的前提为假，并且结论也为假。因此，该论证强却不可信。

需要注意的是，可信论证和可靠论证的一个重要区别在于：一个可靠论证不能有假结论，因为它是有效的；而一个可信论证可以有假结论，因为其前提并不绝对确保结论的真。

练习题

1. 老林被誉为“股票神算家”。他曾经成功地预测了 1994 年 8 月“井喷式”上升行情和 1996 年下半年的股市暴跌，这仅是他准确预测股市行情的两个实例。

回答以下哪个问题对评价以上陈述最有帮助？

A. 老林准确预测股市行情的成功率是多少

B. 老林是否准确地预言了 2002 年 6 月 13 日的股市大跌

C. 老林准确预测股市行情的方法是什么

D. 老林的最高学历和所学专业是什么

E. 有多少人相信老林对股市行情的预测

2. 经 A 省的防疫部门检测，在该省境内接受检疫的长尾猴中，有 1%感染上了狂犬病。但是只有与人及其宠物有接触的长尾猴才接受检疫。防疫部门的专家因此推测，该省长尾猴中感染有狂犬病的比例，将大大小于 1%。

以下哪项如果为真，将最有力地支持专家的推测？

A. 在 A 省境内，与人及其宠物有接触的长尾猴，只占长尾猴总数的不到 10%

B. 在 A 省，感染有狂犬病的宠物，约占宠物总数的 0.1%

C. 在与 A 省毗邻的 B 省境内，至今没有关于长尾猴感染狂犬病的疫情报告

D. 与和人的接触相比，健康的长尾猴更愿意与人的宠物接触

E. 与健康的长尾猴相比，感染有狂犬病的长尾猴更愿意与人及其宠物接触

3. 社会成员的幸福感是可以运用现代手段精确量化的。衡量一项社会改革措施是否成功，要看社会成员的幸福感总量是否增加，S 市最近推出的福利改革明显增加了公务员的幸福感总量，因此，这项改革措施是成功的。

以下哪项如果为真，最能削弱上述论证？

A. 上述改革措施并没有增加 S 市所有公务员的幸福感

B. S 市公务员只占全市社会成员很小的比例

C. 上述改革措施在增加公务员幸福感总量的同时，减少了 S 市民营企业人员的幸福感总量

D. 上述改革措施在增加公务员幸福感总量的同时，减少了 S 市全体社会成员的幸福

感总量

E. 上述改革措施已经引起S市市民的广泛争议

4. 某大都市最近公布的一组汽车交通事故的调查显示，在受重伤的司机和前座乘客中，80%是在事故发生时未系安全带的。这说明，系上安全带，就能使司机和前座乘客极大地减少在发生事故时受严重伤害的危险。

上述推断要成立，以下哪项必须是真的?

A. 在被调查的所有司机和前座乘客中，20%以上在发生事故时是系上安全带的

B. 该大都市中的市民中，在驾车或在前座乘车时习惯于系上安全带的人数，远远超过20%

C. 调查中发现，因汽车事故受重伤者中，司机和前座乘客要比后座乘客多

D. 一半以上被调查的司机和前座乘客在事故发生时未系安全带

E. 大多数在该大都市交通警察局记录在案的汽车交通事故都不是严重伤亡事故

5. 一项调查统计显示，肥胖者参加体育锻炼的月平均量，只占正常体重者的不到一半，而肥胖者的食物摄入的月平均量，基本和正常体重者持平。专家由此得出结论，导致肥胖的主要原因是缺乏锻炼，而不是摄入过多的热量。

以下哪项如果为真，将严重削弱上述论证?

A. 肥胖者的食物摄入平均量总体上和正常体重者基本持平，但肥胖者中有人是在节食

B. 肥胖者由于体重的负担，比正常体重者较为不乐意参加体育锻炼

C. 某些肥胖者体育锻炼的平均量，要大于正常体重者

D. 体育锻炼通常会刺激食欲，从而增加食物摄入量

E. 通过节食减肥有损健康

6. 科学研究中使用的形式语言和日常生活中的自然语言有很大的不同，形式语言看起来像天书，远离大众，只有一些专业人士才能理解和运用。但其实这是一种误解，自然语言和形式语言的关系就像肉眼与显微镜的关系，肉眼的视域广阔，可以从整体上把握事物的信息；显微镜可以帮助人们看到事物的细节和精微之处，尽管用它看到的范围小。所以形式语言和自然语言都是人们交流和理解信息的重要工具，把它们结合起来使用，具有强大的力量。

以下哪项如果为真，最能支持上述结论?

A. 通过显微镜看到的内容可能成为暂时的“风暴”，说明形式语言可以丰富自然语言的表达，我们应重视形式语言

B. 正如显微镜下显示的信息最终还是要通过肉眼观察一样，形式语言表达的内容最终也要通过自然语言来实现，说明自然语言更基础

C. 科学理论如果仅用形式语言表达，很难被普通民众理解；同样，如果仅用自然语言表达，有可能变得冗长且很难表达准确

D. 科学的发展很大程度上改善了普通民众的日常生活，但人们并没有意识到科学表达的基础——形式语言的重要性

E. 采用哪种语言其实不重要，关键在于是否表达了真正想表达的思想内容

7. 根据现有的物理学定律。任何物质的运动速度都不能超过光速，但是最近一次天文观测结果向这条定律发起了挑战。距离地球遥远的IC310星系拥有一个活跃的黑洞，掉

入黑洞的物质产生了伽马射线冲击波。有些天文学家发现，这束伽马射线的速度超过了光速，因为它只用了 4.8 分钟就穿越了黑洞边界，而光要 25 分钟才能走完这段距离。由此，这些天文学家提出，光速不变定律需要修改了。

以下哪项如果为真，最能质疑天文学家所作的结论？

A. 或者光速不变定律已经过时，或者天文学家的观测有误

B. 如果天文学家的观测没有问题，光速不变定律就需要修改

C. 要么天文学家的观测有误，要么有人篡改了天文观测数据

D. 天文观测数据可能存在偏差，毕竟 IC310 星系离地球很远

E. 光速不变定律已经历经多次实践检验，没有出现反例

8. 最近 10 年，地震、火山爆发和异常天气对人类造成的灾害比数十年前明显增多，这说明，地球正变得对人类愈来愈充满敌意和危险。这是人类在追求经济高速发展中因破坏生态环境而付出的代价。

以下哪项如果为真，最能削弱上述论证？

A. 经济发展使人类有可能运用高科技手段来减轻自然灾害的危害

B. 经济发展并不必然导致全球生态环境的恶化

C. W 国和 H 国是两个毗邻的小国，W 国经济发达，H 国经济落后，地震、火山爆发和异常天气所造成的灾害，在 H 国显然比 W 国严重

D. 自然灾害对人类造成的危害，远低于战争、恐怖主义等人为灾害

E. 全球经济发展的不平衡所造成的人口膨胀和相对贫困，使得越来越多的人不得不居住在生态环境恶劣甚至危险的地区

9. 硕鼠通常不患血癌。在一项实验中发现，给 300 只硕鼠同等量的辐射后，将它们平均分为两组，第一组可以不受限制地吃食物，第二组限量吃食物。结果第一组 75 只硕鼠患血癌，第二组 5 只硕鼠患血癌。因此，通过限制硕鼠的进食量，可以控制由实验辐射导致的硕鼠血癌的发生。

以下哪项如果为真，最能削弱上述实验结论？

A. 硕鼠与其他动物一样，有时原因不明就患有血癌

B. 第一组硕鼠的食物易于使其患血癌，而第二组的食物不易使其患血癌

C. 第一组硕鼠体质较弱，第二组硕鼠体质较强

D. 对其他种类的实验动物，实验辐射很少导致患血癌

E. 不管是否控制进食量，暴露于实验辐射的硕鼠都可能患有血癌

10. 赞扬一个历史学家对于具体历史事件阐述的准确性，就如同是在赞扬一个建筑师在完成一栋宏伟建筑物时使用了合格的水泥、钢筋和砖瓦，而不是赞扬一个建筑材料供应商提供了合格的水泥、钢筋和砖瓦。

以下哪项最为恰当地概括了题干所要表达的意思？

A. 合格的建筑材料对于完成一栋宏伟的建筑是不可缺少的

B. 准确地把握具体的历史事件，对于科学地阐述历史发展的规律是不可缺少的

C. 建筑材料供应商和建筑师不同，他的任务仅是提供合格的建筑材料

D. 就如同一个建筑师一样，一个历史学家的成就，不可能脱离其他领域的研究成果

E. 一个历史学家必须准确地阐述具体的历史事件，但这并不是他的主要任务

11. 地方政府在拍卖土地时，有一个基本的价格，叫作“土地基价”；拍卖所得超出土地基价的金额与土地基价之比，叫作“溢价率”。溢价率的高低标志着土地市场和楼市的热度。B市有一块地，今年第一次上市过程中，因溢价率将创新高而被临时叫停。第二次上市最终以低于第一次上市的溢价率成交，但成交的总金额却超出了第一次可能达到的数额。

如果以下陈述为真，哪一项最好地解释了上述看似不一致的现象？

A. B市的这块地在第二次上市时，政府上调了它的土地基价

B. 今年B市实行了全国最严格的房地产调控政策

C. 目前拍卖土地所得是地方政府重要的财政来源

D. B市的这块地在第二次上市时，开发商的竞争程度远比第一次激烈

E. 地方政府在土地拍卖中获取的暴利是惊人的

12. 斯地驳尔是一种经常毁坏北美谷类庄稼的有害昆虫。在其他一些大陆上，斯地驳尔对庄稼的毁坏可以被某种蜂所控制。因为这种蜂只以斯地驳尔为食，将其引进北美可使庄稼免遭斯地驳尔的毁坏且不危害其他北美的昆虫。

下面哪一个是上面论述所基于的假设？

A. 谷物是生长在北美以外大陆的斯地驳尔的主要食物

B. 这种蜂能够在北美长期存活以吃掉大量的斯地驳尔

C. 在北美没有与吃斯地驳尔的蜂相似的蜂

D. 在北美以外的大陆，这种蜂能比其他昆虫控制方法更有效地控制斯地驳尔

E. 北美大陆以外的谷类庄稼不会被任何斯地驳尔以外的昆虫毁坏

13. 一位研究者发现，如果出生地相隔越远，夫妻所生子女的智商越高，省内异地夫妻所生子女的平均智商高于同一地区夫妻的子女，跨省夫妻所生子女的平均智商高于省内异地夫妻的子女，跨国夫妻所生子女的平均智商则更高。这位研究者的结论是：应该鼓励异地通婚，从而提高下一代的智商水平。

以下哪项最能削弱研究者的结论？

A. 该研究者的理论研究和调查数据之间存在时间上的差距

B. 有的天才儿童的父母不仅出生于同一地区，而且有一定的血缘关系

C. 有的出生地相距很远的夫妻所生子女存在弱智现象

D. 在很年轻时就选择异地谋求发展的大都是高智商的人

E. 有时夫妻出生地相隔很远，但是他们的上一代可能又很近

14. 某乡间公路附近经常有鸡群聚集。这些鸡群对这条公路上高速行驶的汽车的安全造成了威胁。为了解决这个问题，当地交通部门计划购入一群猎狗来驱赶鸡群。

以下哪项如果为真，最能对上述计划构成质疑？

A. 出没于公路边的成群猎狗会对交通安全构成威胁

B. 猎狗在驱赶鸡群时可能伤害鸡群

C. 猎狗需要经过特殊训练才能够驱赶鸡群

D. 猎狗可能会有疫病，有必要进行定期检疫

E. 猎狗的使用会增加交通管理的成本

15. 澳大利亚是个地广人稀的国家，不仅劳动力价格昂贵，而且很难雇到工人，许多

牧场主均为此发愁。有个叫德尔的牧场主采用了一种办法，他用电网把自己的牧场圈起来，既安全可靠，又不需要多少牧牛工人。但是反对者认为这样会造成大量的电力浪费，对牧场主来说增加了开支，对国家的资源也不够节约。

以下哪项如果为真，能够削弱批评者对德尔的指责？

A. 电网在通电 10 天后就不再耗电，牛群因为有了惩罚性的经验，不会再靠近和触碰电网

B. 节省人力资源对于国家来说也是一笔很大的财富

C. 使用电网对于牛群来说是暴力式的放牧，不符合保护动物的基本理念

D. 德尔的这种做法，既可以防止牛走失，也可以防范居心不良的人偷牛

E. 德尔的这种做法思路新颖，可以考虑用在别的领域以节省宝贵的人力资源

16. 本州的医生执照委员会坚持认为，唯有由该委员会授权的医学院才能被允许培训医生。对这一政策所给出的主要理由是，由未经授权的机构培养的医生可能缺乏成为一名合格医生所必需的训练。但是，既然执照委员会完全由医生所组成，并且他们明显地能够从限制新医生的供应中获得经济利益，他们的理由不能被认真对待。

下面哪一种论证技巧在上文中被使用？

A. 通过指出用来支持该结论的一个陈述是假的，从而削弱了执照委员会的论证

B. 通过质疑提出该论证的执照委员会的动机，使该委员会的论证不被信任

C. 通过表明执照委员会在该论证的主题上不是可信的权威，使该委员会的论证不被信任

D. 通过指出在被执照委员会授权的那些机构之外的其他机构能够培养合格的医生，使该委员会的论证不被信任

E. 执照委员会的论证受到挑战，理由是：该委员会的结论所依赖的大前提是有问题的

17. 一艘远洋帆船载着 5 位中国人和几位外国人由中国开往欧洲。途中，除 5 位中国人外，全患上败血症。同乘一艘船，同样是风餐露宿、漂洋过海，为什么中国人和外国人如此不同呢？原来这 5 位中国人都有喝茶的习惯，而外国人却没有，于是得出结论：喝茶是这 5 位中国人未得败血症的原因。

以下哪项和题干中得出结论的方法最为相似？

A. 警察锁定了犯罪嫌疑人，但是从目前掌握的事实看，都不足以证明他犯罪。专案组由此得出结论，必有一种未知的因素潜藏在犯罪嫌疑人身后

B. 在两块土壤情况基本相同的麦地上，对其中一块施氮肥和钾肥，另一块只施钾肥。结果施氮肥和钾肥的那块麦地的产量高于另一块，可见，施氮肥是麦地产量较高的原因

C. 孙悟空：“如果打白骨精，师父会念紧箍咒；如果不打，师父就会被妖精吃掉。”孙悟空无奈地得出结论：“我还是回花果山算了。”

D. 天文学家观测到天王星的运行轨道有特征 a、b、c，已知特征 a、b 分别是由两颗行星甲、乙的吸引造成的，于是猜想还有一颗未知行星造成天王星的轨道特征 c

E. 一定压力下的一定量气体，温度升高，体积增大；温度降低，体积缩小；气体体积与温度之间存在一定的相关性，说明气体温度的改变是其体积改变的原因

18. 某网络论坛将最近一年与5年前网友曾经发布的有关社会问题的帖子进行了统计比较，发现：像拾金不昧、扶贫急难、见义勇为这样的帖子增加了50%。而与为非作歹、作恶逃匿、杀人越货有关的帖子却增加了90%。由此可见，社会风气正在迅速恶化。

以下哪项如果为真，最能削弱上述论证？

A. “好事不出门，坏事传千里”。古往今来，都是如此

B. 最近5年上网的用户翻了两番

C. 最近几年，有些人在网上用造谣的方式达到营利的目的

D. 最近一年，通过网络举报清查出一批贪污腐败分子

E. 该网络论坛是一个法制论坛

19. 新民住宅小区扩建后，新搬入的住户纷纷向房产承销公司投诉附近机场噪声太大，令人难以忍受。然而，老住户们并没有声援说他们同样感到噪声巨大。尽管房产承销公司宣称不会置住户的健康于不顾，但还是决定对投诉不准备采取措施。他们认为机场的噪声并不大，因为老住户并没有投诉。

下列哪项如果为真，则最能表明房产承销公司对投诉不采取措施的做法是错误的？

A. 房产承销商们的住宅并不在该小区，所以不能体会噪声的巨大危害

B. 有些老住户自己配备了耳塞来解决这个问题，他们觉得挺有效果的

C. 老住户觉得自己与房产承销商并没有什么联系，也没有太大的矛盾

D. 老住户认为噪声并不巨大而没有声援投诉，是因为他们的听觉长期受噪声影响已经迟钝失灵

E. 房产承销公司从来没有隐瞒过小区位于飞机场旁边这一事实

20. 有些家长对学龄前的孩子束手无策，他们自愿参加了当地一个为期六周的“家长培训”计划。家长们在参加该项计划前后，要在一份劣行调查表上为孩子评分，以表明孩子到底给他们带来了多少麻烦。家长们报告说，在参加该计划之后他们遇到的麻烦确实比参加之前要少。

以下哪项如果为真，最可能怀疑家长们所受到的这种培训的真正效果？

A. 这种训练计划所邀请的课程教授尚未结婚

B. 参加这项训练计划的单亲家庭的家长比较多

C. 家长们通常会在烦恼不堪、情绪落入低谷时才参加什么“家长培训”计划，而孩子们的捣乱和调皮有很强的周期性

D. 填写劣行调查表对于这些家长来说不是一件容易的事情，尽管并不花费太多的时间

E. 学龄前的孩子最需要父母亲的关心。起码，父母亲应当每天都有和自己的孩子相处谈话的时间；专家建议，这个时间的低限是30分钟

答案与解析

1. 答案：A

题干结论是：老林被誉为“股票神算家”。

根据是：他准确预测了股市行情的两个实例。

可见，题干仅根据两个个案，就归纳出一般性的结论，这样的结论是缺乏说服力的。

因此，为了评价题干的结论，显然应当知道，老林准确预测股市行情的成功率是多少。

2. 答案：E

题干结论：该省长尾猴感染狂犬病的比例大大小于1%。

理由有二：第一，受检的长尾猴感染狂犬病的比例为1%；第二，只有与人接触的长尾猴才接受检疫。

这是由样本（与人接触的长尾猴感染狂犬病的比例）推出总体（该省所有长尾猴感染狂犬病的比例）的统计推理。

A项实际上指的是样本占总体的比率，实际上统计推理的有效性主要看样本是否具有代表性，由于抽样调查结果的可靠性主要不取决于抽样的比例，因此，A项实际上对题干起不到作用。

如果E项的断定为真，即事实上，感染狂犬病的长尾猴更愿意与人及其宠物接触，又根据题干，只有与人及其宠物有接触的长尾猴才接受检疫，则说明在接受检疫的长尾猴中感染狂犬病的比例，要高于未接受检疫的长尾猴。这就有力地支持了专家的推测。

其余各项均不能支持专家的推测。

3. 答案：D

题干结论是：福利改革增加了公务员的幸福感总量，因此，这项改革措施是成功的。

理由是：社会改革措施是否成功的衡量标准要看社会成员的幸福感总量是否增加。

D项如果为真，则说明上述改革措施减少了全体社会成员的幸福感总量，因此，是不成功的。

A、E项不能削弱；B、C项也能起到削弱作用，但削弱力度不如D项。

4. 答案：B

题干从受重伤的司机和前座乘客中80%在事故发生时未系安全带，得出结论：系上安全带，就能使司机和前座乘客极大地减少在发生事故时受严重伤害的危险。

如果在所有市民中，没有系上安全带的司机和前座乘客的人数占80%，系上安全带的司机和前座乘客的人数占20%，那就说明系不系安全带与司机和前座乘客受严重伤害没有什么关系；只有系上安全带的司机和前座乘客的人数远远大于20%时，才能说明系上安全带确实可以极大地减小司机和前座乘客在发生事故时受严重伤害的危险（比如，司机和前座乘客计100人，系安全带的占80%即80人，不系安全带的占20%即20人，发生事故受严重伤害的司机和前座乘客计10人，系上安全带的在发生事故时受严重伤害的只占20%，即80人中只有2人受严重伤害，比例为四十分之一；不系安全带的受严重伤害的比例则为二十分之八即五分之二），那么系安全带的作用就是十分明显的。选项B表述的正是这一点。

选项A只说20%以上，说服力不够；选项D说明安全带有一定作用，因为不系安全带的占50%以上，而在发生事故时受严重伤害的占80%，但比例尚嫌不足。选项C、E与题意不相干。

5. 答案：B

题干结论是：缺乏锻炼导致了肥胖。

如果B项为真，则有助于说明，对于肥胖者来说，是由于肥胖导致较少锻炼，而不是缺乏锻炼导致了肥胖。这就有力地削弱了题干的论证。

6. 答案：C

题干结论是，形式语言和自然语言都是人们交流和理解信息的重要工具，应把它们结合起来使用。

C项说明如果仅用形式语言或仅用自然语言都不可行，表明形式语言与自然语言两者不可偏废，有力地支持了要把它们结合起来使用的结论。

A、B项分别只从单个方面表明了形式语言与自然语言的重要性，支持力度不如C项。其余选项为无关项。

7. 答案：C

题干论述：天文学家观测到这束伽马射线的速度超过了光速，由此提出，光速不变定律需要修改了。

C项表明，观测结果不可信，有力地质疑了天文学家的结论，因此为正确答案。

其余选项不妥，其中A、B项起不到明确的质疑作用。D项有质疑作用，但“可能”的质疑力度较弱。E项“没有出现反例”不代表反例不存在，质疑力度较弱。

8. 答案：E

题干的结论是：人类因破坏生态环境而付出代价。根据是：最近10年，地震、火山爆发和异常天气对人类造成的灾害比数十年前明显增多。

如果E项为真，则有助于说明：最近10年，地震、火山爆发和异常天气对人类造成的灾害比数十年前明显增多的原因，不在于生态环境本身的恶化，而在于越来越多的人不得不居住在生态环境恶劣甚至危险的地区，这不属于因破坏生态环境而付出的代价。这就有力地削弱了题干的论证。

其余各项均不能削弱题干的论证。其中，选项C所提及的W国和H国是两个毗邻的小国，而地震、火山爆发和异常天气所涉及的是大生态环境，因此，对二者的经济发展和受灾状况进行比较，对于揭示经济发展和生态环境的关系几乎没有意义。

9. 答案：B

题干的实验运用的是差异法。在运用差异法求因果联系时，必须保持背景条件的相同。在上述实验中，考察的是进食量的差异，除此以外，其他实验条件应当相同。而B、C项都表明了背景因素不同，都能削弱题干。

如果B项为真，能有力地说明硕鼠患血癌的原因，极可能与进食量无关，而与进食的食物有关，这就有力削弱了题干的实验结论。由于B项直接点明了食物与血癌的关系，因此，削弱力度要大于C项所指的体质差异。

10. 答案：E

建筑师和建筑材料供应商的区别在于：对于建筑材料供应商来说，如果他提供的建筑材料是合格的，他的任务就完成了；对于建筑师来说，使用合格的建筑材料，只是他完成任务的必要条件，而不意味着他已完成了任务。

题干把对具体历史事件的准确阐述，比作使用了合格的建筑材料；把作了此种准确阐述的历史学家，比作建筑师，而不是比作完成了任务的建筑材料供应商，这意在说明，准确地阐述具体的历史事件，对于历史学家的工作来说是必不可缺的，但这并不是他的主要任务（也许他的主要任务是发现历史规律）。这正是E项所断定的。

其余各项对题干的概括均不如E项恰当。

11. 答案：A

题干所述不一致的现象是，那块地第一、二次上市相比，第二次的溢价率低于第一次，但是成交金额却高于第一次。

由题干，溢价率是一个相对数，为溢价和土地基价的比。若A项为真，表明是第二次上市时土地基价提高了，这就有力地解释了题干中的不一致现象。

12. 答案：B

本题解题思路为方法可行，B项是必须假设的，否则，如果这种蜂不能够在北美长期存活以吃掉大量的斯地驳尔，那么引进这种蜂也起不到作用。

13. 答案：D

题干结论是：异地通婚可提高下一代的智商。

若要削弱其结论，只需要提供证据说明“出生地间隔较远的夫妻所生子女的智商较高有其他原因”即可，如果D项为真，即异地通婚者本身智商高，这显然有利于说明，异地通婚的夫妻下一代智商高的原因是异地通婚者本身就智商高，而并非异地通婚本身能提高智商，这就有力地削弱了题干的结论。

14. 答案：A

反对方法的削弱就是指出“方法不可取”，即解决问题的办法本身就是个问题，有负面作用。

A暗示用猎狗来驱赶鸡群，虽然可能减少鸡群对交通安全的威胁，但因此带来了猎狗对交通安全的威胁，这就有力地质疑了题干，为正确答案。

其余各项不能有力地削弱题干。比如B项，伤害鸡群虽然会带来损失，但是跟交通安全无关；C指出使用猎狗的计划有一定难度，但是并不意味着一定不可行；D指出猎狗计划需要其他手段支持，也不意味着不可行；E指出猎狗计划有不利影响，但是不意味着猎狗计划不能解决交通安全问题。

15. 答案：A

批评者对德尔的指责是：用电网把牧场圈起来的做法会造成大量的电力浪费。

如果A项的断定为真，则题干中反对者所指责的电力浪费，即使存在，也至多只会持续10天，这就有力地削弱了题干对德尔的指责。

其余各项均不能削弱题干中的指责。

16. 答案：B

该论证犯有处境式人身攻击的谬误，这意味着：它试图通过指出预先剥夺了论证者如此论证的权利的情景，来使该论证不被信任。

17. 答案：B

选项B和题干推理方法均为求异法。

其余选项与题干不相似，比如，A项属于猜想，C项是针对二难情况作出逃避的选择。

18. 答案：E

题干结论是，社会风气正在迅速恶化。其依据的理由是某网络论坛统计发现：拾金不昧、扶贫急难、见义勇为这样的帖子增加的幅度远小于与为非作歹、作恶逃匿、杀人越货有关的帖子。

拾金不昧、扶贫急难、见义勇为等涉及的是道德，而非法律；为非作歹、作恶逃匿、杀人越货等涉及的才是法律。E项，该网络论坛是一个法制论坛，这意味着论坛上的帖子自然更多地涉及法律问题，说明题干论证不可靠，有力地削弱了题干论证。

19. 答案：D

不是因为“机场的噪声并不大”，所以“老住户”才“没有投诉”，而恰恰是因为机场的噪声影响老住户的听觉导致迟钝失灵，所以已经感觉不到噪声了。

20. 答案：C

题干是一个用求异法作出的论证，先行的差异因素是“是否参加家长培训”，被观察的现象是“遇到麻烦的情况”。因为家长们感到在参加该计划之后他们遇到的麻烦确实比参加之前要少，因此，该“家长培训”计划有效果。

选项C实际上指出存在其他差异因素，由该项可知家长们参加“家长培训”计划前后，正是他们遇到麻烦最多的时候，此后，即使退出这项计划，他们遇到的麻烦也会减少，这样，由参加该计划之后遇到的麻烦比参加之前要少，并不能说明这项计划有效果。因此，C项将对题干中的培训效果构成严重质疑。

其余各项均不能构成质疑。

第五章　论证评价

论证评价是论证逻辑的核心，其基本问题是一个主张或结论是否应该被接受。科学理性是对事物的本质的认识，关键需要的是思辨和推理能力，在接受一个主张或信念的时候，就要为其提供合理的证据或者依据。

第一节　论证评价概述

论证评价的关键在于建立论证好坏和强弱的标准。评价论证的质量高低，就是要看前提和结论之间的关系如何，前提自身是否妥当，结论是否可靠，恰当程度如何等一系列问题。

一、论证质量

一个好论证，必须满足两个条件：一是前提相关且可接受；二是从前提能够合乎逻辑地推出结论。反之，论证就有可能是一个坏论证：一种情形是前提不相关或不可接受；另一种情形是从前提推不出结论，即前提和结论之间没有足够的支持关系。

1. 论证的基本要求

每个论证都提出两个基本要求，每个论证的评价集中在对这两个要求的评价上。

首先是推理要求。要求所说的证据或理由支持某事（或者某事可从所说的证据或理由得出）。如果其前提无法支持结论，那么一个论证就是无价值的。因此，首先要考察推理要求，而且只有前提确实支持结论，我们才将考察事实要求。

其次是事实要求。要求证据或理由存在。也就是说，要求前提呈现真正的证据，或者是真的。前提首先是一种解释，即对我们为什么要相信某个特定结论的解释。只有恰当的前提才能保证论证的恰当性，才能作出合理的推理，使我们因此相信由此推出的结论。

正当理由可以简单地理解为一个命题的证据，这个证据对命题的支持关系，和命题一起构成一个论证，证据强度表示的就是这个论证的可信程度。

论证的可信程度通常可以分为三级：演绎的、扩展的和谬误的。演绎论证可信程度的评价标准是其有效性。扩展性论证是论证的主体，其可信程度取决于论证强度。认定一个论证为谬误，那就表明它是不可信的。就可信程度而言，有效是最高标准，谬误是可信程度最低的一种论证。

2. 好论证与坏论证

从某种意义上，逻辑学可认为是研究好论证（好推理）和坏论证（坏推理）之区分的规范性学科。好论证与坏论证的根本区别在于，前提确实支持结论的论证就是好论证，前提不能很好地支持结论的论证就是坏论证。

例如：请分析下述两个论证是否为好论证。

第一个论证：

有的外科医生是协和医科大学 8 年制的博士毕业生，

所有的外科医生都具有精湛的医术；

所以，有些协和医科大学 8 年制的博士毕业生有着精湛的医术。

第二个论证：

有的外科医生是协和医科大学 8 年制的博士毕业生，

有的外科医生具有精湛的医术；

所以，有些协和医科大学 8 年制的博士毕业生有着精湛的医术。

分析：在第一个论证中前提确实支持结论，因而此论证是个好论证。

在第二个论证中，前提不足以支持结论，因而此论证不是一个好论证。

3. 论证好坏与论证强弱

对论证好坏的评价是一个综合性的评价。一个论证的强弱，我们只要看这个论证使用了什么推理模式，是演绎的、扩展的或者混合使用的；一个论证的好坏，除了其推理模式外，还要考虑论证的其他相关因素。

论证好坏和论证强弱之间的关系，可以描述为：

（1）每一个好论证都是有效的或者是强的。

（2）不是每一个有效的论证或者强的论证都是好论证。

（3）每一个弱论证肯定是坏论证。

下表列出论证好坏与论证强弱的关系。

<table>
<tr><td>好论证</td><td colspan="2">坏论证</td></tr>
<tr><td colspan="2">强论证（包括有效论证）</td><td>弱论证</td></tr>
</table>

可见，有效性论证或者强的论证不一定是好的论证，但好的论证一定是有效的或者强的。同时，一个好的论证，它还应该给我们清晰并有可能得到证实的结论。

例如：请看下述两个论证。

（1）所有的长尾鹦鹉都没有 2 英尺高。因此，在当地超市中出售的长尾鹦鹉都没有 2 英尺高。

（2）在这个班，任何一个看到过、听说过长尾鹦鹉或者读过有关长尾鹦鹉书籍的人，他们所知道的长尾鹦鹉都没有 2 英尺高。所以，在当地超市中出售的长尾鹦鹉都没有 2 英尺高。

分析：论证（1）是一个有效的论证，但它不一定是一个好的论证，因为其前提我们没有办法得到证实，由这样的前提推出的结论虽然有效，但前提的可靠性没有保障，这个结论就是值得怀疑的，所以，它是一个有效性论证，却不是一个好论证。

论证（2）不是一个有效的论证，但它是一个强的论证，其前提和结论之间有很强的支持关系，前提的真实性也是很容易得到保证的，完全可以通过经验观察而得到其前提。因为这个前提具有十分清晰的真实性，这个论证就给了我们一个好的理由去相信，由这个前提推出的结论是真实的。

因此，论证（1）不是一个好论证，虽然论证有效，但我们仍然可以说这是一个坏论证。论证（2）是一个强的论证，而且其前提清晰是真实性的保证，因此，可认为它是一个好论证。

4. 好论证是合理的论证

什么样的论证是好论证，这是理性思考的核心问题。好论证可以看作是合理的论证，或者说是科学的论证，这样的论证给人们正确的认识，是对人们行为的正确指引，是让人们接受真理，强化我们的理性思维能力。

论证是理性探讨的开始，从理性的角度，接受目前最好的论证就是合理的。一个知识是否为真，信念是否正确，或者一个解决问题或者行动的方案是否合适，都可归结到关于它们的论证是否好的问题上。所以，对信念和行动的合理性的检验，就是对相关论证的检验。

好论证可被翻译为真切、健全、可靠或完满的论证。“好论证”的实际意义是“最好论证”，它在逻辑适用的地方（比如演绎推理）指完满论证，但它并不要求论证都具有推理的绝对有效性，它只是在现有阶段和条件下能达到的最好论证，即在所有竞争的论证中，也就是相对于其他的论证是最好的，这就包含着与不同观点和论证竞争、综合的要求。这是论证的全面性的要求。而且，这也意味着它不是认识的终结，它是可以发展的，这是论证的开放性的含义。

5. 坏论证是不合理的论证

坏论证属于不合理的论证，也就是谬误式论证，这类论证或者是企图对人们进行误导，或者是用看似合理的方式让人们接受一些不合理的结论。关于谬误，后面还要做详尽的论述。

就演绎论证而言，坏论证就是非有效性的论证。就非演绎论证而言，我们面对的绝大多数论证都是有缺陷的，但它们并不一定都是坏论证。

坏论证和好论证相对立：坏论证是前提对于结论没有支持作用的论证，一个坏论证对于一个主张或者结论是真的还是假的不产生作用。相应于好论证，我们对于坏论证的理解就是：

（1）没有好的理由使我们相信这个论证的前提是真的；

（2）这些前提不导致、不支持或者不建立该结论；

（3）前提不比结论更为可信。

［案例］空地上的奶牛

一个农民担心自己获奖的奶牛走丢了。这时送奶工到了农场，他告诉农民不要担心，因为他看到那头奶牛在附近的一块空地上。

虽然农民很相信送奶工，但他还是亲自看了看，他看到了熟悉的黑白相间的形状并感到很满意。过了一会儿，送奶工到那块空地上再次确认。那头奶牛确实在那，但它躲在树林里，而且空地上还有一大张黑白相间的纸缠在树上，很明显，农民把这张纸错当成自己的奶牛了。

问题是虽然奶牛一直都在空地上，但农民说自己知道奶牛在空地上时是否正确？

分析：这一案例是认知论领域的一个最重要的思想实验。

在这个实验中，农民相信奶牛在空地上，且被送奶工的证词和他自己对于空地上的黑白相间物的观察所证实。而且经过送奶工后来的证实，这件事也是真实的。尽管如此，农民并不真正知道奶牛在那儿，因为他认为奶牛在那儿的推导是建立在错误的前提上的。因此，这个农民的论证，其前提中有不真实的前提，但结论正确，故不是好论证。

二、评价原则

对给出的论证的评价，指的是以批判性准则来评价论证的原则。培养和训练批判性思维能力，需要掌握评价论证的如下基本原则。

1. 中立原则

对论证的评价是一种反思性思考方式，客观分析性反思不夹杂个人的情感偏好和价值取向，需要以一种中立的立场来进行思考、选择和作出明智的决定。

这要求我们评估论证时，要尽可能地把论证者设想为一个正常的、理性的人，应尽可能对被分析的论证作出有利于支持结论的解释。当我们考虑论证所给出的理由是否正当、所作出的推理是否强有力时，要以合理性的最大限度来理解论证。

2. 结构原则

决定什么是好论证的首要标准，就是看它的论证结构是否组织良好，即是否拥有坚实的逻辑结构。既然是论证，它的结论必须由至少一个前提支持着，它的结构形式则必然是下面两种情况之一：如果是演绎性的，结论必然地从前提导出；如果是归纳性的，结论或然地从前提导出。把结构性原则运用于特定的论证中，以下几个方面是应该考察的。

（1）这一论证的前提的真实性是否比结论更有可能？

论证要使用比结论更容易接受的前提，如果这些前提被人接受了，而它们又能导向结论，那么结论的接受便是可能的了。

（2）前提之间是否存在冲突？

若存在多个前提，且前提之间互不相容，这对论证有可能是致命的结构缺陷，因为前提彼此矛盾的论证会产生荒谬的结论。

（3）关键性前提是否有与结论相同的声称？

好的论证所使用的前提，不应该假定结论的真实，结论所宣称的东西，前提便不能宣称。如果犯了这种结构性的缺陷，便犯了“乞题”（也叫“丐题”）的谬误，前面已论述，乞题是指一个原本要被论证的命题早已在前提中被假定为真，这样的论证没有提出任何新信息来支持结论，无助于我们决定做什么或相信什么。

（4）结论是否与前提矛盾？

如果结论与论证中的前提相冲突，就违反了矛盾律。

（5）如果论证是演绎性的，论证的结构是否违反演绎规则？

演绎逻辑违反任何一种规则，都只会带来演绎性论证的结构缺陷。

3. 辩驳原则

辩驳原则是确定好论证的一项重要原则，要求论证的前提对各种可以预见的异议构成有效的反驳。具体是指要正当地相信什么，必须考察所有的证据，包括要考察反面的论据，预料到最严重的诘难，并要有力地削弱反对的力量。

立场对立的两个论证，不可能同时是好论证。要解决“你对我也对”的两难，就要把对方最有力的辩护驳得体无完肤。缺少辩驳性的论证，不会是好论证，因为要正当地相信什么，我们必须考察所有的证据，如果没有考察反面的论据，就不能算考察了所有的证据。

运用辩驳原则，以下几个方面是应当提出和回答的。

（1）对我们正在辩护的主张或观点，什么是最有力的异议？

（2）论证是否有效地回应着反论？

（3）有什么潜藏的严重缺陷，是对方有可能发现的？

（4）论证者是否清楚自己的论证可能存在缺陷并有所阐述？

（5）论证是否表明为什么同一问题上的其他观点是有缺陷的、不成功的？

缺少辩驳性的论证，即一个论证，如果没预计到并且有效地驳回反对立场的最有力的诘难，就不能说是好论证。一个完整的论证甚至需要驳回有利于反对立场的多种论证，只有把每一种批评都反驳得哑口无言，才能称得上一个出色的好论证。

第二节　逻辑基本规律

逻辑基本规律是正确思维的根本假定，也是理性交流的必要条件。主要的逻辑基本规律有三条：同一律、矛盾律、排中律。

一、同一律

同一律的基本内容是：任何一个思想与其自身是等同的。同一律要求在同一思维过程中，必须在同一意义上使用概念和判断，不能在不同意义上使用概念和判断。

（一）同一律的基本要求

同一律的公式是：A→A（A是A）

同一律的逻辑要求是：在同一思维过程中，一个思想必须保持其确定和同一。

具体来说，这个要求包括两方面的内容：第一，在同一思维过程中，每个思想都必须是确定的；第二，在同一思维过程中，每个思想前后应当保持一致。

同一律对词项运用的要求是：在同一思维过程中，任何词项必须保持内涵和外延的同一，原来在某一意义上使用某一词项指称什么对象、表达什么概念，在同一思维过程中就要保持它原来的意义，而不能用同一词项指称不同的对象、表达不同的概念。与此对应，不同的词项应该表达不同的概念、指称不同的对象。

任何一个概念都有其确定的内涵和外延，是这个概念就是这个概念，而不是别的概念。任一命题都有其确定的命题内容，是这个命题就是这个命题，而不是别的命题。

［案例］特修斯之船

一艘可以在海上航行几百年的船，归功于不间断的维修和替换部件。只要一块木板腐烂了，它就会被替换掉，以此类推，直到所有的功能部件都不是最开始的那些了。

问题是，最终产生的这艘船是原来的那艘特修斯之船，还是一艘完全不同的船？如果不是原来的船，那么在什么时候它不再是原来的船了？

哲学家后来对此进行了延伸，如果用特修斯之船上取下来的老部件来重新建造一艘新的船，那么两艘船中哪艘才是真正的特修斯之船？

分析：这个思想实验探讨的“同一性”问题。

对于哲学家，特修斯之船被用来研究身份的本质，特别是讨论一个物体是否仅仅等于其组成部件之和。比如，一个不断发展的乐队，直到某一阶段乐队成员中没有任何一个原始成员。这个问题可以应用于各个领域。对于人体，人体不间断地进行着新陈代谢和自我修复。今天组成你身体的元素，与昨天有很大不同，与几年以前几乎完全不同。但是我们仍然认为你还是你，现在的你和几年前的你是同一个人，这是为什么呢？

因为“全同原理”存在，组成你的身体的元素虽然被替换了一遍，但是同类粒子之间的性质是完全一样的，你身体的性质不发生任何改变。当然，现在你比几年前长大了一些或者变老了一些，这是由于你身体的结构发生了一点细微的变化，组成你身体的元素之间的相互关系发生了一点改变，而不是由于替换了元素的关系。

我们认定的同一性是认定一个事物是它本身的依据不是组成这一事物的元素，而是这一事物的内部结构，即元素之间的关系，以及这一事物的时空连续性。

仅仅结构相同，并不表明它们就是同一事物，还必须同时具备时空连续性才行。

我们可以按照一张图纸建造两座大楼，假设建筑工人都是绝顶高手，两座大楼的任何一个分子、原子都完全一样，这两座大楼具有一模一样的结构，但它们显然是两个事物。两座大楼同时处于空间的不同位置，它们当然不可能是一个东西。

我从来没有见过你的身体同时在两个地方，如果我在两个地方见过你，比如，一次在家里、一次在学校，那肯定不是同时，一定是不同的时间。而且可以肯定：你一定有一个从家里到学校的连续的运动过程，虽然你在不同的时间，可以在不同的地方，但是任何一个特定的时刻，你肯定在一个唯一的地方。

同样道理，仅仅具有时空连续性，结构完全不同也不行：我们把一辆汽车砸碎了炼成铁块，用这铁块制成一座金属雕像，虽然它具有时空的连续性，但是它的结构彻底改变了，我们不能说雕像就是原来的汽车。它们不具有同一性。

现在再来审视“特修斯之船”，特修斯之船不断更换部件，最后所有的部件都换了一遍。在整个过程中，它显然具有时空连续性，就好像你的身体不断进行新陈代谢，但丝毫不影响其时空连续性；更换的船板和以前的船板有点区别，但差别不大，功能完全一样，和整个船的复杂性比起来，这点差别可以忽略不计，整个船的结构基本没有改变，即使有一些改变，也像你比几年前变老了一点一样，这点差别完全不影响同一性。因此，特修斯之船还是特修斯之船，你就是把船板更换一千遍，它还是它自己，这根本不影响同一性。

若你用换下来的船板和部件再组装一艘船，即使结构一样，它和特修斯之船没有时空连续性，因而那是另外一艘船。

（二）违反同一律要求的常见逻辑错误

违反同一律要求的逻辑错误主要有两种：混淆或偷换概念、转移或偷换论题。混淆或偷换概念在前面已有论述，这里介绍一下转移或偷换论题的谬误。

转移或偷换论题是在论证中常见的一种逻辑错误。这种错误是在论证过程中把两个不同的论题（判断或命题）这样或那样地混淆或等同起来，从而用一个论题去代换原来所论证的论题。

例 1：警察：“你为什么骑车带人？懂不懂交通规则？”

骑车人：“我以前从来没有骑车带人，这是第一次。”

例 2：一个秃头男人来到理发店。理发师问：“有什么可以帮助的吗？”那个人解释说：“如果能够让我的头发看起来像你的一样，我就付给你 1 000 块钱。”“没问题。”理发师一边说着，一边飞快地把自己剃成了光头。

[案例] 父与子

明代有位姓靳的内阁大学士（相当于宰相），他的父亲不太出名，他的儿子很不成材，可他的孙子却考中了进士。这位内阁大学士经常责骂他的儿子，骂他是不肖之子，是不成材的东西。后来，这个不肖子实在忍受不了责骂，就和内阁大学士顶了起来：

“汝父不如吾父，汝子不如吾子。”

意思就是，你的父亲不如我的父亲，你的儿子不如我的儿子，我有什么不成材的呢？这位内阁大学士听了后，放声大笑，就不再责备儿子了。

分析：在当时情况下，这个不肖子所要论辩的是自己是否成材的问题，但是却故意将这一辩题偷换成你的儿子和我的儿子相比怎么样，你的父亲和我的父亲相比怎么样，这恰好把原来所要论证的论题回避了，这就是偷换论题。

转移或偷换论题是指在论证过程中，偏离正题而转向另一问题，从而转移人们对关键问题的注意力。从论据的角度来看，其谬误实质就是通过对与原论题相似或无关的另一论题的举证来转移或逃避对原论题的举证责任。

“转移论题”与“偷换论题”的相同之处是，论证者所论证的命题并不真正是他原来所要论证的结论，其本质区别仅在于是否存在主观上的故意。“转移论题”是指在无意识的情况下，离开了原来议论的论题。“偷换论题”是指故意将原来议论的论题偷偷改换为其他论题，以达到混淆视听的目的，是一种典型的诡辩。为简便起见，这里把“转移论题”与“偷换论题”统一称为广义的“转移论题”的谬误。

以下例子都犯了转移论题的错误。

例 1：日常生活中问别人“你怎么会知道？”

对方回答：“我怎么会不知道？”

分析：对方便是答非所问，犯了“转移论题”的谬误。

例 2：小张到水果店买水果，见架上的香蕉不怎么好，就问：“老板，还有好点的香蕉吗？”店主说：“有刚进回来的桂圆，很新鲜的，又便宜，要不要？”

分析：这里，店主不直接回答小张有没有好点的香蕉，而是将话题转移到桂圆上，大谈桂圆如何物美价廉，这就是转移了论题。

例 3：爷爷带孙子上街，孙子看到街边有人在用气枪打气球，就问：“爷爷，为什么打枪的人要睁一只眼闭一只眼啊？”爷爷说：“如果把两只眼都闭上了，那就什么都看不见了。”

分析：这里，孙子问爷爷打枪为何要睁一只眼闭一只眼，实际包含了这样一个问题，那就是打枪的时候为何不两只眼都睁开，而要闭上一只眼睛？结果爷爷却回答说，“如果把两只眼都闭上了，那就什么都看不见了”，明显地回避了孙子问题的实质，转移了孙子的论题。

例 4：问：“这一条铁轨上有 5 个人，那一条铁轨上有 1 个人，你是决定去撞死这 5 个人呢，还是决定去撞死那1个人呢?”

答：“凭什么你说了算？凭什么你把1个人放在一条铁轨上，把5个人放在另一条铁轨上，然后让我来选择撞死谁?”

分析：该回答回避了问题，明显转移了论题。

例5：当一位演艺界明星受到偷逃个人所得税的控告时，她为自己辩护说，“多年来，我已经交纳了上百万元的个人所得税，比我表妹所在的国营机械厂所交的税还要多。难道这也是罪过吗?”

分析：该明星的辩护属于转移论题，因为她是否偷逃个人所得税与她所交税额的多少无关。

■某对外营业游泳池更衣室的入口处贴着一张启事，称“凡穿拖鞋进入泳池者，罚款五至十元”。某顾客问：“根据有关法规，罚款规定的制定和实施，必须由专门机构进行，你们怎么可以随便罚款呢?”工作人员回答：“罚款本身不是目的。目的是通过罚款，来教育那些缺乏公德意识的人，保证泳池的卫生。”

上述对话中工作人员所犯的逻辑错误，与以下哪项中出现的最为类似?

A. 管理员：“每个进入泳池的同志必须戴上泳帽，没有泳帽的到售票处购买。”

某顾客：“泳池中那两个女同志怎么没戴泳帽?”

管理员：“那是本池的工作人员。”

B. 市民：“专家同志，你们制定的市民文明公约共15条60款，内容太多，不易记忆，可否精简，以便直接起到警示的作用?”

专家：“这次市民文明公约，是在市政府的直接领导下，组织专家组，在广泛听取市民意见的基础上制定的，是领导、专家、群众三结合的产物。”

C. 甲：什么是战争?

乙：战争是两次和平之间的间歇。

甲：什么是和平?

乙：和平是两次战争之间的间歇。

D. 甲：为了使我国早日步入发达国家之列，应该加速发展私人汽车工业。

乙：为什么?

甲：因为发达国家私人都有汽车。

E. 甲：一样东西，如果你没有失去，就意味着你仍然拥有。是这样吗

乙：是的。

甲：你并没有失去尾巴。是这样吗?

乙：是的。

甲：因此，你必须承认，你仍然有尾巴。

[解析] 答案：B

题干中工作人员所犯的逻辑错误属于转移论题来回避矛盾，选项B中专家使用的手法与其相同。

■商业伦理调查员；XYZ钱币交易所一直误导它的客户说，它的一些钱币是很稀有的。实际上那些钱币是比较常见而且很容易得到的。

XYZ钱币交易所：这太可笑了。XYZ钱币交易所是世界上最大的几个钱币交易所之

一。我们销售钱币是经过一家国际认证的公司鉴定的，而且有钱币经销的执照。

XYZ 钱币交易所的回答显得很没有说服力，因为它________。

以下哪项作为上文的后继最为恰当？

A. 故意夸大了商业伦理调查员的论述，使其显得不可信

B. 指责商业伦理调查员有偏见，但不能提供足够的证据来证实他的指责

C. 没能证实其他钱币交易所也不能鉴定它们所卖的钱币

D. 列出了 XYZ 钱币交易所的优势，但没有对商业伦理调查员的问题作出回答

E. 没有对“非常稀少”这一意思含混的词作出解释

[解析] 答案：D

题干中商业伦理调查员指责 XYZ 钱币交易所误导客户的根据是，它所称的很稀有的货币，实际上是比较常见的。XYZ 钱币交易所的回答回避了商业伦理调查员的问题，只是陈述了该交易所的一些优势，这显然使得它的回答没有说服力。D 项指出了这一点，作为题干的后继是恰当的。其余各项均不恰当。

至于选项 E 是不妥的，“非常稀少”在题干中意思是明确的，并不含混。

二、矛盾律

矛盾律又称不矛盾律。矛盾律的内容是：在同一思维过程中，两个互相矛盾或反对的思想不能同时是真的。

（一）矛盾律的基本要求

矛盾律的公式是：$\neg(A\wedge\neg A)$（即 A 不是非 A）

矛盾律的要求是：在同一思维过程中，对两个相互矛盾或反对的思想不能都加以认可，而必须指出其中有一个是假的。

[案例] 二十二条军规

第二次世界大战时某国空军“二十二条军规”中有一条军规：如果飞行员被医生诊断有精神病，则他可以不参加作战飞行；但假如他要不参加作战飞行，则本人应该提出不参加作战的理由；而假如他意识到自己有病不能参加作战，那就证明他头脑健全，没有精神病。

请问：如该国空军确有飞行员患有精神病，这条军规是否可行？为什么？

分析：“二十二条军规”常用来比喻圈套、枷锁等，是一套自相矛盾的诡辩逻辑。

这条军规不可行，违反了矛盾律。飞行员被诊断有精神病，说明头脑不健全，所以可以不参加作战飞行；而不参加作战飞行的精神病人又需要自己提出不参战的理由，这就反过来又肯定精神病人头脑健全，没有精神病。军规对互相矛盾的两个判断都予以肯定，故违反了矛盾律。

运用矛盾律必须注意以下几点。

第一，矛盾律是就同一思维过程说的。

矛盾律所要排除的两个相互排斥的思想，是在同一思维或表述过程中，也即在同一时间、同一关系下，对于同一对象而言的两个相互矛盾或相互反对的思想。离开了这些条件，就谈不上两个思想之间的相互排斥。例如，诗人臧克家有这样两句名言：“有的人死

了，可他还活着；有的人活着，可他却死了。”这两句话是从不同方面表述同一对象的。前一句是说：有的人肉体上死了，可他的精神还活着；后一句是说：有的人肉体上活着，可他的精神却死了。因此，这样的表述并不矛盾，因为其中每一句话所表达的两个命题并不是相互排斥的。

第二，矛盾律不适用于具有下反对关系的思想。

第三，必须注意区分逻辑矛盾与辩证矛盾。

矛盾律只是要求排除思维中的逻辑矛盾，辩证矛盾是事物内部相互对立的两个方面，两者相互排斥、斗争，在一定条件下相互依存、转化。辩证矛盾普遍存在于自然、社会和思维领域中，受对立统一规律的制约。所以，逻辑矛盾和辩证矛盾是截然不同的。

（二）违反矛盾律要求常见的逻辑错误

矛盾律要求在同一思维过程中，思想必须前后一贯。即对于同一对象不能同时作出两个互相矛盾的断定，换句话说，对两个互相矛盾或互相反对的判断不能都肯定，必须否定其中的一个，否则，会犯“自相矛盾”的错误。

[案例] 看不见

一个军人想找个借口离开军队。于是他找到军医，说：

“真糟糕，我的视力越来越差了，不适宜参军当兵。”

医生给他看了一会儿，说：“你能证明你的视力不好吗？”

此人环顾一下四周，指着远处墙上的一颗钉子说：

“医生，你能看见墙上的那个钉子吗？”

“能看到。”医生回答。

“可我看不见。”此人说。

关于思想的逻辑矛盾，我国战国时代的思想家韩非子曾经谈到过这样一个故事：有一个卖矛（长矛）和盾（盾牌）的人，先吹嘘他的盾如何坚固，说：“吾盾之坚，物莫能陷。”过了一会，他又吹嘘他的矛是如何锐利，说：“吾矛之利，物无不陷。”这时旁人讥讽地问：“以子之矛，陷子之盾，何如？”卖矛与盾的人无言以答了。因为，当他说“我的盾任何东西都不能刺穿”时，实际上是断定了“所有的东西都不能够刺穿我的盾”这个全称否定命题；而当他说“我的矛可以刺穿任何东西”时，实际上又断定了“有的东西是能够刺穿我的盾的”这一特称肯定命题。这样，由于他同时肯定了两个具有矛盾关系的命题，因而就陷入了“自相矛盾”的境地。

例如：下面是一封给编辑的信。

在这个节日期间，我们应努力恢复真正的奉献精神，每个人应赠送礼物而不期望得到礼物，如果有人送给我们礼物，我们应该拒绝它并建议把它送给别人，这样，我们会充分体验到完全奉献的感受。

分析：上述观点是，每个人都应该赠送礼物。同时，每人都不应该接受礼物。可是，如果没有人接受礼物，那么任何人的给予将如何实施呢？可见作者的观点是自相矛盾的。

■ 曾经有位雄心勃勃的年轻人，想发明一种可以溶解一切物质的万能溶液。但这位年轻人的理想注定是不能实现的。

假若您想劝告这位年轻人放弃这项计划，那么，您认为以下哪一项劝告更能为这位年轻人所接受?

A. 根据目前已有的科学理论研究成果，发明这种溶液缺乏理论上的支持

B. 发明这种溶液需要掌握极其复杂的技术和工艺，你目前的条件和能力远没有达到这一步

C. 如果世界上真有这样一种溶液的话，别人早就发明出来了，怎么可能等到今天你来发明呢

D. 据考证，世界上曾有许多人和你一样想发明这种溶液，但遗憾的是，他们全都失败了

E. 这种溶液发明出来之后，你用什么器皿来盛它呢

[**解析**] 答案：E

E 项“这种溶液发明出来之后，你用什么器皿来盛它呢?”生动地揭示了“可以溶解一切物质的万能溶液”所蕴含的矛盾：它是溶液，需要器皿来盛它；但它又能溶解一切物质，故没有任何器皿能够盛它。上述矛盾的存在有力地说明了发明万能溶液是不可能的。

其余选项都从不同角度说明发明“可以溶解一切物质的万能溶液”之不现实，但均显得劝告的力度不够。

■ 按当前消费计算，每加仑汽油征收 1 分钱的汽油税每年会增加 10 亿元的收入。由于每加仑征收 50 分的汽油税每年就会增加 500 亿元的收入，这看起来是解决财政赤字的一个好办法。这样做还可以降低汽油的需求，以保护生态，使国家不至于过分依赖外国石油产品。

以下哪一项最清楚地指明了作者推论中的错误?

A. 作者引用了无关的数据

B. 作者所依据的当前的消费数据是错误的

C. 作者使用了相互矛盾的假设

D. 作者错把结果当作了原因

E. 作者诉诸良知而不是理性

[**解题分析**] 答案：C

题干中作者的推论属于自相矛盾。要想多收汽油税，就得鼓励多消耗汽油；而降低对汽油的需求、保护生态等，则要鼓励少消耗汽油。

（三）归谬法

归谬法也叫归谬推理，是反驳式论证的常用方法。归谬法是对命题的反驳，要论证一个命题是假的，先假定这个命题是真的，然后推出一个不能接受的结论，由此该命题的假得到了证实。其论证过程如下。

论证过程	说明
求证：P 假	被反驳的论题：P
证明：	证明：
P 真	假设：P 成立
如果 P，那么 Q。	推理：如果 P，则 Q
已知非 Q	Q 不成立（事实上是非 Q，Q 是虚假的，或 Q 是不可接受的）
所以，P 假	所以，P 不成立

例 1：加拿大前外交官切斯特·朗宁出生在中国湖北襄樊，是喝中国奶妈的乳汁长大

的。在竞选省议员时，反对派指责他："喝中国人的奶长大，一定有中国血统。"朗宁反驳道："根据你的逻辑，你是喝牛奶长大的，你的身上就会有牛的血统了。"

例 2：有些东南亚小国的反华人士说："南沙群岛离 F 国近，就应该属于 F 国。"

我国外交部反驳道："按照你们的逻辑，你们国家所在地区离中国近，你们就是属于中国的了。"我们类比他们的思路对对方的言论进行了归谬，从而证明对方的逻辑是站不住脚的。

[案例] 伽利略的自由落体实验

伽利略（1564—1642）是近代自然科学的奠基者，是科学史上第一位现代意义上的科学家。他首先为自然科学创立了两个研究法则：观察实验和量化方法，创立了实验和数学相结合、真实实验和理想实验相结合的方法，从而创造了和以往不同的近代科学研究方法，使近代物理学从此走上了以实验精确观测为基础的道路。爱因斯坦高度评价道："伽利略的发现以及他所应用的科学推理方法是人类思想史上最伟大的成就之一。"

16 世纪以前，希腊最著名的思想家和哲学家亚里士多德是第一个研究物理现象的科学巨人，他的《物理学》一书是世界上最早的物理学专著。但是亚里士多德在研究物理学时并不依靠实验，而是从原始的直接经验出发，用哲学思辨代替科学实验。亚里士多德认为每一个物体都有回到自然位置的特性，物体回到自然位置的运动就是自然运动。这种运动取决于物体的本性，不需要外部的作用。自由落体是典型的自然运动，物体越重，回到自然位置的倾向越大，因而在自由落体运动中，物体越重，下落越快；物体越轻，下落越慢。

伽利略当时在比萨大学任职，他大胆地向亚里士多德的观点挑战。伽利略设想了一个思想实验：让一重物体和一轻物体束缚在一起同时下落。按照亚里士多德的观点，这一思想实验将会得到两个结论。

首先，如果一个轻的物体和一个重的物体绑在一起，然后从高处丢下来，那么重的物体下落的速度快，由于这一联结，重物受到轻物的牵连与阻碍，两个物体之间的绳子会被拉直。这时轻的物体对重的物体会产生一个阻力，下落速度将会减慢，下落时间将会延长；其次，也由于这一联结，两个物体绑在一起以后的质量应该比任意一个单独的物体都大，那么整个系统下落的速度应该变快，因而下落时间会更短。显然这两个结论是相互矛盾的。所以，原命题"物体越重下降越快"是荒谬的。

分析：这个矛盾证明了亚里士多德的理论是错误的。伽利略这个思想实验用了归谬法，帮助证明了一个很重要的理论：无论物体的质量，在不考虑阻力的情况下，所有自由落体的速率都是一样的。

伽利略利用思想实验和科学推理，巧妙地揭示了亚里士多德运动理论的内在矛盾，打开了亚里士多德运动理论的缺口，导致了物理学的真正诞生。

可见，归谬推理是这样一种推理，它根据一个命题蕴涵荒谬的或不可接受的命题来推出该命题是假的。如果从一个命题出发能够推出自相矛盾的结论，则这个命题肯定不成立。

例如：科学家有时被描述成作出如下假设的人，即基于某些事情的假设直到被证明为真（符合实际）之前，这一假设并不是真实的。现在，假设提出了食品添加剂是否安全的问题，在这个问题上，既不知道它是安全的，也不知道它是不安全的。基于这一特征，科学家会假设添加剂不是安全的，因为它没有被证明是安全的；但是，他们同样会假设添加剂是安全的，因为它没有被证明不是安全的。然而，没有科学家就一种给定的物质假设它既是安全的又是不安全的而不相互矛盾。所以，这个有关科学家的特征描述显然是错误的。

分析：上述论证用的是归谬推理，先假设对科学家的特征描述是正确的，然后由之导出一个矛盾：就一种给定的物质既能假设它是安全的，又能假设它是不安全的。由于这一结果难以置信，所以对科学家的特征描述一定是错误的。

■ 湖队是不可能进入决赛的。如果湖队进入决赛，那么太阳就从西边出来了。

以下哪项与上述论证方式最相似？

A. 今天天气不冷。如果冷，湖面怎么结冰了

B. 语言是不能创造财富的。若语言能够创造财富，则夸夸其谈的人就是世界上最富有的了

C. 草本之生也柔脆，其死也枯槁。故坚强者也死之徒，柔弱者生之徒

D. 天上是不会掉馅饼的。如果你不相信这一点，那上当受骗是迟早的事

E. 古典音乐不流行。如果流行，那就说明大众的音乐欣赏水平大大提高了

［解析］答案：B

B项与题干论证方式均是根据一个命题蕴涵显然假的命题，推出该命题为假，都属于归谬法。

A项说不通，如果改为："今天天气冷。如果不冷，湖面怎么结冰了？"这才是归谬法。

■ 张先生：应该向吸烟者征税，用以缓解医疗保健事业的投入不足。因为正是吸烟导致了许多严重的疾病。要吸烟者承担一部分费用，来对付因他们的不良习惯而造成的健康问题，是完全合理的。

李女士：照您这么说，如果您经常吃奶油蛋糕或者肥猪肉，也应该纳税。因为如同吸烟一样，经常食用高脂肪、高胆固醇的食物同样会导致许多严重的疾病。但是没有人会认为这样做是合理的，并且人们危害健康的不良习惯数不胜数，都对此征税，事实上无法操作。

以下哪项最为恰当地概括了李女士的反驳所运用的方法？

A. 举出一个反例说明对方的建议虽然合理但在执行中无法操作

B. 指出对方对一个关键性概念的界定和运用有误

C. 提出了一个和对方不同的解决问题的方法

D. 从对方的论据得出了一个明显荒谬的结论

E. 对对方在论证中所运用的信息的准确性提出质疑

［解析］答案：D

张女士指出，如果向吸烟者征税是合理的，那么向经常食用高脂肪、高胆固醇食物的人征税也是合理的。而后者显然是不合理的。这属于归谬法的反驳，D项恰当地概括了张女士的反驳所运用的方法。其余各项均不恰当。

三、排中律

排中律指同一个思维过程中，两个相互矛盾的思想不能同假，必有一真。

（一）排中律的基本内容

排中律的公式是：A∨¬A（A 或者非 A）

公式中“A”或“非 A”表示两个互相矛盾的命题。因此，这一公式是说，任一命题 A 及其矛盾命题非 A 不可能同时都是假的。或者 A 为真，或者非 A 为真，两者必居其一。

排中律的逻辑要求是：对于两个互相矛盾的判断，必须明确地肯定其中之一是真的，不能对两者同时都加以否定。

［案例］不禽不兽

凤凰过生日的时候，百鸟朝贺，唯独蝙蝠没来。凤凰派鸟责问，蝙蝠说：“我是哺乳动物，是兽类，凭什么要向它贺寿？”麒麟过生日的时候，百兽朝贺，还是唯独蝙蝠没来。麒麟派兽责问，蝙蝠说：“我有翅膀，是禽类，凭什么要向它贺寿？”后来凤凰与麒麟相会，谈到蝙蝠的这些言行，不免感叹一番说：“如今世风不正，生出这种不禽不兽的东西。拿它有什么办法！”

（二）违反排中律要求常见的逻辑错误

违反排中律就要犯“两不可”的逻辑错误。

在概念方面的表现是：在一个论域中，对两个相互矛盾的概念都不加以认可；或提出一个所谓“中性概念”来回避对它们作出明确的选择。

在判断方面的表现是：对两个相互矛盾的判断都加以否定，或杜撰出一个所谓“居中判断”来回避对两个相互矛盾的判断作出明确的表态。

下面例子都犯了“两不可”的逻辑错误。

例 1：“这篇文章的观点不能说是全面的，也不能说是片面的。”

例 2：有人说：“世界上究竟有没有鬼呢？有人说有，有人说没有，我认为两种看法都不对。鬼这个东西应该介于有和没有之间。”

例 3：在即将举行的大学生辩论赛中，我不认为我校代表队一定能进入前四名，我也不认为我校代表队可能进不了前四名。

■ 这次新机种试飞只是一次例行试验，既不能算成功，也不能算不成功。

以下哪项对于题干的评价最为恰当？

A. 题干的陈述没有漏洞

B. 题干的陈述有漏洞，这一漏洞也出现在后面的陈述中：这次关于物价问题的社会调查结果，既不能说完全反映了民意，也不能说一点也没有反映民意

C. 题干的陈述有漏洞，这一漏洞也出现在后面的陈述中：这次考前辅导，既不能说完全成功，也不能说彻底失败

D. 题干的陈述有漏洞，这一漏洞也出现在后面的陈述中：人有特异功能，既不是被事实证明的科学结论，也不是纯属欺诈的伪科学结论

E. 题干的陈述有漏洞，这一漏洞也出现在后面的陈述中：在即将举行的大学生辩论赛中，我不认为我校代表队一定能进入前四名，我也不认为我校代表队可能进不了前四名

［解析］答案：E

题干的逻辑错误是：对试验成功和试验不成功这两个互相矛盾的命题同时否定。这一错误也出现在E项中，该项对“一定能进入前四名”和“可能进不了前四名”这两个互相矛盾的命题同时否定。可见，选项E和题干论证都违反了排中律，均犯了“两不可”的逻辑错误。

其余选项均不恰当。例如D项不恰当，“特异功能是被事实证明的科学结论”“特异功能是纯属欺诈的伪科学结论”互相反对，但不互相矛盾，同时否定没有逻辑错误。

■有一块空着的地可以种庄稼，甲、乙、丙、丁四个人讨论这块地种什么庄稼好。甲一会儿说应该种小麦，一会儿说不应该种小麦。乙对甲说：“你的两种意见，我都不同意。”丙说：“我看还是种小麦好。”丁说：“我看还是种油菜好。”针对丙、丁的发言，乙又说：“你们两人的意见，我都不同意。”

下列判断正确的是哪项?

A. 甲的说法不存在逻辑错误

B. 乙对甲的说法不存在逻辑错误

C. 乙对丙、丁两人的说法存在逻辑错误

D. 乙对丙、丁两人的说法不存在逻辑错误

E. 乙的两次回答都不存在逻辑错误

[**解析**] 答案：D

甲一会儿说应该种小麦，一会儿说不应该种小麦。因此，甲犯了“自相矛盾”的逻辑错误。

乙对甲说：“你的两种意见，我都不同意。”种不种小麦乙都反对，违反了排中律，因此，乙犯了“两不可”的逻辑错误。

乙对丙、丁两人的说法没有违反排中律，不存在逻辑错误。因此，D项为正确答案。

（三）反证法

反证法是间接论证的主要方法，它是通过证明与原论题相矛盾的命题为假，然后根据排中律，从而确定原论题为真的论证方法。通俗地说，反证法是通过证明“非此不行”来论证“应该如此”的论证方法。

1. 反证法的推理步骤

首先，假设与原论题相矛盾的反论题为真；

然后，由反论题为真推出与事实相反的结论，从而证明该反论题为虚假；

最后，根据排中律，两个相互矛盾的命题（反论题与原论题）不能都为假，既然反论题是假的，所以，原论题是真的。

2. 用公式表示反证法

求证：P

证明：

设非P，

如果非P，那么Q。

已知非Q（事实上是非Q，Q是虚假的，或Q是不可接受的），

所以，非P为假。

根据排中律，P 为真。

例如：运输部门认为把车船票价提高 40%的方案必须执行，并对此作出解释：不可否认，这些费用的增加会加重公共汽车和地铁乘客的负担；但是，如果不加价，服务质量就会大幅度下降，其结果会丧失大量的乘客，而这是不能令人接受的。

分析：该论证使用的是反证法。上文的论证策略是试图通过论证不涨价不行来达到坚持必须涨价的目的，即通过为拒绝接受另一种选择提供理由而间接地得出了结论。

■某地区国道红川口曾经是交通事故的频发路段，自从 8 年前对此路段限速每小时 60 公里后，发生在此路段的交通伤亡人数大幅下降。然而，近年来此路段超速车辆增多，但发生在此路段的交通伤亡人数仍然下降。

上述断定最能支持以下哪项结论？

A. 车辆限速与此路段 8 年来交通伤亡人数大幅下降没有关系

B. 8 年来在此路段行驶的车辆并未显著减少

C. 8 年来对本地区进行广泛的交通安全教育十分有效

D. 近年来汽油费用的上升限制了本地区许多家庭购买新车

E. 此路段 8 年来交通伤亡人数下降不仅是车辆限速的结果

[解析] 答案：E

可用反证法推出 E 项成立。如果车辆限速是此路段 8 年来交通伤亡人数下降的唯一原因，那么，近年来随着此路段超速车辆增多，发生在此路段的交通伤亡人数不会下降。也就是说，如果 E 项不成立，题干的断定就不成立。即如果题干的断定成立，则 E 项成立。

[案例] 奇怪的风俗

据说，克罗特地区有一个奇怪的风俗：男人和男孩都说真话；而女人和女孩从不连续说真话或假话，即如果前句是真话，那么她下句便要说假话；反之亦然。

有一天，旅行者遇到一对带着孩子的夫妇。旅行者问那个孩子："你是男孩吗?"孩子用克罗特语回答，可旅行者听不懂孩子的话。好在孩子的父母都会说旅行者的语言。

"孩子说'我是男孩'。"他们当中的一个说道。"孩子是女孩，孩子说谎了。"另一个说道。

由上述信息能不能根据孩子父母的话，判断出这个孩子是男孩还是女孩？是父亲先说话还是母亲先说话？

分析：先从假设孩子是男孩来开始。

在这个前提之下，第一个说话的要么是父亲，要么是母亲。如果这两种情况都会导致矛盾，那就要推翻前提，即孩子不是男孩。

我们接着来假设第一个说话的是母亲，那么母亲说的"孩子说'我是男孩"，这句话是真的。

而第二个说话的是父亲，共有两句话，"孩子是女孩，孩子说谎了"这两句都是假的，而题意告诉我们，男人是不说假话的，所以与题意矛盾。因此，在假设孩子是男孩这个前提下，第一个说话的是母亲，第二个说话的是父亲不成立。

再来看第一个说话的是父亲而第二个说话的是母亲行不行？第一个说话的是父亲，他无疑说了真话。第二个说话的是母亲，她的第一句话显然是假的，而她第二句话"孩子说谎了"，根据女人不连续说假话的题意应为真话，但是根据题意，男孩又是不说谎的，因此，又导致了矛盾。

在假定孩子是男孩的前提下，无论第一个说话的是父亲还是母亲，都会导致矛盾，因此由之出发的假定前提是假的，即反证了孩子是女孩。

四、充足理由律

充足理由律的内容是，在同一思维和论证过程中，一个思想被确定为真，要有充足的理由。

（一）充足理由律的基本内容

充足理由律可以表达成：A 真，因为 B 真并且 B 可以推出 A。

充足理由律要求在一个论证过程中，任何一个论断被确定为真的，必须具有真实的充足理由，并且理由与推断之间要有必然的逻辑联系。充足理由律实际上是要求在严密的逻辑证明时，怎样使它具有说服力。

具体要求主要有三点：

（1）对所要论证的观点必须给出理由；

（2）给出的理由必须真实；

（3）从给出的理由必须能够推出所要论证的观点。

（二）违反充足理由律要求常见的逻辑错误

充足理由律的作用在于确保思维的论证性。违反充足理由律就会犯“虚假理由”和“推不出”的错误。

1. 虚假理由

“虚假理由”指用虚假的理由充当论据去证明自己的观点，但实际上根本起不到这种证明作用。

例如：“宇宙在时间上是有开端的。因为，宇宙是上帝创造的，而上帝创造的东西在时间上是有一定开端的。”

分析：上述推理所依据的理由——“宇宙是上帝创造的”不真实，因此，这一推理犯了“虚假理由”的逻辑错误。

［案例］好色之徒

战国时期，楚国文人宋玉的《登徒子好色赋》，就是运用诡辩来证明自己不好色，而楚国大夫登徒子是一个好色之徒的。宋玉论证到，登徒子的妻子非常丑陋，头发蓬乱，耳朵不灵，嘴巴秃短。而登徒子竟然喜欢她，并和她生了五个孩子。连这么难看的女人都钟爱，若对漂亮一些的女人不就更爱吗？这就充分说明了登徒子是个好色之徒。

分析：从逻辑上稍加分析，就不难看出这个论证的诡辩性质。根据充足理由律的要求，在论证某一观点时，所持的理由不仅要真实，而且从理由能够推出所要论证的观点。“登徒子和他貌丑的妻子关系很好”，这个前提虽然真实，但从中根本不能推出“登徒子好色”的结论。而且结论恰恰相反，登徒子是个重情重义不看重美色的好人。

宋玉推出“登徒子好色”的结论，其实犯了“虚假理由”的错误。他实际上使用了一个虚假的未陈述前提“凡不嫌弃妻子貌丑的人都是好色之徒。”这个大前提显然是不成立的。

2. 推不出

"推不出"是指在一个推理过程中，理由虽然真实，但是理由和推断之间没有必然的逻辑联系。

［案例］最好的证据

一个男孩向他的同伴炫耀："有一次，我爸爸不小心掉进河里，眼看就要淹死了，幸好他急中生智抓住身边游过来的两条小鱼，被这两条小鱼带到了岸上。"同伴们听了都不信，纷纷要求男孩拿出证据来。"这还要证据？"男孩睁大眼睛不解地说，"我爸爸至今还好好地活着，这难道不是最好的证据？"

在推理与论证过程中，如果前提或论据与结论或论题之间没有必然的联系，就可能推不出结论或不能证明论题的真实性。

例如：下面这个案例犯了"推不出"的谬误。

甲说："信不信由你！我在五分钟内打死了 10 只苍蝇，而且有六只是母的，四只是公的。"

乙说："我不信！你怎么认得出来哪些是母的，哪些是公的？"

甲说："那最简单不过了。我在镜子上打死的肯定都是母的，而在酒杯上打死的肯定都是公的。"

■1908 年，清朝 3 岁的宣统皇帝继位，接受文武百官的朝贺，钟鼓齐鸣，山呼万岁，把宣统皇帝吓得直哭。抱着宣统皇帝的摄政王安慰小皇帝说："快完了，快完了。"后来，清王朝于 1911 年被辛亥革命推翻。清朝的遗老遗少怪罪摄政王说，就是他在登基大典上说"快完了"，所以把大清朝的江山给葬送了。

以下哪一项与清朝的遗老遗少的手法相似？

A. 这个码头坍塌，固然与建筑质量有关，但与今年潮水过大也有一定的关系

B. 这座大桥被冲垮了，完全是由于百年未遇的洪水的缘故

C. 兴达公司如此兴旺发达，完全是这个公司的名字取得好

D. 暂时没有攻克这个难关，是由于我们掌握的资料还不完全

E. 只要真理在我们手里，就没有什么困难可以阻止我们取得胜利

［解析］答案：C

题干中所述清朝遗老遗少的讲法犯有"推不出"的谬误。与其手法相似的是选项 C。所以，正确答案是选项 C。

第三节 论证评价标准

论证的好与坏取决于理由是否坚实，以及理由对主张的支持是否有力。理解论证不应过分关注作者的立场和主张，而应将关注的焦点引向支持一种主张的要据和理由。论证评价的关键在于掌握评价理由是否坚实以及评价理由对主张的支持力度的技术。

论证评价的基本标准是前提对结论的相关性、充分性和前提的可接受性，分别是相干性标准（Standard of Relevance）、充足性标准（Standard of Sufficiency）和可接受性标准

(Standard of Acceptability)，即 RSA 标准。只有通过上述三个评价标准，即论证必须有数量和质量都充足的相关且可接受的前提，才能使我们觉得这论证足够有力，可以接受它的结论了。

一、相干性标准

论证的相干性标准是指前提必须和结论相干，即前提与结论的真实性相关联：它们必须通过相干性检验。前提和结论必须是相关的，这是前提的资格问题。如果前提之一不相干，则表明论证并不好。

1. 相干性的含义

相干性也叫相关性。通常，我们进行推理或论证时，前提和结论之间总是存在某种共同的意义内容，使得我们可以由前提想到、推出结论，正是这种共同的意义内容潜在地引导、控制着从前提到结论的思想流程。除非一个人思维混乱或精神不正常，他通常不会从“白菜是蔬菜”推出“所有的金属都是导体”，因为这里前提和结论在内容、意义上没有相关性，完全不搭界。

一个论证的前提总要对其结论的接受（拒斥）有干系。前提是否相关，是相对于结论而言的。不相关的前提对论证的结论的好坏毫无影响。所以，这里有一个判定前提和结论相关性的方法：如果前提对结论的好坏有影响，就是相关的。具体而言，前提是相关的，是指如果人们接受这个前提，就会相信结论，至少，前提对结论的价值或真实性有所贡献、有所支持。

2. 不相干的理解

不相干是指，如果前提对结论没有影响，它就是无关的。具体而言，前提是不相关的，是指即使人们接受它，它对结论的价值和真实性也无所支持、无所证明，甚至毫无联系。

前提和结论貌似相关但实质上不相关，存在以下两种特殊情况。

第一种情况，如果前提和结论是一样的（比如，只是用了一样意义的不同的词），它们虽然相关，但却是我们前面说的同义反复：A 是 A。这是空洞的。

另外一种情况，前提和结论的关系是这样的“互相依赖”，本来是用前提来支持结论，但前提自身的证明不独立于结论，这就是所谓的循环论证。

例如：如果白菜是蔬菜，那么所有的金属都是导体；白菜是蔬菜，所以，所有的金属都是导体。

尽管上述是一个形式有效的推理，但前提和结论明显不相干。这就表明，有些逻辑上有效的推理形式，作为日常思维中的论证却可能是坏的论证。

根据同一律，从 P 当然可以推出 P，但若以 P 为论据去论证 P，即使不是循环论证，也至少犯有“无进展谬误”。因此，当我们作论证评价时，常常要考虑前提与结论、论据与论点之间的这种内容相关性，要求它们之间既有内容的关联，又不能在内容上相互等同，否则就没有论证之必要了。

因此，分析论证的第一步，就是要检查前提与结论有没有明显的不相关性。论证不符合相关性规范，有很多种情况，比如，有的论证诉诸与主旨无关的事，比如诉诸众人的意见，以人为据，诉诸无知或诉诸传统观点，还有的使用错误的的理由去支持结论。

3. 相干性的判断

证据和问题、推理和结论之间的相关性，是考虑论证时不可忽视的要求。成为一个论证的前提或证据既要有准确性，又要有相关性。在认真对待一个证据之前，即使它是真的，还必须先回答它的相关性问题。因为清晰、真实和精准的数据或证据，完全可能和问题没有关联性。若无关联性，就犯了无关性的逻辑错误。因此，在分析和构造论证时，必须追问：这理由和问题本身有什么关系？它和我们的论证有联系吗？它和我们的论点、结论相关吗？

判断某一特定的前提或理由是否相关，我们可以向自己提出以下两个关键问题。

第一，如果前提为真，是不是会使人更加相信结论为真？如果回答为是，前提就很可能是相关的。如果回答为否，前提就基本没什么相关性了。

第二，即使前提为真，当我们判断论证的结论是否为真的，需要参考前提的真实与否吗？如果回答为否，自称支持结论的前提便实为不相关。如果回答为是，我们便认为前提是相关的。

当然，我们不能从表面上看似不相关就武断地判断不相关。很多科学研究的目的就是找推理或者因果关系中缺失的部分，填补原因和结果之间的空白。相应地，在理解、分析论证时，当前提和结论之间看来有鸿沟时，我们也要尝试去填补它，看看推理是否能变得合理，从而使认识更深入。

例 1：早晨去楼下买油条，大妈说要 2.5 元一根。我说："昨天不是 2 元一根吗?"大妈说："因为猪肉涨价了。"我说："猪肉涨价，关你油条什么事?!"大妈说："因为我想吃猪肉。"瞬间觉得大妈说得好有道理。

分析：大妈卖的油条涨价的理由是猪肉涨价了。这一论证的前提和结论似乎不相关，但我们加上一些省略的步骤后，使得前提和结论紧密相关了。

猪肉涨价了。

我想吃猪肉。

（我的生活成本提高了）

（我要保持生活水准，就要提高我的收入）

（要提高我的收入，就要提高我产品的价格）

（油条是我的产品）

所以，油条涨价了。

可见，通过找到这样起填补鸿沟作用的省略前提，如果它们是可信的，那么论证就成为相关的甚至合理的。

例 2：在南非的祖鲁兰，每 17 个小时就有一头犀牛被偷猎。"飞翔的犀牛"行动从乌姆福洛奇保护区精心挑选了 114 头白犀牛和 10 头黑犀牛，将它们空运到南非一个秘密的地区，犀牛保护者希望犀牛能在这里自然地繁殖和生长，以避免因偷猎而导致犀牛灭绝的厄运。

分析："飞翔的犀牛"行动的目的是，避免因偷猎而导致犀牛灭绝的厄运；其做法是，从保护区精心挑选白犀牛和黑犀牛，空运到南非一个秘密的地区，希望其能在这里自然地繁殖和生长。我们加上一些省略的步骤后，使得前提和结论紧密相关了。

（给犀牛人为选择的新家适合白犀牛和黑犀牛的繁殖和生长）

（住在犀牛新家附近的居民不会有人为昂贵的犀牛角而偷猎）

（对犀牛新家的保密措施严密，使偷猎分子不知道那里有犀牛）

所以，“飞翔的犀牛”行动将避免因偷猎而导致犀牛灭绝的厄运。

如果这些省略前提是作者的原意，那么我们补充的是原来隐含的前提，从而我们便完善了论证，丰富了认识。但是，如果我们找不到这样的中介前提，那么这个论证就确实不相关，该论证就是个坏论证了。

二、充足性标准

论证的充足性标准是指前提足够支持结论之真实性，即前提必须给结论提供充分支持：它们必须通过充足性检验。

充足性也叫充分性，当然，这里的充分性是论证逻辑里的充分性，与演绎逻辑里的充分性的含义并不等同。演绎逻辑的充分性是指，由前提能够必然地推出结论，即如果前提都是真实的，并且推理形式是正确的，那么，就一定能推出结论。而这里论证的充分性是指要有充分的证据支持结论，即前提对结论要构成充分的支持。如果没有考虑支持主张或论点的全部证据，论证就有跳跃到结论或仓促下结论的过失。

1. 论证的充足性

在考察评价论证时，可以追问以下基本问题。

第一，给出的理由，虽然是相关且可以接受的，足以导出论证者的结论吗？

第二，论证是否有误判因果的瑕疵？

第三，论证中是否缺失使人接受结论所需要的最关键的证据、事实或信息？

论证必须通过充足性检验，即考察前提是否足以支持结论，这是看现有前提的总和是否足以导出结论的问题。论证的充足性具体包括两层含义。

第一，事实、证据和信息的充足性。

科学论证的前提是需要充分占有材料，没有足够的信息，思考很可能有片面性和局限性，包括是否看到了问题的各个可能的方面，是否考虑了各种证据和事实。这里的充足性主要两个维度：已提出的证据类型是否足够；证据的范围是否适当。

第二，推理性质、强度的充足性。

这代表推理的可靠性，即在有足够的证据的情况下，证据是否有足够的强度来支持结论。常见的推理错误往往是由于证据支持不充足的问题，因此，各种推理的方法和准则都以达到推理的充足性为目标。

■最新研究发现，恐龙腿骨化石都有一定的弯曲度，这意味着恐龙其实并没有人们想象得那么重，以前根据其腿骨为圆柱形的假定计算动物体重时，会使得计算结果比实际体重高出 1.42 倍。科学家由此认为，过去那种计算方式高估了恐龙腿部所能承受的最大身体重量。

以下哪项如果为真，最能支持上述科学家的观点？

A. 恐龙腿骨所能承受的重量比之前人们所认为的要大

B. 恐龙身体越重，其腿部骨骼也越粗壮

C. 圆柱形腿骨能承受的重量比弯曲的腿骨大

D. 恐龙腿部的肌肉对于支撑其体重作用不大

E. 与陆地上的恐龙相比，翼龙的腿骨更接近圆柱形

［解析］答案：C

题干前提一：最新研究发现，恐龙腿骨化石都有一定的弯曲度。

题干前提二：以前根据其腿骨为圆柱形的假定计算动物体重，计算结果比实际体重高。

选项 C：圆柱形腿骨能承受的重量比弯曲的腿骨大。

得出结论：过去那种计算方式高估了恐龙腿部所能承受的最大身体重量。

■3 年来，在河南信阳息县淮河河滩上，连续发掘出 3 艘独木舟。其中，2010 年息县城郊乡徐庄村张庄组的淮河河滩下发现第一艘独木舟，被证实为目前我国考古发现最早、最大的独木舟之一。该艘独木舟长 9.3 米，最宽处 0.8 米，高 0.6 米。根据碳-14 测定，这些独木舟的选材竟和云南热带地区所产的木头一样。这说明，3 000 多年前的古代，河南的气候和现在热带的气候很相似。淮河中下游两岸气候温暖湿润，林木高大茂密，动植物种类繁多。

以下哪项如果为真，最能支持以上论证？

A. 这些独木舟的原料不可能从遥远的云南原始森林运来，只能就地取材

B. 这些独木舟在水中浸泡了上千年，十分沉重

C. 刻舟求剑故事的发生地，就是包括当今河南许昌以南在内的楚地

D. 独木舟舟体两头呈尖状，由一根完整的原木凿成，保存较为完整

E. 在淮河流域的原始森林中，今天仍然生长着一些热带植物

［解析］答案：A

题干前提：考古发现，在河南发掘出的独木舟的选材和云南热带地区所产的木头一样。

补充 A 项：这些独木舟的原料不可能从遥远的云南原始森林运来，只能就地取材。

得出结论：3 000 多年前的古代，河南的气候和现在热带的气候很相似。

B、C、D 均为无关项，E 项对题干有所支持，但力度不足。

2. 不同推理类型的充足性标准

在论证中，不同推理类型的充足性标准是不一样的。

评价一个论证必须分析该论证采取了什么样的论证方式，好论证的结构一定组织良好。论证方式是指论点和论据之间的联系方式，一般表现为一个推理系列。按照推理结构不同，大体上可以分为演绎推理、归纳推理和合情推理等不同的类型。因为推理类型有不同，不同的推理关系有不同的充足性判定准则，所以，评价一个论证的好坏，先要看它的推理类型。根据推理类型分析推理是否恰当，是评价论证质量高低的重要指标。

（1）在演绎推理中，推理的充足性标准是指“有效性”

如果是演绎推理，就看演绎是否有效，即要求保证结论为真。

所谓“演绎有效的”是指，如果一个推理的前提为真则结论必为真，或者说前提为真则结论不可能为假，则这个推理就是演绎有效的。尽管从假的前提出发也能进行合乎逻辑的推理，其结论可能是真的，也可能是假的，但从真前提出发进行有效推理，却只能得到真结论，不能得到假结论。只有这样，才能保证使用这种推理工具的安全性。

这种有效性（亦称“保真性”）是对于正确的演绎推理的要求。正如前面所述，演绎

有效的论证是最严格的论证，除了在数学等精确科学中出现外，演绎有效的论证在日常思维中并不多见。

例 1：只有在适当的温度下，鸡蛋才能孵出小鸡来。现在，鸡蛋已经孵出了小鸡，可见温度是适当的。

分析：上述论证的结构是：只有 p，才 q；q，所以，p。

这显然不符合演绎推理的规则，是一则无效的论证。

例 2：增加人体血液中脂蛋白的浓度，将会提高人体除去过量的胆固醇能力，从而降低胆固醇的水平。通过规律性的锻炼和减肥，一些人血液中的脂肪蛋白的含量显著增加。所以，经常性锻炼和减肥降低了一些人血液中的胆固醇含量。

分析：上述论证的前提是：

第一，增加脂蛋白，将会降低胆固醇的水平。

第二，通过锻炼和减肥，一些人血液中的脂肪蛋白的含量增加。

从中可推出：经常性锻炼和减肥降低了一些人血液中的胆固醇含量。

可见，这是一则演绎有效的论证。

例 3：蟋蟀是一种非常有趣的小动物，宁静的夏夜，草丛中传来阵阵清脆悦耳的鸣叫声，那是蟋蟀在歌唱。蟋蟀优美动听的歌声并不是出自它的好嗓子，而是来自它的翅膀。左右两翅一张一合，相互摩擦，就可以发出悦耳的声响了。蟋蟀还是建筑专家，与它那柔软的挖掘工具相比，蟋蟀的住宅真可以算得上是伟大的工程了。在其住宅门口，有一个收拾得非常舒适的平台。夏夜，除非下雨或者刮风，否则蟋蟀肯定会在这个平台上歌唱。因此，无雨的夏夜如果没有刮风，蟋蟀就在平台上唱歌。

分析：上述论证的前提是："夏夜，除非下雨或者刮风，否则蟋蟀肯定会在这个平台上唱歌"，即只要是不下雨并且不刮风的夏夜，蟋蟀就一定会在这个平台上唱歌。

因此，在无雨的夏夜，如果没有刮风，蟋蟀就在平台上唱歌。

可见，这是一则演绎有效的论证。

(2) 在归纳推理中，推理的充足性就是高可能性

如果是归纳推理，就看归纳强度，即要求结论的成立有高概率。前提能给结论提供高度的支持，结论出现的概率很高。如果一个归纳推理，包括统计、类比和因果等，它的前提使结论为真的可能性很高，它就是一个充足的归纳推理。当然，不用说，归纳推理的充足性是一个程度概念。

所谓"归纳强的"是指，许多推理或论证尽管不满足保真性，即前提的真不能确保结论的真，但前提却对结论提供了小于 100%但大于 50%的证据支持度，这样的推理或论证通常可以称之为"归纳强的"。反之，如果一个推理或论证，其证据支持度小于 50%，则通常可以称它是"归纳弱的"。

归纳强的推理或论证是合理的，并且被广泛而经常地使用着。归纳弱的推理仍有一定的合理性和说服力，但其说服力是相对有限的。一般所说的简单枚举法、类比法等，当作为论证方法时，从逻辑上看都是归纳弱的。

例 1：神经化学物质的失衡可以引起人的行为失常，大到严重的精神疾病，小到常见的孤僻、抑郁甚至暴躁、嫉妒。神经化学物质的这些发现，使我们不但对精神疾病患者，而且对身边原本生厌的怪癖行为者，怀有同情和容忍。因为精神健康，无非是指具有平衡

的神经化学物质。由此可见，了解神经化学物质与行为的关系将有助于培养对他人的同情心。

分析：上述论证是归纳强的，简化后的论证如下：

第一，神经化学物质的失衡可以引起人的行为失常。

第二，神经化学物质的这些发现，使我们对精神疾病患者及怪癖行为者怀有同情和容忍。

由此显然可以得出结论：了解神经化学物质与行为的关系将有助于培养对他人的同情心。

例 2：美国研究人员分析了南极半岛和邻近的斯科舍海地区的实地数据后发现，20 世纪 70 年代以来，当地气温上升了 5 至 6 摄氏度，并且来自其他海域的哺乳动物增多导致南极哺乳动物捕食竞争加剧。因此，在上述地区作为哺乳动物主要食物来源的磷虾密度降低了 80%。而同一时期，生活在该地区以磷虾为主食的阿德利企鹅和帽带企鹅的数量也急剧减少。因此，气候变暖和哺乳动物的捕食竞争加剧威胁到帽带企鹅的繁殖。

分析：上述论证是归纳强的，简化后的论证如下：因为气温上升与捕食竞争加剧导致磷虾数量的减少，而帽带企鹅以磷虾为主食，所以磷虾数量的减少会威胁到帽带企鹅的数量。

例 3：黑脉金斑蝶的幼虫以乳草植物为食，这种植物所含的毒素使得黑脉金斑蝶对它的一些捕食动物有毒。研究发现，副王峡蝶对大多数捕食动物都有毒。副王峡蝶的外形和黑脉金斑蝶非常相似，但它的幼虫并不以乳草植物为食。因此可以得出结论，副王峡蝶之所以很少被捕食，是因为它和黑脉金斑蝶在外形上的相似。

分析：上述论证是归纳弱的，简化后的论证如下：

前提：黑脉金斑蝶的幼虫以含有对其捕食动物有毒的乳草植物为食，而副王峡蝶的幼虫并不以乳草植物为食。

（隐含假设：蝶类在幼虫时以乳草植物为食则带毒，否则就不带毒）

结论：副王峡蝶之所以很少被捕食，是因为它和黑脉金斑蝶在外形上的相似。

而上文又断定：副王峡蝶对大多数捕食动物都有毒，这意味着上述隐含假设不成立，这就严重削弱了题干论证。

三、可接受性标准

论证的可接受性标准是指前提对理智的人来说是可以接受的：它们必须通过可接受性检验，即须决定我们是否会接受已陈述的前提。人们要问：它是合理的主张吗？它本身需要辩护吗？它是真的吗？否定的回答是拒斥论证成立的理由。

1. 可接受的含义

要支持一个结论，那理由必须是可以接受的。理由是可以接受的，意思是说，对理智的人来说，在所有能够获得的相关证明面前，当能接受那理由。

这个标准实际包括两个标准：一个是绝对标准，涉及前提对世界的关系（真）；另一个是相对标准，涉及前提对（结论的）听众的关系（可接受性）。在论证评价中，我们使用“可接受的”这个词，而不是传统的术语“真”，有以下几个原因。

第一，绝大多数论争中，达到对结论的一致同意的关键，在于达到对前提的接受。前提为人接受，对方就会逻辑地转向对结论的接受。

第二，要求良好论证的前提在任何绝对的意义上为真，是不合实际的苛求。

真实前提是得出真实结论的必要条件，但这一条件却不是那么容易保证的。有时候，前提可能只是某种常识性说法，但常识并不总是那么可靠。有一个说法很有道理：在常识里可能隐藏着一个时代的偏见。有时候，前提可能是大多数人的看法，但真理并不以信仰者的多少为依归。有时候，前提可能是某位权威的意见和看法，但权威并非在一切时候、一切情况下都是权威。除此之外，在论证中常常会暗中使用一些未明确陈述的前提和假设，它们的可靠性更要受到质疑。因此，一切并非都是理所当然的。

［案例］缸中的大脑

没有比所谓的“缸中的大脑”假说更有影响力的思想实验了。这个思想实验涵盖了从认知学到哲学到流行文化等各个领域。这个实验的内容是：想象有一个疯狂的科学家把你的大脑从你的体内取出，放在某种生命维持液体中。大脑上插着电极，电极连到一台能产生图像和感官信号的电脑上。

因为你获取的所有关于这个世界的信息都是通过你的大脑来处理的，这台电脑就有能力模拟你的日常体验。如果这确实可能的话，你要如何来证明你周围的世界是真实的，而不是由一台电脑产生的某种模拟环境？

分析：这个实验的核心思想是让人们质疑自身经历的本质，并思考作为一个人的真正意义是什么。这个实验的最初原型可以一直追溯至笛卡儿。在他的 *Meditations on the First Philosophy* 一书中，笛卡儿提出了能否证明他所有的感官体验都是他自己的，而不是由某个“邪恶的魔鬼”产生的这样的疑问。笛卡儿用他的经典名言“我思故我在”来回答这个问题。不幸的是，“缸中的大脑”实验更为复杂，因为连接着电极的大脑仍然可以思考。这个实验被广泛地讨论着，有许多对于此实验前提的反驳，但仍没有人能有力地回应其核心问题：你究竟如何才能知道什么是真实？

第三，语言分析告诉我们，在大量的日常语言文本中，我们所用的“真”这个词，实际上通常是“可信其为真”的意思。

第四，即使一个前提在绝对的意义上是真的，仍然会有人不接受，因为他们所处的位置无从判断其真伪。

当然，对一些人来说是合理的，在另一些人看来可能又不合理了。因此，我们提出一些指标：哪些前提是可接受的。帮助我们了解哪些前提的可接受的指标，叫作可接受性的标准，帮助我们判定哪些前提是不应该接受的指标，叫作不可接受性的条件。

2. 可接受的特征

前提必须可接受：只有用可接受的前提支持结论，才能使人相信你的观点并接受你对论题作出的论证。一个前提，对理智的人来说，如果为下述情况之一，便是可接受的。

（1）论据（前提）是真实的。

（2）有好的理由使我们相信这个论证的前提是真的。

一个好论证是指，这个论证的前提为结论给出了好的理由，使得其结论被人们相信为真。因此，一个好论证就是一个有好的理由的论证。比如，有个人经验支持的主张，或者另一个良好论证的结论，这些往往都是可以信赖的好理由。

（3）前提有充分证据支持。

比如，世界顶级学术期刊《科学》和《自然》等建立起较高的学术信誉和知识信誉的著名杂志、有信誉的参考资料以及出现在可信赖的媒体资源上的主张就有较高的可信度。

（4）相关权威人士的无争议的声称。

该主张是专家意见，或某一专业人士就专业问题发表的意见，而且这些意见中也看不到有误导的动机，这类声称可信度相对较高。日常生活中，由某些权威人士或者可信任的人提出来的主张，也有较高的可信度。

（5）前提必须比结论更为可信。

包括前提并没有不恰当的预设（假设），前提对各种可以预见的异议构成有效的反驳等。

（6）在论证中辩护得很好的声称。

包括由个人的观察或由其他有能力的观察者的无争议的证词来确认的声称，所声称的内容是在有能力的关注者那里没什么争议的成熟观点，以及在论证中看起来是合情合理的假定的声称。

3. 不可接受的情况

如果理由是不可接受的，或者其可接受性尚待证明，这样的理由通常不能对论题提供有效的支持，这样的论证就不是好论证。如为下述情况中的声称，理性的人便不应该接受。

（1）与值得依赖的权威相悖的声称。

（2）与另一有理有据的、在有能力的关注者那里没什么争议的声称相悖的声称。

（3）与个人的观察或其他有能力的观察者的无争议的证词不一致的声称。

（4）一个有疑问的且在论证中没有或无法得到充分辩护的声称。

（5）自相冲突或语言混乱或关键词项意义不明的声称。

（6）基于另一隐含的且相当可疑之假定的声称。

■地球外有没有生命是科学家长期探索的课题。1996 年美国航天局在对火星陨石的研究中，正式提出了表明火星上 36 亿年前曾经存在生命的证据，并向全世界科学家挑战，欢迎他们证明这一论点是错误的。科学界对此反映不一。

以下是一些专家的意见，在这些意见中，哪个是对美国航天局的挑战？

A. 这是证明地球外生命的最令人深思和浮想联翩的事情

B. 德国一研究员说，36 亿年前太阳系中有众多陨石，很难确切断定哪一块真正来自火星

C. 从陨石上取下一小片金色样品进行化学显微和组织检查表明，36 亿年前这里有过原始生命、微生物生命的存在

D. 如果已发现 36 亿年前火星上有生命的存在，我不会感到特别意外

E. 我们不能排除这种可能性：生命从火星来到我们所在的这颗行星

[解析] 答案：B

美国航天局认为，火星上 36 亿年前曾经存在生命的证据是火星陨石。

B 项对这块陨石提出了质疑，是对美国航天局的一个有力挑战。

■“DNA 指印”是一种新近被采用的生化程序，它运用从人的遗传物质得到的 DNA

图谱，来比较嫌疑犯的遗传物质和从犯罪现场得到的遗传物质样品是否相匹配。这项技术的提议者断言，通过这种比较得到不相同的独立结果具有天文数字般大的可能性。这一看法基于这样的假设，即体现不同遗传特性的单个的DNA图谱是各不相同的。

以下哪项如果为真，对DNA指印提议者的断言提出了最大的质疑？

A. 人与其他所有人和其他动物共同分享的大量遗传物质没有包括在DNA指印的生化程序中

B. 对从生化程序中得到的DNA图谱的解释具有广为接受的理论基础

C. 在人类总的人口中有各种不同的亚群体，这些亚群体的某些特定的遗传特征是共通的

D. 完成这种DNA指印所需要的实验技术是容易实现的

E. 在对特定的遗传性疾病的调查中，DNA指印所使用的技术已经查出某些大家庭中依然健在的成员的遗传性疾病

［**解析**］答案：C

提议者假设体现不同遗传特性的单个的DNA图谱是各不相同的，从而断言DNA指印可以用来识别罪犯。

C项指出有些亚群体的某些特定的遗传特征是共通的，意味着可能有些亚群体的DNA图谱是相同的，削弱了提议者的假设，从而有力地质疑了提议者的断言，因此为正确答案。

A、B、E都是无关选项。D项指出该方法没有很大的技术障碍，有支持作用。

第四节　论证谬误分析

从词源上说，英语词“fallacy”（谬误）就是指“有缺陷的推理或论证”。“谬误”一词有广义、狭义之分。广义的谬误是泛指人们在思维和语言表达中所产生的一切逻辑或语用错误，即是与真理相反的虚假的、错误的或荒谬的认识、命题或理论；狭义的谬误是指在推理或论证过程中所犯的逻辑错误，即从前提得不出结论。

论证分析重在找出是否存在逻辑缺陷，从论证层面分析和评价所给材料中的论证是否恰当有效，并写出对该论证的分析性评论。因此，识别并分析推理中出现的各种谬误就是论证有效性分析的首要工作。为打好论证有效性分析的基础，下面将系统地讲述各种逻辑谬误。

一个论证要得出真实的结论，必须满足两个条件：一是前提真实；二是从前提能够合乎逻辑地推出结论。反之，论证就有可能是一个坏论证：一种情形是前提不真实，即将一个虚假命题设定为论证的前提之一；另一种情形是，从前提推不出结论，即前提和结论之间没有足够的支持关系。这就是所谓的坏论证，这样的论证就表现为一种谬误。

日常的谬误分类很难有一个完美的清单，谬误分类是学术界争议很大的一个领域，迄今为止还没有一个精确的、公认的分类模式。借鉴以往谬误研究的成果，我们从论证三要素（主张、理由和支持）的角度出发，把谬误分为主张谬误、理由谬误和支持谬误三大类。

一、主张谬误

主张或论点、结论是论证的最终目标，对主张的怀疑产生对理由的需求。主张谬误是主张本身包含的错误或疑问，而这往往来源于语言本身的谬误。语言谬误是指在使用语言过程中所出现的语义、语法和语用方面的错误，是由于在前提或结论中出现语义的含糊而产生的。它涉及意义与指称、语言与实在、想象与现实、环境与交际、表达与理解、歧义与模糊等。

从逻辑的角度来说，主张谬误往往是违反同一律的表现。同一律要求：一个概念必须有确定的内涵和外延。在同一论证过程中，必须保持其自身的同一性：一个命题必须有明确的陈述，肯定什么就肯定什么，否定什么就否定什么。在同一论证过程中，必须保持其断定的同一性。否则，如果一个语词、语句或论题在一个论证过程中，它在前提中有一个特指的意义，但在结论中却变成了完全不同的另一个意义，这种推理的错误所引起的歧义性谬误，就是语言谬误，也可以认为是主张谬误。

在批判性阅读和写作中，针对论证的主张或论点、结论，需要作出的批判性思考问题如下。

（1）议论的主要问题是什么?

（2）主张或者结论是什么?

（3）结论中的主要概念是什么?

（4）对概念的定义是否清晰、准确?

（5）对概念的解释和运用是否一致?

（6）理由或者解释与主题是否相关?

（7）对论题的理解和运用是否一致?

对主张的批判性思考，需要检查论证是否存在以下谬误。

（1）语词谬误：包括语词歧义、语词含混、偷换概念、歪曲词意；

（2）语句谬误：包括语句歧义、语句含混、断章取义、强调不当；

（3）论题谬误：包括转移论题、熏鲱谬误、稻草人、回避论题、错失主旨等。

（一）语词谬误

自然语言中的词语常常是多义的，或者说是语义模糊的。如果人们在论证过程中，有意无意地利用这种多义性和模糊性，去得出不正确的结论，就会犯逻辑错误。

“语词谬误”也叫词法歧义、含糊其词，是指对句中某个词的不同理解而产生的歧义，具体是指在确定的语言环境下对同一语词在不同意义下使用而引起的逻辑谬误，即一个语词在前提中可能具有一种意义，但是在结论中却是另一种不同的意义。由于用心不专或故意操作，在论证过程中，词或短语的意义可能会变化，它们可以在言语表达中不经意地被转换，或者由于特别的意图被故意调换其意义的使用。歧义性谬误的造成，其实质在于违反了语言的明确性原则及交际的相关性原则。“语词谬误”中的歧义、含混、偷换概念在前面已有论述，这里只介绍一下“歪曲词意”的谬误。歪曲词意也叫意义歪曲，是指把一个词的意思故意曲解成其他的意思来用，即将不同的词等同，或者强行改变一个词的通常意义。

下面举几个歪曲词意的例子。

例 1：小明："我不认为孩子们应该往大街上乱跑。"

大亮："我反对，把孩子们关起来，不让他们呼吸新鲜空气，那真是太愚蠢了。"

分析：大亮把不让孩子们在大街上乱跑，曲解为把孩子们关起来，不让他们呼吸新鲜空气，这就是典型的歪曲词意。

例 2：美国前总统里根在辩护他削减扶贫开支的计划时说："我的计划没有伤害任何人——没人被抛到雪地里冻死。"

分析：对里根而言，"伤害"一词，似乎只是"冻死"才算数，穷人的救济少了，很多开支都紧下来，不吃早餐、营养不良等，难道这些对他们来说都不算伤害？

例 3：甲："火不热。"

乙："为什么？"

甲："若火是热的，在地上写许多火就会烫伤脚，在炉上写上火就会把锅烧开。"

分析：上例中把"火"的实指与其自指混二为一，属于"名实混一"的谬误。

"名实混一"是"歪曲词意"的一种特例，就是把名词实指与其自指混二为一所形成的谬误。一个名词既可以用来指谓某一对象事物，又可以用来指称自己。若在论证中把两者在同一意义上加以使用，就会产生"名实混一"的谬误。

（二）语句谬误

在确定的语言环境下，同一语句可能包含两种或两种以上的意义。语句谬误，也叫句法歧义、构型歧义，是指对句法结构有不同理解所产生的歧义，具体是指在确定的语言环境下，对同一语句作不同意义的解释而导致的逻辑谬误。

1. 语句歧义

语句歧义也叫模棱两可、语法歧义、语法错误或两栖谬误，是指论证中运用句子的歧义来实现某种论证目的的谬误。当一个句子在一种方式中出现的时候，可以用不同意义来理解，具体是指由于句子语法结构的不确定而产生的一句多义，这包括语词结合关系不明、动宾关系不明、代词所指不明、定语修辞不明、状语修辞不明、施受关系不明，等等。

下面几例都属于语句歧义。

例 1："小王和舅舅一去看了电影，回家之后，他还想再去看一次。"

分析：这里的"他"是指小王，还是指小王的舅舅？

例 2：一则广告：

出售：德国牧羊犬，吃任何东西，特别喜欢小孩。

分析：这只牧羊犬是特别喜欢吃小孩，还是狗本身喜欢小孩？

例 3："我们班上有 10 个象棋爱好者与围棋爱好者，所以，我们班上有 10 个围棋爱好者。"

分析：表达这一推理的前提"我们班上有 10 个象棋爱好者与围棋爱好者"的语句是有歧义的：既可以理解为这 10 人既是象棋爱好者又是围棋爱好者，也可以理解为这 10 人中仅有一部分是象棋爱好者，而另一部分是围棋爱好者。但只有在前一种意义上才能推出上述结论，在后一种意义上是推不出上述结论的。

2. 语句含混

语句含混也叫由语句的暧昧所产生的谬误，是指同一个语句在同一语境中有两种及以上的语义。

下面几例都属于语句含混。

例 1：一算命先生给人算卦说："父在母先亡。"

分析：由于标点不同，这句话有两种含义：①父亲健在，母亲已亡；②父亲在母亲前面去世。如果加上时态因素，它可以表示对过去的追忆、对现实的描述、对未来的预测，因此就有 6 种不同的含义：①父母亲都去世了，但母亲先去世；②父母亲都去世了，但父亲先去世；③父亲健在，但母亲已去世；④母亲健在，父亲已去世，即父亲先于母亲去世；⑤父亲将在母亲之前去世；⑥母亲将在父亲之前去世。这已经穷尽了全部可能的情况，永远不会错。算命先生就是以此类把戏骗人钱财的。

例 2："蚂蚁是动物，所以，大蚂蚁是大动物"；"象是动物，所以，小象是小的动物"；"这是一头小象，而那是一只大蚂蚁，所以，这只小象比那只大蚂蚁小。"

分析：这三句话都犯了模糊谬误，也属于语句含混。模糊谬误是一种由错误使用"相对性"词项而来的错误。在不同语境中，相对词具有不同的意义。这一论证的关键之处是，"大""小"是个相对词，是相对于不同的类别而言的，不能加以混淆：小象是非常大的动物，大蚂蚁却是非常小的动物。这个谬误就是一个关于相对词"大""小"的一种模糊谬误。

3. 断章取义

"断章取义"也叫偷换句义，把偷换的内容从总观点下降到某一句话的内容，即把一句话从一个语境中提出，让脱离语境的句意与原句所想表达的意思不同。断章取义与语境转移相关，通常是借用别人的话，但却又把借用来的话脱离原来的语境，从而使之具有完全不同的含义，并以此攻击别人。

下面几例都属于断章取义。

例 1：某商店老板对一位稽查人员说："我卖的酒没有掺水。要是我的酒掺水，它能这么好喝吗?"这位稽查人员说："你看，你已经承认你的酒掺水了。"

例 2：2007 年教育部新闻发言人曾就就业问题谈到，当代大学生的就业观念需要改变，可以选择适合自己发展的任何一种职业，所以说，"大学生养猪，媒体不必哗然"。结果被一些媒体概括为"大学生养猪论"。

4. 强调不当

语言在使用过程中，由于其强调的重点不同，语义就会发生改变，也即由于错置论证中的命题的强调重点，使得论证走向歧途所造成的谬误。

强调不当有以下两类错误。

（1）错置强调

错置强调是指在论证或反驳中，把某些重要部分所强调的东西忽略或置换，从而改变论证的方向，把人引入歧途。

例：有一艘航船，船长值班时发现大副酗酒，就在航海日志上写道："今天大副酗酒。"轮到大副值班时，见到船长的记录很不满意，于是在航海日志上写道："今天船长没有酗酒。"

分析：大副的日志通过对“今天船长没有酗酒”的强调，试图制造“在没有记录的日子，船长好像天天都在酗酒”这一暗示意义。

（2）错置重音

错置重音也叫重读谬误、重音谬误，是指通过转移发音重点而产生的谬误。发音重点不同，一个陈述可以给出的意义有可能是很多的。若前提的明显意义依赖于一个可能的强调，但得出的结论却依赖于对相同词汇不同的重读意义，这时就犯了重读谬误。这种谬误往往是有意利用重读、强调等手法，传达不正确的、误导人的信息。

例 1：“我们不应该在背后议论我们朋友的缺点。”

这句话以平常的语气说“我们不应该在背后议论我们朋友的缺点”，这像是在勉励自己；如果重读其中的“背后”二字，则会有“我们可以当面议论我们朋友的缺点”之意；如果重读其中的“我们的朋友”，则会有“我们可以背后议论不是我们朋友的人的缺点”之意，如此等等。

例 2：“女人没有男人便会迷失。”

分析：如果语气加重在女人没有，变成“女人没有，男人便会迷失”，迷失的是男人；但当加重在不同地方，使得此句话成为“女人没有男人，便会迷失”，迷失的就成了女人。

（三）论题谬误

论题是有待于证明的命题。论题谬误是指违反同一律的要求，论证者本来应该论证命题 A 成立，结果有意或无意地去论证了命题 B 成立。这种情形在写作中叫作“跑题”“文不对题”，在日常交流中叫作“答非所问”。

论题谬误往往发生在结论过于宽泛或者过于绝对之时，因此，避免此类谬误的办法是：一方面，检查论据，看它们可以客观地得出什么结论；另一方面，检查结论，看它需要什么样的论据作为支持，然后检查论证中是否给出了这样的论据。

转移论题或偷换论题的谬误在前面已有阐述，下面介绍其他几种论题谬误。

1. 熏鲱谬误

熏鲱谬误，也叫“红鲱鱼”“红鲜鱼”，属于转移论题的一种方式，是指转换论题，逃避论证责任的论证谬误。通常这种谬误会引入一个不相干的问题，从而转移人们对论题的注意力。

“熏鲱”这个概念，据说来自训练猎犬的一个步骤，当猎犬循着猎物的气味进行追踪时，将熏烤过的鲜鱼装在袋子中，拖曳袋子交叉穿过追踪猎物的痕迹，以此来引诱猎犬迷失它所追寻的目标。由于熏烤过的鲜鱼有浓烈而持久的香味，只有最好的猎犬才能避开它的诱惑，继续按照原来的气味追踪猎物。也有一说是起源于动物保护者用熏鲱鱼干扰猎狗的嗅觉，动物保护者为了避免野生动物被猎狗发现，就在保护区内放置用烟熏过的鲱鱼，以转移猎狗的注意力。

当论证者以转变议论主题的方式来转移读者或听者的注意力时，就会产生熏鲱谬误。论证者不去论证自己提出的论题，却用无关的论题把水搅混，本来要证明的论题反而看不见了。拖曳熏鲱的高手在转变原来的主题时，读者或听者通常是觉察不到的。为了达到这一目的，其中的一个做法是将原来的主题转变到一个与之有微妙关系的主题上来。论证者这样做的目的是获得论证的成功。

下面几例都犯了熏鲱谬误。

例 1：老张："老王，你若不在办公室里而是到外面去吸烟，那不是更好吗?"

老王："吸二手烟没那么糟糕，每天骑车上班吸汽车的油烟，那才糟糕呢。现在不比从前了，从前骑车上班能锻炼身体，现在骑车上班会减少寿命。听说一位每天在马路上跑步的小伙子，烟酒不沾，却得了肺癌，年纪轻轻的就死了。"

分析：老王明显地在拖熏鲱，相关的问题是老王出去抽烟是否对其他人来说更好，而不是吸二手烟和吸汽车尾气哪个更坏。

例 2：环保主义者一再强调核电站的危险性。遗憾的是，电的危险性并不取决于它来自哪里。每年都有好几百人在意外事故中触电身亡。由于这些意外事故大多数都是粗心大意造成的，所以，如果教育人们多加小心，这些事故就可能会避免。

分析：在论证中，原本的议论主题是核电站的危险性，但论证者将之转变为触电身亡是危险的。转换后的主题与存在核电站爆炸或者核反应堆熔毁可能性的主题，有明显的区别。不过，这两者确实都与电力设备直接相关，论证者正是借助这一点来转移人们的注意力。

例 3：近些天来，人们大量谈论清除蔬菜和水果上的农药的必要性。不过，许多水果和蔬菜对我们的健康来说是必不可少的。胡萝卜是人体摄取维生素最好的来源，花椰菜富含铁，橙子和葡萄含有大量的维生素 C。

分析：在论证中，原论题说的是清除蔬菜和水果上的农药的必要性，论证者却将之转换为水果和蔬菜对健康的好处。论证者正是利用这两者所关注的都是水果和蔬菜，从而故意拖曳熏鲱。

2. 稻草人

"稻草人"谬误就是虚拟一个和原先的论题显然不同的论题，论证或反驳在形式上是正确的，但实际所论证或反驳的论点与真正的论点不一致。其谬误特点是，论辩中有意或无意地歪曲对方的立场，以便能够更容易攻击对方，或者回避论辩对方较强的论证而攻击其较弱的论证。

稻草人毕竟不是真人，很容易打倒。在论证中，通过歪曲对方的主张来削弱对方观点的错误，犹如扎一个容易被击倒的稻草人。这个名字很形象，这种谬误论证，就像用稻草人替代真人一样，用某个观点替代对方的真实观点，用攻击稻草人的做法替代对论辩对方的反驳，攻击这个替代观点来冒充对论敌的反驳。通过歪曲对方的立场，树立一个很容易被击倒的"稻草人"，把一个更容易遭抨击的立场强加给对方。歪曲对方观点的手法有限制、概括、简化、夸张、虚构等。但是，这如同一拳击倒一个稻草人或者吓唬小鸟的假人，影响实在有限，因此，击败对手已遭扭曲的观点，影响也同样十分有限。

广义的"稻草人"谬误既可出现在论证当中，又可出现在反驳当中。如果出现在论证当中，通常表现为"转移论题""偷换论题""文不对题"等形式。狭义的"稻草人"谬误，仅指曲解对方的立场，扭曲对方观点的归谬法运用，先把对方的观点变成一个容易推翻的版本，然后将其驳倒。此时，那个被扭曲的观点，已经不是难以反驳的对方的观点，而是一个更易反驳的"稻草人"了。其表现形式是，甲说了观点 A，乙没有直接反驳 A，而是把 A 篡改成了和 A 相似的观点 B，然后通过反驳打倒 B 来反驳 A，从而证明对方的观点不可接受。

稻草人谬误与偷换论题谬误极其相似，甚至有认为稻草人谬误是偷换论题的一种表现形式。但实际上，偷换论题谬误与稻草人谬误的主要区别在于：前者通常是偷换自己的论题，而后者则是偷换对方的论题。

熏鲱谬误也易于和稻草人谬误相混淆，两者都会产生转移读者或听者注意力的效果。在稻草人谬误中，论证者首先开始歪曲对手的论证，然后通过击倒被歪曲的论证来得出他自己的结论。在熏鲱谬误中，如果有对手的话，论证者会有意忽视对手的论证，同时针对对方的论题进行偷梁换柱。所以，若要区分这两种谬误，就应当确定论证者是在攻击一个被歪曲了的论证，还是在单纯地转变议论的主题。另外，稻草人谬误总是牵涉到两位论证者，至少有一位潜在的对手，而在熏鲱谬误中通常不存在这种情况。

下面几例都犯了稻草人谬误。

例 1：某甲说："你有些事做得不对。"

某乙回答说："什么？你竟然认为我什么事都做得不对。"

例 2：有个小伙说要找一位个儿高的对象。反驳者说："难道你要找一个两米七的？多丑都可以吗？"

例 3：有人说，"语言是能够创造物质财富的"。反驳者则说："那么，夸夸其谈的人就是世界上最富有的人了？"

3. 回避论题

回避论题，也叫蔑视论题，或叫迷失观点，是指完全回避对方观点，论证不提供证据，而是直接回避或蔑视所要讨论的话题。

下面几例都犯了回避论题的谬误。

例如：商人：我们的汽车工业需要得到保护。

报告人：寻求保护是和我们整个自由贸易的观念相冲突的。

商人：瞧，先生们、女士们，没有人会比我们生意人更赞同自由贸易的观念了。我重复一遍我的论题，我们的汽车工业需要得到保护。

分析：商人显然采用了蔑视论题的态度，认为只有他最有权利来讨论自由贸易问题，其他人则没有这个权利。

4. 错失主旨

"错失主旨"是指给出的论据的确能够支持某个结论，然而该结论却不是要论证的结论。或者说，论证的前提支持某一个特定的结论，但是，论证者从中得出的却是另一个与预期的结论不同的结论，这一结论通常与预期的结论有模糊的关联性，也即论证者从前提得出结论时，在得出的结论中脱离了前提所支持的论点。

例 1：近来，盗窃和抢劫的犯罪率在不断上升，达到了令人惊讶的程度。结论是明显的：我们必须尽快恢复死刑这种刑罚。

分析：从该论证的前提至少能够推出两个正确的结论："我们应当在盗窃和抢劫猖獗的地区增派警力"或者"我们应当着手实施消除犯罪根源的方案"。恢复死刑这种刑罚根本不是该论证合乎逻辑的结论，更何况盗窃和抢劫犯的也不是死罪。

例 2：如今，福利制度的弊端泛滥成灾。我们唯一的选择就是把这些弊端和福利制度一起连根废除。

分析：从上述论证的前提合乎逻辑地得出的结论是"建议完善福利制度的某些方面，

以便消除盗用福利的弊端”，而不是将福利制度连根拔除。

二、理由谬误

从论证角度来看，谬误是一种看似正确但经过检验可证其为错误的论证类型，通常被定义为逻辑上有缺陷但可能误导人们认为它是逻辑上正确的论证。

好的论证必然不会包含谬误，前面已论述，决定好论证的基本标准有三条：相干性标准、充足性标准、可接受性标准。其中对理由的批判性思考，必须检验是否满足好论证的以下两条标准。

第一，相干性标准：理由（前提）和主张（结论）必须相干。违背这条规则，就会犯相干谬误。相干谬误是由论据与论题的心理相关造成的，它不具有逻辑相关性，其实质在于以感情代替逻辑，而不是用逻辑的规范进行论证。不满足相干性标准，则产生相干谬误。

第二，可接受性标准：理由（前提）必须是可接受的。理由必须满足：其一，理由不能与主张相同；其二，理由不能比主张更可疑。提出理由是为了打消人们对主张的疑虑。显然，只能用更可接受的陈述来说明乍看起来不那么令人信服的主张的可接受性。违背这条规则的谬误，就会犯论据谬误和预设谬误。

尽管形成论证的根本是主张，但一个论证发挥其功用的关键却是理由（前提/论据）。针对论证中给出的理由，需要作出批判性思考的问题如下。

（1）理论根据（理论、原则、规律、法则等）是什么？

（2）事实根据（事实、数据、实验、经验等）是什么？

（3）理由（包括理论或事实的论据、证据、数据等）的使用是否恰当合理？

（4）论证的主要假设是什么？假设是否可接受？

（5）理由与主张是否一致？

对理由的批判性思考，需要检查论证是否存在以下谬误。

（1）相干谬误：包括诉诸无知、诉诸情感、诉诸怜悯、诉诸偏见、诉诸强力、诉诸恐惧、诉诸众人、以人为据、人身攻击、诉诸权威等。

（2）论据谬误：包括论据矛盾、理由虚假等。

（3）预设谬误：包括预期理由、复合问题、非黑即白等。

（4）乞题谬误：包括同语反复、循环论证等。

（一）相干谬误

相干谬误也叫不相干谬误、相关谬误、关联性谬误。前面已述，一个好论证必须满足论证的相干性标准，违背这一标准的谬误，称为“相干谬误”，实际上指的是一个论证所依据的理由与其主张不相干，因此，不能确立其主张为真而所犯的谬误。

所谓不相干，就是逻辑上无关，也就是诉诸与主张无关的理由谬误，无关的证据或论据本身可以是真的，但其与主张无关。好的论证必须满足论证的相干性标准，应该立足于理由与主张的逻辑相干，即在逻辑上支持主张，由理由可合乎逻辑地导出主张。相干谬误的实质是论证的理由与主张在心理上相干，而不是逻辑上相干。如果人们对论证中的心理相干与逻辑相干发生混淆，不是用逻辑的规范与标准审视、评价一个论证，而是受感情的左右，以感情代替逻辑和理性，就会犯相干谬误。

相干谬误的最大特点是，该论证所寻求的依据不是逻辑的、理性的。相干谬误论证的理由与主张常常在语言、心理上是相干的，论证者往往利用语言表达感情的功能，以言词激起人们心理上的恐惧、敌意、怜悯、热情，从而使人们接受其主张。

1. 诉诸无知

诉诸无知的谬误也叫根据不知，犯的是这样的逻辑错误，它以某一命题未被证明或不能被证明为据，而断言这一命题为真或假。诉诸无知的论证谬误，其实质是推卸证明责任，其结论是缺乏论证性的。

下列三例都分别存在两种论证，都是利用证据不足来支持结论的正确性，都犯了诉诸无知的谬误。

例 1：对“中医是否科学?”这个问题有以下两派说法。

说法一：科学不能证伪中医理论，所以中医理论是正确的。

说法二：科学不能证明中医理论，所以中医理论是错的。

例 2：对“占星术是否真的灵验?”这个问题有以下两派说法。

说法一：人们已经花了好几个世纪的时间试图为占星术的主张提供结论性的论据，却从未有人获得成功。所以，我们得出的必然结论是：占星术是一派胡言。

说法二：人们已经花了好几个世纪的时间试图证明占星术的主张是假的，却从未有人获得成功。所以，我们得出的必然结论是：占星术是真的。

例 3：对“上帝是否存在?”这个问题也有以下两派说法。

说法一：有神论者的论证：你能证明上帝不存在吗？不能，所以上帝存在。

（牧师经常说：“你们无法证明上帝不存在。因此，上帝一定存在”）

说法二：无神论者的论证：你能证明上帝存在吗？不能，所以上帝不存在。

（若干世纪以来，人们都一直在努力证明上帝的存在，但迄今尚无人能够证明。因此，上帝并不存在）

2. 诉诸情感

诉诸情感是一种在论证中不依靠有充分根据的论证，而仅利用激动的感情、煽动性的言辞，去拉拢听众，去迎合一些人的不正当要求，以使别人支持自己论点而出现的谬误。

当然，并非诉诸情感的论证都是谬误，只有那些被滥用的诉诸情感的论证才是谬误。人是有情感的动物，但是在论证中不能用激发情感来替代逻辑论证，光靠宣泄情感并以此作为理由来表明某种观点和立场，是站不住脚的。诉诸情感之所以是谬误，是因为它用表达性语言和其他有计划的手段以博取情感，激起兴奋、愤怒或憎恨，而不是致力于提出证据和合理论证。

诉诸情感谬误通常在群情激烈的公共讨论中比较盛行。在这些情况下，谁能成功地操纵听众（不管是积极还是消极）的感情、情绪或偏见，谁就拥有了立场被接受的最佳机会。诉诸积极感情的例子是，诉诸听众的安全感、正义感或诚实感。诉诸消极情感的例子是，诉诸听者的恐惧感、贪婪感和羞愧感。

在商业广告中经常见到诉诸情感的情况，广告的产品总是与我们渴望的或惹人好感的事物相联系。饮料常常与健美年轻、体魄健壮和精力充沛相联系，白酒往往与成功人士相联系，汽车则与浪漫、财富和性感相联系。广告中使用该产品的男人一般都是英俊而杰出的，女人都是漂亮而迷人的。当广告者声称他们的产品设计是为了赢得我们的情感共鸣时，当它表明我们应该购买，因为这些产品与情感相联系时，它就隐含地断言了该结论来自这种前提，而这是一种潜在的诉诸情感谬误。

诉诸情感有多种方式，也可以说人有多少种情感类型，就会产生多少种利用它来作为依据的谬误。“诉诸情感论证”包括诉诸怜悯、诉诸厌恶、诉诸仇恨、诉诸谄媚、诉诸荒谬、诉诸自然、诉诸新潮等。

例如：美国夏威夷州立法院就一个取消该州堕胎法的议案举行听证会，议员们发生了激烈辩论，有一名不具姓名的工作人员替立法议员起草了一份“就堕胎问题与选民的答话”，请他们传阅，内容如下。

各位：你们问我对堕胎有什么看法？这里我清清楚楚地回答你们。如果“堕胎”是指谋杀毫无自卫能力的，剥夺我们最年幼的公民的权利，鼓励我们无知的青少年滥交，反对自由生存和幸福的话，那么我向各位保证，我永远反对堕胎。愿上帝帮助我们。

但是，如果“堕胎”指的是给予我们的公民平等的权利而不论他们的肤色、性别和种族，取消残害无助妇女的坏制度，使青年都有机会得到爱护，以及给予公民天赋权利去以良知行事，那么，身为一个爱国的和有人道精神的人，我向各位保证，我永远都替你们争取这些基本的权利，绝不放弃。

多谢你们问我对这个问题有什么看法。让我再次保证，我一定坚持自己的立场。

分析：这是“诱导性定义”，即炮制一个定义，里面充满了暗示性、情感性、偏向性的词汇，试图由此说服别人接受某种观点，属于诉诸情感的一种形式。

3. 诉诸怜悯

诉诸怜悯是一种诉诸情感的谬误，怜悯显然也是一种情感。这个谬误可以定义为：如果一个论题不用相关的证据来证实，而通过借助于打动人们的同情心，博得同情，激起人们的恻隐之心，诱使人相信其论题，以情感的乞求来获得对论题的支持，这样的论证就是诉诸怜悯的谬误。

诉诸怜悯的典型型式：“因为A很可怜，所以A的所作所为没有错。”

当论证者只通过唤起读者或听者的同情心来试图支持其结论时，就会产生诉诸怜悯的谬误。这种同情可能是直接针对论证者的，也可能是针对第三者的。

当然，有些试图唤起读者或听者在情感上的共鸣的论证并不是谬误。如果表明议论中的人物是迫于情势的受害者，身陷可怕的困境而丧失了责任能力，所请求的帮助或特殊关照不是非法的或者不恰当的，而是真的需要帮助，在这种情况下，这种论证可以接受。相反，诉诸怜悯在论证中完全忽略了对这些情况的考虑，试图仅仅以唤起读者或听者的同情心来支持其结论。即如果所诉诸的怜悯与结论是不相干的，那么就犯了诉诸怜悯的谬误。

例1：学生：“老师，请让我及格，否则我找工作的时候会有困难。”

例2：学生：“我知道考试是依据答题结果给分的，但是我应该得A，因为我的小猫病了，我的车抛了锚，我又得了感冒，所以我的学习是很艰难的！”

例3：有的犯罪嫌疑人在法庭上痛哭流涕地说：“我上有年迈的失去自理能力的老母，下有两个正在上小学的孩子，如果给我判刑，投入监狱，他们该怎么办呀！”

4. 诉诸偏见

如果一个论证使用了带有偏见的倾向性证据，使得这个论证的结论变成了无法进行讨论的论题，那么，这个论证就犯有诉诸偏见的谬误。

诉诸偏见实质上是诉诸主观，即以主观代替客观的谬误，包括确认性偏见、一厢情愿、懒散归纳、诉诸信心、诉诸武断、诉诸传统、诉诸起源等。

（1）确认性偏见

确认性偏见是指一种选择性的思想，集中于支持相信的人已相信的证据，而忽略反驳他们观点的证据。确认性偏见常见于人们以信心、传统及成见为根据的信念。

例1：如果有些人相信祈祷的力量，相信的人只会注意到少量“有回应”的祈祷，而忽略大多数无回应的祈祷。

例2：赌场经理会响钟及鸣笛以公告胜利者，却永不会提及失败者。这令人觉得赌博胜出的机会看来颇大，但是事实却完全相反。

（2）一厢情愿

一厢情愿是指以自己单方面的想法作为论证根据。

例如：一群孩子在谈论一只蛤蟆的雌雄，相持不下时，一个孩子突然说：“我知道怎么辨认了。”老师很高兴，说：“请讲。”孩子说：“投票表决。”

（3）懒散归纳

懒散归纳是以自己单方面的想法来否定归纳得出来的恰当结论。

例如：即使有一万多个实验证明化学物质影响我们的感觉，我就是不相信。

（4）诉诸信心

诉诸信心是指采用信心来代替逻辑和证据，也属于一种诉诸主观的谬误。

例如：因为我希望明天在户外打球，所以明天一定天晴。

（5）诉诸武断

诉诸武断是指既未提出充分的论据，也未进行必要的论证，就主观作出判断的一种谬误。

例如：旺发公司如此兴旺发达，完全是这个公司的名字起得好。

（6）诉诸传统

诉诸传统是指仅以一种看法与传统的关系为依据，来判定它的真假或价值。这种论证模式通常是：a是旧的或传统的，因此，a是正确的、好的或真的。

诉诸传统论证并不总是谬误的。例如，尊老爱幼是中华民族的传统美德，因此，在公共汽车上应当主动给老人和小孩让座。这种诉诸传统显然与结论是相干的，因此，它没有犯诉诸传统的谬误。但是，如果诉诸传统与结论不相干，那就犯了诉诸传统的谬误。

例1：不少老人都认为，不需要定期做身体检查，而是等身体出了毛病才去看医生，他们认为上一辈没有定期做身体检查的习惯，问题也不大。

例2：交警说：“这里是单行道，你逆行了，因此，罚款200元。”司机说：“以前我这样走都没有问题呀。”

（7）诉诸起源

诉诸起源是指通过某个理论、观点、事物的来源，来论证该理论、观点、事物的真或者价值。

例1：“他一定是坏人，因为他的父亲就是坏人。”

例2：“她出生于那样一个家庭，我们怎么能够指望她有好的品德、优雅的举止和高贵的气质呢?”

例 3:“研究尼采的哲学是没有任何意义的,因为尼采自己最后就发疯了。”

例 4:某人说:“我知道这种药是用一种剧毒的植物提炼成的,尽管医生建议我服用它,但我决不服用,因为我害怕被毒死。”

5. 诉诸强力

诉诸强力也叫诉诸势力、诉诸武力、诉诸暴力、诉诸威力,是指论证者借助强力、武力、威胁或恫吓等非理性的方式,迫使对方接受自己的观点或放弃他本人的观点。其谬误在于,人们接受一个论证的结论,不是依据论题本身的理由,而是因为这个结论不需要讨论,有一种外在的强制力量或者是对这个力量的恐惧保证了这个结论必须被接受。

强力是多方面的,不一定都是武力的,它可能是军事的,也可能是政治的、法律的,还可能是经济的,如多数原则也是一种强制力。当然,并不是所有的强力或威胁都是谬误的。一些国家在法律中规定,要让人们深信酒后驾驶会受到严惩。虽然这种法律似乎确实规定了诉诸武力或武力干涉的威胁,但人们并不认为这是不合理的。

当论证者向他人提供一个结论时,含蓄地暗示或者明确地告诉对方,如果他或她不接受这个结论,就会受到伤害,这时就会出现诉诸强力的谬误。这种谬误总是包含着论证者向听者或读者所施加的将会受到身体或心理伤害的威胁,所威胁的对象可能是某个人,也可能是某个群体。显然,这种威胁与结论的内容在逻辑上是不相关的。所谓“秀才遇到兵,有理说不清”“强权胜于公理”“打棍子、扣帽子、抓辫子、装袋子”等都是诉诸强力的谬误,但依赖大棒或各种形式的强力威胁从理性上说都是不可接受的,是对理性的抛弃。

例 1:乡长对各村主任说:“以后有谁再把村人均收入报到 2 000 元以下,小心你头上的乌纱帽!”

例 2:“你承不承认你偷了我的钱包?否则我就打断你的腿!”

例 3:儿童对伙伴说:《泰勒塔贝斯》是最好看的电视片。如果你不信,我就去把我大哥叫来,让他痛揍你一顿。

6. 诉诸恐惧

诉诸恐惧也是一种诉诸强力,论据基于恐惧或威胁,用一些想象的、未经证实的负效应和有害效果来恐吓,从而获得支持。典型的诉诸恐惧的论证形式是:你有 A、B 两个选择。A 令你恐惧,所以选择 B。

从心理角度而言,趋利避害,去危就安是人之常情,人们会本能地采取某些抵抗恐惧的措施或为了避免恐惧而接受某些观念。诉诸恐惧最常见的例子是,宣传者会警告受众可能面临的危险或灾难,比如对恐怖主义的恐惧、对犯罪的恐惧、对经济困顿、环境灾难、天灾、人口爆炸、侵犯个人隐私或歧视等的恐惧,如果受众不立刻跟随或改变观念,就会身陷危难当中,希望受众借此改变行为或观念,以减少恐惧。

例 1:“你再继续酗酒,就会跟你爸一样早死!”

例 2:“如果你不信神,你将会下地狱被火烧。”

例 3:“灾难的出现是因为神惩罚不信者,所以我们都应该信神。”

7. 诉诸众人

诉诸众人也叫诉诸大众、诉诸公众、诉诸群众、以众取证、从众谬误、流行意见等,其谬误在于援引众人的意见、见解、信念或常识进行论证。

当然，并非诉诸众人的论证都是谬误，只有那些被滥用的诉诸众人的论证才是谬误，比如以众取证，利用人们期望受到他人的爱、尊重、赞赏、重视、承认、欢迎和接受以及符合主流的这种大多数人的心理，从而赢得受众支持自己的观点。

典型的诉诸众人论证是“大家都这么认为，所以某事可信”，这是一种利用从众效应进行论证的逻辑谬误。事实上，只因为很多人相信某些东西，与那是事实与否并无关系。众人一致的意见或看法未必就是真理，真理有时在少数人手里，而众人一致的看法有时却是谬见。诉诸众人最常被广告所用，运用从众心理，通过诉诸感情来煽动群众，赢得群众支持。

例 1：“看！人人都这样说，还会错吗?”

例 2：“大多数人相信神，所以神一定存在。”

例 3：“吸烟的人很多，所以吸烟不会有害健康。”

例 4：“这一定是真的，不然为什么这么多人都这么说呢?”

例 5：据央视《今日说法》报道，某法官判定某人有罪，其根据是“群众的议论”。其实，某人是否有罪，需要事实来断定，“群众的议论”与这个人“有罪”之间没有必然的关系。

8. 以人为据

以人为据也叫诉诸人身，其谬误是指以立论者或反驳者的人格或处境为根据，而不是以立论者或反驳者所提出的观点和理由为根据而进行辩护或反驳。这种谬误可分为因人纳言、因人废言等，都是从不同角度、在不同程度上，以“人”本身作为其立论或驳论的唯一根据。当然，并非所有针对人的论证都是谬误，只有那些被滥用的针对人的论证才是谬误。

（1）因人纳言

因人纳言是指仅根据论证者个人的品德高尚、才华出众、处境优越或自己对论证者的好感就轻率地肯定其论断或观点，而不考虑其论断的内容是否真实或其论证过程是否正确，便对立论者的论点表示接受和赞同的一种谬误。其中，崇拜纳言的谬误根源在于对上级、领导、老师、学长或其他崇拜者的盲目信奉；私情纳言的谬误根源在于对亲属、朋友或其他有利害关系者的盲目信任。

人身保护的谬误属于典型的因人纳言，具体包括两类：一是人格人身保护，是以自己或他人的人格高尚为理由，诱使他人相信其论题为真，其实人格优秀的人坚持的看法未必就一定对；二是处境人身保护，是以自己或他人处境优越为理由，诱使他人相信其论题为真。

例 1：他的功课很好，所以不会做坏事。

例 2：根据某人是逻辑专家来论证这个人讲话一定符合逻辑。根据某人专门研究伦理学来论证这个人的言行一定符合道德规范。

例 3：班级的一个同学讨论问题的时候经常会说：某某老师讲过，某某学长说过，某某教授就是这样认为的。

（2）因人废言

因人废言是指仅仅根据论证者在品质、名声方面的缺陷，所处环境的特殊性，以往有过错等方面的原因或自己个人对立论者的厌恶态度，而不考虑立论者的论断内容是否真实，也不根据逻辑反驳的规则和要求，就对立论者的论点加以否定而表现出来的一种谬误。

这种谬误往往牵涉到两位论证者，其中一位（直接地或含蓄地）提出了一个具体的论证，第二位予以回应，第二位论证者在回应时关注的不是第一位论证者所给出的论证，而是第一位论证者本人。论辩者不是依靠客观证据来攻击别人的论证，而是转而攻击论证者本身，这样就是犯了人身攻击的错误，其论证当然是无效的。

例 1："以他一向对人的态度，他一定不会对你好的。"

例 2："Dworkin 出版了若干专著，认为色情会伤害女性。但是，Dworkin 是个丑陋的怨妇，因此不值得相信。"

例 3：在某学校的招生会议上，甲老师提议："我觉得某学生不错，应该破格录取。"乙老师立刻提出了反对意见："我反对，像他们那样的小学校怎么可能培养出优秀的学生呢?"

9. 人身攻击

人身攻击属于典型的"因人废言"的谬误，具体是指攻击作出主张的这个人的品格、人格、动机、态度、地位、境况或行为，并以这个攻击为证据来证明被攻击者的主张不成立。

人身攻击是一种谬误性反驳，即它的抨击不是指向结论，而是指向断定结论或为结论辩护的人。其特点是，论证不是针对对方的观点发表意见，而是针对提出观点的人的出身、职业、品德、处境等与论题无直接关系的方面进行攻击，以降低对方言论的可信度。当然，并非所有的人身攻击都是谬误，只有那些被滥用的人身攻击才是谬误。换句话说，只有当被攻击的品格、境况或行为与所要反驳的结论不相关时，该论证模式才犯了人身攻击的谬误。

（1）人格人身攻击

人格人身攻击也叫诽谤、恶意诋毁、诉诸他恶、毁谤型人身攻击、辱骂式的人身攻击，是指直接针对人身，不去论证对方观点的对错，而用一些恶毒的言辞诋毁对方的人格和人品，通过诋毁对方的品行、人格、才智、技能来否定对方的论题。

例 1：从某个人的品行不好，推出其人的理论研究成果不可信。

例 2："你们不要相信他的话，他因乱搞男女关系受过处分，并且经常说谎。"

（2）处境人身攻击

处境人身攻击也叫背景谬误、景况式的人身攻击，是指依靠攻击对方的处境、背景或景况来进行论证，由回应论点改变为攻击论点发起人的处境来搞臭对手的论证。

处境人身攻击的特点是，仅仅根据某人的身份低微、所属集团或处境特殊而否定此人的观点或陈述。如果一个人接受或者拒绝一个论题仅仅是因为就这个论题作出论证的人的职业、国籍、政治派别或者其他一些景况方面的原因，而不是对论证的前提予以思考的结果，就固执地迫使对手接受或拒绝某个结论，那么这样的论证就是谬误的。

人的出身、经历、职业、地位等各种处境的优势或劣势，都可以成为处境人身保护或处境人身攻击的借口。实际上，人们处境的优劣与当前所提的论题并无逻辑联系，只是在心理上相关，这些与心理相关的因素不能成为论证其论题为真的充足理由。

例 1："不要相信他的话，因为他是个酒鬼!"

例 2：“你是石油公司的员工，为了利益，你当然会质疑全球变暖!”

例 3：“某位记者并不是出生于农村，家里也没有亲人、亲戚在农村，他不了解农村的真实状况，他关于农民、农村、农业所说的话完全不可信。”

例 4：甲：“政府应该对最低工资进行立法以保障工人不被剥削。”乙：“真是荒谬，你因为找不到一份好的工作才这样说吧。”

例 5：张厂长反对陈主任增加成本会计部的建议：“你当然说成本会计十分重要，因为你是会计主任。”

例 6：一个老烟枪劝别人说，抽烟不好伤身体，可能会有人反驳说：“他自己就抽得那么凶，他说的话不能听。”

10. 诉诸权威

诉诸权威的谬误，严格地说，是“诉诸不当权威”，是指这样一种谬误：在论证中滥用权威者的证言作为论据，以此论证某论题的思维错误。

当然，权威指的是在某个领域的某些方面成为结论性陈述或证明来源的个人或组织。权威是重要的置信因素。合理地诉诸权威，是指在论证中，恰当地使用权威的言论可以形成支持结论的良好理由。在专家的知识技能领域之内合理地相信权威，是恰当的做法。但是，任何权威都不可能是一切领域中的内行，就是在他们所熟悉的领域里，也不可能做到“句句是真理”。如果在论证中只根据权威者的“权威”来断定某一命题的真或假，就会犯诉诸权威的错误。

诉诸权威谬误通常的表现形式有以下几种。

（1）不相干权威

诉诸讨论范畴以外的权威人士。在论证中，当某一权威超出了论题所属的专业知识领域，其言论的可信度就会大打折扣。比如，达尔文是生物学专家，毕加索是绘画行家，显然达尔文谈生物、毕加索谈绘画的意见是有说服力的；但达尔文谈绘画，毕加索谈生物，这些意见就不一定那么可信。

例 1：进化论是错误的，因为某著名球星反对进化论。

例 2：经济学家都认为爱因斯坦的相对论是不可能的。

例 3：有的医药企业请来一批并不是相关领域的名人、权威赴会论证，企图以他们的个人名望作为论证的根据，以证明企业所生产的某种新药效果好。

（2）绝对化权威

在诉诸权威的论证中，交际者未能自觉地把权威论证看成是归纳意义上的，而是当作演绎有效的论证形式来使用，把本来仅仅是或然性的结论当作必然性论断来处理，从而使权威的论断绝对化。

例 1：“某院士都是这么说的，你胆敢有异议?”

例 2：“某诺贝尔奖获得者也持这个观点，难道还能有错?”

（3）滥用权威

滥用权威是指，某人声称自己具有专门知识，但实际上他并不拥有这种知识，或者他的专业知识与当前的问题是无关的。

例 1：某人在没有提供实际论辩的情况下以教授自居，声称他拥有必要的专门技能而大谈核能威胁，而实际上他的专业领域是研究考古的。

例 2：一位专攻埃及学的教授说："妇女的逻辑跟男子的逻辑是不同的。作为教授，我可以说这是完全正确的。"

（4）有问题的权威

有问题的权威包括匿名权威（匿名的权威人士使人不能确定其权威性）、过期的权威、有偏见的权威、开玩笑的权威等。

例 1："因为亚里士多德认为奴隶制是正确的，所以奴隶制是正确的。"

例 2："有香车自然有美人，某汽车公司董事长都这样说啦！"

例 3：有位心理学家曾经说过，每个人都有犯罪倾向。所以，你是有犯罪倾向的。

（5）不适当的权威

不适当的权威指在某些领域（如政治、道德和宗教方面）的权威，而实际上在其他专业领域是没有权威可言的。

例如：1926 年，在美国某小城镇，一个相信进化论的青年教师在讲授生物发展史时，告诉学生说："人类跟黑猩猩是亲族，人类是从古代的类人猿进化来的。"一些学生家长获悉此事后，便以该教师反对宗教、反对《圣经》、鼓动学生怀疑上帝为由，把这个青年教师告上了法庭。庭审那天，前去旁听的小镇的教徒们穿着考究，以示人类的高贵与尊严。有人还在袖子上缝了个布条，上面写道："我们不是猴子，《圣经》说人是上帝创造的。"庭审的结果是，青年教师被判有罪，并被罚款 100 美金。这就是美国著名的"猿猴诉讼"。

（二）论据谬误

前面已述，一个好论证必须满足论证的可接受性标准，即所有前提都必须是可接受的。违背这一标准的谬误统称为"前提谬误"。

前提的可接受性评价有以下三条规则。

规则 1：一个好论证必须所有前提都同时可接受。

如果前提中隐含着逻辑矛盾，就违背了这条规则，就要犯"矛盾论据"的谬误。

规则 2：一个好论证必须每个前提都是可接受的。

违背这条规则的谬误包括两种情形。

（1）前提所描述的事件与客观事实不相符，就要犯"虚假论据"的谬误。

（2）前提以未经证实的命题作依据，就要犯"预设谬误"（包括"预期理由""复合问题""非黑即白"）。

规则 3：前提的可接受性不能依赖于结论的可接受性。

违背这条规则就犯了"乞题谬误"（包括"同语反复""循环论证"）。

这里，我们把其中的"矛盾论据"和"虚假论据"统称为"论据谬误"。

1. 矛盾论据

矛盾论据也叫自相矛盾、论据相左、前提不一致等，就是在前提或理由中至少包含一组矛盾命题的谬误。在论证中不能同时断定两个互相反对或互相矛盾的命题为真，若论证中所使用的论据包含有逻辑矛盾，那么其可信度等于零，这一论证也就不能令人信服了。

在论证中，为了确立论题（结论）的真实性，必须断定论据的真实性，并由此展开推论。如果在断定论据的真实性时，或者在展开推论的过程中，把一般原则或普遍命题绝对化，就会产生绝对命题的错误，而绝对命题是导致自相矛盾的根源。例如，韩非的"矛盾之说”清楚地表明了这一点。“吾盾之坚，物莫能陷也”和“吾矛之利，于物无不陷也”这两个绝对命题同出一人之口，因而导致了“自相矛盾”这种尖锐的矛盾形式。

例 1：“提高邮票价格，可以产生更多的收益，减少邮件流量。”

分析：提高邮票价格既然会减少邮件流量，那就很可能会减少收益，上述说法出现了目的与结果之间的矛盾。

例 2：凯蒂：无论我们什么时候在一起，我们约定谁都不能与第三个人跳舞。可是，今天我不得不跟汤姆跳舞，因为他是我的一个老朋友。因此，我和汤姆跳舞并不违背我们的约定。

分析：上述论证的所有前提不能同时被接受。第一个前提说的是，他们两个人在一起时都不得和第三个人跳舞，而第二个前提说的是她不得不与第三个人——汤姆跳舞。这两个前提显然不能同时为真，如果这两个前提同时为真，那就得出“对我来说，这样做是对的，但对于你来说，与那个陌生人跳舞是不对的”这样的结果。因此，这个论证包含了不一致的前提。

例 3：张女士打电话给李先生，李先生的小孩接了电话。由于种种原因，李先生并不想接张女士的电话，故小声对小孩说，告诉她说我不在。小孩拿着话筒大声说：“我爸说他不在家。”

分析：小孩说的“我爸说他不在家”这句话本身表明了“李先生在家”，因此，这个语句作为前提是不可接受的，是一个自相矛盾的语句。

2. 虚假论据

虚假论据又称虚假原因、虚假理由、虚假前提等，它是违反充足理由律要求的逻辑错误。论证就是要从人们认为真的东西或者是至少可接受的命题出发，在人们都是理性的、都讲道理的这个假设之下，通过逻辑的强制力，去证明某个另外的命题的真或者假。充足理由律要求，在论证中对结论的断定必须以充足理由为根据。如果在论证中以虚假的理由为根据，或者理由虽然是真实的，但理由与结论之间没有关系，形同虚设，就会犯虚假理由的错误。

例 1：油条是食物，食物是好吃的，因此油条是好吃的。

分析：这个论证的问题在于：食物并不总是好吃的。

例 2：切开人有罪，外科医生切开人，因此外科医生有罪。

分析：这个论证的问题在于：切开人并不总是有罪。

例 3：所有的猴子都是人变的，金丝猴是猴子，所以，金丝猴是人变的。

分析：这个论证所依据的理由“所有的猴子都是人变的”显然是虚假的。

例 4：你说所有的人都是会死的，但据我所知，张果老、嫦娥都吃过长生不死药，他们就能长生不死；我是卖长生不死药的人，我担保，凡是吃过我的长生不死药的人都会长生不死。所以，你的那种说法是假的。

分析：这个论证所依据的理由“张果老、嫦娥都吃过长生不死药，他们就能长生不死”显然是虚假的。这样的论证根本不能证明它的结论，根本起不到论证的作用。

（三）预设谬误

“预设谬误”也叫“假设性谬误”，就是指以没有保证的假设来作为结论支持的论证。

这类谬误的产生不是因为前提与结论不相关，也不是因为前提所提供的理由不足为信，而是论证中存在前提与结论之间的推理缺口是一种无根据的跳跃，在论证或推理过程中暗中利用了某些不当的假定、预设，当这些可疑的假设隐藏在论证之中，作为对结论的主要支持时，该论证就成为坏论证。

预设指的是说话者在说出某个话语或句子时所做的假设，即说话者为保证句子或语段的合适性而必须满足的隐含前提。这些未经证实的假设常常暗含在论证的那些命题之中，这些假设或者是因为我们的失察，或者是论证者的精心设计而让我们难以察觉。

避免此谬误的方法之一是把自己的论据及其结论按提纲形式一一列举出来，检查其中是否缺少某些环节、步骤，从而造成论据之间或者论据与结论之间的脱节，补上缺失的那些命题。如果这些命题存在争议，而又被含混敷衍过去，那就可能发生了预设谬误。

这里，狭义上的"预设谬误"只包括"预期理由""复合问题""非黑即白"，在一些教科书上，"预设谬误"还包括"乞题谬误"（包括"同语反复""循环论证"）等。

1. 预期理由

预期理由是典型的"预设谬误"，是指用本身的真实性尚待证明的命题充当论据，而起不到证明的作用。

这种谬误较常见的形式是论证者通过遗漏一个可能假的（不可靠的）关键性的前提，通过在结论中重述这个可能假的前提，制造出一种错觉，这种错觉使得一个不充分的前提看起来好像为结论提供了充分的支持，对于确立该论证的结论来说，不需要再提供任何论据。如果论证者不能确定这些前提的真实性，其论证就等于没有证明任何东西。

"障眼法"就是指遮蔽或转移别人视线，使其看不清真相的手法。预期理由的谬误也包括在证明过程中利用"障眼法"，即隐藏某个错误前提，从而得出错误结论的无效论证。

例 1：我不是国家公务员，所以我不应该遵纪守法。

分析：这是日常论证中常见的省略式，省略的部分为"只有国家公务员，才应遵纪守法"，这是一个假命题。

例 2：用望远镜观察火星，可以发现上面有不少有规则的条状阴影，而这就是火星人开凿的运河，因此得出结论说：火星上是有人的。

分析：这个论证就犯了预期理由的谬误，因为上述论据火星上有规则的条状阴影是火星人开凿的运河，这个判断本身是否真实还未确定。

例 3：杀人在道义上是错误的。因此，主动型安乐死在道义上是错误的。

分析：这里略去了预设"主动型安乐死是杀人"，而这一预设是有争议的。

例 4：谋杀是违反道义的行为。既然如此，那么堕胎也是违反道义的行为。

分析：论证遗漏的有争议的预设是"堕胎是一种谋杀行为"。

例 5：在过去的两个月中，每一次啦啦队队长戴着蓝色发带为球队助威时，篮球队都吃了败仗。所以，为了避免篮球队以后再吃败仗，啦啦队队长应当扔掉那倒霉的蓝色发带。

分析：论证依赖的假设是，蓝色发带导致球队吃败仗。而这一假设是不成立的。

2. 复合问题

复合问题也叫复杂问语、误导性问题，是一种常见的预设谬误，是指一个问题内往往包含两个无关的重点，是由于问题自身包含了不当的隐含前提而产生的。任何问句都包括两部分：一是所问的东西；二是该问句已经假定的内容，叫作该问句的预设。而复合问题的预设是假的或者是有争议的。

复合问题实际上含有某种陷阱，对这种问题的贸然回答，会使回答者陷入困境：承认他或她原本可能不愿意承认的东西。因为这类问题中预设着回答者不能接受的前提，即问题加入了不当假设，一旦回答便显示了一个暗示性的同意。不管对问题作肯定的回答或作否定的回答，都意味着回答者承认了该问题中所预设的前提。对复杂问题谬误的提防是在碰到这类命题时，不是简单地回答“是”或者“否”，而是要对问句之后隐藏的观点作出审视。

例 1：“作案后，你是回家还是去了其他地方？”

分析：预设了“你作案了”这个有争议的前提。

例 2：法官询问嫌疑犯：“你把赃物藏到哪儿了？”

分析：这句问话其实问了两个问题，法官预设了“有赃物”，也就是预设嫌疑犯真的偷了东西，再问“藏到哪儿去了”。

例 3：家长想要问孩子有没有念书，而问“今天晚上某某节目好不好看？”

分析：家长其实是问了“今天晚上有没有看电视”“节目好不好看”两个问题。

例 4：你还干那非法勾当？

分析：简单的一句提问，其实隐藏了两个问题：你干过非法勾当吗？是否还在继续？你给予其中一条问题的答案，并不一定和另外一条的一样。例如你了干非法勾当，但未必等于你还在继续。

例 5：你是否改掉了考试作弊的恶习？

分析：如果你回答说：“改掉了”，这意味着你在以往的考试中经常作弊。如果你回答说：“没改掉”，这意味着你仍然在考试中作弊。可见，该问句实际上包含着两个问题：你在以往的考试中作弊吗？如果你作过弊，现在改了吗？

3. 非黑即白

“非黑即白”也叫假两难推理、黑白二分、虚假两分、假二择一、非此即彼、错误二分法，属于分散注意谬误的一种。

这种谬误就是在两个极端之间不恰当地二者择一，其所犯的论证谬误，实际上就是忽视了第三种情况的存在，机械地进行非此即彼的选择。这类论证只考虑了两个极端的情况，没有考虑可能存在的中间情况，这就像在黑与白之间本来有很多中间色，却非要人们或者选择黑或者选择白。论证中否定一个观点，从而就认可另一个相反的观点，就是非黑即白。其实，这两个极端的观点都有可能是错误的。

非黑即白的谬误实质是论证者所制造的错觉，这种错觉使人觉得其所提供的选言前提穷尽了所有可能的选择。如果一个选言前提穷尽了所有可能的选择，那么它就一定是真的。在非黑即白谬误中，所提供的两种选择不但没有穷尽所有可能，而且所提供的两种选择都是不大可能的。所以，其选言前提是假的，或者至少可能是假的。对这种谬误，也可以说它制造了一个貌似真实的，实际上却是假的或可能假的前提。

例 1：你中学毕业后如果考不上大学，下半生就要做清洁工人。

分析：事实上，就算考不上大学也不一定表示下半生只能做清洁工人。

例 2：你再不煮饭，今天晚上我们便要挨饿。

分析：除了在家中吃饭外，还可以外出用餐。

例 3：要么人类是上帝创造的，要么人是从猴子变成的。

分析：因为“上帝创造”及“猴子变成”并不是人类来源的所有可能。除非能证明除这两种可能以外，人类可能没有其他来源，否则该命题并不成立。

例 4：萨达姆是邪恶的，所以美军是正义之师。

分析：除正邪之争外，还有邪邪之争及许多难分正邪的纷争，所以不能单以萨达姆邪恶便认定美军正义。

例 5：你们要么支持我们，要么就是支持恐怖分子。

分析：除了支持你们和支持恐怖分子以外，还有其他可能。例如：支持你们也支持恐怖分子，或不支持你们也不支持恐怖分子。

（四）乞题谬误

乞题谬误又叫丐题、乞求论题、窃取论题，是指一个原本要被论证的命题早已在前提中被假定为真。这是违反论证预设的相异律所导致的谬误。根据“相异律”，理由必须与其所支持的观点不同（断言或意义上的不同，而非形式上的不同）。否则，如果理由的真包含了对论题真的断定或理由的真是以假定论题真为前提的，那么就会产生“乞题谬误”。

这类谬误的实质就是，论题的真实性是要靠论据来证明的，而论据的真实性又要靠论题去证明。这种谬误较常见的形式是论证者利用某些语言手段制造出一种错觉，这种错觉通过遗漏一个可能假的、关键性的前提来制造，并使人觉得，对于确立该论证的结论来说，不需要再提供任何论据。由于这样的论证事先假设了前提为真，因而乞求论题属于预先假设的谬误。

狭义的“乞题谬误”主要包括“同语反复”“循环论证”，广义的“乞题谬误”大致等同于广义的“预设谬误”。

1. 同语反复

“同语反复”也叫“同义反复”或“重复论题”，是乞题谬误的简单形式，即用另一种与论题在表述方式上有差异，但实质内容没有差异的命题作论据，实际上这种谬误是一种直接的循环论证。

同语反复的形式是：有 A 是因为有 A。

这种谬误的实质是论证的结论是对一个可能为假的前提的重述，只是在语言表述上略有不同而已。这种重复主要是从内容、实质、意义上说的，其语言表达形式可能有所不同。正因如此，它才有一定的迷惑性，给人一种好像作出某种论证的假象，而实际上并没有进行论证。在这样的论证中，前提支持结论，结论通常只是对前提的强调。论证者用修饰性的措辞重述相同的内容，时常会给人一种错觉，好像所提供的前提是支持结论的独立论据，而事实并不是这样。

例 1：吸鸦片能令人昏睡，因为鸦片有催眠效力。

分析：“能令人昏睡”与“有催眠效力”是同语反复。

例 2：所有基督徒都是品行端正的，因为所谓基督徒就是品行端正的人。

分析：这一论证显然犯了“同语反复”的谬误。

例 3：所有宣传革命的人对未来都怀有梦想，理由很简单，如果一个人对未来没有梦想，他就不可能去宣传革命。

分析：此论证中，前提与结论说的是同一件事情。诉求的问题是“你怎么知道宣传革命的人的确对未来怀有梦想？”

例 4：对谋杀和绑架的罪犯处以极刑是正当的，因为对那些犯有如此可恨而残酷罪行的人，处以死刑是非常合法和恰当的。

分析：这一论证的论据及结论分列如下。

论据：对那些犯有如此可恨而残酷罪行的人处以死刑是非常合法的和恰当的。

结论：对谋杀和绑架罪处以极刑是正当的。

把这里的论据稍加变换，就能看出同一个意思重复了两遍：“非常合法和恰当的”很大程度上也就是“正当的”，而“那些犯有如此可恨而残酷罪行的人”意思就是“谋杀和绑架的罪犯”。因此，该论据实际上与结论完全一样！对于为什么对谋杀和绑架的罪犯处以极刑是正当的，该论证并未给出任何真正的理由，反而难免让人质疑：“呃，那么，你为什么认为对谋杀和绑架的罪犯处以极刑是正当的呢？”

2. 循环论证

“循环论证”是乞题谬误的复杂形式，是指论据间接重复论题。在论证中，必须用论题以外的其他命题作为支持论题的根据，论据的真实性必须独立于论题。

（1）循环论证的相对形式

循环论证的相对形式是：有 A 是因为有 B，有 B 是因为有 A。

即论据的真实性直接依赖于论题，就会产生循环论证的错误。

例 1：天气热是因为温度升高，温度升高是因为天气热了。

例 2：鸡蛋难吃是因为你认为它不好吃，如果你认为它好吃它就不难吃了。

例 3：他没有犯罪，我怎么会逮捕他？我逮捕了他，那么就说明他一定犯了罪。

例 4：老师：“小明，你今天为什么又迟到了？”

小明：“因为我起晚啦。”

老师：“那你为什么不早点起床？”

小明：“因为我起床的时候就已经晚了。”

例 5：甲：“凡是女人都很心软。”

乙：“不一定，你没听说‘女人似蛇蝎’吗？”

甲：“那种女人根本不是女人！”

乙：“为什么？”

甲：“因为女人心肠都软。”

（2）循环论证的间接形式

循环论证的间接形式是：有 A 是因为有 B，有 B 是因为有 C，有 C 是因为有 A。

论证者要证明 A，要用到 B，证明 B 要用到 C，而证明 C 又要用到 A。在兜了一个圈子之后，又回到最初的出发点。循环论证等于没有证明。当然，诡辩者使用循环论证的时候，会绕一个大圈子，使得其看起来并无破绽。

由于循环论证的推论过程构成一个或长或短的封闭链环，而不管其中间环节有多少，其最后的结论也就是最初的论据，即以论题为根据推出论题，等于没有论证，犹如一个在原地打转的车轮，没有进展，所以又称之为“无进展”的谬误。

例 1：瘦子：你怎么这么胖啊？

胖子：因为我吃得多。

瘦子：那你为什么吃那么多呢？

胖子：因为我喜欢吃。

瘦子：那你为什么喜欢吃呢？

胖子：因为我胖，所以喜欢吃。

例 2：某人是个好学生，因为他每门课成绩都很好。每门课成绩都很好是因为他喜欢读书，而他喜欢读书是因为他是个好学生。

例 3：很清楚，福特汽车公司生产的轿车是美国最好的轿车。我们之所以知道它们生产的轿车是最好的，是因为它们的发动机设计是一流的。它们的发动机设计之所以是一流的，是因为它们在这方面付出的努力要比其他制造商多得多。很明显，它们之所以能付出这么多的努力，是因为它们造出了美国最好的轿车。

（3）循环论证的特殊形式

循环定义是循环论证的特殊形式，具体是指用 A 定义 B，再用 B 定义 A；或者用 A 定义 B，用 B 定义 C，用 C 定义 A。这种定义方法看似有用，但实际上是谬误。

例 1：甲："什么是松树？"

乙："松树是会长出松果的树木。"

甲："什么是松果？"

乙："松果是长自松树的果实。"

例 2：甲："什么是百度？"

乙："百度是一个搜索引擎"

甲："什么是搜索引擎？"

乙："像百度那样的网站就叫作搜索引擎。"

三、支持谬误

支持就是指在一个论证中，接受前提有利于接受结论；或者说，那些能够有利于从前提推出结论的前提对结论有支持关系。对论点的辩护是否成功，取决于理由对主张的支持力或支持强度。

"支持谬误"，又被称为"推不出谬误"。这种谬误与下述论证评价的充分性标准有关。前面已述，决定好论证的三条基本标准简称为 RSA 标准，其中，对支持的批判性思考，必须检验是否满足好论证的充分性标准（Standard of Sufficiency）：前提给结论必须提供充分支持。违背这条规则，即前提没有给结论提供充分支持，就会犯"支持谬误"。

按照主流逻辑学的界定，前提与结论之间的支持关系要么是演绎支持关系，要么是归纳支持关系（广义归纳）。即，支持主要有两种：一是演绎支持；二是归纳支持。

对演绎支持关系而言，要用演绎有效性标准来进行评价，一个谬误是演绎谬误，是指该论证是非有效的，也即这种论证并没有从形式结构上保证前提给结论提供充分支持。

对归纳支持关系而言，要用归纳强度标准来评价，如果一个论证的前提与结论的支持关系是归纳，但其论证形式却不是归纳强的，即论据在内容上对论题的归纳支持不足，那么这个论证就犯了归纳谬误（包括概括、统计、因果、类比及合情等谬误）。归纳谬误的产生不是因为前提与结论在逻辑上不相关，而是因为前提与结论的逻辑关系不足以为结论提供有力的支持。归纳谬误属于论据不足的谬误，主要是针对论据对论题的证据支持关系而言的，即结论缺乏论据的充分支持，或论据在内容上对论题支持不足。

针对支持强度进行评估，需要作出的批判性思考的问题如下。

（1）论证运用了哪种推理类型?

（2）演绎推理是否符合规则?

（3）用于归纳概括的样本或事例是否有代表性?

（4）统计推理是否正确?

（5）因果推论是否排除了其他有竞争性的假说?

（6）类比或比喻推理是否恰当?

（7）合情推理是否合理?

对支持的批判性思考，需要检查论证是否存在以下谬误。

（1）演绎谬误：包括词项逻辑、命题逻辑等推理中的谬误。

（2）概括谬误：包括特例概括、轻率概括等。

（3）统计谬误：包括以偏概全、数字陷阱、数据误用等。

（4）因果谬误：包括强加因果、因果倒置、混淆原因、复合原因、复合结果、错否因果、滑坡谬误等。

（5）类比谬误：包括类比不当、类推不当等。

（6）合情谬误：包括举证不全、以全赅偏、分解谬误、合成谬误等。

支持谬误，即推不出谬误除了前述演绎谬误和归纳谬误（概括谬误、统计谬误、因果谬误和类比谬误）之外，还有一类涉及论证的谬误，但它既不是演绎谬误也不是归纳谬误，我们把这类谬误叫作“合情谬误”，是指不合情的论证，包括举证不全、以全赅偏、合成谬误与分解谬误等。这类谬误的特点是前提与结论相干，而且前提的可接受性不是问题，关键在于根据这些前提推导不出结论。

1. 举证不全

举证不全的谬误是指证明或反驳的论证过程不完整，理由不足以支撑主张。举证不全具体包括证据不足、片面理由等。

（1）证据不足

证据不足是指论证所列出的证据不足以推出结论，其谬误的根源在于一个论证的前提与结论构成的支持关系不够充分。

例 1：“陈先生的演讲经常得到满堂彩，因此，他一定是个很有学问的人。”

分析：其实演讲得到满堂彩不一定表明很有学问，有可能只是因为演讲者的个人魅力。

例 2：某家的珠宝被窃，办案人员认为是张三盗窃的，因为资料显示他有窃盗前科。

分析：不能就因有窃盗前科就确定这次珠宝遭窃是张三做的。

例 3：年迈的福格森太太（她几乎已经失明）作证说：在朦胧的暮色中，她看见被告用刺刀刺伤了受害者，当时她就站在离事发地点约有 100 码的地方。所以，陪审团的成员们一定会认为被告是有罪的。

分析：这里，目击者缺乏对她所证明的事情的观察能力，所以她的证词是靠不住的。

（2）吹毛求疵

“吹毛求疵”又称为琐碎的谬误，就是故意挑剔，硬找差错，是指在论辩时，不是对对方的论题、论据或论证方式加以批驳，而是对某些非根本的、琐细的东西大加责难，并试图以此驳倒对方。

在进行论辩时，应对被反驳论证的主要内容加以认真分析，而对那些非根本性的错误只需附带指出即可。否则，不仅会分散人们对主要问题的注意力，而且会削弱反驳的力量。

例如：某作家在与郭沫若辩论明史的若干问题时，指出《甲申三百年祭》运用《明季北略》时，所引的卷数有问题，并由此得出结论说：“连卷数与题目都看不清，当然谈不上辨别史料的真伪了。”

分析：某作家在这里不在明史的重要问题上与郭沫若讨论，而是抓住一个枝节问题，夸大其严重性，试图从根本上否定郭沫若的研究成果，这就犯了“吹毛求疵”的谬误。

（3）片面理由

片面理由的谬误也叫片面辩护、遮盖论据，是指展示论据时只展示对主张有利的论据，而忽视了一些不利的重要论据。

主张的成立与否经常有正反两方面的理由，正确的做法应是将正反两方面的理由都一一列举并相比较，之后再进一步选择要赞成或反对。但常有人因为已经有预设的结论，因此只举出跟自己所支持主张有关的理由，这便是片面理由的谬误。

例 1：神为何在世上创造这么多苦难？答案是：你必须明白，神自有他神奇的安排，我们没有特权去知道的。

例 2：在家中家长不喜欢小孩看电视太多，为阻止小孩看电视便对小孩一一列举电视负面的影响，但其实看电视也有好的一面。预设看电视是不好的，而后以电视的负面影响为由阻止小孩看电视，那么此家长便是犯了这种谬误。

2. 以全赅偏

以全赅偏也叫偶然性谬误、不顾特例等，是指未对一般原则的应用情况和范围详加考察就进行特殊情况下的推广。

当人们将一个概括或一般规则应用于它所不适用的特殊事例时，就会产生偶然性谬误（以全赅偏）。反之，当我们无心或故意把对一个特殊事例为真的东西直接看作对大量事例为真，就犯了逆偶然谬误（以偏概全）。

人们从经验的概括中获得普遍性通则，但是当这些普遍性的陈述应用到一个具体的特例时，我们就应该保持一点警惕，不要机械地去生搬硬套。特定的环境有可能让普遍性命题失效。因为概括，即使是那些广泛合适和有用的概括，往往也有例外，我们必须对之保持警惕。也就是说，普遍性都有例外，几乎每一个好的规则都有一些例外。当一个普遍的命题应用到一个特指个体情形的时候，这种普遍性并不一定适合说明该个体的情形。

区群谬误是一种以全赅偏，又称生态谬误、层次谬误，是一种在分析统计资料时常犯的错误。如果仅基于群体的统计数据就对其下属的个体性质作出推论，就是犯了区群谬误，这种谬误假设了群体中的所有个体都具有群体的性质。

例 1：政府法规规定，行走此公路的汽车最高时速为七十公里。所以即使载着快要生产的产妇，亦不可超过七十公里。

例 2：吗啡有多种用途，可以减轻病患的痛苦，但吗啡也算在毒品范围之中；若我们的通则是“对人体使用毒品是违法的行为”，而“吗啡是毒品的一种”，并得到“医生为减轻病患的痛苦而使用吗啡是违法的”这样的结论，便是犯了此谬误。

例 3：我们要坚持，在规定有对所有人都有“此处不许游泳，违者罚款”的规则的地方，一个人在此处游泳就要罚款。但下水救人应该是其特例。因为规则总是和一定的场合相联系的。

例 4：人是有理性的，张教授的那个痴呆儿是人。所以，张教授的那个痴呆儿是有理性的。

分析：一般规则是人是有理性的；特殊事例是张教授的那个痴呆儿；在这种情况下，这一规则是不适用的。

例 5：公民言论自由是受宪法保护的权利。所以，约翰不应当为他上周煽动暴乱的言论而被捕。

分析：一般规则是言论自由在正常情况下是受保护的；特殊事例是约翰的言论；偶然的特征是煽动暴乱的言论；由于这种言论是煽动暴乱的言论，因而对保护言论自由这个规则来说是不适用的。

3. 合成谬误

合成谬误也叫合举、构成谬误，是指在论证中，以部分（个体）、元素所具有的某种属性不恰当地推出其整体或集合体也具有这种属性的结论所产生的谬误。

下列都是合成谬误的例子。

例 1：某人的心脏是健康的，由此推出这个人的身体也是健康的。

例 2：由组成森林的每棵树都不怎么壮观，推出那片森林也不怎么壮观。

例 3：由一个足球队的每一个球员都很优秀，推出该足球队一定很优秀。

例 4：每艘战舰都做好了战斗准备，推出整个舰队做好了战斗准备。

例 5：由于某一剧本的每一场都是艺术完美的典范，所以该剧本作为一个整体也是艺术完美的。

4. 分解谬误

分解谬误也叫分举、分割谬误，指的是以总体符合某条件，推断总体的所有部分均符合某条件，即以整体或集合体所具有的某种属性推出其部分（个体）或元素也具有这种属性的谬误。

下列都是分解谬误的例子。

例 1：这个交响乐团非常出色。因此，这个交响乐团的每一位乐师都非常出色。

例 2：某台机器沉重、庞大、复杂，而组成这台机器的零件也沉重、庞大、复杂。

例 3：人有意识，而人体和人脑都是由原子组成的，所以原子都有意识。

例 4：盐是无毒的化合物。所以，盐的组成要素钠和氯也是无毒的。

例 5：沙特人普遍很富有，所以每一个沙特人都很富有。

第五节　诡辩和悖论

诡辩和悖论是论证中经常遇到的逻辑现象，这里作一个简要的说明。

一、诡辩

诡辩都包含谬误，但谬误并不都是诡辩。诡辩与一般的谬误最大的区别在于：谬误是无意的，而诡辩是有意的。不经意的论证失误或推理不当，是在所难免的，只要发现了谬误然后纠正即可。如果有意识地运用谬误的推理去证明某个明显错误的观点，以诱使人上当，这就是诡辩。也就是说，诡辩的恶劣性在于其主观上的故意，即有意识地为某种谬误而作的论证的态度。

（一）何谓诡辩

所谓诡辩，是无理的狡辩，就是故意运用貌似正确的推理手段，作出似是而非的推论。黑格尔给诡辩下了一个较好的定义："诡辩这个词通常意味着以任意的方式，凭借虚假的根据，或者将一个真的道理否定了，弄得动摇了；或者将一个虚假的道理弄得非常动听，好像真的一样。"

［案例］洗澡

两个中学生找到他们的老师，问道："老师，究竟什么叫诡辩呢?"

老师稍稍考虑了一下，然后说："有两个人到我这里来做客，一个人很干净，另一个人很脏，我请这两个人洗澡，你们想想，他们两个人中谁会洗呢?"

"那还用说，当然是那个脏人。"学生脱口而出。

"不对，是干净人，"老师反驳说，"因为他养成了洗澡的习惯，而脏人却觉得自己没有什么可洗的。再想想看，是谁洗澡了呢?"

"干净人。"两个学生改口说。

"不对，是脏人，因为他需要洗澡。"老师反驳说，然后再次问道："如此看来，我的客人中谁洗澡了呢?"

"脏人!"学生喊着重复了第一次的回答。

"又错了，当然是两个人都洗了。"老师说，"因为干净人有洗澡的习惯，而脏人需要洗澡。怎么样? 到底谁洗澡了呢?"

"那看来是两个人都洗了。"学生犹豫不决地回答。

"不对，两个人都没有洗，因为脏人没有洗澡的习惯，干净人不需要洗澡。"

"有道理，但是我们究竟该怎样理解呢?"学生不满地说，"您每次都讲得不一样，而且似乎总是有道理!"

"正是如此。你们看，这就是诡辩：以貌似讲理的方式行不讲理之实。"

（二）诡辩的特征

诡辩从表面上来看，似乎很有道理。论证一个问题，也总是可以拿出许多"根据"和"理由"。但是，这些根据和理由都是经不起推敲的。诡辩者往往玩弄概念、故弄玄虚，作出歪曲的论证，其目的是为自己荒谬的理论和行为作辩护。诡辩论往往夸大相对性，脱离客观标准，论证中概念、主题不能保持一贯性。

诡辩的基本特征有三个：

（1）外表上、形式上伪装为正确的推理形式。

（2）违背论证规则，即出现谬误。

（3）出于辩护需要，故意颠倒是非、混淆黑白。

例1：报载某人年初向另一人借钱1.6万元，年中还了1万元，另一人向其出具了“某人今还欠款1万元整”的纸条，一式两份。虽然纸条上签有两人的名字，但没有写明是收据，落款也没有写明。当这个人后来再还所欠余款时，另一个人说应还1万元，并拿出当初的纸条为证：“某人今还（hai）欠款1万元整”。

分析：利用词语歧义的这一现象，故意模糊其在特定语境中的确切含义，就是模糊语境的诡辩了。按常理，还钱时所出具的只能是“收到还（huan）款多少”的收据，不可能出具“还（hai）欠款多少”的收据。这是还钱时的特定语境所决定的。但由于上例纸条中有一个并非多余的“欠”字，就给诡辩者利用“还”的语音歧义来模糊语境造成了口实。对付这类的诡辩，我们只能还原其特定的语境，并在特定的语境中解释某一概念的确切含义。

例2：2009年11月，当某社会公众人物代言十个虚假广告被曝光后，他通过博客表示了道歉，但在央视《经济半小时》记者采访时，他又说了这样的话：“可以说全世界的广告，都有夸张的成分在里面，因为要不夸张就不叫广告……”

分析：这是一种诡辩，“不夸张就不叫广告”有一定的蛊惑性。作为一种修辞手段，夸张指为了启发对方的想象力和加强所说话语的力量，用夸大的词句来形容事物。广告准许一定程度的夸张，夸张要有一定的限度，夸张如果无限延伸就会成为虚假。该公众人物所代言的这些广告已超出夸张的程度，变成了虚假，明显有诱使人上当受骗之嫌。

［案例］算命

据说，从前有个道士专给人算命，算得十分灵验，前往找他算命的人很多。一天有三个要进京赴考的秀才，在进京之前想问问三人之中谁能考中。于是他们就到道士那里，说明来意，点了香，叩了头。只见道士闭着眼朝他们伸出一个指头，却不说话。秀才们不知其意，请求道士说明。道士拿起拂尘一挥，说道：“去吧，到时自然明白，此乃天机，不可明言。”三个秀才只好怏怏走了。

秀才们走后，小道童好奇地走过来问道：“师父，他们三人到底有几个得中？”

道士：“中几个都说到了。”

道童：“你这一个指头是什么意思？是一个中吗？”

道士：“是的。”

道童：“他们要是中了两个呢？”

道士：“那这个指头就是指有一个不中。”

道童：“如果他们三个都中了呢”

道士：“那这个指头就是指一齐中。”

道童：“要是三个都不中呢？”

道士：“这个指头就是指一齐都不中。”

道童：“原来这就是‘天机’呀！”

分析：这位道士利用同一语词的不同意义，把“一”这个概念变换成四个不同含义的概念，是一种不正当论证的诡辩手法。

二、悖论

悖论（Paradox）是指荒谬的理论或自相矛盾的语句和命题。

悖论是具有如下模式的推论：如果承认陈述 A 为真，就会推出陈述 A 为假；如果承认陈述 A 为假，就会推出陈述 A 为真，于是就陷入了悖论。

［案例］公孙龙论秦赵之约

秦国与赵国订立条约：今后，秦国想做的，赵国帮助；赵国想做的，秦国帮助。

不久，秦国兴师攻打魏国，赵国打算援救魏国。

秦王不高兴，差人对赵王说：秦国想做的，赵国帮助；赵国想做的，秦国帮助。现在秦国要打魏国，而赵国援救他们，这是违约。

赵王把这个消息转告给平原君，平原君向公孙龙请教。

公孙龙回答："赵王也可以派人对秦王说：赵国打算援救魏国，现在秦国却不帮助赵国，这也不合乎条约。"

（一）悖论的特征

悖论的特征是：推理过程符合逻辑；已表述前提的意义是清晰一致的；推理的结论是相互矛盾的。

悖论早在古希腊时已被提出，悖论在古代西方主要是指与常识相违的命题或推论，如芝诺悖论、蕴涵悖论等。

［案例］历史上著名的悖论

1. 说谎者悖论

公元前 6 世纪古希腊克里特岛人埃匹门尼德提出的说谎者悖论："所有的克里特岛人都说谎。"他究竟说了一句真话还是假话？

如果他说的是真话，由于他也是克里特岛人之一，他也说谎，因此他说的是假话；如果他说的是假话，则有的克里特岛人不说谎，他也可能是这些不说谎的克里特岛人之一，因此他说的可能是真话。

分析：说谎者悖论是最早的悖论，该悖论在当时就引起广泛关注。据说科斯的斐勒塔更是潜心研究这个悖论，结果把身体也弄坏了，瘦骨嶙峋，为了防止被风刮跑，不得不在身上带上铁球和石块，但最后还是因积劳成疾而一命呜呼。为提醒后人免蹈覆辙，他的墓碑上写道："科斯的斐勒塔是我，使我致死的是说谎者，无数个不眠之夜造成了这个结果。"

2. 芝诺悖论

古希腊芝诺著名论断"阿基里斯永远追不上乌龟"就是这一类众所周知的悖论。阿基里斯是古希腊神话中善跑的英雄。假设乌龟先爬一段路然后阿基里斯去追它。他论证说：这样的话，阿基里斯永远追不上乌龟。因为前者在追上后者之前必须首先达到后者的出发点，可是，这时后者又向前爬了一段路了。于是前者又必须赶上这段路，可是这时后者又向前爬了。由于阿基里斯和乌龟之间的距离可依次分成无数小段，因此阿基里斯虽然越追越近，但永远追不上乌龟。显然，这个结论与现实明显相悖，但逻辑上似乎没有毛病。

3. 理发师悖论

最著名的悖论是英国哲学家、逻辑学家罗素于1920年提出的“罗素悖论”（“集合悖论”）。后来，罗素本人用通俗的语言将其改为“理发师悖论”。

“某村子里有个理发师，他规定：在本村我只给而且一定要给那些自己不刮胡子的人刮胡子。请问：这个理发师给不给自己刮胡子?”

分析：理发师给不给自己刮胡子呢？只有两种情况：不给自己刮，或者给自己刮。

如果理发师不给自己刮胡子，那么按照他的规定（我一定要给那些自己不刮胡子的人刮胡子），他就应该给自己刮胡子。这就是说，从理发师不给自己刮胡子出发，必然推出理发师应该给自己刮胡子的结论，这本身就构成逻辑矛盾。

如果理发师给自己刮胡子，那么按照他的规定（我只给那些自己不刮胡子的人刮胡子），他就应该不给自己刮胡子。这就是说，从理发师给自己刮胡子出发，必然推出理发师应该不给自己刮胡子的结论，这本身也是一个逻辑矛盾。

（二）悖论的产生与解决

在古希腊文明早期，悖论的产生推动了逻辑学的发展。古今中外有不少著名的悖论，它们震撼了逻辑和数学的基础，激发了人们求知和精密的思考，吸引了古往今来许多思想家和爱好者的注意力。解决悖论难题需要创造性的思考，悖论的解决又往往可以给人带来全新的观念。

［案例］意外考试悖论

最早由英国学者奥康纳于1948年提出，下面是它的一个变体。

老师对学生说，下周我将对你们进行一次出其不意的考试，它将安排在下周一至周六的某一天，但你们不可能预先推知究竟在哪一天。显然，这样的考试可以实施。但学生通过逻辑论证说，周六不可能是考试日。因为如果该考试安排在周六，则周一至周五都未考试，就可推算出在周六，该考试因此不再出其不意。同样，周五也不可能是考试日。因为如果该考试安排在周五，则周一至周四都未考试，就可推算出在周五或周六；已知考试不可能在周六，因此只能在周五，该考试也不再出其不意。类似地，可证明其余四天都不可能是考试日。于是，这样的考试不可能存在。我们最后得到了一个悖论：这样的考试既可以实施，又不可能进行。但老师确实在该周实施了这一考试，也确实大出学生意料之外。

历史上出现了许许多多的悖论。从中世纪一直到当代，悖论都是一个热门话题，并且对于下面这样一些问题，如悖论究竟是如何产生的？又如何去克服和避免？是否应该容忍悖论，学会与它们和平共处？迄今为止，仍莫衷一是，没有特别令人满意的解决方案。

我们在日常的论证分析中，可能涉及的大都是语用悖论，即经典的概念问题、意义问题、定义问题等，这类悖论源于认识论和心理等关于意义和断定的含混以及自我指称等。

哲学家认为悖论产生于人类思维中进行相对与绝对的“割离性”联结之时。现代逻辑认为悖论产生的一般原因有自我指称、绝对否定、总体无限等。为了消除逻辑悖论，现代逻辑学家提出了类型论、语言层次理论等，促进了逻辑学的发展。

（三）博弈悖论

博弈悖论是在博弈论及博弈逻辑的研究中发现的悖论，是一种合理行为选择的悖论。

囚徒困境是博弈论的非零和博弈中具有代表性的例子，反映个人最佳选择并非团体最佳选择。囚徒困境是指两个被捕的囚徒之间的一种特殊博弈，说明为什么甚至在合作对双方都有利时，保持合作也是困难的。

有两个嫌疑犯 A 和 B 被警方逮捕，这两个人确实作案了，但警方实际上没有掌握他们作案的确切证据。警方把他们俩分开关押，分别审讯。A 和 B 各自都有两种策略可供选择：坦白或者抵赖，其选择会影响到自己乃至对方最终将受何种处罚，具体如下。

（1）如果两个人都抵赖，因证据不足，两个都只被判 1 年徒刑。

（2）如果两个人都坦白，因证据确凿，两个人都被判 7 年徒刑。

（3）如果一个坦白，一个抵赖，那么，根据“坦白从宽，抗拒从严”的政策，坦白的人将无罪释放，而抵赖的人会被重判 10 年徒刑。

两个人的策略选择对于判决结果的影响可以图示如下。

甲/乙	坦白	抵赖
坦白	−7，−7	0，−10
抵赖	−10，0	−1，−1

假如你是这两个囚徒之一，你会作怎样的选择？

分析：显然，对方的选择对于最终结果有直接影响，我们必须针对对方的行动来决定自己的对策。如果对方选择坦白，那么自己坦白只判 7 年，如果抵赖则会被重判 10 年，所以，选择坦白划算；如果对方选择抵赖，那么，自己坦白会被无罪释放，抵赖反而要判 1 年，仍然是选择坦白划算。所以，无论对方如何选择，只要选择坦白，对于自己而言都是最优策略。

结论似乎出来了，即甲和乙都应该选择坦白。但仔细一想，又显然不妥。因为假如甲、乙都选择坦白，对应的结果是第一种，两人都被判 7 年徒刑；假如两人都选择抵赖，对应的结果就变成各判 1 年徒刑，相比之下显然更优。这就是说，两个最优策略的叠加，却并不是最优策略，这个结果是悖论性的。

囚徒困境所反映出的深刻问题是，人类的个人理性有时能导致集体的非理性——聪明的人类会因自己的聪明而作茧自缚，或者损害集体的利益。

［案例］赎尸博弈

春秋时期，有一年郑国发洪水，一个富商不小心溺水身亡。

有人碰巧得到了这位富商的尸体，富商的家属想赎回尸体，但得到尸体的那个人要价很高。

富商的家属问邓析（名家学派的创始人）怎么办，怎么避免出高价。邓析说：“不必着急，得尸者不可能把尸体卖给别人的。”

得尸者听说后，着急了，也找到邓析，问他有什么好办法争取得高价。邓析说：“不用急，富商的家属在别处是买不到尸体的。”

请问：得尸者和赎尸者最有可能达成什么样的成交价格？

分析：赎尸博弈与囚徒困境也有相类似之处。

从这个案例中我们可以看出，邓析清楚地觉察到，得尸者能否以高价卖出尸体有赖于家属是否愿意接受这样的高价，家属能否以尽可能低的价钱赎回尸体有赖于得尸者能否接受这样的低价。邓析的建议是：每个局中人都可以根据自己的目标偏好与对方理性地讨价还价。

我们可分析一下“赎尸博弈”的效用矩阵。

		赎尸者（富商的家属）		
		出高价	出中价	出低价
得尸者	要高价	3，1	2，1	1，1
	要中价	0，0	2，2	1，1
	要低价	0，0	0，0	1，1

可见，这个博弈有三个均衡。

一是（出高价、要高价），这是一个有利于得尸者的结果。如果赎尸者（富商的家属）不能正确判断得尸者的行动选择，就会因急于赎回尸体而出高价，（出高价、要高价）这一均衡就很有可能出现。

二是（出低价、要低价），这是一个有利于赎尸者的结果。如果得尸者不能正确判断赎尸者（富商的家属）的行动选择，他就会因急于卖出尸体而要低价，（出低价、要低价）这一均衡就很有可能出现。

三是（出中价、要中价），这是一个双赢结果。如果得尸者和赎尸者都听从邓析的建议，他们就会在坚持自己的目标偏好的前提下理性地与对方讨价还价，那么，最有可能达成一致的成交价格就是中价（出中价、要中价），最终的结果将达到双赢，使目标冲突转化为合作。

博弈是人类社会和自然界中普遍存在的一种现象，博弈的双方可以是个人、群体，也可以是各类组织，各方都力图用自己的理性思考和逻辑推理，在错综复杂的相互影响中得出最合理的策略并加以实施，以取得理想的结果或收益。在现实生活中，人与人之间的处事过程，其实也就是一个隐藏的博弈的过程，它隐含着通过选择合适策略达到合意结果。作为博弈者，最佳策略是最大程度地利用游戏规则；作为社会的最佳策略，是通过规则引导社会整体福利的增加。

博弈论的英文名叫 Game Theory，又称对策论，它起源于 20 世纪初，1944 年冯·诺依曼和摩根斯坦恩合著的《博弈论和经济行为》奠定了博弈论的理论基础。简单地说，博弈论是研究决策主体在给定信息结构下如何决策以最大化自己的效用，以及不同决策主体之间决策的均衡。博弈逻辑研究的是理性的人在互动行动中即博弈中的推理问题，是逻辑学科的一个分支，是“理性的”行动者或参与者在互动的过程中如何选择策略或如何作出行动的逻辑，属于应用逻辑范畴。这里不作详细展开，有兴趣的读者可以参看相关图书。

第六节　论证评价过程

论证评价要求我们在评价一个主张时，必须做到讲事实、摆道理，实证数据和逻辑分析相结合，而不能以感觉代替事实，用直觉判断代替逻辑推理。一个论证在什么情况下是应该接受的，即前提对结论的支持满足何种条件才足以使结论成为可接受的，在什么情况下应该排斥它。

一、评价步骤

分析和评价论证包括论证识别和论证评价两大步骤。

序号	步骤	思考内容
1	论证识别	①批判性阅读：理解议题、目的、立场、背景和论证；思考问题 ②分析论证：澄清语言概念、辨别论证结构、补充隐含前提、揭示隐含假设
2	论证评价	①前提的可靠性：确认证据客观、追寻直接证据、检查来源可靠、审核来源公正 ②论证的合理性：确定前提相关、判定推理充分、推导最好解释、综合最佳决策 ③论证的辩证性：力求公正开放、促进竞争创新、构造替代论证、调整综合论证

1. 论证识别

论证识别的前提是批判性阅读，批判性阅读的目标是理解。通过发现论证的议题、目的、立场、背景、前提、推理和结论，从而为进一步分析和评价论证奠定坚实的基础。在批判性阅读的基础上，进行细致分析论证。

（1）辨识：主张（结论）和理由（前提）

首先，注意语言和意义问题，即要澄清关键的词句、术语、概念的含义，这决定着对论证的理解和判断。通过找出一段论证中的关键性词句，并且追问：它们通常或可能是什么意思？它们实际上是什么意思？它们的这种使用合适吗？从而准确理解论证中的关键词句和概念。

其次，依靠清晰的概念来理解需要重构的论证，明确论题和论点是什么，理由是什么，在此基础上，将论证表达标准化完整化。

（2）论证标准化：补充隐含前提

论证分析的目标是使得论证标准化，最好用论证结构图来表达，有利于清晰认识前提、推理、结论之间的关系，这就涉及论证的隐含前提。

隐含前提是推理有效的必要成分。分析、理解和评价一个论证的好坏，应该深入到它的基础之中，在分析一段论证时，除了表达出来的那些内容，我们还需要追问：在这个推理中，有没有还未表达出来的，但又是论证必需的条件、前提和原理？价值冲突和隐含假设是什么？描述性隐含假设是什么？它们是否站得住脚？善于发现论证的隐含前提，并讨论它们的合理性，是高层次思想方法中的一个基本功。

2. 论证评价

在论证识别的基础上进行论证评价，主要从前提的可靠性、论证的合理性、论证的辩证性三个方面来进行评价。

（1）评估前提的可靠性

评估前提的可靠性就是评估前提的可接受性，要认真考虑论证的前提，包括隐含前提和假设的真理性、可信性。

首先，要认真审查理由（前提）的质量。证据有多好的关键标准是证据的客观性，有没有独立、中立的检验。

其次，要评价信息来源的公正性。要审查证据理由来源的直接性、可靠性。

最后，要评价隐含前提的可靠性。如果论证的隐含前提和假设，被认为是不可靠的，那么论证就不可能是完善的。

（2）评估论证的合理性

评估论证的合理性包括评估前提与结论的相关性以及评估论证的充足性，即论证的前提是否为结论提供了相关、重要和充足的支持。所有论证都是把证据的真实性和含义传递到结论上，并确保不要让结论有超出证据支持的成分。

在审查前提的质量之后，接着就是评价从前提到结论的推理关系。评价推理关系就是评价前提对结论的实际支持力。推理当中有没有谬误？所用统计推理是否错误？省略了什么有意义的信息？什么样的合理的结论是可能的？等等。

对不同的推理类型，有不同的评价准则。因此，通常的做法是先判定推理的类型，再来运用相应的标准判定：是演绎推理就考察其有效性，是归纳推理便考虑高度的可能性，是涉及解释和实践等方面的合情推理便考虑是否为最佳推理。

（3）评估论证的辩证性

评估论证的辩证性就是考察论证是否认真考虑了正反所有方面的信息、观点、解释和论证，看它在竞争中有什么优劣。在论证评价的全流程中贯穿着论证评价的一般规范，论证评价的步骤和一般流程如下图。

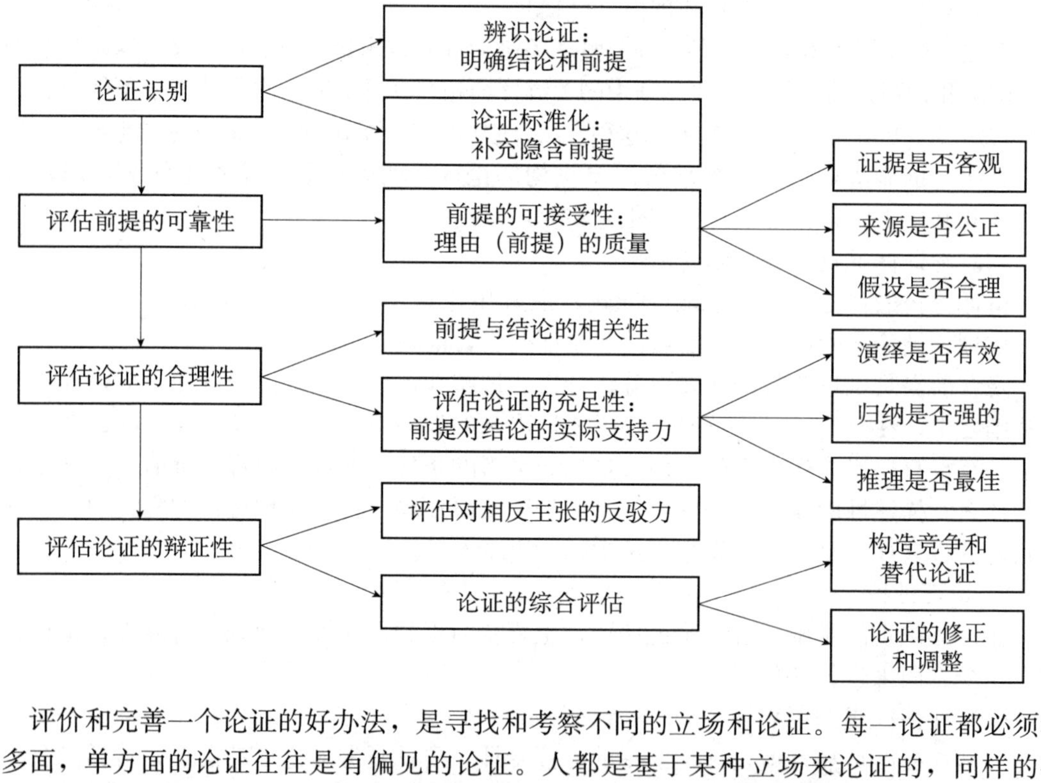

评价和完善一个论证的好办法，是寻找和考察不同的立场和论证。每一论证都必须考虑多面，单方面的论证往往是有偏见的论证。人都是基于某种立场来论证的，同样的事实，从不同的立场出发，就会产生不同的思考原则，从而导出不同的推理结论。

只有多样性化的思考才是独立思考，没有认真考虑不同观点的论证不能被判为好论证。好的论证必须是多面论证：既正面论证自己的立场，又要反驳对立的立场。反驳也应该是双向的：一要批判对方的正面论证；二要回应对方对自己论证的批判。

评估论证的辩证性重点在于评估对相反主张的反驳力。人们通常会从这样两个途径来消除反对理由：第一，弱化反面理由并指出，综合考虑后，支持的理由还是占上风；第二，反驳反面理由的真实性、相关性或者重要性，从而排除它们。若上述消除反对理由获得成功，则可以坚持现有论证的结论不变；或者吸取新的证据，排除其他的反驳，从而加强这个论证。

在完成上述这些检查程序后，我们最后才可以对论证进行总结和判定：这个论证的结论可不可以接受？在多大程度上可以接受？我们接受这个结论的信心有多大？

二、综合评估

上述三方面的评估是评价论证的三个维度，其中，评估对相反主张的反驳力是评估论证辩证性的基本要求，除此之外，最后还要对论证作综合评估。

1. 构造竞争和替代论证

科学方法论认为，科学知识就是通过竞争、排除、修正和综合而增长。只有存在多种论证的竞争，才能得到最好论证。竞争的、替代的理论有助于发现新事实，揭示事实后面的其他观察理论，判定事实检验的意义，判断其他竞争理论的合适性。构造竞争和替代论证就是考虑引入不同的观点、解释、假说、方案。替代的解释、假说、立场、方案越多、质量越高，推理就越好，结论就越可能，论证就越优化。

(1) 在因果推理中，只有排除别的因果关系的可能解释后，才能知道 A 是 B 的原因。

(2) 在解释推理中，只有排除了竞争、替代的假说后，留下的最佳解释才可能是可接受的。

(3) 在决策推理中，只有充分思考了一切可能的行动方案，才会得到综合平衡的最优选择。

1) 构造不同论证的途径

构造不同的论证通常可以让自己站在反对者的立场上来拷问它，其途径有两个。

①从不同立场和角度出发反对结论，即采用和现在论证相反的结论，构造出不同的论证。一种办法是，寻找不同事实证据和理由，即用新理由来支持和现在论证相反的结论。其中常用的思路是发现和想象反例。另一种办法是，反驳或者弱化原来论证的事实证据和理由，即反驳支持原结论的理由。

②运用相同的事实证据，但对它的原因和意义给予不同解释。替代论证可以从论证的不同解释、推理中产生，具体是用原来的理由和证据，但提出不同的解释，从而导致不同的结论。比如，科学发现的一个重要途径是构造不同假说，对相同的事实，根据不同的知识、规律和原理等，构造替代的解释，得出另外的结论。

2) 构造不同论证的方法

批判性思维要求根据事实证据来构造、考察和评判各种替代的论证。寻找不同的论证，需要运用想象力、创造力，要尽力去构思新证据、新解释、新思路。如果从同样事实上看出新的含义，推出新的结论，并且得到证实，那么，新的知识由此产生。

构造不同论证的主要方法如下：

①用“分析—变换—推理”法构造不同的论证。

首先，分析论证的构成和关系要素。考察论证所陈述的内容，深入到论证的前提、结论和它们的关系中，并追问每一个细节。

接着，变换其内容并代之以不同的或者假想的情况。通过对论证的条件、场合、要素、方式等细节的变换和假想推理，想象不同的可能情况。

然后，进行“如果这样会如何”的推理。即想象在不同的可能情况下论证的变化和影响，从而考察推理出什么新的结果。

这样构造的新论证可以是对原来论证的否定，也可以是对它的补充、修正或者限定。

②用开放性思考来构造不同的论证。

开放性思考包括全方位、多阶段的思考，包含如下主要内容。

第一，思考概念的不同含义。通过思考概念的不同意义，来看用不同意义会不会导致论证的变化，从而产生新论证。

第二，变换隐含前提和假设。尽量挖掘论证的隐含前提和假设的多样性以及各种可能性，看是否能产生新论证。而且，隐含前提往往是评判的价值和标准，运用不同的标准，也可创造新论证。

第三，搜索结论的影响和意义。考察、想象、发现结论的各种意义、影响和实际后果，可以构造不同的论证。

③构造审议和与对立面对话。

组织一个小组来审议一个议题，不同成员持不同、对立的立场，进行对话和讨论，挖掘出议题的正反两方面。在审议中，与对立面对话的规则包括：双方必须持不同立场，一方要直接回应对方的论点，双方要给出证据、理由，对话的每次表达不应长篇大论。

总之，好的论证需要充分考虑正反两方面的因素，而且能合理地回答各种反驳。

2. 论证的修正和调整

通过主动寻找不同视角、发现不同解释和假说、构造替代论证、对比不同论证的理由和结论，论证评价就走到了最后一步，即在前面的分析、评价、判断、反驳的基础上，对论证作出整体的综合、修正和调整。

好的论证，都要面对反驳和竞争。论证如果要获得竞争成功，就要考虑对立面的理由和论证。好的论证，就是竞争中的优胜者，并且能作出相应的处理和调整。

正如前面所述，若一个论证能够成功地消除各种对立面的论证，则可以维持原论证。若不能有效地消除反面论证，则要承认反面论证的合理性，相应地修改原论证或放弃原论证。这就需要修正立场和论证，修正的主要途径如下。

第一，修正结论的强度和适用范围。

论证的合理性不仅取决于理由，也取决于结论，因此，需要比较理由和结论的范围、程度。我们需要考虑结论是否在前提的充足支持范围内，若已判断证据理由是可靠的、推理是相关的，则要追问，论证下的结论是否超出了理由或证据可以容许的范围？作出的结论是必然的还是或然的？必要的时候，我们可以通过弱化结论强度、缩小适用范围以避免反例，从而使修正后的结论更加可靠。

第二，吸取不同论证的内容来调整原论证和结论。

全面的论证来自不同论证的综合，突破从一个角度看问题的局限，我们才能获得更加全面和客观的看法。从不同角度和对立面中才能综合，通过加入别的论证的优点来修改这个论证，甚至构造新的综合性论证，以新的理论来包含旧的理论。

第三，放弃自己的结论。

可能是抛弃原论证，选取对方的论证；也可能是认识到现有各种的论证都不够满意，决定暂时不下结论，后续进一步探索等。

不管是什么结果，都或者导致了新的知识，或者推进了对问题的了解，在认识或者解决问题的道路上又前进了一步。科学史上，大多数成功的理论都经历了论证修正的过程。根据别的竞争论证而修正、调整和综合论证，是一个科学理论走向成熟的途径。

3. 论证的最后评判

论证的性质可以从三个方面来看：逻辑的、实质的（或辩证的）和修辞的。相应地，全面地评价论证需要考虑三个角度。

	评价内容	评价标准
逻辑的角度	论证的前提和结论之间是否存在适当的联系	一个论证是好的，当且仅当，它是逻辑有效的
实质的角度（辩证的角度）	前提和结论是否都为真或可接受	一个论证是好的，当且仅当，它是通过理性方式消除了意见分歧
修辞的角度	论证能否说服和吸引听众	一个论证是好的，当且仅当，它对于目标听众来说是可接受的

论证的最后评判，是对所有方面和环节的分析思考的综合，重点考虑论证的可接受性、说服力和感染力。

论证的目的是说服受众，因此，论证也有是否恰当、合适和是否具有说服力、感染力的问题。论证是否恰当和合适取决于论证想要说服的（潜在的）受众是什么对象和类型。如果要说服的潜在受众是学术同行，那么，使用通俗的语言就不合适，而使用严谨的专业学术语言就是恰当的。如果你要说服的对象是普通受众，使用过于学术化的语言反而是不合适的。

评价论证还要考虑问题的复杂性，因为结论的含义或者后果是包括正反面的。因此，论证评价最终要综合权衡各种情况，形成全面的认识，采取合理平衡的行动。

练习题

1. 许多人并不了解自己，也不去试图了解自己。这些人可能会去试图了解别人，但很少会成功，因为连自己都不了解的人是不可能了解别人的。所以，缺乏自我了解的人是不会了解别人的。

以上论证的推理是错误的，因为：

A. 错误地把某一事件的必要条件作为这一事件的充分条件

B. 没有估计到并非每个人都想完全了解自己

C. 因某事而指责人们，而他们按理对此事并无责任

D. 在没有定义“自我了解”的情况下使用了这个原本就含糊的词

E. 结论仅仅是重复了论据

2. 我们能够制造出比现在一般的自行车更结实的自行车，我们也能够制造出比现在一般的自行车更轻便的自行车。所以，我们能够制造出同时具有以上两种优点的自行车。

上述论证中的推理缺陷与以下哪项推理中的缺陷最相似？

A. 现在没有能源利用效率高的汽车，也没有不造成污染的汽车。因此，现在没有能源利用效率高又不造成污染的汽车

B. 写一部畅销小说是可能的，写一部能得到好评的小说也是可能的。因此，一位作者有可能写出一部既畅销又能得到好评的小说

C. 小王说外面很冷，小张说外面下雪了。所以，外面不但很冷，而且下雪了

D. 有用来包饺子的机器，也有用来压果汁的机器，所以，总有一天能够造出同时具有这两种功能的机器

E. 在办公室，电脑可能损坏，也可能被人误操作，所以办公室里的电脑可能因为被人误操作而损坏

3. M 小学 T 班的学生所收集的铝罐总量超过了该校其他的各个班。因而，M 小学收集了最多铝罐的学生一定在 T 班。

以下哪个选项中的逻辑错误与上文中的最相似？

A. K 班的学生植树的数量超过了 L 和 J 班的总和。因而，K 班的学生所植的树要多于 J 班的学生

B. M 小学的学生有一多半参加了乐队，一多半参加了唱诗班。因而，M 小学的学生不是在乐队，就是在唱诗班

C. R 班通过卖糖果条比 H 班卖彩券募集到更多的钱。因而，R 班所售出的糖果条的数量要大于 H 班所卖出的彩券的数量

D. R 班所卖出的学校博览会门票的总数比其他任何一个班都多。因而，该校卖出门票最多的学生一定在 R 班

E. V 班所组装的鸟舍比其他任何一个班都多，由于 V 班的学生比其他任何班的人数都少，所以，V 班的学生平均组装的鸟舍比任何其他班的学生都多

4. 在所有市内文物区的建筑中，泰勒家族的房屋是最著名的。由于文物区是全市最著名的区，所以，泰勒家族的房屋是全市最著名的房屋。

以下哪一项与上述论证中的推理错误最相似？

A. 在海岸山脉所有的山峰中，威廉峰最高，由于整个地区最高的山峰都集中在海岸山脉，所以，威廉峰是全地区最高的山峰

B. 吸烟是最容易造成人们患肺癌的行为，由于格林县的人所吸的烟比全世界任何地方的都多，所以，格林县患肺癌的人数也居世界之首

C. 苏珊是他们家三个孩子中年龄最大的，由于苏珊他们家中三个孩子的每一个都比楼里的其他孩子年龄要大，所以，苏珊是楼里年龄最大的孩子

D. 在港口地区所有的鱼店中，米勒的鱼店鱼类品种最多，由于港口地区的鱼店比城里其他地方的都多，所以，米勒的鱼店是这个城市中鱼类品种最多的鱼店

E. 在学校植物园的所有花中，玫瑰是最漂亮的，而学校的植物园是这一地区最漂亮的花园了，所以，学校植物园中的玫瑰就是这一地区最美的花

5. 社会学家：认为我们社会中存在大量暴力犯罪的说法是错误的。因为这种说法的

根据是报纸上有关暴力犯罪的大量报道。实际上，正因为暴力犯罪并不多见，报纸才愿意刊登这种报道。

社会学家的论证是错误的，因为它：

A. 预先假定报纸上的大部分报道都是有关暴力犯罪的

B. 预先假定他所要证明的结论为真

C. 未经证实就假定他所探讨的有关报道并无偏见

D. 把群体中每一个体的属性与整个群体的属性混为一谈

E. 不加分辨地由一个在过去正确的结论推论出该结论在将来也必然正确

6. 小李将自家护栏边的绿地毁坏，种上了黄瓜。小区物业管理人员发现后，提醒小李：护栏边的绿地是公共绿地，属于小区的所有人。物业为此下发了整改通知书，要求小李限期恢复绿地。小李对此辩称："我难道不是小区的人吗？护栏边的绿地既然属于小区的所有人，当然也属于我。因此，我有权在自己的土地上种黄瓜。"

以下哪项论证，和小李的错误最为相似？

A. 所有人都要对他的错误行为负责，小梁没有对他的这次行为负责，所以小梁的这次行为没有错误

B. 所有参展的兰花在这次博览会上被订购一空，李阳花大价钱买了一盆花。由此可见，李阳买的必定是兰花

C. 没有人能够一天读完大仲马的所有作品，没有人能够一天读完《三个火枪手》，因此，《三个火枪手》是大仲马的作品之一

D. 所有莫尔碧骑士组成的军队在当时的欧洲是不可战胜的，翼雅王是莫尔碧骑士之一，所以翼雅王在当时的欧洲是不可战胜的

E. 任何一个人都不可能掌握当今世界的所有知识，地心说不是当今世界的知识，因此，有些人可以掌握地心说

7. 一个美国旅游者去希腊克里特岛观光，碰到了一个年轻人。年轻人对美国人说："别相信克里特人，他们说的每句话都是谎话。我最了解这一点，因为我就是克里特人。"这个美国人对年轻人说："我无法相信你的话，既然克里特人不说真话，那么，凭什么让我相信你这个克里特人没说谎呢？"

以下哪项最为确切地评价了美国人的反应？

A. 这是站不住脚的，因为年轻人并无恶意，他仅仅想帮助陌生人

B. 这是自我相悖的，因为不相信年轻人的话正是由于相信了他的话

C. 这是可以理解的。一个陌生人特别是一个年轻的陌生人的话不应完全相信

D. 这是非常生硬的，容易使人对美国旅游者产生不好的印象

E. 这过于谨慎了。因为年轻人既然敢于承认包括自己在内的克里特人都说谎，这说明他是真诚的

8. 英国石油公司在墨西哥湾的油井发生爆裂，大量原油泄漏。该公司立即并持续使用化学分散剂来分解浮油。美国众议院能源和环境委员会主席埃德·马基对化学分散剂的安全性提出了严重质疑。国家食品和药物管理局的回应是："化学分散剂是安全的，因为没有任何报告显示这种化学品进入海产品食物链并威胁到公众的健康。"

以下哪项是对上述回应的最恰当描述？

A. 国家食品和药物管理局的回应是正确的

B. 国家食品和药物管理局的回应有漏洞，因为他们没有分析化学分散剂的特性，并以此为依据推出结论

C. 国家食品和药物管理局的回应有漏洞，因为他们的回应无法从根本上重塑民众对墨西哥湾食品安全的信心

D. 国家食品和药物管理局的回应有漏洞，因为他们没有找到化学分散剂不能进入海产品食物链的充分证据

E. 国家食品和药物管理局的回应有漏洞，因为他们把没有证据证明某种情况的存在，当作有证据证明某种情况不存在

9. 观察到某个群体的每一个个体都可能具有某一个特性不能轻易地得出群体的所有成员可能都具有这一特性的结论。道理很简单，每个进场的网球选手都有可能赢这场比赛，但不可能所有进场的选手都能赢这场比赛。

以下哪一项犯了上文所描述的逻辑错误？

A. 你可以一直骗某些人，也可以有时骗所有的人，但不可能一直骗所有的人

B. 每个竞选市长的人乍一看都具备当选的资格，所以，不经过一番考查就排除他们中的任一个都是错误的

C. 在许多候选人中，每个候选人都有机会被指定为三个委员会成员中的一个，所以，有可能所有的候选人都被指定为委员会成员

D. 如果一枚普通的硬币被掷五次，每次正面向上的机会都是二分之一，所以，五次都是正面的机会也是二分之一

E. 据估计银河系中有一千万颗行星可能有生命存在，因此，为了排除其他星球有生命存在的可能性，需要进行一千万次宇宙探险

10. 吉瑞最近完成的一座大学图书馆的设计，它的每个部分都是抄袭其他图书馆的设计。该设计包括了许多古希腊式、伊斯兰式、莫卧儿式和罗马式的结构，由于没有一个部分的设计是原创的，所以，整座图书馆的设计也不能被认为是原创的。

以下哪项指出了上述论证中的推理错误？

A. 假设每个部分所具有的特性，作为各部分总和的整体也具有

B. 仅凭一类事物中部分对象的性质便不合逻辑地概括出适用于这类事物全体的结论

C. 认为一个未知的现象肯定也具有所有已知现象的特征

D. 假定单个选择是合理的，合起来就不是合理的

E. 以审美观念为基础得出了一个事实性的判断

11. 为了在今天的社会中成功，你必须有大学文凭。对此持怀疑态度的人认为，有许多人高中都没有上完，但他们却很成功。不过，这种成功只是表面的，因为没有大学文凭，一个人是不会获得真正成功的。

题干的论证是错误的，因为它：

A. 假设了它所要证明的结论

B. 将一种相互关联错认为一种因果联系

C. 从与个别的案例有关的论据中推出一个高度概括的结论

D. 没有考虑到与所断言的反例存在的情形

E. 基于大多数人都会相信这个结论的假设而得出这个结论

12. 目前给大学生较宽的修课权的建议应当取消。对于支持这个建议的学生来说，永远不会满足，无论他们确立什么样的要求。他们有些已经到三年级了还仍然没有确定选择一个专业。有个一年级学生还没有完成四门必修课，其他的一些学生则对学习成绩和智力进步毫不在乎。

以下哪项指明了上述论证中的缺陷？

A. 通过将矛头指向建议的支持者而回避议论的主题

B. 通过在所陈述的前提中假设结论为真而进行循环论证

C. 没有对“满足”这个关键词作精确的解释

D. 曲解对方所拥护的建议

E. 对“学生”这个词的使用模棱两可

13. 1988 年，乔治·布什与丹·奎尔搭档竞选美国总统。当时人们攻击奎尔，说他的家族曾帮他挤进印第安纳州的国民卫队，以逃避去越南服兵役。对此，布什反驳说：“奎尔曾在国民卫队服役，他的分队当时尚有空缺；现在，他却受到了爱国派们尖刻的攻击。……诚然，他没去越南，但他的分队也没有被派往那里。有些事实谁也不能抹杀：他没有逃往加拿大，他没有烧掉应征卡，也肯定没有烧过美国国旗！”

以下哪项议论的手法与布什的手法最为相似？

A. 某公司用淀粉加红糖制成所谓“营养增高剂”，被骗者甚众。工商管理人员因它是假药要查封它。该公司董事长振振有词，不让查封，他说：“我没有害死人。营养增高剂吃不死人，你不信，我现在就吃给你看，并且吃了它还顶事，管饱”

B. 一公司经理说：“过去有个说法，金钱关系最肮脏。其实从某种意义上讲，金钱关系最纯洁，人情关系最复杂，说不清有什么肮脏的东西在那里边。所以，我跟朋友都不借钱，也绝不与朋友做生意”

C. 某研究生对导师说：“学习成绩全优的学生学习都很刻苦，你要是想让我学习刻苦，最好的办法是给我的所有课程都判优”

D. 你说“所有的天鹅都是白的”不对，因为在澳洲早就发现了黑天鹅

E. 张一弛解决了一个数学史上一百多年未被解决的难题，所以，他是一位优秀的数学家

14. 所有好的评论家都喜欢格林在这次演讲中提到的每一个诗人。虽然格斯特是非常优秀的诗人，可是没有一个好的评论家喜欢他。

根据以上陈述，可以得出以下哪项？

A. 格斯特不是好的评论家

B. 格林喜欢格斯特

C. 格林不喜欢格斯特

D. 有的评论家不是好的评论家

E. 格林在这次演讲中没有提到格斯特

15. 有时为了医治一些危重病人，医院允许使用海洛因作为止痛药。其实，这样做是应当禁止的。因为，毒品贩子会通过这种渠道获取海洛因，对社会造成严重危害。

以下哪项如果为真，最能削弱以上论证？

A. 有些止痛药可以起到和海洛因一样的止痛效果

B. 贩毒是严重犯罪的行为，应当受到法律的严惩

C. 用于止痛的海洛因在数量上与用作非法交易的比起来是微不足道的

D. 海洛因如果用量过大就会致死

E. 在治疗过程中，海洛因的使用不会使病人上瘾

16. 周清打算请一个钟点工，于是上周末她来到惠明家政公司，但公司工作人员粗鲁的接待方式使她得出结论：这家公司的员工缺乏教养，不适合家政服务。

以下哪项如果为真，最能削弱上述论证？

A. 惠明家政公司员工通过有个性的服务展现其与众不同之处

B. 惠明家政公司员工有近千人，绝大多数为外勤人员

C. 周清是一个爱挑剔的人，她习惯于否定他人

D. 教养对家政公司而言并不是最主要的

E. 周清对家政公司员工的态度既傲慢又无礼

17. 法学家：刑法修正案（八）草案规定，对 75 周岁以上的老人不适用死刑，这一修改引起不小的争论。有人说，如果这样规定，一些犯罪集团可能会专门雇用 75 岁以上的老人去犯罪。我认为，这种说法不能成立，按照这种逻辑，不满 18 岁的人不判处死刑，一些犯罪集团也会专门雇用不满 18 岁的人去犯罪，我们是否应当判处不满 18 岁人的死刑呢？

上面的论证使用了以下哪一种论证技巧？

A. 通过表明一个观点不符合已知的事实，来论证这个观点为假

B. 通过表明一个观点缺乏事实的支持，来论证这个观点不能成立

C. 通过假设一个观点正确会导致明显荒谬的结论，来论证这个观点是错误的

D. 通过表明一个观点违反公认的一般性准则，来论证这个观点是错误的

E. 通过表明一个观点不成立来推翻与其结构类似的观点

18. 某大学的哲学学院和管理学院今年招聘新教师，招聘结束后受到了女权主义代表的批评，因为他们在 12 名女性应聘者中录用了 6 名，但在 12 名男性应聘者中却录用了 7 名。该大学对此解释说，今年招聘新教师的两个学院中，女性应聘者的录用率都高于男性的录用率。具体的情况是：哲学学院在 8 名女性应聘者中录用了 3 名，而在 3 名男性应聘者中录用了 1 名；管理学院在 4 名女性应聘者中录用了 3 名，而在 9 名男性应聘者中录用了 6 名。

以下哪项最有助于解释女权主义代表和大学之间的分歧？

A. 各个局部都具有的性质在整体上未必具有

B. 人们往往从整体角度考虑问题，不管局部

C. 有些数学规则不能解释社会现象

D. 现代社会提倡男女平等，但实际执行中还是有一定难度

E. 整体并不是局部的简单相加

19. 电视是现代文明的产物，但也给人们带来很多麻烦。对于有孩子的家庭，来自电视节目正反两方面的诱惑力都很大。电视看久了，也会影响学习。更使家长担心的是电视中暴力片等的副作用。因此，家长应对孩子看电视给以指导与约束。

以下哪种做法与以上观点不符？

A. 为保护孩子的视力，对孩子看电视的时间加以限制

B. 教会孩子对各种电视节目作出正确的选择

C. 看电视影响孩子的学习，索性把电视机关掉

D. 只要不影响学习和身心健康，让孩子适当看电视，会达到增长知识的目的

E. 教育孩子对电视节目要有分析，即使是好节目，也不能什么都模仿

20. 学生：IQ 和 EQ 哪个更重要？您能否给我指点一下？

学长：你去书店问问工作人员，关于 IQ、EQ 的书哪类销得快，哪类就更重要。

以下哪项与上述题干中的问答方式最为相似？

A. 员工：我们正制订一个度假方案，你说是在本市好，还是去外地好？

经理：现在年终了，各公司都在安排出去旅游，你去问问其他公司的同行，他们计划去哪里，我们就不去哪里，不凑热闹。

B. 平平：母亲节那天我准备给妈妈送一样礼物，你说是送花好还是巧克力好？

佳佳：你在母亲节前一天去花店看一下，看看买花的人多不多就行了嘛。

C. 顾客：我准备买一件毛衣，你看颜色是鲜艳一点还是素一点好？

店员：这个需要结合自己的性格与穿衣习惯，各人可以有自己的选择与喜好。

D. 游客：我们前面有两条山路，走哪一条更好？

导游：你仔细看看，哪一条山路上车马的痕迹深，我们就走哪一条。

E. 学生：我正准备期末复习，是做教材上的练习重要还是理解教材内容更重要？

老师：你去问问高年级得分高的同学，他们是否经常背书做练习。

答案与解析

1. 答案：E

题干的结论是“缺乏自我了解的人是不会了解别人的”。

题干的理由是“连自己都不了解的人是不可能了解别人的”。

属于循环论证，结论直接重复了理由。

2. 答案：D

题干推理有犯有“合举谬误”，所谓“合举谬误”，就是指在论证中，由部分元素所具有的性质推断整体也具有同样的性质。

D 项和题干的推理缺陷相似，其推理结构都是：既然可以分别制造出具有 P 和 Q 两种不同功能的机器，那么也就可以制造出同时具备这两种功能的机器。这样的推理不一定成立，因为这两种功能很可能是不兼容的。

注意，B 不能选，因为该项所说的两种情况是可以兼容的。

3. 答案：D

题干和 D 项都属于典型的分解谬误。

4. 答案：E

题干和 E 项都属于典型的分解谬误。

A 和 C 的结构非常相似；而 D 和 E 有所不同，在 D 中，集合体属性（港口地区的鱼店比其他地方都多）与个体的属性（鱼类品种最多）不一致。

5. 答案：B

题干推理的简化形式是：因为暴力犯罪并不多见，所以报纸才愿意刊登这种报道。因而，报纸上有关暴力犯罪的大量报道不足为据，事实上暴力犯罪并不多见。这是一则循环论证，可见，B 为正确答案。

6. 答案：D

小李的论证是："绿地既然属于小区的所有人，我是小区的人，因此，我有权在自己的土地上种黄瓜。"

其错误在于，根据一整体具有某种属性，推出该整体中的每一个体也具有某种属性。D 项也犯了同样的错误。

7. 答案：B

克里特岛的年轻人说："别相信克里特人，他们说的每句话都是谎话。我最了解这一点，因为我就是克里特人。"既然克里特人说的每句话都是谎话，而这个年轻人又是克里特人，所以他的"别相信克里特人"也就是谎话。

显然，那位美国人之所以说："我无法相信你的话，既然克里特人不说真话，那么，凭什么让我相信你这个克里特人没说谎呢"，这正是因为他相信了这位年轻人的"别相信克里特人"的话，而这位年轻人的话已表明他自己的每句话包括"别相信克里特人"都是谎话。

由此可见，那位美国人的反应是自我相悖的，因为他不相信年轻人的话正是由于相信了他的话。这里涉及悖论问题，属于语义悖论。因此，B 项为正确答案。

其他选项皆与题意不相关。

8. 答案：E

题干的回应犯了诉诸无知的谬误。目前没有任何报告显示这种化学品进入海产品食物链并威胁到公众的健康，并不能排除这种化学品进入海产品食物链并威胁到公众的健康的可能性。可见，E 项正确地指出了题干论证的错误。

9. 答案：C

题干所描述的逻辑错误是"合成的谬误"，同样，C 项也犯了"合成的谬误"的错误；每个候选人都有机会被指定为三个委员会成员中的一个，但不可能所有的候选人都被指定为委员会成员。

10. 答案：A

选项 A 指出题干论证犯了"合成谬误"。选项 B 指的是"轻率概括"的错误。

11. 答案：A

题干的论题是"为了在今天的社会中成功，你必须有大学文凭"。

题干的理由是"因为没有大学文凭，一个人是不会获得真正成功的"。

因此，题干犯了循环论证的错误，即 A 为正确答案。

12. 答案：A

题干论证属于转移论证责任，属于转移论题的谬误，通过将矛头指向建议的支持者而回避议论的主题。

13. 答案：A

题干中的问题在于奎尔的家族是否曾经帮助他避服兵役，而不在于他是否爱国。布什所提出的那些事实性断言与结论不相干，属于转移论题，用诉诸情感因素诱使人们从基本问题游离开去。

选项A中那位董事长用一些不相干的事实来逃避管理人员的问题，与布什的手法最为类似，属于转移论题，因此，为正确答案。

其余选项中的议论手法与布什的手法没有任何类似，比如D、E项所提出的论据是支持其结论的充分理由。

14. 答案：E

假定E不成立，那么，格林在这次演讲中提到了诗人格斯特。

结合题干断定，所有好的评论家都喜欢格林在这次演讲中提到的每一个诗人。

可推出：所有好的评论家都喜欢格斯特。

这完全不符合题干所陈述的"没有一个好的评论家喜欢格斯特"。

所以，假定不成立，这说明，从题干必然可以推出E项。

15. 答案：C

题干结论：应当禁止医院使用海洛因作为止痛药，理由是：毒品贩子会通过这种渠道获取海洛因。

这一论证的理由是不充分的。选项C表明，由于用于止痛的海洛因在数量上微不足道，即使毒品贩子通过这种渠道获得海洛因，数量上也非常有限，不至于"对社会造成严重危害"，即该渠道的存在对毒品贩子没有意义。因此，从这个意义上来看，没必要禁止医院使用海洛因。

选项A、D、E与题干中的论据无关。选项B虽然提到贩毒，但只讲贩毒已受到法律的严惩，并不能得出贩毒分子就此收敛，不通过医院渠道获取海洛因的结论。

16. 答案：B

周清根据公司的接待人员粗鲁，得出结论：这家公司的员工缺乏教养，不适合家政服务。显然她论证的理由是不充足的，是个特例归纳，犯了以偏概全的错误。B项表明，公司员工有近千人，绝大多数为外勤人员。这意味着，不能根据个别内勤人员缺乏教养就推出所有外勤员工都缺乏教养。这有力地削弱了题干论证，为正确答案。

17. 答案：C

题干的论证用的是归谬法：为反驳某种观点，先假设该观点成立，由它出发进行逻辑推理，推出荒谬的结论，由此说明原观点不成立，C项概括了这一论证方法。

18. 答案：A

女权主义代表从整体来看问题，认为没体现男女权利平等；

校方从具体院系来看，说明女性权利得到了体现。

	哲学学院录取比例	管理学院录取比例	合计录取比例
女	3/8	3/4	6/12
男	1/3	6/9	7/12

二者从不同的角度来看，即整体与部分有区别，且各有各的理。这说明，部分具有的性质而整体未必有。因此，A项正确。

19. 答案：C

题干的观点是要注意克服电视对孩子的负面影响，但题干同时也肯定了电视的正面影响。因此，A、B、D、E项都符合题干观点。

C选项，因为电视对孩子有负面影响而主张对它采取完全排斥的态度，属于非黑即白的谬误，不符合题干的观点。

20. 答案：D

针对学生提出的IQ和EQ哪个更重要的问题，学长的回答是，关于IQ、EQ的书哪类销得快，哪类就更重要。可见，学长犯了诉诸众人的谬误。同样，D项中，导游认为，哪一条山路上车马的痕迹深就走哪一条，也犯了诉诸众人的谬误。

第六章　应试指南

逻辑思维能力的考查在国内高考、美国高考（SAT）、国内考研（专业硕士）、美国考研（GRE、GMAT、LSAT）、国内公考（公务员录用考试）及企事业单位招聘等考试中都有重要体现，各类考试相关的题型大致如下表。

考查能力		逻辑推理	论证批判	论证构建
考试题型	中国高考	语文阅读理解	语文阅读理解	语文作文
	美国高考	阅读（Reading）	作文（Essay）	作文（Essay）
	中国考研	逻辑推理	论证有效性分析	议论文写作
	美国考研	文本逻辑推理（Verbal Reasoning）	分析性写作（Analytical Writing）	综合推理（Integrated Reasoning）
	国内公考	行政职业能力测试	申论	申论

本章就逻辑推理、论证批判、论证构建等三大能力的考查分别进行详细的论述。

第一节　逻辑推理

逻辑推理测试是考查考生是否具有严谨的逻辑推理能力和在复杂情况下处理众多信息的应变能力的素质考试，其考查目的是科学、公平、准确地测试考生的逻辑和批判性思维能力。其思维重点关注的是如何识别、构造特别是评价实际思维中各种推理和论证的能力。该类试题主要考查确定论点、评价论点、规范或者评价一个行动计划等三个方面的推理能力，大多数的问题基于一个单独的推理或是一系列语句。但有时候，也会有两三个问题基于一个推理或是一系列语句的情况。

逻辑推理测试主要考查考生以下三个方面的批判性思维能力。

1. 论点构建

这方面的问题主要是去识别或找到：

（1）论述的基本结构。

（2）正确得到的结论。

（3）基于的假设。

（4）被强有力支持的解释性假说。

（5）结构上相似的论点的平行结构。

2. 论点评价

这方面的问题主要是在分析既定的论点基础之上去识别：

（1）加强或削弱既定论点的因素。

（2）在进行论述时所犯的推理错误。

（3）进行论述所使用的方法。

3. 形成并且评价行动方案

这方面的问题主要是去识别：

（1）不同行动方案的相对合适性、有效性或效率。

（2）加强或削弱拟议行动方案成功可能的因素。

（3）拟议行动计划所基于的假设。

研究生入学考试中出现的题型多种多样，但归纳起来，大致有以下七大类型。

（1）假设：这类考题主要考查考生识别根据什么前提得出论点的能力。

（2）支持：这类考题主要考查考生识别一种附加事实信息支持论点的能力。

（3）削弱：这类考题主要考查考生识别一种附加事实信息反对论点的能力。

（4）推论：这类考题主要考查考生通过作者明确的表述看出其含义的能力；考查考生根据文章中的论据能提出什么合乎逻辑的主张的能力；考查考生理解文章要点的能力。

（5）解释：这类考题主要考查考生解释某个现象、结果或解决某种矛盾的能力。

（6）评价：这类考题主要考查考生评价论点的能力。

（7）比较：这类考题主要考查考生比较推理和论证的形式、谬误和方法在结构上的相同或者不同的能力。

在这种富有挑战性的逻辑推理能力测试中，既需要具有雄厚的综合实力，又需要运用有效的应试方法和策略。为此，本章紧扣逻辑推理测试特点，以提升逻辑和批判性思维能力为目标，把思维训练与应试特点、解题技能有效地结合起来。目的是通过逻辑解题训练，有效地提高批判性思维能力和实际解题能力。

一、识别假设

论证的理由有两种表现形式：一种是明确表达出来的理由，称之为论据（或前提）；另一种是未明确表达出来的理由，即省略前提，称之为假设。

1. 假设的含义

假设是支持作者结论的未明确说明的前提，是（明确说明的）前提与结论之间的联结，是作者推出结论所依靠的东西。由于假设是作者显然接受或理所当然的信念，它们并没有被陈述或自显出来。因此，它们可能具有可争辩性，摧毁论证往往要揭露省略前提并予以批判。

当我们发现了从已表达出的前提向结论的有效过渡还缺乏某些环节时，就应分析论证的隐含前提。

例 1：丹顶鹤濒临绝种的危机，所以，我们应该保护丹顶鹤。

这个论证省略的隐含假设是：我们应该保护有绝种危机的动物（物种）。

例 2：最近，在 100 万年前的河姆渡氏族公社遗址发现了烧焦的羚羊骨残片，这证明人类在很早的时候就掌握了取火煮食肉类的技术。

上述论证隐含的假设是：羚羊骨是被人类取火烧焦的。

例 3：面试在求职过程中非常重要。经过面试，如果应聘者的个性不适合待聘工作的要求，则不可能被录用。

以上论断隐含的假设是：面试主持人能够分辨参加面试者哪些个性是工作所需要的。

2. 假设的定义

假设的逻辑定义：假设是使推理成立的一个必要条件。

具体而言，若A是B的一个必要条件，那么非A→非B；若一个推理在没有某一条件时，这个推理就不成立，那么这个条件就是段落推理的一个假设。

要使隐含于论证中的假设原形毕露，就需要敏锐的观察力和熟练的批判技巧。识别假设的一般方法：假定已表述的前提为真，然后查看这些前提若能使其结论成立，至少还需要得到什么样前提的支持，再来看被省略的前提是否真实，推理过程是否正确，即对推理者的推理进行评价。

3. 假设的检验

寻找假设后可以用否定代入法验证。所谓“否定代入法”，就是对假设进行否定后，代入到论证之中，能够严重削弱题干或使题干论证不成立。如果代入以后没有严重削弱题干或题干推理仍然可以成立，那么，这个选项就不是我们所要寻找的假设性选项。

绿叶幼儿园家长委员会建议幼儿园把管理费降低5%至10%，这一建议如果实行是由风险的。尽管家长可以因此减少每月的托儿费，但是为应付幼儿园服务质量下降引发的问题而付出的费用可能会更多。

若使已表述的前提成为支持其结论的强有力的理由，就必须假设：管理费降低很可能使幼儿园降低服务质量。如果这一假设不能成立，上述论证就宣告破产。

4. 解题步骤

（1）描述已被表达的论证（前提、结论）。

（2）凭语感定位疑似选项——隐含条件。

（3）验证：必要型的做题思路是取非法。即将选项取非，如果原文的结论必不成立，则为答案，如果还有成立的可能，则不是正确答案。

在假设题中，比较难排除的选项或貌似正确的选项往往是支持选项。由于假设本身就是支持（但支持并不等于假设），导致容易混淆“支持”和“假设”。“支持”是指“有了它更好”，而“假设”指的“没有它不行”。因此，要能迅速准确地找到假设性选项，就必须要采取“否定代入法”来检验。

（一）充分假设

充分假设就是前面讲的充分型假设，做题思路是加进法，即将待选的选项加入题干论证，若该选项与题干前提结合起来，能使题干结论必然被推出，则该选项就为正确答案。

■圈养动物是比野生动物更有意思的研究对象。因此，研究人员从研究圈养动物中能够比从研究野生动物中学到更多的东西。

上面的论证依赖于下面哪一个假设？

A. 研究人员只研究他们感兴趣的对象

B. 一般而言，能够从研究对象那里学到的东西越多，从事该研究通常就越有意思

C. 一般而言，研究对象越有意思，从研究该对象那里学到的东西通常就越多

D. 研究人员从他们不感兴趣的研究对象那里学到的东西较少

E. 一般而言，研究人员通常偏向于研究有意思的对象，而不是无意思的对象

［解析］答案：C

该论证有下面的结构：

陈述的前提：圈养动物是更有意思的研究对象。

省略的前提：更有意思的动物是知识的更好来源。

陈述的结论：所以，圈养动物是知识的更好来源。

■某年，国内某电视台在综合报道了当年诺贝尔各个奖项获得者的消息后，做了以下评论：今年又有一位华裔科学家获得了诺贝尔物理学奖，这是中国人的骄傲。但是到目前为止，还没有中国人获得诺贝尔经济学奖和诺贝尔文学奖，看来中国在人文社会科学方面的研究与世界先进水平相比还有比较大的差距。

以上评论中所得出的结论最可能把以下哪项断定作为隐含的前提？

A. 中国在物理学等理科研究方面与世界先进水平的差距在逐步缩小

B. 中国的人文科学有先进的理论基础和雄厚的历史基础，目前和世界先进水平的差距是不正常的

C. 诺贝尔奖是衡量一个国家某个学科发展水平的重要标志

D. 诺贝尔奖的评比在原则上对各人种是公平的，但实际上很难做到

E. 包括经济学在内的人文社会科学研究与各国的文化传统有非常密切的联系

［解析］答案：C

题干断定：没有中国人获得人文社科方面的诺贝尔奖，若C项为真，即诺贝尔奖是衡量一个国家某个学科发展水平的重要标志，则可得出结论：中国在人文社科方面的研究与世界先进水平相比有较大的差距。

选项C说明这两者之间有本质联系，是题干推理成立的隐含假设。

其余选项均不是题干推论所必须假设的，其中选项D还对题干推论有质疑。

（二）必要假设

若能使一个论证可行或有意义，那么这样的假定就是题干推理成立的必要条件。因为若推理根本就不可行或没有实际意义，那么题干论证必然不成立，所以这个假定是假设。其实，所有隐含假设都是必要假设，充分假设是其中的一个特例。任何假设都可以用“否定代入法”来验证。

■急性视网膜坏死综合征是由疱疹病毒引起的眼部炎症综合征。急性视网膜坏死综合征患者大多临床表现为反复出现，相关的症状体征时有时无，药物治疗效果不佳。这说明，此病是无法治愈的。

上述论证假设反复出现急性视网膜坏死综合征症的患者__________。

A. 没有重新感染过疱疹病毒　　B. 没有采取防止疱疹病毒感染的措施

C. 对疱疹病毒的药物治疗特别抗药　　D. 可能患有其他相关疾病

E. 先天体质较差

［解析］答案：A

题干由“由疱疹病毒引起的急性视网膜坏死综合征患者大多临床表现为反复出现”推出结论“此病无法治愈”。

A项是题干论证所必须假设的，否则，如果反复出现急性视网膜坏死综合征体征的患者，“重新”感染过疱疹病毒，那么，意味着反复出现症状很有可能并非没有治愈，而是治愈之后又重复感染了。

B意味着可能治愈后重新感染了，说明还是可以治愈的，削弱题干论述；无论是否特别抗药都不能改变治疗效果不佳的事实，C排除；D、E明显为无关选项，排除。

■一些国家为了保护储户免受银行故障造成的损失，由政府给所有个人储户提供相应的保险。有的经济学家认为，这种保险政策应对这些国家的银行高故障率承担部分责任。因为有了这种保险，储户在选择银行时就不关心其故障率的高低，这极大地影响了银行通过降低故障率来吸引储户的积极性。

为使上述经济学家的论证成立，以下哪个选项是必须假设的?

A. 银行故障是可以避免的

B. 储户有能力判断不同银行的故障率高低

C. 故障率是储户选择银行的主要依据

D. 储户存入的钱越多，选择银行就越谨慎

E. 银行故障的主要原因是计算机病毒

[**解析**] 答案：B

选项B是必须假设的，否则，如果储户没有能力判断不同银行的故障率高低，银行就不可能通过降低故障率来吸引储户，这样，一些国家的银行高故障率就和储户对银行的选择无关。这样，上述经济学家的论证就不可能成立。

二、强化论证

强化论证也叫支持型考题，特点是在题干中给出一个推理或论证，但是或者由于前提的条件不够充分，不足以推出其结论；或者由于论证的论据不够全面，不足以得出其结论。因此，需用某一选项去补充其前提或论据，使推理或论证成立的可能性增大。

只要某一选项放在题干推理的论据（前提）或结论之间，对题干推理成立或结论正确有支持作用，使题干推理成立、结论正确的可能性增大，那么这个选项就是支持的正确答案。

强化论证的两种基本方法：

(1) 肯定假设：将题干信息所隐含的假设说明出来，其实质就是假设类型的改变，这一类试题的解题关键就是寻找论证需要的前提与假设。该假设条件的性质决定了加强的强弱。

(2) 增加论据：就是给出新的证据，来补充题干中的证据或强化题干中的证据。若题干是个因果论证，“有因有果”和“无因无果”是两种典型的支持性论据。

(一) 肯定假设

由于假设是一个论证的潜在的前提，是前提到结论推理的桥梁，因此，相当多的论证题都是围绕假设来作为出题点的。如果支持题型的某个备选项，是题干推理成立的必要条件，也就是说该选项的存在使题干论证可行或有意义，那么该选项就是题干论证的假设，也即为支持的正确答案。

由于假设是段落推理的必要条件，找到了段落推理的一个假设，那么其推理成立的可能性就必然增大，这个假设对段落推理起到了支持作用，所以假设必然是支持，因此这类支持题型相当于寻找段落推理成立的一个假设。

■市长：在过去五年中的每一年，这个城市都削减教育经费，并且，每次学校官员都抱怨，减少教育经费可能逼迫他们减少基本服务的费用。但实际上，每次仅仅是减少了非基本服务的费用。因此，学校官员能够落实进一步的削减经费，而不会减少任何基本服务的费用。

下列哪项如果为真，最强地支持该市长的结论？

A. 该市的学校提供基本服务总是和提供非基本服务一样有效

B. 现在，充足的经费允许该市的学校提供某些非基本的服务

C. 自从最近削减学校经费以来，该市学校对提供非基本服务的价格估计实际没有增加

D. 几乎没有重要的城市管理者支持该市学校昂贵的非基本服务

E. 该市学校官员几乎不夸大经费削减的潜在影响

［解析］答案：B

市长的结论是：削减经费不会导致基本服务费用的减少。

要使市长的结论成立，B项是必须假设的，否则，如果“经费不充足以至于不能提供某些非基本的服务”，那么“削减经费就会导致基本服务费用的减少”。

■产品的价值由质量、价格比决定。产品价值越高，其竞争位置越有利。所以，对于一个既定产品，可以通过提高其质量和降低其价格以增加消费者购买产品的可能性，而不是让消费者去购买其对手的产品。

以下哪项如果正确，将最大限度地加强上述结论？

A. 同时提高产品质量和价格，但不改变产品的竞争力是可能的

B. 在特定的消费者细分市场，一些高价格的品牌比低价格品牌产品更受欢迎

C. 竞争性产品经常会诉求于不同的消费者细分市场

D. 一个产品的竞争力可能受到广告和品牌忠诚度等因素的影响

E. 消费者对产品价值的感受通常基于产品的实际质量

［解析］答案：E

题干结论：可以通过提高其质量和降低其价格以增加消费者购买其产品的可能性。

E项是题干论证所必需的假设，否则，如果消费者对产品价值的感受通常并不是基于产品的实际质量，而是被误导的主观感受（比如广告往往能影响人们对产品质量的印象），那么，即使企业提高产品质量，消费者也不一定认知，也就不能增加产品价值，从而提高竞争力。由于假设本身就是很强的支持，因此，为正确答案。

其余选项均不妥。其中，A项可以从题干中推出，但对题干的论证起不到作用。

（二）增加论据

论据支持也叫增加论据，即通过增加一个正面论据来使结论成立的可能性增大。

1. 论据支持的类型

论据是支持论点的证据、根据、依据。论据一般分为道理论据（简称为理据）和事实论据（可视为某种证据）两类。因此，论据支持相应地分为理据支持和证据支持。

(1) 理据支持就是增加原则，或补充一个原理或道理，从而与题干前提结合起来，使题干论证成立的可能性增大。

(2) 证据支持就是补充正面的事实论据，从而支持题干论证。前面所述的“有因有果”或“无因无果”等例子都是正面的事实论据。

2. 论据支持的方式

如果题干逻辑主线为：由前提 A 得到结论 B。增加论据 A′作为支持方式有三种：

(1) 新论据 A′加强了前提 A，从而间接支持了结论 B。

(2) 新论据 A′和前提 A 结合起来，强化了结论 B。这种情况出现得最多。

(3) 题干没有前提 A 直接断定结论 B 这种情况，新论据 A′直接支持了结论 B。

例证法是对一个论证进行强化和弱化的常用方法，方式如下。

题干	根据相关前提，得出结论，A 是 B 的原因			
选项	正例强化（因果一致）	有因有果	有 A	有 B
		无因无果	无 A	无 B
	反例弱化（因果一致）	有因无果	有 A	无 B
		无因有果	无 A	有 B

其中，有因有果、无因无果均是论据支持的典型方式。

■一份对北方山区先天性精神分裂症患者的调查统计表明，大部分患者都出生在冬季。专家们指出，其原因很可能是那些临产的孕妇营养不良。因为在这一年最寒冷的季节中，人们很难买到新鲜食品。

以下哪项如果为真，能支持题干中的专家的结论？

A. 在精神分裂症患者中，先天性患者只占很小的比例

B. 调查中相当比例的患者有家族史

C. 与引起精神分裂症有关的大脑区域的发育，大部分发生在产前一个月

D. 新鲜食品与腌制食品中的营养成分对大脑发育的影响相同

E. 虽然生活在北方山区，但被调查对象的家庭大都经济条件良好

[解析] 答案：C

如果 C 项为真，则由于与引起精神分裂症有关的大脑区域的发育大部分发生在产前一个月，又由于冬季因难以买到新鲜食品易使临产的孕妇营养不良，因此，冬季出生的婴儿易患先天性精神分裂症。这就支持了题干中专家的结论。

其余各项均不支持题干。比如 A 项为无关项，因为题干已经限定是对北方山区先天性精神分裂症患者的调查统计。

■一畅销励志书的出版商在一些促销材料中声称这本书将向读者展示如何成为一个卓越成功的人。当然，每个人都知道没有书能给很多人带来那些从定义上一定仅局限于少数人的卓越的成功。因此，尽管出版商很明显故意地作了一个虚假的声明，但是在这种情况下，这种做法不应该被认为是不道德的。

下面哪一原则如果正确，能最强有力地支持上面的推理？

A. 只要人们能合情合理地接受某一虚假的声明为真，那么故意作出这样的声明就是不道德的

B. 如果作出虚假声明的人在损害那些认为该虚假声明为真的人的情况下获益，那么故意作出这样的声明是不道德的

C. 当那些认为某一虚假声明为真的人遭受的困难比他们期望的收益大时，故意作出这样的虚假声明是不道德的

D. 只要可能有人会认为某一虚假声明是真的，那么故意作出这样的声明就是不正确的

E. 至少在其他某个人发现某个虚假声明是假的，且这个人一度认为该声明是真的情况下，故意作出这样的声明是不道德的

[**解析**] 答案：A

题干推理是：因为没有人相信虚假的声明，所以，虚假的声明也可以被认为是道德的。

A 项表明，如果有人相信虚假的声明，那么，虚假的声明就是不道德的，这是个无因无果的支持。

因为段落中并没论述关于某人损害他人而获益的情况，所以 B 项不正确；C 项也犯了和 B 项相同的错误；D、E 项均不能对段落推理起到支持作用。

三、削弱论证

削弱就是找出一个论证的漏洞，即找出割裂题干论证的证据和结论之间关系的选项。通常有这样几条削弱途径：削弱论题（推理的结论）、削弱论据（推理的前提）和削弱论证方式（推理形式）。只要将某选项放入前提与结论之间，使段落推理成立或结论正确的可能性降低，这个选项就是正确答案。

（一）否定假设

对于论证所需要的必要条件的肯定是加强，对论证所需要的必要条件的否定是削弱，这种思路也是加强、削弱试题中常见的思路。因为假设联结着前提和结论，如果否定或质疑了潜在的假设，就能动摇论证的依据，从而说明题干推理是不可行的，也就有力地削弱了题干的论证。

■在历史上，从来都是科学技术新发明的浪潮导致了新产业的诞生和兴旺，在此基础上逐步形成区域性直到世界性的经济繁荣，从汽车、飞机产业到化工、制药、电子等领域，情况都是如此。因此，目前产业界普遍增加在科学研究和开发上的投入，必将有力地促进经济繁荣。

以下哪项如果为真，最能削弱上面的推论？

A. 在目前的资金水平上，公司的研究开发部门申请专利的数量比起十年前来要少得多

B. 大部分产业的研究开发部门关心的只是对现有产品进行有利于经销的低成本改进，而不是开发有远大前途的高成本新技术

C. 历史上，只有一些新的主干行业是直接依赖公司研究开发部门获得技术突破的

D. 公司在科学研究和开发上的投入与公司每年新的发明专利的数量直接相关

E. 政府对科学研究和开发的投入将在未来五年中大大缩减

［解析］答案：B

题干根据科技新发明导致新产业从而形成经济繁荣，得出结论：产业界增加科研投入，必将有力地促进经济繁荣。

上述论证隐含的假设就是，产业界增加科研投入会导致科技新发明。B项否定了这一假设，该项表明，即使企业普遍增加在科学研究和开发上的投入，这些投入也全投到有利于经销的低成本改进上，而不是开发有远大前途的高成本新技术，最终也无法达成新产业的诞生与兴旺的初衷。因此，B项有力地削弱了题干的推论。

■调查表明，一年中任何月份，18至65岁的女性中都有52%在家庭以外工作。因此，18至65岁的女性中有48%是全年不在外工作的家庭主妇。

以下哪项如果为真，将最严重地削弱上述论证？

A. 现在离家工作的女性比历史上的任何时期都多

B. 尽管在每个月中参与调查的女性人数都不多，但是这些样本有很好的代表性

C. 调查表明将承担一份有薪工作为优先考虑的女性比以往任何时候都多

D. 总体上说，职业女性比家庭主妇有更高的社会地位

E. 不管男性还是女性，都有许多人经常进出于劳动力市场

［解析］答案：E

题干的结论是：18～65岁的女性中有48%是全年不在外工作的家庭主妇。

其论据是：一年中任何月份，18～65岁的女性中都有52%在外工作。

这个论证显然是有漏洞的。要使这个论证成立，必须隐含以下假设：一年中任一月份，18～65岁的女性中不在外工作的家庭主妇，在全年的所有月份中都不在外工作。如果E项为真，则否定了这个假设，即由于事实上许多妇女经常进出于劳动力市场，因此，上述条件很难成立，这就严重削弱了题干的论证。

其余各项均不能削弱题干的论证。

（二）反驳论据

反驳论据是确定对方的论证中所依据的论据虚假，或论证的理由不充分，从而反驳了对方的论证。

■一种正在试制中的微波干衣机具有这样的优点：它既不加热空气，也不加热布料，却能加热衣服上的水。因此，能以较低的温度运作，既能省电，又能保护精细的纤维。但是，微波产生的波通常也能加热金属物体。目前，微波干衣机的开发者正在完善一个工艺，它能阻止放进干衣机的衣服上细小的金属（如发夹）发热而烧坏衣服。

下列哪项如果为真，能最有力地说明，即使完善了这一工艺也不足以使微波干衣机有销路？

A. 经常使用干衣机干衣的顾客的衣服上大多有厚金属物，如装饰铜扣等

B. 许多放进干衣机的衣服并不和发夹或其他金属物放在一起

C. 试验性的微波干衣机比未来完善的微波干衣机耗电多

D. 微波干衣机比机械干衣机引起的皱缩小

E. 通常放进干衣机的衣服上的金属按扣同大多数的发夹一样厚

［解析］答案：A

如果选项 A 成立，即经常使用干衣机干衣的顾客的衣服上大多有厚金属物，那么，即使完善了“阻止细小金属发热而烧坏衣服”的工艺，也不能真正解决问题。

选项 B、C、D、E 都是讲微波干衣机的好处的，不选。

■某些种类的海豚利用回声定位来发现猎物：它们发射出滴答的声音，然后接收水域中远处物体反射的回音。海洋生物学家推测这些滴答声可能有另一个作用：海豚用异常高频的滴答声使猎物的感官超负荷，从而击晕近距离的猎物。

以下哪项如果为真，最能对上述推测构成质疑？

A. 海豚用回声定位不仅能发现远距离的猎物，而且能发现中距离的猎物

B. 作为一种发现猎物的讯号，海豚发出的滴答声，是它的猎物的感官所不能感知的，只有海豚能够感知从而定位

C. 海豚发出的高频信号即使能击晕它们的猎物，这种效果也是很短暂的

D. 蝙蝠发出的声波不仅能使它发现猎物，而且这种声波能对猎物形成特殊刺激，从而有助于蝙蝠捕获猎物

E. 海豚想捕获的猎物离自己越远，它发出的滴答声就越高

[**解析**] 答案：B

如果 B 项的断定为真，则由于海豚发出的滴答声，不能使它的猎物感知，更谈不上使其感官超负荷从而被击晕，因此，海洋生物学家的推测显然不能成立。其余各项均不能构成质疑。

（三）提出反例

针对题干推理：“因为 A 与 B 相关，所以 A 导致 B”，如果选项中存在“无 A 而有 B”（无因有果），或者“有 A 而无 B”（有因无果），这两种反例都能有效地削弱题干论证。

■特别少的人有能力成为成功的商品销售者，因此贸易公司不是限制他们所雇佣的人的数目，而是瞄准了雇佣那些有可能成功的人而拒绝了其余的人。通过这种标准，Q－L 公司的记录是完美的。在过去的 10 年，所有以这种方式被雇佣的雇员都成为成功的商品销售者。

下面哪一项如果正确，最反对上面对 Q－L 公司雇佣成绩的评定？

A. 在过去的 10 年，Q－L 交易惯例和政策的改变，使得销售者承担了更多的责任

B. 既然对于所有商品销售公司来讲，申请面试的人差不多是一样的，所以 Q－L 和其他公司竞争最好的申请者

C. Q－L 拒绝了一些人，他们在其他公司成为特别成功的商品销售者

D. 商品销售所需技巧很少被其他职业所需要，所以通常贸易公司雇佣程序显著区别于其他金融公司的雇佣程序

E. 商品销售压力很大，即便是最成功的商品销售人也很少做销售者超过十年，虽然他们在此期间挣了一大笔钱

[**解析**] 答案：C

题干论证：所有雇佣的人都成功了，因此计划是完美的。该论证必须基于一个假设，它没有雇佣的人都是不成功的。

C 项表明没有雇佣的人也成功了，说明计划不完美。

■美国的一个动物保护组织试图改变蝙蝠在人们心目中一直存在的恐怖形象。这个组织认为，蝙蝠之所以让人觉得可怕和遭到捕杀，仅仅是因为这些羞怯的动物在夜间表现得特别活跃。

以下哪项如果为真，将对上述动物保护组织的观点构成最严重的质疑？

A. 蝙蝠之所以在夜间特别活跃，是由于它们具有在夜间感知各种射线和声波的特殊能力

B. 蝙蝠是夜间飞行昆虫的主要捕食者，在这些夜间飞行的昆虫中，有很多是危害人类健康的

C. 蝙蝠在中国及其他许多国家同样被认为是一种恐怖的飞禽

D. 美国人熟知的浣熊和中国人熟知的食蚊雀，都是些在夜间特别活跃的羞怯动物，但一般并没有给众人留下恐怖的印象

E. 许多视觉艺术品，特别是动画片丑化了蝙蝠的形象

[解析] 答案：D

题干中动物保护组织的观点是：蝙蝠之所以让人觉得可怕和遭到捕杀，是因为这些羞怯的动物在夜间表现得特别活跃。

D项如果为真，则对上述观点提出了一个有力的反例：浣熊和食蚊雀，都是在夜间特别活跃的羞怯动物，但一般并没有给众人留下恐怖的印象，因而是对题干观点的有力质疑。

（四）另有他因

另有他因的削弱方式是相反论据的一种特例，就是指出还存在别的因素影响推理。具体来说，如果题干是以一个事实、研究、发现或一系列数据为前提推出一个解释上述事实或数据的结论，要削弱这个结论，就可以通过指出有其他可能来解释原文事实，即存在别的因素影响推论。

■科学研究表明，大量吃鱼可以大大减少患心脏病的危险，这里起作用的关键因素是在鱼油中所含的丰富的“奥米加-3”脂肪酸。因此，经常服用保健品“奥米加-3”脂肪酸胶囊将大大有助于你预防心脏病。

以下哪项如果为真，最能削弱题干的论证？

A. “奥米加-3”脂肪酸胶囊从研制到试销，才不到半年的时间

B. 在导致心脏病的各种因素中，遗传因素占了很重要的地位

C. 不少保健品都有不同程度的副作用

D. “奥米加-3”脂肪酸只有和主要存在于鱼体内的某些物质化合后才能产生保健疗效

E. “奥米加-3”脂肪酸胶囊不在卫生部门最近推荐的十大保健品之列

[解析] 答案：D

如果D项的断定为真，说明吃鱼有助于预防心脏病，是由于鱼油中所含的“奥米加-3”脂肪酸经过了与鱼体内某些物质的化合而具有疗效；但保健品胶囊中所含的“奥米加-3”脂肪酸完全可能缺少这种特殊的化合而不具有疗效。这就有力地削弱了题干的论证。

其余各项对题干的论证都有所削弱，但力度显然不如D项。

■由于工业废水的污染，淮河中下游水质恶化，有害物质的含量大幅度提高，这导致

多种鱼类的死亡。但由于蟹有适应污染水质的生存能力，因此，上述沿岸的捕蟹业和蟹类加工业将不会像渔业同行那样受到严重影响。

以下哪项如果是真的，将严重削弱上述论证？

A. 许多鱼类已向淮河上游及其他水域迁移

B. 上述地区渔业的资金向蟹业转移，激化了蟹业的竞争

C. 在鱼群分布稀少的水域中蟹类繁殖较快

D. 蟹类适应污染水质的生理机制未得到科学的揭示

E. 作为幼蟹主要食物来源的水生物蓝藻无法在污染水质中继续存活

［**解析**］答案：E

如果E项为真，说明虽然蟹自身有适应污染水质的生存能力，但是因为其主要食物来源蓝藻无法在污染水质中存活而难免受到生存威胁，因此，沿岸的捕蟹业和蟹类加工业将极可能和渔业一样受到淮河中下游水质恶化的严重影响。这就严重削弱了题干的论证。

（五）间接因果

逻辑考试很大程度上是考查评价事物间的因果联系，有些题目如果问的是某现象不是什么的证据，在结论里面带有一个否定语气，通常这样的题目往往是考查间接原因。

下面列出几种常见的间接因果的削弱思路。

方式一：题干论证——A是B的原因，所以A就不是C的原因。

如何削弱？就要说明A是C的间接原因，即只要说B和C是相关的，是B导致了C。

方式二：题干论证——A是C的原因，所以B就不是C的原因。

如何削弱？就要说明B是A的间接原因，即只要说B和A是相关的，正是B导致了A（A还是受B的影响）。

方式三：题干论证——A没有导致B。

如何削弱？你可以说明A导致了C，而C导致了B。

方式四：题干论证——A现象总是伴着B现象，所以A是B的原因。

如何削弱？就要说明A和B都是C的共同结果，C才是A和B发生的共同原因，这就有力地反驳了题干中A和B存在因果关系的观点。

■母亲：这学期冬冬的体重明显下降，我看这是因为他的学习负担太重了。

父亲：冬冬体重下降和学习负担没有关系。医生说冬冬营养不良，我看这是冬冬体重下降的原因。

以下哪项如果是真的，则最能对父亲的意见提出质疑？

A. 学习负担过重，会引起消化紊乱，妨碍对营养的正常吸收

B. 隔壁松松和冬冬一个班，但松松是个小胖墩，正在减肥

C. 由于学校的重视和努力，这学期冬冬和同学们的学习负担比上学期有所减轻

D. 现在学生的普遍问题是过于肥胖，而不是体重过轻

E. 冬冬所在的学校承认学生的负担偏重，并正在采取措施解决

［**解析**］答案：A

父亲认为：体重下降的原因是营养不良，而非学习负担。

A项指出，学习负担是营养不良的原因。这就说明学习负担还是体重下降的原因，有

力地削弱了父亲的观点。

■由风险资本家融资的初创公司比通过其他渠道融资的公司的失败率要低。所以，与诸如企业家个人素质、战略规划质量或公司管理结构等因素相比，融资渠道对于初创公司的成功更为重要。

以下哪项如果为真，最能削弱上述论证？

A. 风险资本家在决定是否为初创公司提供资金时，把该公司的企业家个人素质、战略规划质量和管理结构等作为主要的考虑因素

B. 作为取得成功的要素，初创公司的企业家个人素质比它的战略规划更为重要

C. 初创公司的倒闭率近年逐步下降

D. 一般来讲，初创公司的管理结构不如发展中的公司完整

E. 风险资本家对初创公司的财务背景比其他融资渠道更为敏感

［**解析**］答案：A

题干根据，与其他渠道融资相比，由风险资本家融资的初创公司成功的可能性高，得出结论：融资渠道比企业家个人素质等其他因素更重要。

A项指出企业家个人素质等是影响风险资本家的关键因素，有力地削弱了题干结论，为正确答案。

因果链条：企业家个人素质→融资渠道→初创公司的成功。

B项引入一个新的比较，与融资渠道没有直接联系，排除；C项明显为无关选项，排除；D项讨论初创公司的结构，与题干论证无关，排除；E项指出风险资本家对初创公司的财务背景更为敏感，题干没有涉及财务背景，排除。

四、推出结论

推出结论题也叫推论题，其特点是，题干给出一定的信息，选项要求根据题干的信息进行推理，得出某一结论。阅读和思考必须紧扣题干陈述的内容，正确的答案应从陈述中直接推出。

（一）确定论点

确定论点型的考题具体表现形式是题干给出一段论述，然后问作者到底想证明什么，实际上是要求总结它们所表达的中心内容或者作者的主要观点。对概括观点或寻求段落中心思想的考题，应在着重把握段落层次结构的基础上，凭语感去体会作者的写作用意。这类题主要考查考生对语言的理解。

■环境学家特别关注保护濒临灭绝的动物的高昂费用，提出应通过评估各种濒临灭绝的动物对人类的价值，以决定保护哪些动物。此法实际不可行，因为，预言一种动物未来的价值是不可能的。评价对人类现在作出间接但很重要贡献的动物的价值也是不可能的。

作者的主要论点是什么？

A. 保护没有价值的濒临灭绝的动物比保护有潜在价值的动物更重要

B. 尽管保护所有濒临灭绝的动物是必须的，但在经济上却是不可行的

C. 由于判断动物对人类价值高低的方法并不完善，在此基础上作出的决定也不可靠

D. 保护对人类有直接价值的动物远比保护有间接价值的动物重要

E. 要评估濒临灭绝的动物对人类是否重要是不可能的

[解析] 答案：C

题干先表明环境学家提出的办法不可行，然后进一步指出预言一种动物对于人类的价值也不可能。选项C恰当地概括了题干中作者的主要论点。

选项A、B、D为无关选项。

题干只是说，评价一种动物的具体价值是不可能的，并没有说评价动物对人类是否重要是不可能的，因此，选项E不能完全概括作者的观点。

■有人提出通过开采月球上的氦-3来解决地球上的能源危机，在熔合反应堆中氦-3可以用作燃料。这一提议是荒谬的。即使人类能够在月球上开采出氦-3，要建造上述熔合反应堆在技术上至少也是50年以后的事。地球今天面临的能源危机到那个时候再着手解决就太晚了。

以下哪项最为恰当地概括了题干所要表达的意思？

A. 如果地球今天面临的能源危机不能在50年内得到解决，那就太晚了

B. 开采月球上的氦-3不可能解决地球上近期的能源危机

C. 开采和利用月球上的氦-3只是一种理论假设，实际上做不到

D. 人类解决能源危机的技术突破至少需要50年

E. 人类的太空探索近年内不可能有效解决地球面临的问题

[解析] 答案：B

题干作者认为：通过开采月球上的氦-3来解决地球上的能源危机这一提议是荒谬的。理由是：即使能够在月球上开采出氦-3，在技术上至少也是50年以后的事，能源危机到那个时候再着手解决就太晚了。

可见，题干作者所要表达的意思是：开采月球上的氦-3不可能解决地球上近期的能源危机。因此，B项为正确答案。

其余选项不能概括题干。比如A项虽然表达了题干的一个观点，但并不是题干所要表达的主要意思。C项不符合题干表达的观点。D项超出了题干范围，因为题干只是断定通过开采月球上的氦-3来解决能源危机的技术突破至少需要50年，也许人类在50年内还有别的解决能源危机的技术。

（二）得出结论

推出结论型是最普遍的推论题，具体表现形式是题干列举一堆事实或给出一段陈述，然后问你从中最能得出什么结论。解题时要在把握题干层次结构的基础上去寻找隐含的结论或内在的含义。正确答案必定是与题干前提相关并从中合理推出的，往往是概括类选项。

■农业中连续使用大剂量的杀虫剂会产生两种危害性很大的作用。第一，它经常会杀死农田中害虫的天敌；第二，它经常会使害虫产生抗药性，因为没被杀虫剂杀死的昆虫最具有抗药性，而且它们得以存活下来继续繁衍后代。

从上文中，我们可以推出以下哪项措施是解决上述问题的最好方法？

A. 只使用化学性稳定的杀虫剂

B. 培育更高产的农作物抵消害虫造成的损失

C. 逐渐增加杀虫剂的使用量使没被杀死的害虫尽可能地减少

D. 每年闲置一些耕地使害虫因没有充足的食物而死亡

E. 周期性地使用不同种类的杀虫剂

[解析] 答案：E

题干断定：连续使用大剂量的杀虫剂会产生两种危害。

可见，解决此问题的方法就应该是，不要连续使用大剂量的杀虫剂，但又要达到杀虫目的，那么，最好就是周期性地使用不同种类的杀虫剂。因此，E 为正确答案。

A 项对解决问题无用，B 项做法非常消极，C 项的副作用可能更大，D 项比较荒谬，均排除。

■一般将缅甸所产的经过风化或经河水搬运至河谷、河床中的翡翠大砾石称为“老坑玉”。老坑玉的特点是“水头好”、质坚、透明度高，其上品透明如玻璃，故称“玻璃种”或“冰种”。同为老坑玉，其质量相对也有高低之分，有的透明度高一些，有的透明度稍差些，所以价值也有差别。在其他条件都相同的情况下，透明度高的老坑玉比透明度较其低的单位价值高，但是开采的实践告诉人们，没有单位价值最高的老坑玉。

以上陈述如果为真，可以得出以下哪项结论？

A. 没有透明度最高的老坑玉

B. 透明度高的老坑玉未必“水头好”

C. “老坑玉”中也有质量很好的翡翠

D. 老坑玉的单位价值还决定于其加工的质量

E. 随着年代的增加，老坑玉的单位价值会越来越高

[解析] 答案：A

题干断定：第一，在其他条件都相同的情况下，透明度高的老坑玉比透明度较其低的单位价值高；第二，开采的实践告诉人们，没有单位价值最高的老坑玉。

由此显然可以推出：没有透明度最高的老坑玉，即 A 项为真。

五、说明解释

说明解释题型就是，给出一段关于某些事实或现象的客观描述，要求对这些事实、现象、结果或矛盾作出合理的解释。

所谓解释就是用某些一般道理说明某一事件之所以如此发生的原因，或更进一步说明推理的正确性，或者说明矛盾的不矛盾性，或说明一种现象，或者说明差异事件的合理性。这类题型实际上类似于支持题。

（一）解释现象

解释现象就是指给出一段关于某些事实或现象的客观描述，让我们从选项中寻求一个选项来解释现象发生的原因或现象为什么反常发生，找到一个能直接说明事实能够成立或现象为什么发生的选项即可。正确的选项必须与题干论述的情景有关并且又符合逻辑。

■英国有家小酒馆采取客人吃饭付费“随便给”的做法，即让顾客享用葡萄酒、蟹柳及三文鱼等美食后，自己决定付账金额。大多数顾客均以公平或慷慨的态度结账，实际金额比那些酒水菜肴本来的价格高出 20%。该酒馆老板另有 4 家酒馆，而这 4 家酒馆每周的

利润与付账“随便给”的酒馆相比少5%。这位老板因此认为，“随便给”的营销策略很成功。

以下哪项如果为真，最能解释老板营销策略的成功？

A. 部分顾客希望自己看上去有教养，愿意掏足够甚至更多的钱

B. 如果客人的支付低于成本价格，就会受到提醒而补足差价

C. 另外4家酒馆位置不如这家“随便给”酒馆

D. 客人常常不知道酒水菜肴的实际价格，不知道该付多少钱

E. 对于过分吝啬的顾客，酒馆老板常常也无可奈何

[**解析**] 答案：A

要解释的是，为何“随便给”酒馆的大多数顾客均以公平或慷慨的态度结账，利润高于其他类型的酒馆，选项A所述，部分顾客希望自己看上去有教养而愿意掏足够甚至更多的钱，这显然有力地解释了老板营销策略的成功。

其余选项均不能有效解释，例如：B项解释不了为什么大多数顾客均以公平或慷慨的态度结账。D项解释不了为什么顾客会多给餐费，因为顾客不知道餐费实际价格的话，就有可能少给。

■刘建是乐进足球队的主力左后卫，有很强的助攻能力，有时甚至能破门得分，但是，新主教练上任后，刘建却降为替补，鲜有上场机会，该教练的理由是刘建虽然助攻能力强，但他把守的左路经常在比赛中被对手突破，使本队陷入被动。

以下哪项最有助于解释教练决定的合理性？

A. 对队员的调整拥有决定权能树立新教练的权威

B. 刘建曾公开为前主教练辩护，反对更换主教练

C. 该教练崇尚进攻，主张进攻是最好的防守

D. 足球队后卫最主要的职责是防守

E. 刘建喜欢喝酒的习惯影响训练和比赛的状态

[**解析**] 答案：D

如果事实上足球队后卫最主要的职责是防守，那么，就能说明刘建作为后卫不能胜任其主要职责，因此，教练的决定是合理的。可见，D项为正确答案。

（二）解释矛盾

解释差异或缓解矛盾的考题主要针对矛盾现象，让我们寻找一个答案说明为什么不同，即要消除这些矛盾或者分析为什么会存在这种矛盾。

解释矛盾一方面可以从内部去寻找原本矛盾的二者之间共同的东西，正确选项必须是能够化解题干相互矛盾的事实的桥梁。另一方面，可以从外部寻找差异原因，通过找他因的办法解决题干的分歧。

■获得奥斯卡大奖的影片《泰坦尼克号》在滨州上映，滨州独家经营权给了滨州电影发行放映公司，公司各部门可忙坏了，宣传部投入了史无前例的170万元进行各种形式的宣传，业务部组织了8家大影院超前放映和加长映期，财务部具体实施与各影院的收入分账，最终几乎全市的老百姓都去看了这部片子，公司赚了750万元。而公司在总结此项工作时却批评了宣传部此次工作中的失误。

以下哪项如果为真，最能合理地解释上述情况？

A. 公司宣传部没有事先跟其他部门沟通，宣传中缺少针对性

B. 由于忽视了奥斯卡获奖片自身具有免费宣传效应，公司宣传部的投入事实上过大

C. 公司宣传部的投入力度不足，《泰坦尼克号》在滨海上映时，滨海公司宣传投入了300万元

D. 公司宣传部的宣传在创意和形式上没有新的突破

E. 公司宣传部的宣传对今年其他影片的发行也产生了很大影响

[解析] 答案：B

题干断定：为上映《泰坦尼克号》，电影公司宣传部投入了史无前例的170万元进行宣传，最后公司赚了750万元，而公司却批评了宣传部工作中的失误。

选项C、E是无关项，选项A、D都是对宣传部的批评，但是与B比较起来力度不足。B项表明，投入170万元进行宣传太多了，是对宣传部有力的批评，最合理地解释了题干的情况。

■巴斯德认为，空气中的微生物浓度与环境状况、气流运动和海拔高度有关。他在山上的不同高度分别打开装着煮过的培养液的瓶子，发现海拔越高，培养液被微生物污染的可能性越小。在山顶上，20个装了培养液的瓶子，只有1个长出了微生物。普歇另用干草浸液做材料重复了巴斯德的实验，却得出不同的结果：即使在海拔很高的地方，所有装了培养液的瓶子很快长出了微生物。

以下哪项如果为真，最能解释普歇和巴斯德实验所得到的不同结果？

A. 只要有氧气的刺激，微生物就会从培养液中自发地生长出来

B. 培养液在加热消毒、密封、冷却的过程中会被外界细菌污染

C. 普歇和巴斯德的实验设计都不够严密

D. 干草浸液中含有一种耐高温的枯草杆菌，培养液一旦冷却，枯草杆菌的孢子就会复活，迅速繁殖

E. 普歇和巴斯德都认为，虽然他们用的实验材料不同，但是经过煮沸，细菌都能被有效地杀灭

[解析] 答案：D

选项D表明，干草浸液中含有一种耐高温的枯草杆菌，培养液一旦冷却，枯草杆菌的孢子就会复活，迅速繁殖。这就以另有他因的方式，有力地解释了普歇和巴斯德实验所得到的不同结果。

六、评价描述

评价描述题的特点是：题干给出一段论证或者对话，选项要求对论证的结构、观点、有效性、错误、技巧等作出评价。此类题型要求考生评价推理过程，主要考查考生在体会题干推理之后是否具备把握推理方法或特点的能力。

（一）论证评价

论证评价类题型是要我们找能影响题干结论的变量，即选项给出的正反两方面的信息，分别对题干推理能起到正反两方面的作用，这样的选项就是评价。

一般解题思路如下：

（1）由于评价在很多情况下是针对段落推理成立的隐含假设起作用，所以读题时要注意体会段落推理的隐含假设，解题重点一般在隐含假设上，对隐含假设提出评价，达到评判目的。

（2）一般地，由一个调查事实得到一个结论，结论对这个调查事实作出了一个解释，假设应为“没有其他原因解释该现象了”，反对应为“有其他的原因解释此现象”。由于评价多针对段落推理的隐含假设，那么是否存在他因，即是否存在别的因素影响论证，是不是有别的原因解释上面的事实，也是一种有效的评价。

（3）对某个事物的评价，首先要有个评价的基准，也就是可比较的标准。比如，对比实验的关键是让实验对象其他方面的条件相同。因此，重点考虑隐含比较的另一方往往是一个有效的评价，或者考虑一下有无反例存在。

■尽管通过一种新的计算机辅助设计过程生产出来的定制的修复用的骨替代物的价格是普通替代物的两倍多，定制的替代物仍然是节约成本的。定制的替代物不仅可以减少手术和术后恢复的时间，而且它更耐用，因而可减少再次住院的需要。

为评论以上提出的论述，必须研究以下哪一项？

A. 一个病人花在手术中的时间与花在术后恢复的时间的比较

B. 随着生产定制替代物的新技术的出现，生产定制替代物减少的成本数量

C. 与使用普通替代物相比较，使用定制的替代物可以在多大程度上减少再次手术的需要

D. 用新技术生产的替代物比普通替代物生产得更仔细的程度

E. 当生产程度逐渐标准化，并可运用到更大规模上时，用新技术生产的定制替代物的成本将下降的数量

［解析］答案：C

尽管生产成本更昂贵，由于其他开支的节省可以使定制的骨替代物成为节省成本的选择。为评论该论述，必须决定这些节省能否抵消增加的成本，因此需要研究再次住院需要减少的情况，选项C是正确答案。

该论述并不要求研究手术时间与恢复时间的比较，因此A项不合适；过去和将来的成本变化与评论一项建立在目前计划的成本基础上的论述无关，因此选项B和E不合适；最后，由于研究生产定制替代物的仔细程度自身不能提供关于成本的信息，选项D也不正确。

■据一项统计显示，在婚后的13年中，妇女的体重平均增加了15公斤，男子的体重平均增加了12公斤。因此，结婚是人变得肥胖的重要原因。

为了对上述论证作出评价，回答以下哪个问题最为重要？

A. 为什么这项统计要选择13年这个时间段作为依据？为什么不选择其他时间段，例如为什么不是12年或14年

B. 在上述统计中，婚后体重减轻的人有没有？如果有的话，占多大的比例

C. 在被统计对象中，男女各占多少比例

D. 这项统计的对象，是平均体重较重的北方人，还是平均体重较轻的南方人？如果二者都有的话，各占多少比例

E. 在上述 13 年中，处于相同年龄段的单身男女的体重增减状况是怎样的

［解析］答案：E

题干根据统计发现，结婚后男女的体重都增加了这一事实，得出结论：结婚是人变得肥胖的重要原因。

E 项提出的问题对评价题干的论证最为重要。因为如果在上述 13 年中，处于相同年龄段的单身男女的体重增减状况和题干的统计结果类似，那么，题干的结论就得到削弱。反之，如果在上述 13 年中，处于相同年龄段的单身男女的体重增长要少，那么，题干的结论就得到支持。

（二）逻辑描述

逻辑描述题主要考查考生在体会段落推理之后是否具备以下能力：是否具备识别推理缺陷的能力、识别推理的结构方法的能力、论点构建中某句话对结论或前提是否起作用或起到什么作用的能力？

解题的一般方法与步骤是：

（1）阅读题干，找出结论。

（2）用自己的话复述推理。描述作者怎么利用前提推出结论。

（3）用排除法。最好的选项应该能描述推理的逻辑结构，排除那些不符合逻辑结构的选项。

描述题不仅要求考生具有更全面和更快速的阅读理解和概括能力，以达到对题干论证结构的快速掌握，还要求对选项进行理解，熟悉选项中对论证特殊的表达方法。

■小陈：目前 1996D3 彗星的部分轨道远离太阳，最近却可以通过太空望远镜发现其发出闪烁光。过去人们从来没有观察到远离太阳的彗星出现这样的闪烁光，所以这种闪烁必然是不寻常的现象。

小王：通常人们都不会去观察那些远离太阳的彗星，这次发现的 1996D3 彗星闪烁光是有人通过持续而细心的追踪观测而获得的。

以下哪项最为准确概括了小王反驳小陈的观点所使用的方法？

A. 指出小陈使用的关键概念含义模糊

B. 指出小陈的论据明显缺乏说服力

C. 指出小陈的论据自相矛盾

D. 不同意小陈的结论，并且对小陈的论据提出了另一种解释

E. 同意小陈的结论，但对小陈的论据提出了另一种解释

［解析］答案：D

小陈的结论是：远离太阳的彗星出现这样的闪烁光必然是不寻常的现象。其论据是：过去人们从来没有观察到这样的闪烁光。

小王不同意小陈的结论，认为远离太阳的彗星出现这样的闪烁光是寻常现象，因为这种现象早已存在，只不过以前人们观察得不够持续和细心罢了。

可见小王并不否定小陈的论据所陈述的情况存在，只是对这一情况作出了另一种解释，基于这一解释，可得出与小陈不同的结论。因此，D 项准确地概括了小王反驳小陈的观点所使用的方法。

■吴大成教授：各国的国情和传统不同，但是对于谋杀和其他严重刑事犯罪实施死刑，至少是大多数人可以接受的。公开宣判和执行死刑可以有效地阻止恶性刑事案件的发生，它所带来的正面影响比可能存在的负面影响肯定要大得多，这是社会自我保护的一种必要机制。

史密斯教授：我不能接受您的见解。因为在我看来，对于十恶不赦的罪犯来说，终身监禁是比死刑更严厉的惩罚，而一般民众往往以为只有死刑才是最严厉的。

以下哪项是对上述对话的最恰当评价？

A. 两人对各国的国情和传统有不同的理解

B. 两人对什么是最严厉的刑事惩罚有不同的理解

C. 两人对执行死刑的目的有不同的理解

D. 两人对产生恶性刑事案件的原因有不同的理解

E. 两人对是否大多数人都接受死刑有不同的理解

[**解析**] 答案：C

由题干可知：吴大成教授认为执行死刑的目的是有效地阻止恶性刑事案件的发生，而史密斯认为执行死刑的目的是给十恶不赦的罪犯以最严厉的惩罚。两人对执行死刑的目的有不同的理解。因此，C项的评价最为恰当。

B项易误选，因为史密斯认为对罪犯最严厉的刑事惩罚和民众所认为的最严厉的刑事惩罚是不同的，而吴大成并没表露出对什么是最严厉的刑事惩罚的理解。

七、相似比较

相似比较题型主要有：推理形式的相似比较、推理错误的相似比较和推理方法的相似比较。该类题型主要从逻辑形式和推理方法上比较题干和不同选项之间的相同或不同。

■某学院行政管理专业本科有两个班。一班学生的学习成绩一般要比二班的学生好很多。田丰来自该学院的行政管理专业，他研究生第一学年的学习成绩是专业第一，并且遥遥领先，因此，他原来肯定是一班的。

以下哪项与题干的论证方式最为类似？

A. 如果天下雨，则地就会湿。现在地没有湿，所以没下雨

B. 男性一般要比女性坚强，王强是男经理，因此，他一定要比女经理坚强

C. 在其他条件相近的情况下，如果一个人有好的人脉，就能在商界取得更多的成就。王炜在商界取得了出色的成就。因此，王炜有最好的人脉

D. 儿童的心理教育比成年人更重要。张燕是从事成人心理教育工作的，因此，她的水平一定不如从事儿童心理教育的人

E. 在球类运动员中，篮球队员一般要比足球队员高，阎林在球员中是最高的，所以，他一定是篮球运动员

[**解析**] 答案：E

题干的论证漏洞是，根据可能性的前提，只能得出可能性的结论，但题干却得出了必然性的结论。选项E的论证方式存在类似的漏洞。

A项是正确的假言推理。B、D项是错误的关系推理。C项是错误的假言推理。

■公司经理：我们招聘人才时最看重的是综合素质和能力，而不是分数。人才招聘中，高分低能者并不鲜见，我们显然不希望招到这样的“人才”，从你的成绩单可以看出，你的学业分数很高，因此我们有点怀疑你的能力和综合素质。

以下哪项和经理得出结论的方式最为类似？

A. 有些歌手是演员，所有的演员都很富有，所以有些歌手可能不是很富有

B. 猫都爱吃鱼，没有猫患近视，所以吃鱼可以预防近视

C. 闪光的物体并非都是金子，考古队挖到了闪闪发光的物体，所以考古队挖到的可能不是金子

D. 人的一生中健康开心最重要，名利都是浮云，张立名利双收，所以很可能张立并不开心

E. 公司管理者并非都是聪明人，陈然不是公司管理者，所以陈然可能是聪明人

[**解析**] 答案：C

题干的论证是：有些A不是B，某物是A，因此，某物可能不是B。

由于A、B两个概念是交叉关系，因此，题干是个错误的论证，C项论证也犯了同样的错误。

第二节 论证批判

锻炼逻辑与批判性思维能力的一个非常有效的途径是就是进行批判性写作，也就是写论证性的文章。论证性的文章通常分为论说文和论证有效性分析两类，相应地涉及广义和狭义的批判性写作方式。

广义的批判性写作指的是运用批判性思维的技术和方法进行的一种写作，这种写作方式除论证有效性分析外，也包括论说文。论说文也叫议论文，一般包括命题作文、基于文字材料的自由命题作文两种形式。论说文要求在准确、全面地理解题意的基础上，对命题或材料所给观点进行分析，表明自己的观点并加以论证。写好论说文通常包括精准的选题或破题，提出明确的观点，运用充足的理论或者事实论据，以及对观点的严密论证，文章结构的合理安排，语言的流畅表达等。

狭义的批判性写作一般仅指论证有效性分析，就是对所提供的论证中的论题的可接受性进行分析、评论。论证有效性分析要求根据批判性思维的一系列准则对给出的论证的可靠性进行评估，并写出分析报告，类似于写评估报告那样的应用文写作。论证有效性分析的写作具有批判性、分析性、评论性三大特点，也可笼统地称为批判性写作、分析性写作、评论性写作。

写好论证有效性分析通常要针对给出的一段有缺陷的论证，分析其中存在的问题，包括论证中的概念是否明确、判断是否准确、推理是否严密、论据是否充分等。然后选择若干要点，评价该论证的有效性。在写作中要注意分析得当、理由充分、结构严谨、语言得体。如何评估一篇文章的好坏，属于分析性的问题，也就是根据某一组评判标准对写出的文章进行评判。学习论证有效性分析写作对养成良好的批判性阅读习惯、提高综合运用批判性思维技能和批判性写作能力等，都大有裨益。

一、测试要点

论证有效性分析是一种评论性的写作，题目给出一个论证，要求考生对论证的有效性进行分析（实际上是论证的无效性分析），即找出论证过程中的逻辑缺陷和漏洞，最终形成一篇分析性评论短文。该写作要求考生熟练掌握典型逻辑缺陷，具备论证分析的能力和批判性写作的技巧。

（一）论证有效性分析的写作要求

第一，题干为一段有缺陷的论证。考生的第一个任务就是从这段论证中找出逻辑缺陷。

第二，题干所给的材料可能出现的主要论证问题可能会涉及：论证在概念界定和使用上是否清楚、准确并前后一致；论证方法是否正确；论据是否成立；论据是否足以支持结论；有无支持结论的更为有力的论据；推理有无错误或漏洞；论证成立的论据是否充分，是否需要另外的条件；有无另外的解释反对或削弱该论证等。

第三，这是一个写作题目，写作的文体是评论性的议论文，确切地讲，是对题干所给文字材料的论证作出的评论。

（二）论证有效性分析测试的能力要求

论证有效性分析主要考查考生的批判性思维能力，具体包括以下三种能力。

1. 批判性阅读能力

论证有效性分析测试要求考生具备准确全面梳理题干论证的推理过程的能力，即要求考生能够找出待评估论证的论证结构，理清该论证的前提与结论之间的关系。

2. 论证缺陷分析能力

论证有效性分析测试要求考生能够识别有缺陷的论证，能够识别常见的论证谬误形式。具体要求考生能够判断出论证链条中哪些环节有问题，找出题干论证中主要的缺陷和漏洞，并能够进行逻辑分析。

3. 评论性写作能力

论证有效性分析测试要求考生具备写出一篇条理清晰且流畅的分析性评论文章的能力，能够把自己的分析、判断用平实客观的文字条理清晰地表达出来。

二、写作步骤

根据论证有效性分析测试的三大能力要求，论证有效性分析的应试步骤相应也是三个步骤：批判性阅读、论证缺陷分析、评论性写作。

（一）批判性阅读

“论证有效性分析”写作的基础是批判性阅读（critical reading），在国际教育界，批判性阅读被认为是对事物进行客观评估与思考的能力，是教育的核心目标之一。

1. 批判性阅读的含义

阅读是学生获取知识并探索和思考整个世界的重要方式。阅读和理解一般有两个层次，低层次的阅读是知识吸收型阅读，这种类似海绵吸水式的阅读理解方式更多的是单方向的吸收和学习，较少涉及审辨、评估等深刻的思维活动。诚然，知识的学习很重要，但知识不见得都是真理，有的知识属于伪知识，需要考问和鉴别，这就要涉及高层次的阅读，即批判性阅读。

批判性阅读不是不假思索地接受题干论证的观点，更不是去被动地接收信息，而是批判性地分析题干的论证是否恰当有效，有哪些论证缺陷和问题。所以，批判性阅读，其实是一种分析性阅读。阅读的时候，不能像海绵吸水一样，一味地接收信息，而要像淘金的筛子，通过分析阅读把题干中的论证性结构及缺陷提炼出来。

我们面对一篇文章，不能被别人的意志所左右，必须学会自己作出判断和选择。批判性思维的质疑与选择提供给我们关于作出判断和选择的技巧及方法。其中，主要的就是学会分辨信息的正确与错误、真实与虚假、有用与无用的技巧和方法，包括分析、评价和质疑等环节。

2. 批判性阅读的意义

批判性阅读是阅读和思考同时进行的过程，需要头脑的高度运作，是一个寻找真理并且吸收精髓的过程。在批判性阅读过程中，首先要在阅读和思考过程中提炼出作者的论点、论据和论证方式，然后对此提出疑问，并客观地评估文章的论证，从而提高阅读能力、独立思考能力和评估能力。

一篇文章只是作者的思考，不是唯一的事实，更不是事物的全部真相。在当今信息时代，各种媒体（包括互联网）上的信息铺天盖地，如果不具备足够的批判性思维能力，人们就容易受到良莠不齐的信息侵扰。对自然和社会领域中的很多问题来说，往往只有相对较佳的答案，而没有唯一正确的答案。批判性阅读能够有效地筛选信息，客观地评估信息中存在的个人偏见。

3. 批判性阅读需遵循的原则

批判性阅读不能仅仅满足于了解文章的浅显内容，而是要在经过不断质疑的阅读过程后，能够识别超越文章本身描述的内容，对文章有更深层次的理解。首先要善于通过阅读文章，找出作者在论证过程中逻辑上的缺陷和谬误，在此基础上，更好地理解文章并吸收其精髓，从而挖掘出超越文章本身的更深层意义。因此，批判性阅读就要针对论证的主张，考问其理由的真实性或可信性以及推理的有效性，从不同的角度客观辩证地去看待同一事物并且提出质疑和独立的观点。由此可见，批判性阅读是一个不断质疑并且挖掘真相的过程。

批判性阅读需要遵循慈善原则（principle of charity），也叫“宽容原则”，是指以合理性的最大限度来理解论证的原则，其核心是尽可能地把论证者设想为一个正常的、理性的人，除非故意，他一般不会使用虚假的前提，一般不会进行无效的推理和论证。

在阅读中，我们不能只关注作者的立场和主张，而忽视作者的根据和理由。正确的思考应该是暂时承认作者主张的合理性，然后静下心来，准确地理解作者是怎样论证他的主张的。我们应尽可能对被分析的论证作出有利于支持结论的解释。

理解的宽容原则意味着需要具备一定的兼容精神，恰当的评估是建立在公正、准确的理解基础之上的。理解的宽容原则还意味着理解者必须跳出自我，站在作者的立场上来理解他所提出的问题、所坚持的主张和所作出的论证。对作者的论证进行解释时，我们要站在论证者的立场上，考虑怎样才能使论证中已表述的前提成为支持其结论的强有力的理由，我们只需要关注那些足以影响理由支持结论（主张）的力度的假设。论证的可靠性是批判性阅读所关注的核心目标，一个论证是否可靠，在阅读思考中，我们应重点关注该论证的理由是不是真实的或可接受的，而且其推理是不是有效的或者是强有力的，这是批判性阅读的关键之所在。

4. 批判性阅读的技巧

批判性阅读关键的一个步骤，是要求信息的接收者要学会论证，按照逻辑论证的程序去验证一个观点、一种说法、一类描述的真假对错。批判性阅读需要冷静、细心地观察并思考以下几个问题。

（1）关于论证的主张

①论证的论题是什么？是描述性的还是说明性的？有没有分论题？

即要找出一篇文章中的思想、观点的概括性表述。

②论证的结论是什么？结论是否恰当？

对找出的结论作初步的批判性思考，根据事实和科学原理分析其对错。

（2）关于论证的理由

①论证的论据是什么？论据有哪些？文章中给出了哪些论据？

如果对结论的真假不能简单地作出判断，那就要进一步去寻找并发现它的论据。

②文章中的论据本身是否成立？

对论据的真伪作出批判性辨析，分析这些论据是否真实可靠。

③论证中是否还有未陈述的理由？是否存在影响主题成立的反面例证？

如果有的话，找到论证中未陈述的那些前提。在论证有效性分析文章中，未陈述的前提往往是不恰当的，往往是整篇论证中最关键的谬误之一。

（3）关于论证的支持

①论证结构是什么样的？主张和理由的关系如何？

在明确论题和确信论据真实的前提下，评价论题与论据的关系，即论据对论题是否能提供有效的支持，这种支持是必然性的还是可能性的。

②论证中使用了什么样的推理？

考察论证中使用了什么样的推理，分析这些推理是否符合相关的推理要求；如果你肯定文章中的论证，试着重复这一论证，以接受其合理性；如果你否定文章中的论证，试着作出反驳，找出其论证的错误。

事实上，无论你接受或拒绝文章中的思想观点，你都需要作出一个与之相关的论证——证明型论证或者反驳型论证，然后才能使自己相信作出接受或拒绝的决定是有道理的而不是盲目的。

5. 论证有效性分析的阅读步骤

针对论证有效性分析测试，其阅读步骤大致分为以下两步。

第一步，仔细阅读原文。原文作为一个待评估论证，至少要读三遍。丁是丁，卯是卯，不能望文生义，不能曲解原文。这样才有助于切实弄明白待评估论证的结构和主要缺陷。

第二步，分析论证结构。一定要迅速准确地理出论证结构。复杂的论证结构建议画出论证图。在此基础上，找到前提和结论的内在关系。

总之，批判性阅读就是在阅读中提炼出论证的主张、理由和支持关系，分析论证的结构和推理的方法，分析论证中相关要素的关系，如分析原因和结果的关系、理由和结论的关系等。

（二）论证缺陷分析

论证分析的工具是批判性思维。批判性思维要求思考应当具有清晰性、相关性、一致性、正当性和预见性。具备批判性思维能力的人，其思维具有全面性、中立性、恰当性、敏锐性等特征。

1. 论证缺陷分析的要点

分析问题，首先要提出问题。批判性思考，首先要学会恰当地提问。讨论论证运用推理的合理性情况，在论述中必须对论证中的推理方法和论据的使用作出分析。所以，建议考生平时进行论证有效性分析的时候，多从论证角度思考一些问题，长此以往，会有助于批判性思维能力的提升。

论证缺陷分析的要点在于找出概念、理由和论证方法有哪些缺陷？论证缺陷分析中常用的问题如下。

（1）论证中的主要概念是什么？核心概念是否清晰、明确，在论证过程中是否保持一致？

（2）定义是否恰当？定义是否具有清晰性、明确性、一致性？语句有无歧义？

（3）论据是否可信？论据的支持能力如何？数据是否可信？证据链是否环环相扣？对所用论据是否存在其他可能的解释？是否存在明显的逻辑漏洞？或者存在削弱结论的反例等？

（4）因果联系是否紧密？因果联系方式如何？溯因是否恰当？

（5）有没有未陈述的前提假设？其恰当性如何？有哪些作为思考基础的假设是存在疑问的？

（6）论证方法是否正确、有效？寻找支持论点及分论点的理由，理由是否充分？推论的方法是否可行？

（7）有无重要信息被忽视或遗漏？什么样的证据能强化或削弱该论证？对论证做怎样的调整能使它更加可靠？或者还需要提供哪些方面的信息能帮助你更好地评估该论证？

2. 论证缺陷分析的策略

论证有效性分析的题目是一段待评估的论证。目前，为适应考生的水平和能力，会设计不少于 5 处的主要论证缺陷，对考生的要求，不是事无巨细地指出论证中的全部问题，而是对其中主要的论证缺陷进行分析说明，一般找到其中 4 到 5 处主要缺陷就可以了。在分析问题时，也没有专业要求，即不要求考生运用逻辑学术语进行分析评论，只要能够通过日常语言，清楚地说明所分析的问题就可得分。

关于形式谬误与非形式谬误的识别，建议考生，不必纠缠过细的谬误分类，从较大的尺度上说明谬误的所在就可以了。如遇到“预期理由”的缺陷，指明“理由不充足”或者“前提缺乏必要的支撑”就算命中缺陷，如能结合相关语句进行正确的分析，表达明确，就可能得到较高的分数。而考生如果把“因果倒置”说成“循环论证”，那么很可能造成严重失分。因而，错用术语比不用术语更不可取。

我们建议考生，遵照如下策略来分析文章。

（1）分析要重结构、轻内容。要对论证结构、谬误进行分析，不要被待评估论证的内容把注意力牵走，应把分析重点放在论证缺陷上，而不是论证的观点上。

（2）分析要兼顾整体和细节。要注重整体论证框架，不能一头扎进细节，大缺陷往往不在语词和单一命题上。

（3）分析要沿着论证链条进行。要注意分析方法，不能生搬硬套，不能断章取义。应该言之有物、有的放矢、实事求是。

3. 逻辑缺陷的识别与阐述

具体的逻辑谬误是很多的（详见本书中篇的介绍），试卷中所给出的“论证有效性分析”文章一般包含的逻辑漏洞较多，但只要求考生精选出四个左右的逻辑缺陷进行分析，也就是对其中严重的逻辑漏洞做总体的分析与概括，评估论证的可靠性，书写成文即可。考生要尽量熟悉常见逻辑错误的特征及其表述，现把常见的逻辑缺陷归纳并列举如下。

（1）混淆概念类错误：分析文章是否存在前后概念理解混淆的现象，可能有“混淆概念”的错误。

（2）概念不一致错误：文中在概念的使用上可能存在问题，在说到事件 1 时，上文中用的是概念 1，而在说到事件 2 的时候，用的却是概念 2。这两个概念显然是前后不一致的。

（3）数字谬误：在文中出现数字百分比的列举时，要分析考虑分子和分母的变化，以及样本基数的变化中错误的推理。

（4）数据和结论不相干：论证者提供的数据与其结论的关联性十分有限，数据不能有效支持结论。

（5）轻率概括的谬误：文中出现举例的，首先考虑可能会有“轻率概括”或“以偏概全”的可能，即在文中并没有提供调查/个案是否具有典型性。

（6）不当假设：作者在论证中所作的假设是不恰当的。

（7）不当类比错误：若出现寓言故事，则可能存在“不当类比”的错误；（故事/寓言）和（企业经营之道/启发）不具有客观的类比性。

（8）不当类推：由过去不当类推到现在和未来。

（9）存在他因：论据 1 或论据 2 是否导致某现象的唯一原因呢？是否存在其他原因导致该现象发生呢？

（10）非黑即白：这两种情况虽然同时并存，但否定一方，并不意味着一定导致另一方成立。

（11）强加因果：文章的论证看似很有道理，其实前提和结论二者并不相干。

（12）条件关系错误：文章论证是否错误地使用了条件关系。

（13）自相矛盾错误：文章结论是否存在“自相矛盾”的推理。

（14）绝对化错误：考虑论述者是否存在“想当然的绝对推理”的错误。

（15）考虑问题不全面错误：即使文中作者的推理是正确的，但要考虑最终的解决方法是否是唯一的，是否会产生负面和消极影响。

（三）评论性写作

“论证有效性分析”的写作是评论性写作，其关键是：分析评估、评而不驳。即评论论证方法的优劣，而不是反驳题干的观点。所以，要首先把论证评论和反驳某种观点区分开。论证评论是针对论证方法的，是从思维技术和写作技术层面展开的评述，目的是揭示题干论证的谬误，以期改进作者的批判性思维。

所以，原则上，论证评论不涉及个人对题干所论证主题的观点和立场。也就是说，不要试图说明你个人对此主题的观点。论证分析者在多数情况下是不同意原论证作者观点的，但也有可能会同意原论证作者的观点，这都不是关键，重要的是不管你同意还是不同意原论证作者的观点，只要原作者的论证存在缺陷，你就要把这些缺陷和漏洞找出来并进行分析评论。

简而言之，论证有效性分析的写作要围绕的主题是：这样的论证恰当吗？有效吗？也就是说，无论你同意还是不同意原文的观点，你的写作目的只有一个，就是对论证方法进行评论，指出论证缺陷。要紧紧围绕这一点来写作，这样才不会跑题。

1. 评论性写作的行文要点

从论证分析的角度看，是指出题干的论证性如何，即是否有效、是否严谨、是否恰当等。从评论写作的角度看，即行文的论证性如何，同样也有一个是否有效、是否严谨、是否恰当的问题。评论性写作的行文要尽量做到以下几点。

（1）论题清晰、明确。

（2）说理透彻。

（3）文章的层次分明、结构严谨。

（4）写作有条理。

2. 评论性写作的语言表达

评论性写作的语言表达要尽量做到以下几点。

（1）使用平实的语言——不要刻意雕琢语词，不要纠缠细节。

（2）使用清晰、准确的语言——不用形容词和比喻，杜绝夸张性语言。

（3）详略得当——掌握分析的尺度，避免多余或过多的解释。

（4）行文流畅——用词尽量规范，分析论述不拖沓。

三、案例分析

论证有效性分析通常是分析所给出的论证中存在的缺陷和漏洞，选择若干要点，写一篇规定字数的文章，对该论证的有效性进行分析和评论。

论证有效性分析的一般要点是：概念特别是核心概念的界定和使用是否准确并前后一致，有无各种明显的逻辑错误，论证的论据是否成立并支持结论，结论成立的条件是否充分，等等。

■案例一

民主集中制是一种决策机制。在这种机制中，民主和集中是缺一不可的两个基本点。

民主不外乎就是体现多数人的意志。问题在于什么是集中。对此有两种解读：一种认为“集中”就是正确的意见；另一种认为“集中”就是集中多数人的意见。第一种解读看似有理，实际上是一种误解。

大家都知道，五四运动有两面旗帜，一面是科学，一面是民主。人们也许没有想到，这两面旗帜体现的是两种根本对立的原则。科学强调真理原则，谁对听谁的；民主强调多数原则，谁占多数听谁的。所谓“集中正确的意见”，就是强调真理原则。这样解读“集中”就会把民主集中制置于自相矛盾的境地。让我们想象一种情景：多数人的意见是错误的，少数人的意见正确。如果将“集中”解读为“集中正确的意见”，则不按多数人的意见办就不“民主”，按多数人的意见办就不“集中”。

毛泽东有一句名言：“真理往往掌握在少数人手里。”把集中解释为集中正确意见，就为少数人说了算提供了依据。如果这样，民主岂不形同虚设？

什么是正确的，要靠实践检验，而判断一项决策是否正确，只能在决策实施之后的实践中进行检验，不可能在决策过程中完成。不知道什么是正确的，如何“集中正确意见”来做决策？既然在决策中集中正确的意见是不可能的，民主集中制的“集中”当然就应该是集中多数人的意见。

[论证缺陷分析]

上文的逻辑结构以及主要逻辑缺陷分析如下。

		原文	逻辑缺陷分析
观点		把民主集中制的“集中”认为“集中正确的意见”的看法有误	这一观点不能令人信服
论证过程	1	科学强调真理原则，谁对听谁的；民主强调多数原则，谁占多数听谁的。所谓“集中正确的意见”，就是强调真理原则。这样解读“集中”就会把民主集中制置于自相矛盾的境地	真理原则确实不同于多数原则，在某些情况下二者可能会冲突，但这不等同于二者相互矛盾、根本对立。科学和民主这两面旗帜并非根本对立，而应该认为是密切相关、缺一不可
	2	让我们想象一种情景：多数人的意见是错误的，少数人的意见是正确的。如果将“集中”解读为“集中正确的意见”，则不按多数人的意见办就不“民主”，按多数人的意见办就不“集中”	这一判断不准确。 即使将“集中”解读为“集中正确的意见”，按多数人的意见办也是“集中”
	3	把集中解释为集中正确意见，就为少数人说了算提供了依据。如果这样，民主岂不形同虚设？	即使把“集中”解释为“集中正确意见”，只要真正发挥民主，就不可能为少数人说了算提供依据，就不可能使民主形同虚设
	4	什么是正确的，要靠实践进行检验。判断一项决策是否正确，只能在决策实施之后的实践中进行检验，不可能在决策过程中完成。不知道什么是正确的，如何“集中正确的意见”来做决策？	什么是正确的，除了靠实践进行检验以外，还可以靠理论和理性进行检验，而且靠实践进行检验，既包括用决策后的实践检验，也包括前人和决策之前的各种实践的检验。 这段论述有“绝对化”谬误之嫌
	5	既然在决策中集中正确的意见是不可能的，民主集中制的“集中”当然就应该是集中多数人的意见	这两个观点并不自相矛盾，既然两个观点并非互相矛盾，因此，即使“第一种观点是不正确的”，也推不出“第二种观点是正确的”

[参考范文]

如何理解民主集中制的“集中”？

上文通过分析论述民主集中制的两种“集中”的观点，认为这两种观点是自相矛盾的，作者由此认为，把“集中”认为“集中正确的意见”的看法有误。由于文章的论证缺乏科学性，由此而得出的结论是不可信的，其论证的有效性值得质疑。

首先，科学强调真理原则，真理原则确实不同于多数原则，在某些情况下二者可能会冲突，但这不等同于二者相互矛盾、根本对立。一般来说，对同一事物的认识，多数人能够从不同角度、不同层面进行观察和思考，较之少数人的认识更全面、更深刻，更接近事物的本来面目，也就更带有真理性，这是这两条原则协调的一面。因此，科学和民主这两面旗帜并非根本对立，而应该认为是密切相关、缺一不可。

其次，多数人的意见是错误的，少数人的意见是正确的，在这样所设想的情景下，作者认为，如果将“集中”解读为“集中正确的意见”，则按多数人的意见办就不“集中”，这样解读“集中”就会把民主集中制置于自相矛盾的境地。这一推理是站不住脚的。确实，真理一开始往往首先被少数人所认识，而被多数人认为是异端。这时必须借助时间和实践来解决，若少数人的意见带有真理性，而真理是经得起实践检验的，那就要求掌握真理的少数人不仅仅通过理论，更要通过实践向多数人展示自己认识、意见的真理性，逐步为多数人所接受，变少数为多数，实现服从多数与真理的统一，这样，最终达到民主与集中的统一。可见，即使将“集中”解读为“集中正确的意见”，按多数人的意见办也是“集中”。

再次，“集中正确的意见”可以理解为一个决策的结果，也可以理解为通过长期反复，最终达到多数人认可的结果。在长期认识和决策的过程中，通过民主，集中正确的意见的可能性就大，即使“真理往往掌握在少数人手里”，用民主的方式，可能一开始并没有集中到正确的意见，但随着时间和实践的推移，正确的意见逐步被多数人认识到，正确的意见终将会被“集中”。因此，即使把“集中”解释为“集中正确意见”，但只要真正发挥民主，就不可能为少数人说了算提供依据，就不可能使民主形同虚设。

最后，什么是正确的，除了靠实践进行检验以外，还可以靠理论和理性进行检验，而且所谓靠实践进行检验，既包括靠决策后的实践进行检验，也包括前人和决策之前的各种实践的检验。可见，文章中“判断一项决策是否正确，不可能在决策过程中完成”以及“在决策中集中正确的意见是不可能的”，这有“绝对化”谬误之嫌。另外，就前面分析可知，“集中正确的意见”和“集中多数人的意见”在多数情况下是一致的，只有在少数情况下不一致，即使在少数情况下不一致，也可以通过时间和实践最终来达到一致。因此，这两个观点并不自相矛盾，既然两个观点并非互相矛盾，所以，即使“第一种观点是不正确的”，也推不出“第二种观点是正确的”。

总之，民主集中制是在民主基础上的集中和在集中指导下的民主相结合。民主是集中的基础，只有充分发扬民主，才能达到正确的集中。民主集中制就是要使民主和集中二者辩证地统一。

综上所述，由于该论证存在上述种种问题，所以是难以令人信服的。

■案例二

AlphaGo（阿尔法狗）是谷歌旗下的DeepMind公司开发的智能机器人，其主要工作原理是深度学习。2016年3月，它和世界围棋冠军职业九段选手李世石的人机大战，以4比1的总比分获胜。2017年5月，在中国乌镇围棋峰会上，它又与排名世界第一的柯洁对战，以3比0的总比分获胜。围棋界公认的AlphaGo的棋力已经超过人类排名第一的棋手柯洁，赛后柯洁也坦言："在我看来，它（AlphaGo）就是围棋上帝，能够打败一切……对于AlphaGo的自我进步来讲，人类太多余了。"

的确，在具有强大自我学习能力的AlphaGo面前，人类已黯然失色，显得十分多余了。未来机器人将变得越来越聪明。什么是聪明？聪明就是记性比你好，算得比你快，体力比你强。这三样东西，人类没有一样可跟机器人相提并论。因此，毫无疑问，AlphaGo宣告人类一个新时代的到来。现在一些饭店商店已经有机器人迎宾小姐，上海的一些高档写字楼已经由机器人送餐，日本已诞生了全自动化的宾馆，由清一色的机器人充当服务生。除了上天入地，还干许多人类干不了的活。机器人还可以进行难度更高、精确度更高的手术，它们还能写书法、绘画，创作诗歌小说等，轻而易举进入这些原本人类专属的领域。迈入人工智能化时代，不只是快递小哥，连教师、医生甚至艺术家都要被智能机器人取代了！

现在，我们正处在信息呈几何级数增长的大数据包围中，个人的知识量如沧海一粟，显得无足轻重。过去重视学习基础知识的算法，如让小孩学习加减乘除、背诵默写古诗词等，已经变得毫无意义。你面对的是海量数据，关键不是生产而是使用它们，只要掌握如何搜索就行，网络世界没有你问不到的问题、搜索不到的信息和数据。一鼠标在手，你就可以畅行天下、尽享天下了。可以说，在这样的时代，人的唯一价值在于创新，所以教育的改革在于培养具有独立思考能力，具有批判性思维、创新性思维的人。注重创新、创造、创意，这是人唯一能超越机器人的地方了。

AlphaGo战胜围棋高手，只是掀开了冰山一角，可以断言的是，随着人工智能时代的到来，人类即将进入一个由机器人统治的时代，人不如狗，绝非危言耸听，如果我们不愿意冒被机器人统治的风险，最好的办法是把已有的人工智能全部毁掉，同时颁布法律明令禁止，就像禁止多利羊的克隆技术应用在人类身上一样。

[论证缺陷分析]

上文的逻辑结构以及主要逻辑缺陷分析如下。

<table>
<tr><th colspan="3"></th><th>原文</th><th>逻辑缺陷分析</th></tr>
<tr><td colspan="3">观点</td><td>人类即将进入一个由机器人统治的时代，最好的办法是明令禁止人工智能</td><td>过于绝对化了</td></tr>
<tr><td rowspan="2">论证过程</td><td rowspan="2">1</td><td>(1)</td><td>AlphaGo战胜世界围棋冠军李世石和排名世界第一的柯洁……在具有强大自我学习能力的AlphaGo面前，人类已黯然失色</td><td>这一断定是不足信的。因为阿尔法狗的深度学习能力是人类设定的程序与学习模式，是一群科研人员的研发成果，没有人类何来阿尔法狗？</td></tr>
<tr><td>(2)</td><td>聪明就是记性比你好，算得比你快，体力比你强。这三样东西，人类没有一样可跟机器人相提并论。因此，毫无疑问，AlphaGo宣告人类一个新时代的到来</td><td>聪明是综合实力的判断，而非简单取决于记忆力、算力和体力这三方面能力的表现，即使这三方面比人类好，但是综合能力未必比人类好。人类进入新时代不仅仅是由于机器人比人类在某个方面更聪明，而是时代与技术发展的结果</td></tr>
</table>

续前表

			原文	逻辑缺陷分析
论证过程	2	(3)	现在，我们正处在信息呈几何级数增长的大数据包围中，个人的知识量如沧海一粟，显得无足轻重	“在信息量呈几何级数增长的大数据包围中”难以证明“个人的知识存量显得无足轻重”。因为信息不等于知识，信息只有通过被人们理解、认识和利用，才能成为知识
		(4)	你面对的是海量数据，关键不是生产而是使用它们，只要掌握如何搜索就行。…一鼠标在手，你就可以畅行天下	只要掌握如何搜索，未必可以搜到各种知识，未必就可以畅行天下。因为掌握了搜索能力，但是如果没有辨识力和判断力是很难筛选出哪些是有效的信息，怎能搜到自己需要的各种信息?
		(5)	注重创新、创造、创意，这是人唯一能超越机器人的地方了。	看法过于绝对化。因为人与机器人的差别远不如此，比如人类具有同理心、同情心、亲和力、情感交流能力、团队协作能力等，这些都可以成为超越机器人的地方
	3	(6)	如果我们不愿意冒被机器人统治的风险，最好的办法是把已有的人工智能全部毁掉	非黑即白的错误，因担心人工智能的负面影响而主张对它采取完全排斥的态度，这过于绝对化了

［参考范文］

人工智能真的是洪水猛兽吗?

上文围绕人工智能这一议题，试图通过论证说明，人类即将进入一个由机器人统治的时代，最好的办法是明令禁止人工智能。由于该论证存在较大的逻辑缺陷，因此，其观点是不足信的。

第一，作者列举了AlphaGo战胜世界围棋冠军李世石和排名世界第一的柯洁，从而来说明，在具有强大自我学习能力的AlphaGo面前，人类已黯然失色。这一推论的理由是不充分的。因为AlphaGo的深度学习能力是人类设定的程序与学习模式，是一群科研人员的研发成果，没有人类何来阿尔法狗？AlphaGo战胜李世石和柯洁，只能说是人类群体的智慧战胜了个体智慧，AlphaGo的能力从另一面反而更加证明了人类的能力强大。况且，人类与机器人显然存在着本质的区别，人类的创造力与情感表现机器人是不具有的。

第二，“记忆力好、算得快、体力好这三样机器人比人强”不足以说明“机器人比人类聪明”。因为聪明是综合实力的判断，而非简单取决于这三方面的表现，即使这三方面比人类好，但是综合能力未必比人类好，比如，创新能力、同理心、独立思考能力、批判性思维能力，这些目前仍是人类独有的能力，比文章所提及的单纯的“聪明”更为重要。人类进入新时代的标志不应该是机器人在某个方面比人类更聪明，而应该是人工智能使机器人能够胜任一些通常需要人类智能才能完成的复杂工作，受人类控制并服务于人类。

第三，“在信息量呈几何级数增长的大数据包围中”难以证明“个人的知识存量显得无足轻重”。因为信息是碎片化的，知识是系统化的，信息的大数据只是说明信息量大，但是知识是人类在实践中认识客观世界的成果，它包括事实、信息的描述或在教育和实践中获得的技能。信息不等于知识，信息只有被人们理解、认识和利用，才能成为知识。人的创造力，需要以个人的知识为前提。因此，在当今信息量呈几何级数增长的时代，反而更加凸显了个人知识存量的重要性。

第四，掌握了如何搜索，未必就可以搜到各种知识，也未必可以畅行天下。因为掌握了搜索能力不代表搜索者的分析和辨识能力强，虽然能在百度上搜到所谓的名词，但是网络信息繁多，如果没有分析力、辨识力和判断力是很难筛选出哪些是有效的信息，怎能搜到自己需要的各种信息？而且，推动社会发展和技术进步的关键并不是信息本身，而是对信息的转化和处理能力，以及创造新知识的能力，所以，只会信息搜索是远远不够的。

第五，文章认为，注重创新、创造、创意，这是人唯一能超越机器人的地方了。这一看法过于绝对化了，因为人与机器人的差别远不如此，比如人类具有思维和意识，并具有同理心、同情心、亲和力、情感交流能力、团队协作能力等，这些都可以成为超越机器人的地方。

第六，作者最后提出观点：如果我们不愿意冒被机器人统治的风险，最好的办法是把已有的人工智能全部毁掉。这犯了“非黑即白”的错误，因担心人工智能的负面影响而主张对它采取完全排斥的态度，这过于绝对化了。因为如果我们不愿意被机器人统治，那么最好的办法是不断完善相关技术，设定一系列人工智能安全机制，来使得机器人更好地服务于人类，而不是简单地毁掉或禁止人工智能。

总之，由于该论证存在上述诸多逻辑漏洞，所以，其有效性受到严重质疑。

■案例三

甲：有人以中医不为西方人普遍接受为由，否定中医的科学性，我不赞同。西方人普遍不能接受中医，是因为他们不理解中国的传统文化。

乙：西医是以科学研究为根据的，科学研究的对象是普适的自然规律。因此，科学没有国界，科学的发展不受民族或文化因素的影响。把中医的科学地位归咎于西方科学界不认可中国文化，是荒唐的。

甲：“科学是没有国界”是一个广为流传的谬误。如果科学真的没有国界，为什么外国制药公司会诉讼中国企业侵犯其知识产权呢？

乙：从科学的角度讲，现代医学以生物学为基础，而生物学建立在物理、化学等学科的基础之上。中医不以这些学科为基础，因此它与科学不兼容，只能说是伪科学。

甲：中医在中国有几千年的历史，治好了很多人，怎么能说它是伪科学呢？人们为什么崇尚科学，是因为科学对人类有用。既然中医对人类有用，凭什么说它不是科学？西医自然有长于中医的地方，中医也有长于西医之处。中医体现了对人体完整系统的把握，强调整体观念、系统思维，这是西医所欠缺的。

乙：我去医院看西医，人家用现代科技手段从头到脚给我检查一遍，怎么没有整体观念、系统思维呢？中医在中国居于主导地位的时候，中国人的平均寿命只有三十岁左右，现代中国人平均寿命是七十岁左右，完全拜现代医学之赐。

［论证缺陷分析］

上文的逻辑结构以及主要逻辑缺陷分析如下。

		原文	逻辑缺陷分析
论题		中医是否科学？	
论证过程	1	甲：西方人普遍不能接受中医是因为他们不理解中国的传统文化	犯了虚假理由的错误，中医是否科学取决于科学的标准，而不取决于文化的标准
论证过程	2	乙：把中医的科学地位归咎于西方科学界不认可中国文化，是荒唐的	这一观点无误
论证过程	3	甲："科学没有国界"是一个广为流传的谬误。如果科学真的没有国界，为什么外国制药公司会诉讼中国企业侵犯其知识产权呢	概念混淆，"科学有无国界"和"知识产权有无国界"完全是两回事
论证过程	4	乙：从科学角度讲，现代医学以生物学为基础，而生物学建立在物理、化学等学科基础之上。中医不以这些学科为基础，因此，它与科学不兼容，只能说是伪科学	乙在断定"中医是伪科学"这一结论时，理由是不充分的。现代中医虽然不以生物学等学科为基础，但现代科学的研究方法及其成果在中医中也有应用，因此不能说中医与科学不兼容。而伪科学是把非科学一定要说成科学，而中医并未强调自己具有严格的科学性，所以，不能认为中医是伪科学
论证过程	5	甲：既然中医对人类有用，凭什么说它不是科学？中医体现了对人体完整系统的把握，强调整体观念、系统思维，这是西医所欠缺的	甲认为"既然中医对人类有用，就应当说中医是科学的"，这一推理必须假设：凡是有用的都是科学。而该假设不正确。而且，甲所认为的中医的长处，如强调整体观念、系统思维，并不能表明中医本身就是科学的，因为人的观念和思维方式不是判定科学的标准（科学的标准包括证据支持、客观性、完整性等）
论证过程	6	乙：我去医院看西医，人家用现代科技手段从头到脚给我检查一遍，怎么没有整体观念、系统思维呢？中医在中国居于主导地位的时候，中国人的平均寿命只有三十岁左右，现代中国人平均寿命是七十岁左右，完全拜现代医学之赐	乙认为西医具有整体观念、系统思维的理由是西医可以进行全身检查，这一推理曲解了"整体观念"和"系统思维"这两个概念。另外，乙通过对比，过去中医占主导地位时中国人均寿命很短，而现代中国人均寿命很长，得出结论"这完全拜现代医学之赐"。显然，这一推理存在明显的漏洞，犯了单因论的错误

［参考范文］

一场缺乏说服力的辩论

上文就"中医是否科学"这一论题，甲、乙双方展开了论辩。甲认为，中医是科学；乙认为，中医是伪科学。为此，双方进行了针锋相对的辩论，但双方在辩论中都存在诸多逻辑漏洞，现分析如下。

首先，甲认为，西方人不能普遍接受中医是因为他们不理解中国的传统文化。这犯了虚假理由的错误，中医是否科学取决于科学的标准，而不取决于文化的标准。

其次，甲根据外国制药公司诉讼中国企业侵犯其知识产权，来反驳乙的“科学无国界”论，是严重的概念混淆，“科学有无国界”和“知识产权有无国界”完全是两回事。科学无国界是指，科学知识全人类都可以无国界地学习效仿，科学成果最终也由全人类无国界地分享。知识产权是指权利人对其所创作的智力劳动成果所享有的专有权利，一般只在有限时间内有效，目的是为了更好地保护知识产权权利人的利益，知识产权在有限的保护期内是有国界的。

再次，乙在断定“中医是伪科学”这一结论时，理由是不充分的。现代中医虽然不以生物学等学科为基础，但现代科学的研究方法及其成果在中医中也有应用，因此，不能说中医与科学不兼容。而且，即使传统中医不是以生物学、物理、化学等学科为基础，也不能简单地判断中医是伪科学。当然，传统中医没有采用科学的手段、方法等，应该不属于严格的科学，但其中存在科学的成分，也包含不科学的成分。可以认为，中医并不属于严格的科学，但伪科学是指把非科学一定要说成科学，而中医并未强调自己具有严格的科学性，所以，不能认为中医就是伪科学。

另外，甲认为“崇尚科学是因为科学对人类有用。既然中医对人类有用，就应当说中医是科学的”，这一推理必须假设：凡是有用的都是科学。而该假设不正确，因为有用的未必是科学，所以这一推理不恰当。而且，甲所认为的中医的长处，如强调整体观念、系统思维，并不能表明中医本身就是科学的，因为人的观念和思维方式不是判定科学的真正标准。

最后，乙认为西医具有整体观念、系统思维的理由是西医可以进行全身检查，这一推理曲解了“整体观念”和“系统思维”这两个概念。一般来说，“整体”或“系统”应该是各个部分或各个要素的有机组合，各个部分或各个要素是相互联系和相互影响的，而并不是各个部分或要素的简单相加。另外，乙通过对比，过去中医占主导地位时，中国人均寿命很短，而现代中国人均寿命很长，得出结论“这完全拜现代医学之赐”。显然，这一推理存在明显的漏洞，犯了单因论的错误。因为过去人均寿命短也许是战争、自然灾害、生活水平低等诸多原因造成的，现代人人均寿命长也许是和平、抗自然灾害能力的提高、生活水平的提高等诸多原因造成的，因此，人均寿命的提高不能说明一定是西医的功劳，也即人均寿命的提高不一定和中医的非科学性有关。

综上所述，由于甲、乙两人在论辩过程中存在诸如此类的逻辑问题，所以，就“中医是否科学”这一论题，双方相互对立的观点都缺乏说服力。

第三节　论证构建

前述对论证结构的分析，主要是从客方的角度来审视的。然而，人们在决定自己应如何行动、评价他人的行动、为某种信念进行辩护等方面，随时需要构建自己的论证。

构建论证的基本方法是先假设结论，然后去找前提，即事先假设某个主张是对的，然后找理由去支持这个结论。论证构建的一般过程如下。

（1）提出具有理由支持的主张或观点；

（2）收集和挑选理由、论据和证据；

（3）初步论证，检视理由、证据与推理过程的合理性；

（4）进行合理的论证；

（5）自我批判或让同行来评审自己的论证；

（6）澄清与解释自己的主张；

（7）在对话过程中调整和改进自己的主张；

（8）进行反思性讨论。

当构建出一个论证之后，自己再做自我批判，找出错误或没有说服力的地方进行改进。如果可以改进完成则构建出一个好的论证，如果无法做到，那么，可能仍须努力寻找好的支持理由，或者，可以考虑放弃原本假设的结论。

一、构建模式

作为论证的主方，我们如何来构建自己的论证？一种广为流行的论证构建模式是英国哲学家图尔敏提出的，本节将详细阐述这一论证构建模式。

一个新主张、观点或一个新理论被接受，一个旧观点、旧理论被放弃，往往是一个旷日持久的论证过程，持有某种观点的人完全将自己所有的论辩对手一下子说服的情况很少。为了进行更有效的构建论证，图尔敏提出了自己的论证模型，该论证模型是受一个论证者被一个对手向其论点提出不同问题激发而成。

［阅读］图尔敏简介

斯特芬·图尔敏（Stephen Toulmin）1922 年 3 月 25 日出生于英国伦敦。1948 年在剑桥大学因数理逻辑方面的研究获得博士学位。剑桥毕业后，他从 1949 年到 1954 年在牛津大学任教，讲授科学哲学课程。1959 年赴美任教，先后在纽约大学、哥伦比亚大学和芝加哥大学等多所大学担任教职。1960 年，他回到伦敦担任了一个基金会中关于思想史研究项目的负责人。1965 年，他再次来到美国，先后任教于多所大学，并曾一度任职于美国国会的文化研究机构。1997 年，他被美国国家人文基金会遴选为杰弗逊讲座教授，这一称号被认为是美国联邦政府在人文研究领域中授予的最高荣誉。2009 年 12 月病逝于美国洛杉矶，享年 87 岁。"维基百科"的"斯特芬·图尔敏"词条，从 4 个方面介绍了他的贡献。第一，在"元哲学"方面，他同时批判了绝对主义和相对主义，深入探讨了现代化带来的人文问题；第二，在论证方法方面，他提出了影响广泛的"图尔敏论证模型"；第三，在伦理学研究方面，他深入研究了伦理学的推理途径，重振了古老的论辩术；第四，在科学哲学方面，他反对托马斯·库恩的科学范式的"革命论"，主张科学模型的"进化论"。

《论证的使用》是图尔敏一生中最重要的著作。此书从"概率（可能性）"概念入手，揭示了理性和形式逻辑在面对复杂的科学、社会问题时存在的局限性。他发现，仅仅借助于数学模型和形式逻辑，很难在现实生活中形成有效的论证。图尔敏对以形式逻辑为主体的传统逻辑学进行了反思，对始于亚里士多德的以"三段论"为代表的逻辑学体系进行了反思，对罗素和怀特海（Alfred Whitehead）所进行的逻辑学数学化的努力进行了反思。他认为，逻辑学的出发点不应是符合逻辑的理论，而应是符合逻辑的实践；逻辑学不应局限于研究理想的逻辑，更应该研究工作的逻辑（working logic），更应该研究日常生活实践中的逻辑。他指出，那种数学化的、跨时间的、跨学科领域的逻辑远远不能满足实际生活中论证和决策的需要。他认为，逻辑学中不仅需要包含形式逻辑，还需要包含非形式逻辑；不仅需要包含数学模型或几何学模型，还需要包含法学模型。在图尔敏的思想中，包含对科学的约定性的认识，对形式逻辑局限性的认识，对语言局限性的认识。这些，都是基于当代科学研究成果之上的。

（一）图尔敏论证模型

英国哲学家图尔敏在 20 世纪 50 年代早期提出了论证六要素，作为辩证情境中的论证的基本构成成分。这些要素并不是论证的微观结构的要素，即并非通过分析论证陈述的形式结构得出的，而是作为论证的宏观结构的要素。

1. 图尔敏模型的要素

在图尔敏的论证模型中包含主张或结论（Claim，C），根据（Ground，G）或者资料、事实（Datum，D），理据、担保或保证（Warrant，W），支撑（Backing，B），限定词（Qualifier，Q），反驳（Rebuttal，R）等 6 个基本要素。

（1）主张（Claim），即结论，是要被证明的陈述、论点、观点。

（2）根据（Ground）或者资料、事实（Data），就是用来论证的事实证据、理由（相当于三段论中的小前提）。

（3）理据、担保或保证（Warrant），即使正当理由，就是用来连接证据和结论之间的普遍性原理、原则、规律等，是连接证据和结论之间的桥梁。在前面讨论的论证结构中，保证被归在理由（前提）一类，常常是其中的大前提，或者是隐含前提和假设（若没有明确列出）。

（4）支撑（Backing），也叫支援，即用来支持上面的保证（大前提）的陈述、理由，它不是直接来支持结论，而是支持保证，表明这些普遍原则或关系是可靠的。

（5）反驳（Rebuttal），即可能的反证，是对已经知道的反例、例外的考虑、反驳和说明。

（6）限定词（Qualifier），即模态限定词，是对保证、结论的范围和强度进行限定的修饰词，常常是因为有了对反例的考虑，从而对结论进行限定。

图尔敏模式的论证的基本过程是：根据（G）或者资料、事实（D）和受支撑（B）支持的理据（W）一起，在接受了反驳条件（R）的反驳之后，经过限定词（Q），使结论（C）得以成立。

2. 图尔敏的基本论证模型

图尔敏模式的显著特点是，从主方立场构建的论证，一开始就预见和打算回应可能的质疑和挑战。正是在不断考虑回应挑战的过程中，论证的构建活动得以完善。

下图给出了图尔敏的基本论证模型。

可见，图尔敏模型是指这样一个模型：给定证据事实 G，既然依据 W 有 B 作为支持；因此，带量词的主张 C 成立，除非存在特定的反驳 R 使得这个推理不成立。

图尔敏模式可以看成是在批判性对话框架中，主张者为了应付可能的挑战者提出的各种批判性问题而采取的构建论证的程序或步骤。因此，论证模式中的 6 个因素，分别是对挑战者提出的 6 类批判性问题的回答。

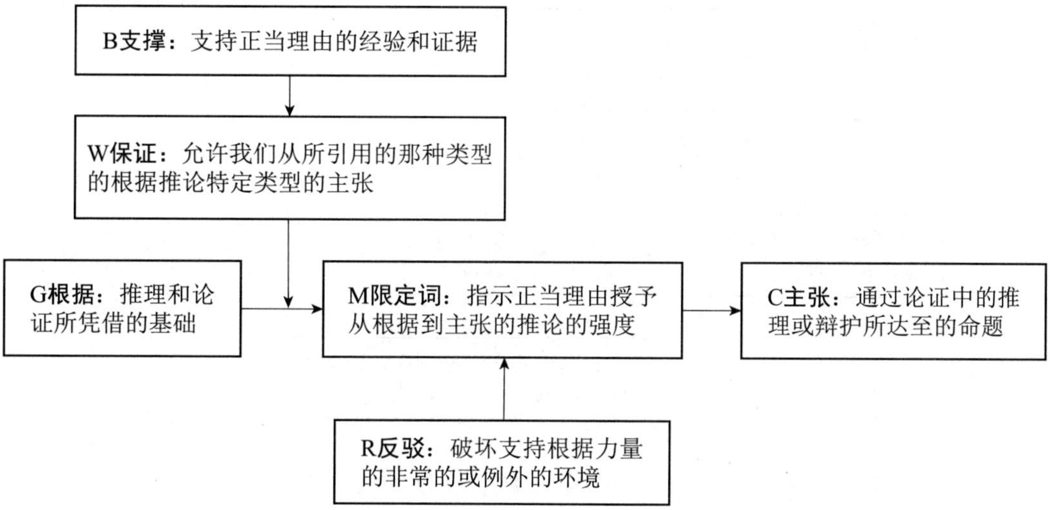

批判性问题	回答
对现有的这个问题怎么处置？	C：主张（结论）
你得出的主张有何依据？	G：根据（论据）
你如何从这些根据得出该主张？	W：保证（担保）
这个保证可靠吗？	B：支撑
你的主张有多强？	M：限定词
哪些可能发生的情况或许推翻该论证？	R：反驳（反证）

例 1：假设我们认为：张山对著作 X 有著作权？

为论证这个主张，就要证明张山有著作 X 的著作权。

分析：首先得提出证据，即著作 X 的版权页上标明张山是作者。

其次，根据一般知识，作者一般拥有著作权，这就可以证明我们的主张。

但是，他人也许质疑，“作者一般拥有著作权”是否可靠？我们引用具体法律条文，比如《著作权法》，表明我们使用的规则或一般知识是靠得住的。

不过，别人依然可能提出一些例外情形，比如揭发张山署名的著作 X，其实是他人代劳，或者是剽窃他人的，等等。我们只有排除这些例外情况，才能有力地坚持我们的主张。

正是由于这些可能的情况有可能存在，也因为我们所引用的一般知识是可废止概括，因而，我们只能有保留地坚持我们的结论。

假设 C＝张山有著作权；G＝此书版权页上标明张山是作者；W＝作者一般有著作权；B＝这根据著作权法的规定；R＝真正的作者是别人，或此书存在严重剽窃行为，或……；Q＝假设地（很可能）。这个论证可用图尔敏模式表示如下。

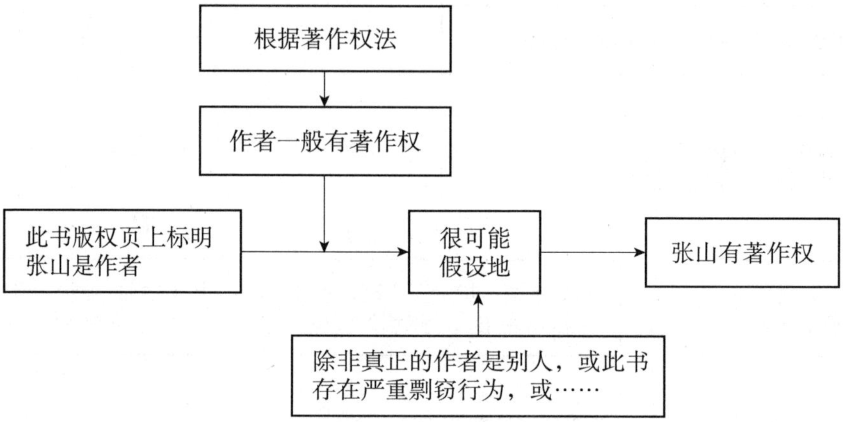

例 2：假设我们现在面临这样一个问题：是否有地震要发生？

如果我们认为有地震要发生，然而别人可能对此有所怀疑。所以，我们得论证这个主张。

分析：首先得提出证据，即一些动物有异常表现。

其次，根据一般知识，动物能预感地震，这就可以证明我们的主张。

但是，他人也许质疑，“动物能预感地震”是否可靠？我们引用“一些专家是这么认为的”，表明我们使用的一般知识是靠得住的。

不过，别人依然可能提出一些例外情形，比如动物受到气候的影响，或受到污染的影响等才有异常表现。我们只有排除这些例外情况，才能有力地坚持我们的主张。

正是由于这些可能的情况有可能存在，也因为我们所引用的一般知识是可废止概括，因而，我们只能有保留地坚持我们的结论。

假设 C＝有地震要发生；G＝一些动物有异常表现；W＝动物能预感地震；B＝一些专家是这么认为的；R＝其他因素影响了动物；Q＝假设地（很可能）。这个论证可用图尔敏模式表示如下。

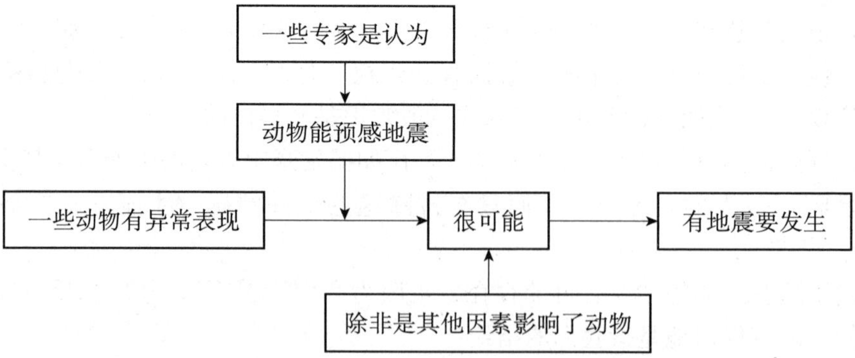

上述论证模式可以简略表示如下图：

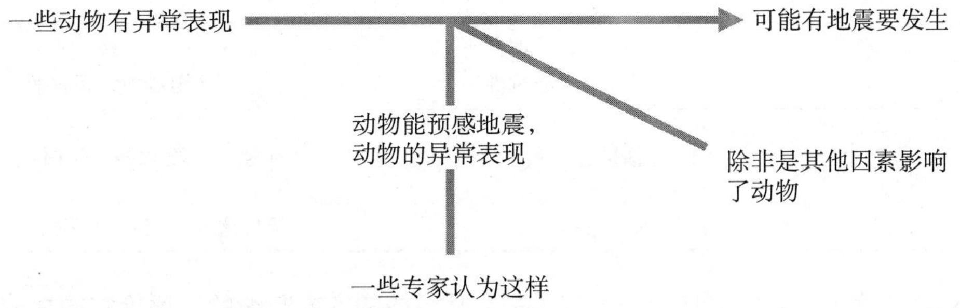

3. 图尔敏模型的优点

图尔敏论证模型构建出了明晰的论证，其优点如下。

（1）该模型用不同的位置表示出论证各部分的功能及其必要性。

展示了论证是个“有机整体”，证据通过保证支持主张，即证据达到结论是因为保证，而保证本身也需要支撑，限定是由于辩驳而生的，六个要素各自起不同作用，整个论证的说服力取决于各要素的结合程度。

（2）该模型是寻找或构建论证的隐含前提和假设的样本。

当一个论证的证据、保证没有明确陈述时，该模型促使去寻找这些“隐含前提”。寻找保证的支撑也促使人们探索到“支撑假设”的层次上，以帮助人们步步深入到论证的深层结构。

（3）该模型凸显了辩驳的必要性，这种辩证性在一般论证结构中难以体现。

在实际论证中，好论证必须考虑反例，一个论证如果没有认真考虑其他论证的反驳，就不能认为是个成功的论证。该模型有助于提示人们开阔思路，考虑对立面。

（4）该模型明确了“限定”的作用，反映了论证和结论的确定程度和范围。

“限定”是一种保证论证合理性的调控手段，它表示了两种因素的参与：一是具体情况、条件的因素；二是上面说的辩驳、反例的作用。

好论证是前提和结论的合适配合。调整结论，以适合证据的能力，是一个常见的保护和加强论证的办法。论证被发现不合理，常常指的是结论超出了证据的力度。改变结论的适用范围、时间、程度，或者改变前提对结论支持的力度（模态），可以直接改变论证的合理性质，避免反驳和反例。调整结论可以从两个方面入手。

其一，调整前提支持结论的强弱程度：从必然、绝对调整到或然、可能；

其二，调整结论的适用范围和程度，从全称判断调整到特称判断，从所有到有些，从最好到较好等。

论证的支持强度和结论的强度，有以下这些表述强度和程度的词语来决定。

	强 （绝对性）	弱 （相对性、可能性）
模态 （支持程度）	这一定是、这必然是、这可以逻辑地导出、这当然是、这意味着、这包含着、这证明了	或然地、可能地、提示、似乎、较明显地、支持、相当程度上
量词 （数量和范围）	全部、所有	一些、很多、大部分、多数、个别、某个

续前表

	强 （绝对性）	弱 （相对性、可能性）
时态 （时间长短和出现频率）	永远、总是、一贯	有时、一段时期、长时期
程度	最好、唯一好	最好之一、较好、好的

显然，改变模态，可以使论证改变类型，从演绎的变成归纳的；评价它的标准将会变化，从严格的有效性变为概率性，这样论证可以容忍个别的反例。改变结论的量词（数量和范围）、程度形容词、时态也有同样的作用。

（二）论证构建的步骤

图尔敏模型能有效地表述实际的论证模式，对于论证的构建具有指导意义。

1. 构建论证的一般步骤

根据图尔敏模型，论证构建的一般步骤为：给定根据 G，我们可以诉求正当理由 W（它依赖支援 B），在特殊反证（R）或取消资格的情况缺失时，来证明主张 C。

步骤	要点	类比司法上的应用
1	提出一个特定的主张（Claim）	类似于倾向于提出一个法律判决
2	提出该主张所基于的根据（Ground）	类似于提出法律证据和事实
3	提出确保从根据得出主张的规则、原则或其他推论许可，即正当理由或保证（Warrant）	类似于裁决的得出除了要基于法律证据和事实，还要依据法律条款或原则
4	当正当理由的权威性遭到怀疑时，所提出的支援（Backing）就用来核定保证	类似于有效法律的适用要有相应的法律渊源
5	可能的例外或特殊情况，或许会推翻提出的这个论证，它们是该论证的反驳或反证（Rebuttal）	类似于有些案件构成了一个法律规则适用的例外
6	给主张添加一个限定词（Qualifier），要考虑到这个论证给主张提供的证明能有多强	类似于法律判决的程度范围

当然，在实际论证中，图尔敏论证结构中的某些元素通常是隐含的我们依照保证进行推理和论证，但保证通常没有被表达出来。证据也只是在我们被要求证明从根据得出结论的推导的恰当性时才需要表达出来，反驳也常常未被陈述出来，甚至限定词也常常是隐含的。

例 3：假设你现在面临这样一个问题：是否应该买 X 型车？

如果你认为应该买 X，然而别人可能对此有所怀疑。所以，你得论证这个主张。

分析：按上述图尔敏模式分析后，可构建如下论证模式的简略图。

2. 图尔敏模式的扩展

人们注意到，虽然图尔敏模式强调对“保证”需要“支撑”，即支持规律的理由，但

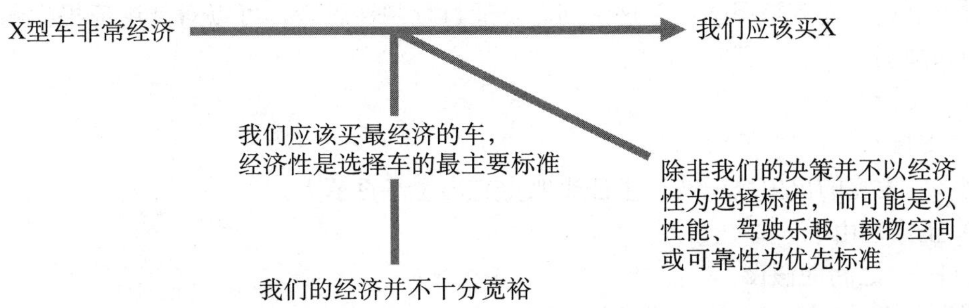

对证据（根据）却没有这样的要求。但是，实际上，对证据，不管是个人的经验事实、公众的报道，还是科学观察和实验的报告，都有一个判断其可靠性的问题，这是日常生活和科学论证中一个不能忽视的关键资格审查。所以一些人提出扩展图尔敏模式，在证据下面加上“确认”（Verifier）的部分，它是对证据的辩护，包括个人经验、公众观察实验报告、引用、背景知识等。虽然我们在下面说明图尔敏模式时主要引用其原来的形式，但一定要记住，在实际论证中，这个对证据的“确认”部分的必要性和重要性。当我们讨论理由、科学推理、隐含假设等内容时，我们其实就是在谈它，即证据的辩护问题。

例 4：假设我们现在面临这样一个问题：麦克是哪国人？

我们的回答可能是：英国人。然而别人可能对此有所怀疑。所以，我们得论证这个主张。接下来，要证明麦克是英国人。

分析：首先得提出证据，即麦克出生于百慕大。

其次，根据一般知识，出生于百慕大的人通常是英国人，这就可以证明我们的主张。

但是，他人也许质疑，“出生于百慕大的人通常是英国人”是否可靠？我们引用具体法律规定，表明我们使用的规则或一般知识是靠得住的。

不过，别人依然可能提出一些例外情形，比如麦克的双亲是外侨，或者麦克加入了美国籍等。我们只有排除这些例外情况，才能有力地坚持我们的主张。

正是由于这些可能的情况有可能存在，也因为我们所引用的一般知识是可废止概括，因而，我们只能有保留地坚持我们的结论。

假设 C＝麦克是英国人；G＝麦克出生于百慕大；W＝出生于百慕大的人通常是英国人；B＝根据法律规定；R＝麦克的双亲是外侨，或者麦克加入了美国籍等，或……；Q＝假设地（很可能）。这个论证可用图尔敏模式表示如下。

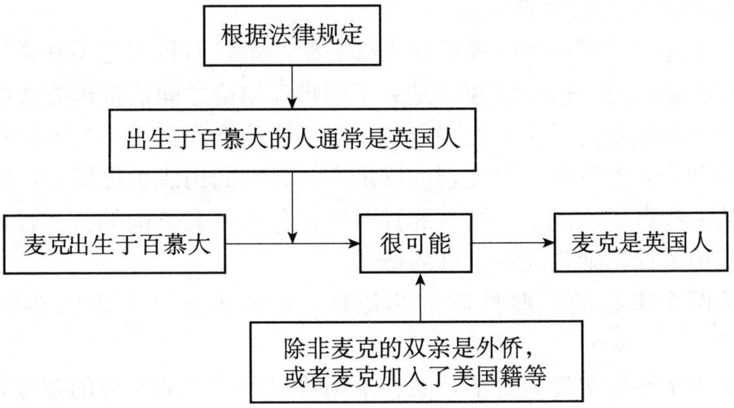

对于上述“麦克是哪国人”这一问题，通过批判性思考，可以对其论证提供各种角度的支持和削弱。

（1）支持

1）支持 G

例如：麦克的出生登记或出生证表明麦克出生于百慕大。

2）正当理由

①G—C 之间的假设。

例如：出生于百慕大的人通常是英国人。

②支援（增加新论据）。

例如：出生于百慕大的人通常是英国人，这是法律规定的。

3）没有其他反驳因素

例如：麦克的双亲不是外侨，或者麦克没有加入美国籍。

4）支持 C

例如：麦克有英国护照。

（2）反驳

1）削弱 G，即攻击根据（前提）

例如：麦克并不是出生于百慕大，而是出生于伦敦。

2）反驳正当理由（假设）

①断开 G—C 之间的联系。

例如：出生于百慕大的人是法国人。

②反驳对理由的支援。

例如：不存在“出生于百慕大的人通常是英国人”那样的国籍法。

例 2：对该法的解释不正确，即“出生于百慕大的人不一定是英国人”。

3）另有他因

例如：麦克后来加入了美国籍（或其他国籍）。

例 2：麦克的父母亲是外侨。

4）反驳 C，即直接反驳结论

例如：麦克仅持有美国护照。

例 2：麦克没有英国护照。

3. 图尔敏模型中常见的推理方式

图尔敏模型上标出了哪一个前提推导出哪一个结论，但我们还不知道这个前提是以什么方式推导出它的结论的。这个问题，是关于前提和结论之间的推理方式的问题。

结论是由前提和推理关系两方面决定的。对不同的推理方式，有不同的标准来衡量其好坏。图尔敏模型中列出下面几大类别的推理方法，它们构成了保证的性质。

• 概括：从一些事实、例证、样本的真实性推导出更大范围的真实性，包括归纳概括和统计归纳，其中统计归纳是现在常见的形式。

• 类比：从两个事物的一些性质的相似性，推导出这两个事物在别的性质上的相似性。

• 标志：认为某种事实代表着某种隐含事物或者更广泛的原理的存在，实际上是寻求解释的推理，即根据已有的现象，推理和它相关的因素、隐含的因素或者引起它的因素。比如新的流行感冒代表一种新的流感病毒的存在。

- 因果：推理某种事物是另一种事物的原因或者结果：推导因果关系的存在。
- 权威：引用某个权威人士或者机构的断言来证明观点或事实的真实性。
- 原则：运用某种广泛认为有效、真实的原则和普遍规律来推导结论，从而证明其适应场合下的结果的存在。这些原则有的是因果关系定律，有的是普遍规律。
- 另外，还有科学中的最佳解释推理、假说演绎推理以及现实生活中决策和行动的实践推理等。

二、论证组织

揭示真理或者传播自己的主张都需要组织好论证。论证是形成认识和决策的过程，在实际生活中表达论证，目的是说服受众（目标读者或听众）来接受自己的主张。

（一）论证的要求与规则

所谓论证，是指论证者为自己的主张（结论）提出理由（前提）并企图说服他人接受该主张的过程和结果。论证需要遵守一定的要求，根据不同的需要或标准，可以列出不同的论证规范。这里主要从认识论角度列出如下论证的要求与规则。

1. 关于论题（或论点、主张）的要求

（1）论题必须清楚、确切

论证活动要做到有的放矢、富有成效，论题本身必须清楚明白、简明扼要。否则，会犯“论旨不清”的错误。

（2）论题在论证过程中要保持同一

论证者必须对论题把握准确，若作者或演讲者缺乏论题意识时，就往往会游移于论题之外，从而犯“转移论题”或“偷换论题”的错误。

（3）论题的可信度必须低于论据

一个论证进行的必要性是因为某论点的真实性或可接受性不明显，容易受到人们的怀疑，于是需要用一些更可信、更可接受的命题作论据，以合乎逻辑的方式推出该论点的真实性或可接受性。否则，如果论点的可信度比论据还高，那就没有必要用该论据去论证该论点了。

2. 关于前提（或理由、论据）的要求

论证的力量来自理由。论证的合理性，首先要看它是否有理由，然后再来分析和判定这理由是否足够好，是否能合理地支持主张。

理由，即论证中使用的论据，通常是一些已经被证实为真的论断。科学原理的陈述、法规与道德方面的行为准则、经验事实的总结概括、合乎逻辑的推理判断、恰当的比喻和类比等，都可以用来作为理由。以充分的理由来支持自己的观点和信念，用理性的态度对各种意见和说法作出评价与选择，对论证思想至关重要。

（1）前提必须是正当的

在论证中，前提必须是真实的或者至少是论辩双方共同接受的。由于论证的目的是说服某些人去接受、承认论点的真，因此在论证过程中要选择那些能为待说服对象所理解、接受的论据作为前提。由于认识过程的复杂性，有时很难判定一个命题是否真实，但前提只要是论证双方都认定为真实的，或者是可以共同接受的知识，它就可以用来充当论据。违反上述规则所犯的逻辑错误，叫作“论据虚假”“预期理由”“论据不为双方所认可”等。

（2）论据必须是彼此一致和相容的

一组不一致或自相矛盾的命题不能作论据，即如果论据本身不一致，即论据本身包含逻辑矛盾，不能作为论证的理由。

3. 关于论证方式（推理形式）的要求

论证中所使用的推理形式必须是演绎有效的，或者是归纳强的。否则，论证不可靠，会犯“推不出来”的逻辑错误。比如，论证中罗列了一些数据、命题，但结论是不合逻辑地从那些数据、命题推出来的。

（二）论证文的写作方法

广义的论证文章有两大类，一类是分析、反驳已有的论证，这就是前面已论述过的论证有效性分析；另一类主要是构建和阐述自己的论证，这是一般意义上所认为的论证文，其写作目的就是使别人相信并接受你的观点和主张，这类论证文包括议论文、论述文或学术论文，它们的写法和流程虽然有所不同，但在论证的构建上有共同的要求，下面阐述这类论证文的写作方法。

1. 文章构思

构思是文章写作的首要环节，对构造论证文水平的高低有着重要作用。

（1）确立主题。在构思阶段，思考和确立主题是重中之重。确立主题就是要明确这个论证到底要论述什么、断定什么。

（2）收集信息。确定主题之后，搜寻和记录所有已知信息，包括所有正反方面的事实和观念。论证文写作的起草方法主要有两种：其一，自由记录：即积累想法、观点和已知经验，记下随时想到的和主题有关的内容、立场和推论句子；其二，列举和连接：记录每一个你能想到的和这个主题有关的东西，再看看是否能把它们组合、联系起来，形成思路。

（3）构造论证。根据搜寻到的诸多信息和想法，形成立场和论证基本要素。接下来是遵循前面阐述的论证方法和原则来确定立场、构造论证，包括确定支持的理由，使用合适的推理方法，考虑反例和竞争理论，以使得论证合理，结论适度。

2. 写作布局

文章的布局要点是要有组织有条理地表达论证逻辑。先起草一个写作纲要，即根据主题、理由和结论的结构来安排文章的流程，一般可按照公认三段论的文章格式来安排：开头、正文和结尾，文章包括开头的引言段落、中间的论证段落和最后的结尾段落。

（1）引言段落。引言旨在解释主题和立场，引导读者注意主要问题。在引言中需要明确指出你要解决什么问题，或者支持什么立场。引言段落要保持直接和简略的风格，不管是支持一个政策，提议一项行动，反驳一个流行的观点，还是提出一个新的因果规律，都要直接清楚地陈述所要讨论、论证、回答的问题，解释它的重要性，为什么要讨论它，为什么要解决它，它和其他因素的相关性等。

（2）论证段落。论证段落是文章的主干，是充分阐述论点并详细展开论证的地方。在遵守写作纲要的基础上，把论点、理由和推理一个个地来论述，一个论点或要点为一个段落。论证段落的写作不要面面俱到，重点要充分阐述完善的论证，一些不完整的论证可以舍弃。好论证都是符合批判性思维准则的论证，论证写作要注意的地方包括：不要忽略概念的清晰性；不要忘记考虑反驳的、竞争的观点，应预先考虑各种反例和批判。

（3）结尾段落。结尾段落重在概括和重申你的立场，给出合适的限度。不要超出前提可以支持的范围，不要得出过头的结论，适当限定结论的范围和强度；把文章提议的影响和后果，包括正面和负面的，都表达出来。总之，最后得到一个综合为优的恰当结论。

另外，规范的学术论文还要严格遵守学术的引用规则。

3. 论证组织

写论证自己观点的文章重点在于按照正面支持论点的方式来展开篇幅和细节。然而，正面论证并非只是单面论证。论证文的组织可借鉴“论证—反证—论证”的程式和“图尔敏模式”来组织论证。

（1）论证—反证—论证

论证是辩证的、多面的。批判性思维的标准要求表达一个在竞争和综合意义上的好论证。你一定要寻找并列出所有支持和反对的理由、证据。然后，根据理由的强弱、可信程度和相关性排队。综合权衡决定你的主张、立场和结论是否可以得到足够的支持，或者你需要改变或者修改立场以及相应的论证。如果你最后觉得你的立场可以得到足够支持，那么你要采取这样的“正—反—正”论证程式，形成论证文章的脊椎。

首先，提出最强、最可信和最直接的理由来支持你的主张、立场、结论。

其次，要充分考虑可能的异议，客观地表述反对这个立场的最强、最可信和最直接的理由。

然后，综合论证，考虑反方的最强、最可信和最直接的理由，还是支持这个立场的理由更好。

（2）按图尔敏模式组织论证

图尔敏论证模式是论证—反证—论证的论文程式的细致化：把理由区分为证据、保证、支撑，按照这样的区分来安排段落，在文章开始部分表达断言和关于论证范围的限定。

总之，一个好的论证必须考虑正反不同的论证并给予回应，并要达到这样的效果：综合考虑各竞争方案的优缺点，你的主张、提议或方案虽然不是完美的，但是最好的。

[阅读] 论证写作模板

下面是根据图尔敏论证模式构造的写作纲要。

1. 对主题和问题的介绍

1.1 介绍引起读者注意的内容

1.2 表述主题和问题，澄清概念

1.3 表述基本立场或者结论，包括表明它所适用的范围

2. 提供证据来支持论证

2.1 证据一

2.2 证据二

2.3 等等
3. 提供保证表明证据何以支持结论
3.1 保证一
3.2 保证二
3.3 等等
4. 提供支撑保证的事实理由——根据实践和理论说明保证的合理性
4.1 对保证一的支撑
4.2 对保证二的支撑
4.3 等等
5. 回答反驳和反例
5.1 反驳一
5.2 对反驳一的回答
5.3 反驳二
5.4 对反驳二的回答
5.5 等等
6. 结论
6.1 概括论证和结论要点，指出论证的意义，使读者印象深刻

4. 论证表达

前面对论证组织的论述重在逻辑和辩证，但从论证文的写作表达上，还要注意修辞的功能。修辞因素是指能够增加论证在心理上的说服力而不影响其有效性、强度、可靠性或可信度。在做论证时，不仅要注重表达什么，而且要注重怎么表达，即论证的表达要考虑到读者或交流对象的接受水平。这需要注重以下三个方面。

（1）要关注读者或受众的社会特征和知识基础

影响读者或受众对论证的理解和接受的因素不仅仅是理性的，还包括教育程度、专业、地区、职业、语言以及性别、年龄、种族、民族、宗教信仰、面子、偏见、习俗、名声、政治立场、经济利益等各种因素。因此，表达时要关注到读者或受众的知识程度，对题材的兴趣和了解程度，从而相应选择材料、证据、语言方式、句子结构以及论证的详细程度等。如果读者对象是专业上的同行，那么论证的背景交代和主题、问题的介绍就可以直接而简洁。如果读者对象是非专业的社会大众，那么写作时就要提供足够的背景信息和知识，语言应该具体通俗。要尽力寻求能说服读者或受众的出发点，使用交流对象熟悉甚至感到亲切的例子，使用交流对象感到符合切身利益的推论，使用交流对象接受的价值和评价标准，让交流对象感到你的知识和推理的可信、可靠等。

（2）要理解和尊重读者或受众的不同观点和立场

在论证写作时，要考虑到可能要面对着不同意你的结论甚至不同意你的出发点的人。因此，要事先预见并考虑可能的反驳，考虑对方立场的支撑点，以便进行相应的回答、说明和反证。论证要努力找到和交流对象的共同基础，所谓共同基础就是读者或受众和你共同持有的信念和假设。找到这样的共同基础，就可以选择大家都接受的知识、观念和原理来作为你论证中的出发点、前提和保证，这样使你的论证有良好的起点，可以让他们

接受。

(3) 要使用清楚、准确和流畅的语言

写作论证文章，要紧扣写作纲要，一次只给出一个论点，要用论证来支持自己的主张，同时要注意简洁清晰。要注意的是，一方面要忠实地表达论证的完整内容和理性力量，另一方面要调动各种手段使读者或交流对象容易接受你的结论。两个目的的达成需要使用合适的语言来传递，好的语言应该是清晰、明确、具体、流畅、生动、适度并具有可读性。

总之，一个好的论证需要一个好的表达传输给它的读者或受众。写文章，需要心里想着读者，考虑交流对象的状况，并作出针对性的安排。

练习题

1. 过去，大多数航空公司都尽量减轻飞机的重量，从而达到节省燃油的目的。那时最安全的飞机座椅是非常重的，因此只安装很少的这类座椅。今年，最安全的座椅卖得最好。这非常明显地证明，现在的航空公司在安全和省油这两方面更倾向于重视安全了。

以下哪项如果为真，能够最有力地削弱上述结论？

A. 去年销售量最大的飞机座椅并不是最安全的座椅

B. 所有航空公司总是宣称它们比其他公司更加重视安全

C. 与安全座椅销售不好的那些年比，今年的油价有所提高

D. 由于原材料成本提高，今年的座椅价格比以往都贵

E. 由于技术创新，今年最安全的座椅反而比一般的座椅重量轻

2. 一个部落或种族在历史的发展中灭绝了，但它的文字会留传下来。“亚里洛”就是这样一种文字。考古学家是在内陆发现这种文字的。经研究，“亚里洛”中没有表示“海”的文字，但有表示“冬天”“雪”和“狼”等的文字。因此，专家们推测，使用“亚里洛”文字的部落或种族在历史上生活在远离海洋的寒冷地带。

以下哪项如果为真，最能削弱上述专家的推测？

A. 蒙古语中有表示“海”的文字，尽管古代蒙古人从没见过海

B. “亚里洛”中有表示“鱼”的文字

C. “亚里洛”中有表示“热”的文字

D. “亚里洛”中没有表示“山”的文字

E. “亚里洛”中没有表示“云”的文字

3. 20 世纪 90 年代初，小普村建立了洗涤剂厂，当地村民虽然因此提高了收入，但工厂每天排出的大量污水使村民们忧心忡忡：如果工厂继续排放污水，他们的饮用水将被污染，健康将受到影响。然而，这种担心是多余的。因为 1994 年对小普村的村民健康检查发现，几乎没有人因为饮水污染而患病。

以下哪项如果为真，最能质疑上述论证？

A. 1994 年，上述洗涤剂厂排放的污水量是历年中较少的

B. 1994 年，小普村的村民并非全体参加健康检查

C. 在1994年，上述洗涤剂厂的生产量减少了

D. 合成洗涤剂污染饮用水导致的疾病需要多年后才会显现出来

E. 合成洗涤剂污染饮用水导致的疾病与一般疾病相比更难检测

4. 在法庭的被告中，被指控偷盗、抢劫的定罪率，要远高于被指控贪污、受贿的定罪率。其重要原因是后者能聘请收费昂贵的私人律师，而前者主要由法庭指定的律师辩护。

以下哪项如果为真，最能支持题干的叙述?

A. 被指控偷盗、抢劫的被告，远多于被指控贪污、受贿的被告

B. 一个合格的私人律师，与法庭指定的律师一样，既忠实于法律，又努力维护委托人的合法权益

C. 被指控偷盗、抢劫的被告中罪犯的比例，不高于被指控贪污、受贿的被告

D. 一些被指控偷盗、抢劫的被告，有能力聘请私人律师

E. 司法腐败导致对有权势的罪犯的庇护，而贪污、受贿等职务犯罪的构成要件是当事人有职权

5. 市场上推出了一种新型的电脑键盘。新型键盘具有传统键盘所没有的“三最”特点，即最常用的键设计在最靠近最灵活手指的部分。新型键盘能大大提高键入速度，并减少错误率。因此，用新型键盘替换传统键盘能迅速提高相关部门的工作效率。

以下哪项如果为真，最能削弱上述论证?

A. 有的键盘使用者最灵活的手指和平常人不同

B. 传统键盘中最常用的键并非设计在离最灵活手指最远的部分

C. 越能高效率地使用传统键盘，短期内越不易熟练地使用新型键盘

D. 新型键盘的价格高于传统键盘的价格

E. 无论使用何种键盘，键入速度和错误率都因人而异

6. 某咨询师说：“每年我国大学的排行榜都会刊登在一本流行杂志上。这个排行榜是根据各项指标按照不同的分值进行综合后的总分排定的。但是，这个总分不能被学生作为报考大学的基础。”

下列哪项最有助于判断咨询师的看法?

A. 大多数购买这本有大学排行榜杂志的人都是能够进入大学的学生

B. 那些排名在前的大学用此做广告来吸引更多的学生

C. 近些年大学的排名变化不大

D. 不同的学生根据专业的不同对排行榜的标准要求也不同

E. 一些对自己所上大学满意的学生在报考大学之前曾经参考过这个排行榜

7. 在塞普西路斯的一座古城蒙科云，发掘出了城市的残骸，这一残骸呈现出被地震损坏的典型特征。考古学家猜想，该城的破坏是这个地区公元365年的一次地震所致。

以下哪项如果为真，最有力地支持了考古学家的猜想?

A. 经常在公元365年前后的墓穴里发现的青铜制纪念花瓶，在蒙科云城里也发现了

B. 在蒙科云城废墟里没有发现在公元365年以后的铸币，但是却有365年前的铸币

C. 多数现代塞普西路斯历史学家曾经提及，在公元365年前后在附近发生过地震

D. 在蒙科云城废墟中发现了公元300～400年风格的雕塑

E. 在蒙科云发现了塞普西路斯 365 年以后才使用的希腊字母的石刻

8. 建筑历史学家丹尼斯教授对欧洲 19 世纪早期铺有木地板的房子进行了研究。结果发现较大的房间铺设的木板条比较小房间的木板条窄得多。丹尼斯教授认为，既然大房子的主人一般都比小房子的主人富有，那么，用窄木条铺地板很可能是当时有地位的象征，用以表明房主的富有。

以下哪项如果为真，最能加强丹尼斯教授的观点？

A. 欧洲 19 世纪晚期的大多数房子所铺设的木地板的宽度大致相同

B. 丹尼斯教授的学术地位得到了国际建筑历史学界的公认

C. 欧洲 19 世纪早期，木地板条的价格是以长度为标准计算的

D. 欧洲 19 世纪早期，有些大房子铺设的是比木地板昂贵得多的大理石

E. 在以欧洲 19 世纪市民生活为背景的小说《雾都十三夜》中，富商查理的别墅中铺设的就是有别于民间的细条胡桃木地板

9. 对常兴市 23 家老人院的一项评估显示，爱慈老人院在疾病治疗水平方面受到的评价相当低，而在其他不少方面评价不错，虽然各老人院的规模大致相当，但爱慈老人院医生与住院老人的比率在常兴市的老人院中几乎是最小的。因此，医生数量不足是造成爱慈老人院在疾病治疗水平方面评价偏低的原因。

以下哪项如果为真，最能加强上述论证？

A. 和祥老人院也在常兴市，对其疾病治疗水平的评价比爱慈老人院还要低

B. 爱慈老人院的医务护理人员比常兴市其他老人院都要多

C. 爱慈老人院的医生发表的相关学术文章很少

D. 爱慈老人院位于常兴市的市郊

E. 爱慈老人院某些医生的医术一般

10. 在发生全球金融危机那样极为紧急的时刻，投机活动猖獗，利率急剧上升，一切都变化不定，保护好自己的财产是至关重要的。管理和经济领域的专家认为：储蓄仍然是最安全的避难所，尽管收益非常低，但是把钱存起来实际上不会遇到风险。即使存款的银行破产，政府也保证归还储户一定数量的存款。对于存款数额多的人来说，在发生恐慌时，最好能将存款分别存入不同的户头，每个户头不超过政府保证归还的最高限额。

根据上述信息分析，以下哪项如果为真，最能对上述建议产生怀疑？

A. 每个人允许在不同的银行开设多个银行户头

B. 政府在银行破产时只归还那些按照真实姓名开设户头的储户一定数量的存款

C. 政府保证归还的最高存款限额是有明文规定的

D. 在出现危机时，购买房子、汽车也是一个安全的决定，当然这仅仅是在出现恶性通货膨胀时

E. 在大批银行破产的时候，政府也会失去对银行的控制，地位岌岌可危

11. 人类学家发现早在旧石器时代，人类就有了死后复生的信念。在发掘出的那个时代的古墓中，死者的身边有衣服、饰物和武器等陪葬物，这是最早的关于人类具有死后复生信念的证据。

以下哪项是上述议论所假定的？

A. 死者身边的陪葬物是死者生前使用过的

B. 死后复生是大多数宗教信仰的核心信念

C. 宗教信仰是大多数古代文明社会的特征

D. 放置陪葬物是后人表示对死者的怀念与崇敬

E. 陪葬物是为了死者在复生后使用而准备的

12. 在美国，比较复杂的民事审判往往超过陪审团的理解力，结果，陪审团对此作出的决定经常是错误的。因此，有人建议，涉及较复杂的民事审判由法官而不是陪审团来决定，将提高司法部门的服务质量。

上述建议依据下列哪项假设？

A. 大多数民事审判的复杂性超过了陪审团的理解力

B. 法官在决定复杂民事审判的时候，对那些审判的复杂性，比陪审团的人员有更好的理解力

C. 在美国以外一些具有相同法系的国家，早就有类似的提议，并有付诸实施的记录

D. 即使涉及不复杂的民事审判，陪审团的决定也常常出现差错

E. 赞成由法官决定民事审判的唯一理由是想象法官的决定几乎总是正确的

13. 威尔和埃克斯这两家公司，对使用它们字处理软件的顾客，提供二十四小时的热线电话服务。既然顾客仅在使用软件有困难时才打电话，并且威尔收到的热线电话比埃克斯收到的热线电话多四倍，因此，威尔的字处理软件一定比埃克斯的字处理软件难用。

下列哪项如果为真，则最能够有效地支持上述论证？

A. 平均每个埃克斯热线电话比威尔热线电话时间长两倍

B. 拥有埃克斯字处理软件的顾客数比拥有威尔字处理软件的顾客数多三倍

C. 埃克斯收到的关于字处理软件的投诉信比威尔多两倍

D. 这两家公司收到的热线电话数量逐渐上升

E. 威尔热线电话的号码比埃克斯的号码更公开

14. 一段时间以来，国产洗发液在国内市场的占有率逐渐减小。研究发现，国外公司的产品广告比国内公司的广告更吸引人。因此，国产洗发液生产商需要加大广告投入，以增加市场占有率。

以下哪项如果为真，将严重弱化上述论证？

A. 一些国外洗发液的广告是由国内广告公司制作并由国内媒体传播的

B. 广告只能引起人们对某种商品的注意，质量才能使人们产生对商品的喜爱

C. 国产洗发液生产商的广告费现在只有国外厂商的一半

D. 尽管国外洗发液销售额增加，国产洗发液销售额同样在增加

E. 准备购买新的洗发液的人喜欢从广告中发现合意的品牌

15. 一项对京华大学企业管理系某届毕业生的调查结果看来有些问题，当被调查毕业生被问及其在校时学习成绩的名次时，统计资料表明：有60％的回答者说他们的成绩位居班级的前20％。

如果我们已经排除了回答者说假话的可能，那么下面哪一项能够对上述现象给出更合适一些的解释？

A. 未回答者中也并不是所有的人的成绩名次都在班级的前20％以外

B. 虽然回答者没有错报成绩，但不排除个别人对于学习成绩的排名有不同的理解

C. 京华大学对学生学习成绩的名次排列方式与其他大多数学校不同

D. 成绩较差的毕业生在被访问时一般没有回答这个有关学习成绩名次的问题

E. 在校学习成绩名次是一个敏感的问题，几乎所有的毕业生都进行略微的美化

16. 被疟原虫寄生的红细胞在人体内的存在时间不会超过 120 天。因为疟原虫不可能从一个它所寄生的衰亡的红细胞进入一个新生的红细胞，因此，如果一个疟疾患者在进入了一个绝对不会再被疟蚊叮咬的地方 120 天后仍然周期性高烧不退，那么，这种高烧不会是由疟原虫引起的。

以下哪项如果为真，最能削弱上述结论？

A. 由疟原虫引起的高烧和由感冒病毒引起的高烧有时不容易区别

B. 携带疟原虫的疟蚊和普通的蚊子很难区别

C. 引起周期性高烧的疟原虫有时会进入人的脾脏细胞，这种细胞在人体内的存在时间要长于红细胞

D. 除了周期性的高烧只有到疟疾治愈后才会消失外，疟疾的其他某些症状会随着药物治疗而缓解乃至消失，但在 120 天内仍会再次出现

E. 疟原虫只有在疟蚊体内和人的细胞内才能生存与繁殖

17. 当航空事故发生后，乘客必须尽快撤离飞机，因为在事故中泄漏的瓦斯对人体有毒，并且随时可能发生爆炸，为了避免因吸入瓦斯造成死亡，安全专家建议在飞机上为乘客提供防毒面罩，用以防止瓦斯的吸入。

以下哪项如果为真，最能质疑上述安全专家的建议？

A. 防毒面罩只能阻止瓦斯的吸入，但不能防止瓦斯的爆炸

B. 防毒面罩的价格相当昂贵

C. 使用防毒面罩并不是阻止吸入瓦斯的唯一方式

D. 在大多数航空事故中，乘客是死于瓦斯中毒而不是瓦斯爆炸

E. 使用防毒面罩延长了乘客撤离机舱的时间

18. 在人口最稠密的城市中，警察人数占总人口的比例也最大。这些城市中的“无目击证人犯罪”的犯罪率也最低。看来，维持高比例的警察至少可达到有效阻止此类犯罪的效果。

下列哪项如果为真，最能有效地削弱上述推论？

A. 警察的工作态度和巡逻频率在各个城市是有很大差别的

B. 高人口密度本身使得犯罪现场无目击证人的可能性减少

C. 许多发生在大城市的非暴力犯罪都与毒品有关

D. 人口稠密的城市中，大多数罪犯并不是被警察抓获的

E. 无目击证人犯罪在所有犯罪中本来就只占很小的比例

19. 由于烧伤致使四个手指黏结在一起时，处置方法是用手术刀将手指黏结部分切开，然后实施皮肤移植，将伤口覆盖住。但是，有一个非常头痛的问题是，手指靠近指根的部分常会随着伤势的愈合又黏结起来，非再一次开刀不可。一位年轻的医生从穿着晚礼服的新娘子手上戴的白手套得到启发，发明了完全套至指根的保护手套。

以下哪项如果为真，最能削弱该保护手套的作用？

A. 该保护手套的透气性能直接关系到伤势的愈合

B. 由于材料的原因，保护手套的制作费用比较贵，如果不能大量使用，价格很难下降

C. 烧伤后新生长的皮肤容易与保护手套粘连，在拆除保护手套时容易造成新的伤口

D. 保护手套需要与伤患的手形吻合，这就影响了保护手套的大批量生产

E. 保护手套不一定能适用于脚趾烧伤后的复原

20. 据统计，西式快餐业在我国主要大城市中的年利润，近年来稳定在 2 亿元左右。扣除物价浮动因素，估计这个数字在未来数年中不会因为新的西式快餐网点的增加而有大的改变。因此，随着美国快餐之父艾德熊大踏步迈进中国市场，一向生意火爆的麦当劳的利润肯定会有所下降。

以下哪项如果为真，最能动摇上述论证？

A. 中国消费者对艾德熊的熟悉和接受要有一个过程

B. 艾德熊的消费价格一般稍高于麦当劳

C. 随着艾德熊进入中国市场，中国消费者用于肯德基的消费将有明显下降

D. 艾德熊在中国的经营规模，在近年不会超过麦当劳的四分之一

E. 麦当劳一直注意改进服务，开拓品牌，使之在保持传统的基础上更适合中国消费者的口味

21. 分析下述论证中存在的缺陷和漏洞，选择若干要点，写一篇 600 字左右的文章，对该论证的有效性进行分析和评论。

科学家在一个孤岛上的猴群中做了一个实验，将一种新口味的糖让猴群中地位最低的猴子品尝，等它认可后，再让猴群的其他成员品尝；花了大约 20 天左右，整个猴群才接受了这种糖。将另一种新口味的糖让猴群中地位最高的猴王品尝，等它认可后，再让猴群的其他成员品尝。两天之内，整个猴群就都接受了该种糖。看来，猴群中存在着权威，而权威对于新鲜事物的态度直接影响群体接受新鲜事物的进程。

市场营销也是如此，如果希望推动人们接受某种新商品，应当首先影响引领时尚的文体明星。如果位于时尚高端的消费者对于某种新商品不接受，该商品一定会遭遇失败。

这个实验对于企业组织的变革也有指导意义。如果希望变革能够迅速取得成功，应该自上而下展开，这样做遭遇的阻力较小，容易得到组织成员的支持。当然，猴群乐于接受糖这种好吃的东西；如果给猴王品尝苦涩的黄连，即使猴王希望其他猴子接受，猴群也不会干。因此，如果组织变革使某些组织成员吃尽苦头，组织的领导者再努力也只能以失败而告终。

22. 分析下述论证中存在的缺陷和漏洞，选择若干要点，写一篇 600 字左右的文章，对该论证的有效性进行分析和评论。

1 000 是 100 的 10 倍，但是当分母大到百亿的时候，作为分子的这两个数的差别就失去了意义。在知识经济时代，任何人所掌握的知识，都只是沧海一粟。这使得在培养与选拔人才时，知识的尺度已变得毫无意义。

现在的网络技术可以使你在最短的时间内查询到你所需要的任何知识和信息，有的大学毕业生因此感叹何必要为学习各种知识而经历数年寒窗，这不无道理。传授知识不应当继续成为教育，特别是高等教育的功能。学习知识需要记忆。记忆能力是浅层次的

大脑功能。人们在思维方面的差异，不在于能记住什么，而在于能提出什么。素质教育的真正目标，是培养批判性思维与创造性思维的能力。知识与此种能力之间没有实质性的联系，否则就难以解释，具备与爱因斯坦相同知识背景的人多的是，为什么唯独他创立了相对论。硕士、博士这些知识头衔的实际价值一再受到有识之士的质疑，道理就在这里。

“知识就是力量”这一曾经激励了几代人的口号，正在成为空洞的历史回声，这其实是时代的进步。

答案与解析

1. 答案：E

题干根据航空公司购买了更多安全座椅，得出结论：航空公司在安全和省油这两方面更倾向于重视安全。

题干的论证必须基于一个隐含假设，即今年出售的最安全的座椅，仍然如同过去的那样，由于比一般座椅较重而导致较多的耗油量。E 项断定这一假设不能成立，这就说明，航空公司在安全和省油这两方面还是可能更重视省油，今年为省油买了轻的座椅，只是由于今年最安全的座椅反而比一般的座椅重量轻，而顺便带来了安全。因此，E 项有力地削弱了题干的结论。

其余各项均没有削弱，并且事实上支持了题干的论证。A 只表明去年最好卖的客机座位不是市场上最安全的客机座椅，但是与今年无关，所以 A 不对；B、C、D 为无关选项。

2. 答案：E

题干根据，“亚里洛”文字中没有“海”，从而推测，使用该文字的部落远离海洋。

如果 E 项为真，则说明不能根据“亚里洛”中没有表示“海”的文字就推测，使用“亚里洛”文字的部落或种族在历史上生活在远离海洋的地带。因为“亚里洛”中没有表示“云”的文字，但使用“亚里洛”文字的部落或种族生活的地带不可能没有云。这就有力地削弱了专家的推测。

A 项如果为真，也起一定的削弱作用，但是有可能表示“海”的文字，只出现于近现代蒙古语中，因此削弱力度不如 E。鱼还可以生活在河、湖中，未必在海里，B 排除；到处都可能有热或者山，C、D 排除。

3. 答案：D

如果事实上合成洗涤剂污染饮用水导致的疾病需要多年后才会显现出来，那么就能说明，不能因为近年来该镇村民没有因水污染而得病，而得出被污染的饮用水不会影响健康的结论，因此，D 项对题干的论证提出了有力的质疑。

B 项和 E 项也能对题干有所质疑，但力度显然不如 D 项。其余选项不能对题干提出质疑。

4. 答案：C

题干断定：贪污、受贿罪的定罪率较低的原因是因为贪污、受贿罪的被告能请到好的律师。

被告不等于罪犯。要使题干的分析成立，有一个条件必须满足，即被指控偷盗、抢劫的被告中罪犯的比例，不高于被指控贪污、受贿的被告。否则，如果事实上被指控偷盗、抢劫的被告中罪犯的比例，高于甚至远高于被指控贪污、受贿的被告，那么，被指控偷盗、抢劫的被告的定罪率，自然要远高于被指控贪污、受贿的被告的定罪率，没有理由认为这种结果与所聘请的律师有实质性的联系。因此，如果C项为真，能有力地支持题干。

其余各项均不能有效地支持题干。题干讨论的是“定罪率”，是一个相对的比值，A讨论绝对数量比，明显为无关选项；即使律师的某些情况相同，但是还可能有能力、影响力等其他方面的区别造成案件的审判结果的变化，B项支持力度不足。D项能削弱题干。

E项是干扰项，也能起到支持作用，但它只是支持题干的“贪污、受贿罪的定罪率较低”这个事实，不能支持“贪污、受贿罪的定罪率较低的原因是贪污、受贿罪的被告能请到好的律师”，也就是没有针对从前提到结论的推理过程，因此，没有C项好。（本题是支持论证，也就是支持从前提到结论的过程，假设是前提与结论的桥梁，因此，肯定假设的支持力度较大）

5. 答案：C

题干结论：用新型键盘替代传统键盘能迅速提高相关部门的工作效率。

选项C的意思是，使用新型键盘，在短期内不利于提高工作效率，这显然与题干结论矛盾，有力地削弱了题干论证。

B项有所削弱，但明显削弱力度不足。

6. 答案：D

如果不同的学生根据专业的不同对排行榜的标准要求也不同，那么，这个排行榜的总分不能被学生作为报考大学的基础。选项D直接支持了这个咨询师的观点，为正确答案。

B项是干扰项，即使那些排名在前的大学用此做广告来吸引更多的学生，也不能说明排行榜不能被学生作为报考大学的基础。

7. 答案：B

如果B项为真，则由于在蒙科云城废墟里没有发现在公元365年以后的铸币，但是却有365年前的铸币，这就有力地支持了题干的猜想：该城的破坏是这个地区公元365年的一次地震所致。

C项对题干也有所支持，该项只能支持发生过地震，但不能说明该城是被地震破坏掉的，所以，作为证据对考古学家猜想的支持力度不如B项。

8. 答案：C

题干根据：大房间铺设的木板条比小房间窄得多；大房子的主人一般都比小房子的主人富有。由此得出结论：用窄木条铺地板以表明房主的富有。

如果C项为真，则由于当时木地板条的价格是以长度为标准计算的，因此，铺设相同面积的房间地面，窄木条要比宽木条昂贵，显示出房主的富有。这就有力地加强了丹尼斯的观点。假设C项不成立，即如果当时木地板条的价格不是以长度为标准计算的，而是以面积为标准计算的，那么，铺设相同面积的房间地面，窄木条并不比宽木条昂贵，这就无从显示房主的富有，丹尼斯的观点就难以成立。

假设其余各选项不成立，丹尼斯的观点仍然可以成立。因此，其余各项或者不加强丹尼斯的观点，或者对丹尼斯的观点有所加强，但力度不如C项。比如E项，是个例证，但代表性不强，支持力度不大。

9. 答案：B

题干结论是：医生数量不足是造成爱慈老人院在疾病治疗水平方面评价偏低的原因。

B项是个没有他因的支持，指出：爱慈老人院的医务护理人员比常兴市其他老人院都要多；这样就排除了爱慈老人院疾病治疗水平低的原因不是护理人员少，这样就加强了“在疾病治疗方面水平方面评价偏低的原因是因为医生的数量不足”这个结论。

10. 答案：E

题干的建议是基于一个假设之上的，即政府具有足够的能力兑现它的保证。E项如果为真，说明在大批银行破产的时候，政府兑现上述保证的能力也会发生动摇。这就对题干的建议提出了严重的质疑。由于以同一个真实姓名可以将存款存入不同户头，因此，B项不能构成质疑。其余项也不能构成质疑。

11. 答案：E

题干断定：旧石器时代的古墓中有陪葬物，如果E项为真，即陪葬物是为了死者在复生后使用而准备的，从而可推出结论：那时人类就有了死后复生的信念。

其推理成立的假设就是要说明这两者之间有本质联系。其余各项均不是必须假设的。

12. 答案：B

只有选项B“法官在决定复杂民事审判的时候，对那些审判的复杂性，比陪审团的人员有更好的理解力”这一点成立，“涉及较复杂的民事审判由法官而不是陪审团来决定”这个建议才可行。

13. 答案：B

若B项为真，即拥有埃克斯字处理软件的顾客数比拥有威尔字处理软件的顾客数多三倍，那么，如果两种软件同样难用，则埃克斯的热线电话应该也比威尔多三倍左右。现在，威尔收到的热线电话反而比埃克斯收到的热线电话多四倍，可见，威尔的字处理软件一定比埃克斯的字处理软件难用。

14. 答案：B

如果事实上“广告只能引起人们对某种商品的注意，质量才能使人们产生对商品的喜爱”，那么，消费者一般对那些他们已比较喜爱的产品的广告特别关注，而对不喜爱的产品，不管广告怎样变化，也不会特别关注，这就是说，国产洗发液作为消费者已经不喜爱的产品，不管广告如何变化，也不会引起消费者的关注，那么国产洗发液制造商通过改进广告来改变商品形象，以达到增加市场占有率的目的就落空了。所以，B项正确。

选项A的意思是国内广告公司和国内传播媒体也可以制作高质量的广告，但原因可能与广告费的高低有关，所以不会弱化题干的论证。选项C和E对题干有增强作用。选项D对题干有削弱作用，但没有对国外和国产洗发液的销售额的增加量进行比较，难以得出明确结论。

15. 答案：D

如果所有的上述毕业生都受到了调查，并且所有的被调查者都回答了所有的问题，那么，题干的断定“60%的回答者说他们的成绩位居班级的前20%”就包含了明显的矛盾。

D项断定，成绩较差的毕业生在被访问时一般没有回答这个有关学习成绩名次的问题，这意味着，回答问题者的成绩都较好，因此，其中的60%的成绩居前20%就不奇怪了。这就对题干作出了一个恰当的解释。

其余各项对题干都不能作出有说服力的解释。比如B项只有个别人对排名有不同的理解，不能解释题干。

16. 答案：C

如果C项为真，则能说明：如果一个疟疾患者在进入了一个绝对不会再被疟蚊叮咬的地方120天后仍然周期性高烧不退，那么，这种高烧仍然可能是由进入人的脾脏细胞的疟原虫引起的，这就有力地削弱了题干的结论。

其余各项均不能削弱题干。

17. 答案：E

如果E项为真，说明为乘客提供防毒面罩的做法，虽然有利于避免因吸入瓦斯造成的死亡，但会因延长撤离机舱的时间而增加在瓦斯爆炸中伤亡的危险。这有力地削弱了题干的建议。

18. 答案：B

题干推论是：高比例的警察至少可有效阻止“无目击证人犯罪”。

由于目击证人可以是警察，也可以是市民。所以，高人口密度本身可以使得犯罪现场无目击证人的可能性减少。可见，B项如果为真，就说明没必要维持高比例的警察。

选项A、B均为无关项。选项D说的是“抓获”，题干说的是发生。选项E说无目击证人犯罪在所有犯罪中所占比例很小，但题干中比较的是各城市的相对水平，不是与其他类型的犯罪率比较。

19. 答案：C

在各选项中，只有C断定了保护手套对于手术的负面作用。保护手套虽然解决了指根的黏结问题，但又带来了另一个问题，即“烧伤后新生长的皮肤容易与保护手套粘连”，也就是存在别的因素影响了题干的推论。

A项最多是个或然性削弱，并没有表明保护手套的透气性能不好，使得伤势难以愈合。只要改善其透气性就没问题了，削弱力度不足。

20. 答案：C

题干论述：由于西式快餐在我国总的年利润已稳定不变。因此，随着艾德熊进入中国市场，麦当劳的利润肯定会下降。

如果C项为真，则完全可能中国消费者原来用于肯德基的消费，转而用于艾德熊，这样，麦当劳的利润就不会下降，这就有力地动摇了题干的论证。

其余各项如果为真，均难以动摇题干的论证。比如A项，消费者对艾德熊的接受有个过程；D项，即使艾德熊在中国的经营规模不会超过麦当劳的四分之一，但只要抢占了麦当劳的市场，就会使麦当劳的利润有所下降。E项，麦当劳一直在改进以适应消费者，这些最多只能说明麦当劳利润下降幅度不至于太大，难以说明这种利润不会下降。

21. 该文章的逻辑结构以及主要逻辑缺陷分析如下。

	原文	逻辑缺陷分析
观点	权威对于新鲜事物的态度直接影响群体接受新鲜事物的进程	结论基本合理，但其推理依据有缺陷，而且在后续类推过程中有漏洞

续前表

		原文	逻辑缺陷分析
论证过程	1	猴群实验	影响猴群接受新口味的糖的因素，除了先品尝该种新口味糖的猴子的地位高低，该实验至少忽略了一个重要因素，那就是糖的口味的差异。猴王品尝后认可的糖被猴群快速接受，也许真正的原因是口味更好
	2	市场营销也是如此，如果希望推动人们接受某种新商品，应当首先影响引领时尚的文体明星	从猴群实验类推到市场营销，在逻辑上也有缺陷。因为猴王在猴群中具有绝对的权威影响力，而引领时尚的文体明星在人群中只有相对的权威影响力
	3	如果位于时尚高端的消费者对于某种新商品不接受，该商品一定会遭遇失败	绝对化错误。比如，明星等位于时尚高端的消费者不接受国产中低端汽车新产品，但只要该车的性价比高，适合普通大众消费，照样可以取得市场的成功
	4	这个实验对于企业组织的变革也有指导意义	从猴群实验类推到企业的组织变革，同样具有逻辑漏洞，因为要猴群接受一种新口味的糖，并不会带来利益、权力冲突等组织变革中会遇到的诸多问题
	5	如果希望变革能够迅速取得成功，应该自上而下展开，这样做遭遇的阻力较小，容易得到组织成员的支持	自上而下的变革是否一定容易成功也值得怀疑，因为这种变革如果不符合群众利益，所遭遇的阻力将会很大，变革也难以推行
	6	给猴王品尝苦涩的黄连，即使猴王希望其他猴子接受，猴群也不会干	这一判断不准，也没有得到前面实验的支持。其实，口味有个适应过程，猴王如果能适应，猴群也有可能逐步适应
	7	如果组织变革使某些组织成员吃尽苦头，组织领导者再努力也只能以失败而告终	在组织变革的过程中，某些组织成员的利益受到影响，甚至吃尽苦头，有时是不可避免的，但如果他们不是大多数成员，变革就不见得只能以失败告终

[参考范文]

值得商榷的权威影响力

上文通过猴群实验，认为权威对于新鲜事物的态度直接影响群体接受新鲜事物的进程，然后进一步类推到市场营销和组织变革上。由于整个论证有失偏颇，因此其论述的权威影响力值得商榷。

首先，开篇所论述的猴群实验存在逻辑漏洞。影响猴群接受新口味的糖的因素，除了先品尝该种新口味糖的猴子的地位高低，该实验至少忽略了一个重要因素，那就是糖的口味的差异。地位最低的猴子品尝的这种新口味的糖和地位最高的猴王品尝的另一种新口味的糖并非同一种糖，猴王品尝后认可的糖被猴群快速接受，也许真正的原因是这种糖的口味更好。可见，由于这一对比实验没有保证实验对象其他方面的条件相同，作者把猴群接受新口味糖的快慢程度仅仅归因到权威的影响力，这一结论是没有说服力的。

其次，即使权威对于新鲜事物的态度直接影响群体接受新鲜事物的进程这一结论是合理的，该作者从猴群实验类推到市场营销，在逻辑上也有缺陷。因为猴王在猴群中具有绝对的权威影响力，而引领时尚的文体明星在人群中只有相对的权威影响力。而且，尽管明星具有较强的影响力，明星代言某些新产品，确实在一定程度上可以提高新产品的知名度、美誉度和可信度等，有助于人们接受。但由于产品定位各有不同，明星特质未必都能与产品的定位要求相吻合，比如明星一般就不适合代言中低端汽车产品，相反，具有爱国情怀的普通工程师、科研人员、教师等更适合代言国产中低端汽车产品，从而有助于影响普通消费者购买。同理，位于时尚高端的消费者不接受某种新商品，并不意味着该商品一定会遭遇失败。因为即使明星等位于时尚高端的消费者不接受国产中低端汽车新产品，但只要该车的性价比高，适合普通大众消费，照样可以取得市场的成功。

再次，从猴群实验类推到企业的组织变革，同样具有逻辑漏洞，因为要猴群接受一种新口味的糖，并不会带来利益、权力冲突等组织变革中会遇到的诸多问题。由此，自上而下的变革是否一定容易成功也值得怀疑，因为这种变革如果不符合群众利益，所遭遇的阻力将会很大，变革也难以推行。而且自下而上的变革也未必不能成功，比如我国改革开放的经济体制改革就首先来自农村的“联产承包责任制”。其实，要顺利推行组织变革，应该自上而下与自下而上进行有机的结合。

最后，文中所述“给猴王品尝苦涩的黄连，即使猴王希望其他猴子接受，猴群也不会干”这一判断不准确，也没有得到前面实验的支持。其实，口味有一个适应过程，猴王如果能适应，猴群也有可能逐步适应。由此也不能类推出“如果组织变革使某些组织成员吃尽苦头，组织领导者再努力也只能以失败而告终”这一观点。变革本身就是权力再调整、利益再分配。在组织变革的过程中，某些组织成员的利益受到影响，甚至吃尽苦头，有时是不可避免的，但如果他们不是大多数成员，变革就不见得只能以失败告终。况且，只要变革有利于促进企业发展、有利于增强企业实力、符合股东和企业大多数员工利益，那么，这样的变革即使触犯了某些组织成员的利益，也照样有取得成功的可能。

综上所述，该论证虽然看似有理，但其推理不严谨，仍存在不少缺陷，是一个有待完善的论证。

22. 该文章的逻辑结构以及主要逻辑缺陷分析如下。

		原文	逻辑缺陷分析
观点		“知识就是力量”过时论	有失偏颇，值得商榷
论证过程	1	在知识经济时代，任何人所掌握的知识，都只是沧海一粟。这使得在培养与选拔人才时，知识尺度已变得毫无意义	个人知识即使相对于整个人类的知识海洋只是沧海一粟，也不能说明个人知识是毫无意义的。因为，一方面，能力是基础知识加以升华而产生的；另一方面，专业领域的知识储备对个人的事业发展和职业贡献的意义重大
	2	现在的网络技术可以使你在最短的时间内查询到你所需要的任何知识信息，有的大学毕业生因此感叹，何必要为学习各种知识而经历数年寒窗，这不无道理。传授知识不应当继续成为教育，特别是高等教育的功能	作者没有明确界定知识的概念。作者把学习知识简单地等同于检索知识、记忆知识，犯了混淆概念的逻辑错误。即使知识可以查询到，检索知识和掌握知识、运用知识也不能混为一谈，传授知识除灌输给学生知识外，还要让学生理解、掌握和运用知识等，可见，不能否定学习知识和传授知识的重要性
	3	素质教育的真正目标，是培养批判性思维与创造性思维的能力。知识与此种能力之间没有实质性的联系	割裂了知识与能力之间的辩证关系。事实上，知识是能力的基础，知识理解得越深刻、掌握得越牢固，相应的技能越熟练，越有利于能力的发展
	4	硕士、博士这些知识头衔的实际价值一再受到有识之士的质疑	其隐含假设是硕士、博士是知识水平的标准和尺度，而这假设本身是存疑的。事实上，一个合格的硕士、博士头衔既包括知识价值，也包括能力价值

［参考范文］

“知识就是力量”真的过时了吗?

上文通过强调能力的重要来否定知识的重要性，从而认为传授知识不应当成为教育的功能，整个论证有失偏颇，有很多值得商榷之处，现试剖析如下。

首先，开篇的“分子分母论”，只能说明个人知识的有限性，但个人知识即使相对于整个人类的知识海洋只是沧海一粟，也不能说明个人知识是毫无意义的。因为，一方面，基础知识在人们生活和工作中起着重要作用，能力是基础知识加以升华而产生的；另一方面，这是一个分工合作的时代，术业有专攻，专业领域的知识储备对个人的事业发展和职业贡献的意义重大。一个领域内善于解决问题的专家必须有扎实的专业知识，一个人再有能力，如果没有具备这个领域的专门知识，就不能解决这个领域的问题。因此，选拔人才时，知识尺度在知识经济时代依然具有重要意义。

其次，上文的作者没有明确界定知识的概念。事实上，知识有广义与狭义之分。狭义的知识是指陈述性知识，主要用来描述“是什么”或说明“为什么”，而广义的知识还包括程序性知识，主要用来回答“怎么办”或“如何做”。利用网络技术可以查询到陈述性知识，但很难查清楚程序性知识。而且，作者把学习知识简单地等同于检索知识、记忆知识，犯了混淆概念的逻辑错误。即使知识可以查询到，但检索知识和掌握知识、运用知识也不能混为一谈，传授知识除灌输给学生知识外，还要让学生理解、掌握和运用知识等。可见，不能否定学习知识和传授知识的重要性，不能因知识可以快速查询，就不重视学生对基础知识的学习和掌握。因此，“传授知识不应当成为教育，特别是高等教育的功能”的结论有失片面。

再次，“素质教育的真正目标，是培养批判性思维与创造性思维能力”与“知识与此种能力之间没有实质性的联系”没有必然联系，割裂了知识与能力之间的辩证关系。事实上，知识是能力的基础，没有扎实的基础知识，要奢谈培养能力，是不可能的。知识理解得越深刻，掌握得越牢固，相应的技能越熟练，越有利于能力的发展。因此，知识和能力不可偏废，传授知识与培养能力是相互联系、相辅相成的，两者都是教学的基本任务，都很重要，不应有轻重之分。强调培养人的能力，并不能否定知识的重要性。

况且，“具备与爱因斯坦相同知识背景的人有的是，为什么唯独他创立了相对论”，这不能说明知识不重要，事实上，相对论是爱因斯坦在前人和其他学者研究并积累的知识基础上，通过自己独特的思考而提出的。可见，知识和思维能力都重要，正因为爱因斯坦既具备了扎实的专业知识，又有很强的思维能力，才能取得重大科学成就。反之，如果爱因斯坦不具备足够的专业知识，是不可能创立相对论的。

最后，“硕士、博士这些知识头衔的实际价值一再受到有识之士的质疑”的隐含假设是，硕士、博士是知识水平的标准和尺度，而这假设本身是存疑的。事实上，硕士、博士的培养目标包括掌握本学科坚实的基础理论和系统的专业知识，并具有从事科学研究或独立担负专门技术工作能力的高级专门人才，因此，一个合格的硕士、博士头衔，既包括知识价值，也包括能力价值。

综上所述，作者最后得出“知识就是力量”过时论的观点，其论证理由不充分，存在诸多逻辑漏洞，其论证有效性受到严重的质疑。

后 记

以信息社会、全球化和可持续发展为重大议题的21世纪，要求人们具备一系列生活技能。按照联合国教科文组织、世界卫生组织以及美、英、德、法等国相关机构的研究和描述，无论这些技能的一览表囊括的技能有多少，都必定包括逻辑与批判性思维。所以，毫不夸张地说，人们公认逻辑与批判性思维是21世纪公民的基本技能之一。

随着我国教育与国际主流逐步接轨，国内各类考试在逐步借鉴国外先进的能力型考试模式，以考查逻辑与批判性思维能力为核心的逻辑推理测试，目前已成为国家公务员录用考试和各类硕士专业学位研究生入学考试的一个必测科目。同时，随着国内教育界对逻辑思维能力重要性的逐步认知，很多高校开始开设逻辑通识课程。为此，本人先后在清华大学出版社出版了“全国高校逻辑通识课程系列教材”，包括《逻辑学导论》《批判性思维》《论证有效性分析》三部教科书。在化学工业出版社出版了“科学逻辑系列丛书”，包括《科学推理》《科学分析》《科学论证》三部专著。这些著作有的被全国多所高校选为逻辑通识课程的教科书，有的被多家学术媒体推荐为社会科学研究方法的年度书单，受到了读者的广泛好评。

时至今日，逻辑思维能力也已得到了国内基础教育界的重视，目前有条件的高级中学已自发开设逻辑基础课程，或把逻辑思维贯穿于具体学科之中。鉴于国内目前常见的逻辑基础教材大多是从传统的普通逻辑角度编写的，为加强逻辑实用技能训练，特别针对高中学生，编写了本书，全书注重从推理、论证与批判性思维角度来编写逻辑学导论，更具有现实意义。为此，本书的编写特色力求做到以下几点。

1. 设计新颖。针对高中学生的特点，从逻辑思维的实用角度来设计和编写，成为一部新颖的逻辑通识课程教材。

2. 知识系统。从基础知识开始讲解，一切从高中学生学习的角度出发来组织材料，内容安排循序渐进，力求通俗易懂，适合自学。

3. 案例精当。为提高阅读兴趣，就相关知识点选用了历史上或生活中的各种案例，并提供逻辑分析，激发思考欲望。

4. 习题精练。各章都编入了相应的练习题和答案解析，以利于针对性的训练，有效提升逻辑思维能力。

5. 贴近高考。由于编写特色鲜明、针对性强，本书可作为备战高考的逻辑基础读物。

总之，希望本书的出版能成为高中逻辑通识选修课教材和自学读物的有益尝试，以期有效助力备战高考，并有效地提升高中学生的逻辑思维技能。

图书在版编目（CIP）数据

简明逻辑学：逻辑论证与批判性思维 / 周建武编著
. -- 北京：中国人民大学出版社，2021.1
ISBN 978-7-300-28880-2

Ⅰ.①简… Ⅱ.①周… Ⅲ.①逻辑思维—高中—教材
Ⅳ.①G634.981
中国版本图书馆 CIP 数据核字（2020）第 272212 号

简明逻辑学——逻辑论证与批判性思维
周建武　编著
Jianming Luoji Xue——Luoji Lunzheng yu Pipanxing Siwei

出版发行	中国人民大学出版社		
社　　址	北京中关村大街 31 号	**邮政编码**	100080
电　　话	010－62511242（总编室）		010－62511770（质管部）
	010－82501766（邮购部）		010－62514148（门市部）
	010－62515195（发行公司）		010－62515275（盗版举报）
经　　销	新华书店		
印　　刷	北京七色印务有限公司		
规　　格	185 mm×260 mm　16 开本	**版　　次**	2021 年 1 月第 1 版
印　　张	21.5	**印　　次**	2025 年 9 月第 2 次印刷
字　　数	511 000	**定　　价**	49.00 元